utb 6073

Eine Arbeitsgemeinschaft der Verlage

Brill | Schöningh – Fink · Paderborn
Brill | Vandenhoeck & Ruprecht · Göttingen – Böhlau · Wien · Köln
Verlag Barbara Budrich · Opladen · Toronto
facultas · Wien
Haupt Verlag · Bern
Verlag Julius Klinkhardt · Bad Heilbrunn
Mohr Siebeck · Tübingen
Narr Francke Attempto Verlag – expert verlag · Tübingen
Psychiatrie Verlag · Köln
Ernst Reinhardt Verlag · München
transcript Verlag · Bielefeld
Verlag Eugen Ulmer · Stuttgart
UVK Verlag · München
Waxmann · Münster · New York
wbv Publikation · Bielefeld
Wochenschau Verlag · Frankfurt am Main

Caroline Ruiner · Mona-Maria Bardmann

Soziologie

Theorien, Methoden und Teildisziplinen

BRILL | FINK

Die Autorinnen:

Caroline Ruiner ist Inhaberin des Lehrstuhls für Soziologie und Prorektorin für Digitale Transformation und Nachhaltigkeit an der Universität Hohenheim. Sie studierte Soziologie und Betriebswirtschaftslehre im Doppelstudium an der Johann Wolfgang Goethe-Universität in Frankfurt am Main und promovierte in Soziologie an der Universität Augsburg. Sie wurde an der Ruhr-Universität Bochum mit Venia Legendi in Soziologie habilitiert. Caroline Ruiner forscht und lehrt zur Arbeits- und Organisationssoziologie, insb. zu Themen des Wandels von Arbeit auf individueller, organisationaler und überbetrieblicher Ebene sowie zur Twin Transformation.

Mona-Maria Bardmann forscht und lehrt an der Universität Hohenheim. Sie ist Soziologin und wissenschaftliche Mitarbeiterin am Institut für Bildung, Arbeit und Gesellschaft am Lehrstuhl für Soziologie. Ihr Studium der Soziologie und Philosophie mit einem Schwerpunkt auf Medien- und Kultursoziologie und angewandter Psychologie absolvierte sie an der Universität Trier. Ihre Forschungsschwerpunkte liegen auf der Zusammenarbeit in Organisationen, Identität von Individuen, Teams und Organisationen sowie auf dem Einfluss der digitalen Transformation auf die Arbeitswelt.

Bücher, Online-Angebote oder elektronische Ausgaben sind erhältlich unter **www.utb.de**

Bibliografische Information der Deutschen Nationalbibliothek

Die Deutsche Nationalbibliothek verzeichnet diese Publikation in der Deutschen Nationalbibliografie; detaillierte bibliografische Daten sind im Internet über https://www.dnb.de abrufbar.

Printed in Germany.
Herstellung: Brill Deutschland GmbH, Paderborn
Einbandgestaltung: siegel konzeption | gestaltung

UTB-Band-Nr: 6073
ISBN 978-3-8252-6073-6
eISBN 978-3-8385-6073-1

Vorwort

Dieses Lehrbuch präsentiert eine Einführung in die Soziologie. Es richtet sich nicht ausschließlich an Studierende der Soziologie und der Sozialwissenschaften, sondern an alle interessierten Leserinnen und Leser. Die Soziologie wird als eine empirische Wissenschaft vorgestellt, die sich mit gesellschaftlichen Phänomenen und Entwicklungen auseinandersetzt. Den Themen ist beinahe keine Grenze gesetzt, vielmehr ist alles von Belang, was das Zusammenwirken von Individuen und Gesellschaften ausmacht. Um besser zu verstehen, was Soziologie ist und wie Soziologinnen und Soziologen arbeiten, werden das Wissenschaftsverständnis sowie die Entwicklung der Disziplin skizziert, Klassiker vorgestellt und Teildisziplinen erläutert. Hierbei bieten soziologische Konzepte, Theorien und Studien wertvolle Einblicke in die Perspektiven der Soziologie. Es werden die untersuchten Gegenstände und angewandten Methoden wissenschaftlich fundiert und verständlich dargelegt. Die Lektüre bietet die Möglichkeit zu verstehen, was Soziologie ist, woraus das Studium besteht und welche Kompetenzen und Fertigkeiten für die Erwerbstätigkeit und das alltägliche Leben wertvoll sind. Ferner erleichtern Zusammenfassungen sowie gezielte Fragen am Ende der jeweiligen Kapitel das selbstständige Aneignen der Inhalte. Mit dem QR-Code am Ende der Seite oder dem folgenden Link gelangt man zu den möglichen Antworten auf die Fragen: https://www.utb.de/doi/suppl/10.36198/9783838560731.

Die strukturelle Gliederung des Lehrbuches ist wie folgt: Das Basismodul 1 bietet eine Einführung in die Soziologie, deren Perspektiven und Entwicklung. Im Basismodul 2 werden die Spezifika wissenschaftlichen Arbeitens in der Soziologie erklärt. Es folgt im Basismodul 3 eine Einführung in die empirische Forschung in der Soziologie. Nachdem die Basis gelegt ist, werden im Aufbaumodul 1 soziologische Klassiker vorgestellt. Das Aufbaumodul 2 bietet einen Einblick in ausgewählte Teildisziplinen der Soziologie. Das letzte Kapitel enthält einen Ausblick auf die Soziologie im Wandel.

Ziel dieses Buches ist es, einen umfassenden Einblick in die Soziologie zu ermöglichen und Interesse für die Disziplin zu erwecken – am liebsten sogar für das Fach zu begeistern! Wir wünschen einen guten Durchblick, zahlreiche Erkenntnisse und viel Freude bei der Lektüre.

Stuttgart im Oktober 2023
Caroline Ruiner und Mona-Maria Bardmann

Inhalt

Tabellenverzeichnis

Abbildungsverzeichnis

Basismodul 1: Einführung in die Soziologie

1 Gegenstand der Soziologie

Die Soziologie ist eine der interessantesten Wissenschaften, auch da ihr Gegenstandsbereich – das Zusammenwirken von Individuen in einer Gesellschaft – alltäglich zu beobachten ist. Dies ist der Fall, wenn sich zwei oder mehr Individuen begegnen wie z. B. im Café, im Aufzug, in der Bahn, auf der Arbeit, in der Schule, an der Uni, in Paarbeziehungen, in Familien, an Geburtstagen, an Weihnachten und im Grunde in jedem anderen Kontext, in dem Menschen miteinander interagieren (Baumann, 1984). Menschen sind Teile der Gesellschaft und kennen für gewöhnlich die ungeschriebenen Regeln – die Normen – wie man in bestimmten Situationen handelt und welches Handeln von anderen zu erwarten ist. Vor allem wenn Normen nicht berücksichtigt werden, wird bemerkt, dass es sie gibt. Wenn bei zahlreichen freien Plätzen in der Bahn, im Aufzug, im Café kein Abstand eingehalten wird, wenn man zum Geburtstag nichts zurückgeschenkt bekommt, wenn man nicht gegrüßt wird, obwohl man selbst gegrüßt hat: Das sind Situationen, die irritieren können und Individuen[1] zum Nachdenken bringen. Im Wesentlichen ist das dann ein Nachdenken über eine entrückte Ordnung im Zusammenleben verbunden mit der Frage, wie man zueinander steht oder was man einander bedeutet. Doch auch, wenn die Begegnungen reibungslos verlaufen, lässt sich Soziologie beobachten (Abels, 2019).

Eine populäre Definition von Soziologie geht auf Max Weber als einer der Mitbegründer des Faches zurück:

> „Soziologie soll heißen: eine Wissenschaft, welche soziales Handeln deutend verstehen und dadurch in seinem Ablauf und seinen Wirkungen ursächlich erklären will. ‚Handeln' soll dabei ein menschliches Verhalten [...] heißen, wenn und insofern als der oder die Handelnden mit ihm einen subjektiven Sinn verbinden. ‚Soziales' Handeln aber soll ein solches Handeln heißen, welches seinem von dem oder den Handelnden gemeinten Sinn nach auf das Verhalten anderer bezogen wird und daran in seinem Ablauf orientiert ist." (Weber, 1991 [1904], S. 73f.)

1 Strenggenommen handelt es sich in der Soziologie um Subjekte, d.h. um das Individuum als soziales Wesen, das in einer sozialen Umgebung agiert und von sozialen Prozessen beeinflusst wird.

Soziologie

Die Soziologie ist eine empirische Wissenschaft. Sie befasst sich mit der systematischen Erforschung der Gesellschaft und des sozialen Handelns von Menschen. Die Soziologie untersucht die sozialen Beziehungen, Strukturen, Institutionen, Gruppen und Prozesse, die das menschliche Zusammenleben prägen, um das Verständnis für die Funktionsweise der Gesellschaft zu vertiefen und die sozialen Phänomene und Muster, die das Handeln von Menschen beeinflussen und vice versa, zu analysieren. Sie erforscht die Interdependenz zwischen Gesellschaft und Individuum.

Menschen verbinden mit ihren Handlungen einen subjektiven Sinn. Das Handeln wird von anderen gedeutet und es wird versucht, den dahinterliegenden Sinn zu verstehen. Der subjektive Sinn zeigt an, welche Normen und Werte Individuen mit dem Handeln verbinden. Insofern ist soziales Handeln auf andere bezogen und auf andere hin orientiert. Das so genannte Thomas-Theorem besagt in diesem Zusammenhang: „If men define situations as real, they are real in their consequences." (Thomas & Thomas, 1928, S. 572). Es handelt sich um die Deutung sozialer Situationen und ihre Auswirkungen auf das jeweilige Handeln. Jede Situation besteht aus objektiven Bedingungen, subjektiven Einstellungen und Handlungsmotiven sowie aus Deutungen der objektiven Bedingungen und dem subjektiven Bewusstsein über die eigenen Einstellungen. Diese Annahme impliziert, dass die agierenden Individuen sich bei Interaktionen Gedanken über die Situationswahrnehmung und -deutung der anderen machen und, dass sie über die jeweilige Situation kommunizieren, und so Eindrücke sowie Informationen darüber austauschen können. Hierzu können Beispiele aufgezählt werden, die sich alltäglich beobachten lassen. Begegnet man sich auf der Straße, grüßt man sich, wenn man sich kennt. Wird man angelächelt, lächelt man zurück. Es ist ein freundlich gerichtetes Handeln. Nun kann es sein, dass man eine Person kennt, von dieser aber nicht gegrüßt wird und man sich die Frage stellt, warum das so ist. Der Grund kann sein, dass die andere Person einen nicht erkannt oder gesehen hat, dass sie abgelenkt war oder dass sie absichtlich nicht gegrüßt hat, da vielleicht eine Meinungsverschiedenheit vorausging. Die andere Person reagiert entsprechend auf Basis der gedeuteten Situation.

Normen und Werte sind zentrale Konzepte in der Soziologie. Sie beeinflussen das individuelle und kollektive Handeln in Gesellschaften maßgeblich. Normen definieren unausgesprochene und ausgesprochene Regeln, die festlegen, wie sich Individuen in einer Gesellschaft verhalten sollten. Im Gegensatz dazu stellen Werte tief verwurzelte Überzeugungen dar, die bestimmen, was in einer Kultur als gut, wünschenswert oder moralisch korrekt angesehen wird (Pries, 2019). Somit definieren Normen das ‚Wie' des Handelns und Werte das zugrundeliegende ‚Warum'. Eine stabile Gesellschaft stützt sich auf diese Normen und Werte, um

Beispiel: Interpretation sozialer Signale

Interaktionen beruhen im Wesentlichen auf Interpretationen und damit auf Deutungen des Handelns anderer. Während einer Wanderung in den Bergen, bei der unterschiedliche Menschen aufeinander treffen, positioniert sich eine Person auf einem erhöhten Aussichtspunkt und blickt hinunter auf den darunter liegenden Wanderweg. Sie versucht, durch Winken und Rufen Kontakt zu den Wander:innen weiter unten aufzunehmen. Dieser Kommunikationsversuch trifft auf ein Spektrum an Reaktionen, die in den sozialen und persönlichen Erfahrungen der Einzelnen verwurzelt sind. Einige deuten die Geste spontan als freundlichen Gruß und erwidern diesen, während eine andere Person sie mit einem möglichen Notfall assoziiert und sofort zur Hilfe eilt. Ein drittes Individuum, vielleicht geprägt durch frühe negative Erfahrungen mit Gefahren in der Natur, sieht in der Geste eine Warnung und entscheidet sich zur Flucht. Das Beispiel unterstreicht, wie unterschiedlich soziale Signale je nach individueller Prägung und Erfahrung interpretiert werden können. In einer Situation gibt es unterschiedliche Deutungsmöglichkeiten und Menschen versuchen so viele Informationen hinzuzuholen, wie sie für ein stimmiges Bild der Situation erforderlich sind. Dennoch können Missinterpretationen die Folge sein, auf deren Basis gehandelt wird.

soziale Ordnung und Kohärenz herzustellen (Dimbath, 2020). Normen und Werte können sich im Laufe der Zeit ändern und beispielsweise im Zentrum von sozialen Auseinandersetzungen und Veränderungen stehen. Verstöße gegen gesellschaftliche Normen können zu Sanktionen führen, von formellen Strafen bis hin zur sozialen Ächtung. Insbesondere in der Soziologie ist die Betrachtung dieser Konzepte zentral, da sie helfen, die Strukturen und Dynamiken innerhalb von Kulturen und Gesellschaften zu verstehen. Dieses Verständnis ermöglicht eine Analyse der sozialen Integration und der Identitätsbildung von Individuen innerhalb von Gemeinschaften und Gesellschaften.

Eine Herausforderung für Soziolog:innen ist es, dass sie einen Gegenstandsbereich untersuchen, von dem sie selbst ein Teil sind, und die Beobachtungen auf ein für eine Wissenschaft angemessenes Niveau zu heben, das über reine Alltagsbeobachtungen und eigene Erfahrungen hinausgeht. Diese Entfremdung und Relativierung gegenüber der Alltagswelt kann durch die Faszination an dieser Erfahrung kompensiert werden. Die Betrachtung der Gesellschaft aus einer kritischen Perspektive gehört zu den wichtigsten Beiträgen der Soziologie. So wird es möglich, scheinbar natürliche oder gegebene soziale Phänomene zu hinterfragen, wie beispielsweise unterschiedliche Arbeitsmarktpositionen von Frauen und Männern oder auch von Personen mit Migrationshintergrund. Die Soziologie setzt dabei eine Reihe von empirischen Methoden und theoretischen Rahmenwerken ein, um zu fundierten Erkenntnissen zu gelangen. Dies konfrontiert die Soziologie mit einer essenziellen Frage: Was charakterisiert eine Disziplin als wissenschaftlich?

Eine wissenschaftliche Disziplin definiert sich nicht ausschließlich über ihren Untersuchungsgegenstand, sondern primär durch das Werkzeug, mit der sie Erkenntnisse generiert, validiert und weitervermittelt. Eine Wissenschaft meint die Gesamtheit der Erkenntnisse in einem Gegenstandsbereich, die systematisch aufeinander bezogen sind, in die Begriffsbestimmungen, Theorien und Annahmen eingehen. Insbesondere der Begriff der Theorie ist in der Soziologie – aber auch in anderen Wissenschaften – zentral. Nach Karl Popper (2013 [1934]: 31) ist eine Theorie „das Netz, das wir auswerfen, um ‚die Welt' einzufangen, – sie zu rationalisieren, zu erklären und zu beherrschen. Wir arbeiten daran, die Maschen des Netzes immer enger zu machen".

Theorien sind systematisierte Erklärungen, die soziale Phänomene, deren Interaktionen und Beziehungen veranschaulichen. Sie basieren auf einer umfassenden Analyse von (empirischen) Daten. Die soziologische Theorie zielt darauf ab, das Muster und die Struktur menschlichen Handelns und sozialer Strukturen mit logischen Aussagen zu erklären und zu interpretieren (Dimbath, 2020). Dabei greifen Theorien auf eine Komplexitätsreduktion zurück, d.h. sie können nicht alle Aspekte der empirischen Beobachtungen berücksichtigen. Vielmehr wird eine Generalisierung angestrebt. Soziologische Theorien ermöglichen einen tiefgehenden Einblick in die Dynamik gesellschaftlicher Zusammenhänge, Interaktionen und Institutionen. Soziologische Theorien sind nicht statisch; sie unterliegen einem stetigen Abgleich mit der empirischen Realität sowie einer andauernden Reflexion und Überarbeitung. Auch die Falsifizierbarkeit einer Theorie nimmt in der Soziologie einen hohen Stellenwert ein. Jede theoretische Annahme muss so gestaltet sein, dass sie durch empirische Forschung überprüft und potenziell widerlegt werden kann. Dieses Prinzip, welches durch Popper geprägt wurde, gewährleistet die wissenschaftliche Integrität und schützt vor unreflektierten oder ideologisch verzerrten Annahmen. Zugrunde liegen wissenschaftliche Methoden zur Untersuchung soziologischer Phänomene, mit denen intersubjektiv nachvollziehbare Erkenntnisse generiert werden können (siehe Basismodul 3).

Wissenschaft und Theorie

Eine Wissenschaft ist ein systematischer Ansatz zur Erkenntnisgewinnung und Erforschung der Welt und ausgewählter Teilbereiche. Ziel der Wissenschaft ist es, das Verständnis über die Gesellschaft, die Natur und andere Phänomene zu erweitern, indem diese erklärt und wesentliche Faktoren zueinander in Beziehung gesetzt werden. Die Wissenschaft basiert auf einem strukturierten und methodischen Vorgehen, das als wissenschaftliche Methode bezeichnet wird. Auf Basis der Sammlung, Analyse und Interpretation von Daten sollen Gesetzmäßigkeiten, Muster und Zusammenhänge identifiziert werden. Daraus abgeleitet werden können Theorien. Eine Theorie ist eine wissenschaftliche Erklärung oder ein Modell, das auf empirischen Daten beruht und in Studien getestet werden kann.

Die Soziologie ist die Wissenschaft von der Gesellschaft. Es geht darum zu verstehen und zu erklären, wie Gemeinschaft möglich ist und worauf das Zusammenwirken von Menschen basiert. In diesem Kontext wird das Individuum nicht als isolierte Einheit betrachtet, sondern steht in ständiger Wechselwirkung mit dem sozialen Umfeld, in dem es lebt. Durch Interaktion und die Begegnung mit anderen wird das Individuum in der Gesellschaft geformt (Mead, 1968 [1934]). Es wird durch gesellschaftliche Strukturen, Normen und Werte geprägt, während es diese Strukturen gleichzeitig aktiv beeinflusst und mitgestaltet (Elias, 2014 [1971]). Das Spannungsfeld zwischen individuellen Bedürfnissen und gesellschaftlichen Erwartungen wird durch Sozialisation und Integration vermittelt. Während Sozialisation den Einzelnen mit den kulturellen und gesellschaftlichen Werten prägt, sorgt die Integration dafür, dass das Individuum sich als Teil des gesellschaftlichen Gefüges wahrnimmt (Pries, 2019). Die primäre Sozialisation findet in den ersten drei Lebensjahren in der Regel im familiären Kreis statt. Die sekundäre Sozialisation erfolgt durch Gleichaltrige, z. B. in der Schule oder auch an der Universität. Darüber hinaus werden noch zwei weitere Formen der Sozialisation unterschieden: Die tertiäre Sozialisation findet insbesondere in der Arbeitswelt statt und die quartäre Sozialisation meint eine Anpassung an das hohe Alter. Für die Aneignung gesellschaftlicher Normen und Werte, Einstellungen und Handlungsmuster sind insbesondere die primäre und die sekundäre Sozialisation zentral (Esser, 1999). Sozialisation ermöglicht es, sich in einer Gesellschaft zurechtzufinden, die Normen und Werte als Spielregeln kennenzulernen, und auf dieser Basis auch die eigene soziale Rolle zu entwickeln. Die Kenntnis der Spielregeln ist zentral, um in der Gesellschaft ‚mitspielen' zu können.

Die kleinste Einheit der Gesellschaft ist die Dyade und die Interaktion zwischen zwei Personen. Bereits hier können gesellschaftliche Strukturen beobachtet werden. Diese manifestieren sich in den wechselseitigen Erwartungen und Reziprozitätsnormen, d.h. Erwartungen an Wechselseitigkeit. Das Prinzip der Reziprozität ist für Interaktionen in der Gesellschaft zentral. Reziprozität ist ein Grundprinzip menschlichen Handelns und meint die Wechselseitigkeit von Akteur:innen in sozialen Austauschbeziehungen (Blau, 2017 [1964]; Gouldner, 1960). Unterschieden werden können die ‚direkte' Reziprozität, welche auf direkten Beziehungen beruht, wobei ungefähr äquivalente Leistungen erbracht werden. Die am wenigsten beziehungsstiftende Form des Austausches ist der Kauf, bei dem Ware gegen Geld getauscht wird. Bei der ‚generalisierten' Reziprozität lassen sich Gabe und Gegengabe nicht direkt miteinander verrechnen oder durch zeitlich nahe Tauschakte miteinander in Verbindung bringen. Sie kann generalisiert über einen längeren Zeitraum oder über eine bestimmte Gruppe sein, der man sich zugehörig fühlt. Unterschieden werden darüber hinaus die ‚positive' und die ‚negative' Reziprozität: Positive Reziprozität meint eine belohnende Handlung, wenn ihr ein kooperatives, freundlich gesinntes Handeln voraus ging. Negative Reziprozität bezieht sich auf eine bestrafende Reaktion, wenn zuvor defektives (feindliches und unkooperatives) Handeln gezeigt wurde. Diese Gegenseitigkeit produziert und reproduziert Bindungen und leistet auf diese Weise einen wesentlichen Beitrag zur Herstellung eines gesellschaftlichen Gefüges (Hondrich, 1999; Stegbauer, 2002).

Die Erwartungen an Wechselseitigkeit in Beziehungen schließen Strukturen und auch Rollen ein, die Individuen in der Gesellschaft zugewiesen werden oder die sie selbst einnehmen. Rollen formen Erwartungen, Handlungsweisen und die Art und Weise, wie Individuen mit anderen in ihrer Umwelt interagieren. Sie sind somit zentrale Bestandteile der sozial konstruierten Wirklichkeit. Der Sozialkonstruktivismus betrachtet Wahrheit und Wirklichkeit nicht als objektiv gegeben, sondern als Ergebnisse sozialer Prozesse und Verhandlungen. Das, was als ‚wirklich' angesehen wird, entsteht häufig durch soziale Interaktionen, kulturelle Normen und auch durch Rollen, die Individuen einnehmen und ‚spielen'. Der Sozialkonstruktivismus betont die Rolle von Individuen und Gruppen bei der Konstruktion ihrer wahrgenommenen Realität. Vorstellungen von Wirklichkeit werden stetig durch soziale Erfahrungen, Interaktionen, Rollenerwartungen und Kommunikation geformt und reformiert (Watzlawick, 2007). Es ist also nicht möglich ‚nicht' zu kommunizieren. Zudem werden die sozialen Rollen und Identitäten oft durch die Art und Weise geformt, wie kommuniziert und interpretiert wird.

Auch Alfred Schütz und Thomas Luckmann (2017) legen einen Grundstein für das Verständnis von Alltagswelt bzw. „Lebenswelt", indem sie darstellen, wie Individuen aktiv an der Konstruktion ihrer sozialen Realität teilnehmen, wie sie Sinn schaffen und die Aktionen und Absichten anderer interpretieren. In diesem Zusammenhang wird betont, wie Wirklichkeiten durch gesellschaftliche Prozesse konstruiert werden, d.h. es werden soziale Realitäten geschaffen, die schließlich als ‚real' akzeptiert werden. Die Vorstellungen von Rollen und der eigenen Position in der Gesellschaft sind ebenfalls Produkte dieser sozialen Konstruktionsprozesse (Berger & Luckmann, 2018). Die Soziologie zeigt in ihrer Untersuchung sozialer Strukturen nicht nur auf, wie diese Strukturen das Handeln von Individuen beeinflussen, sondern auch, wie sie insbesondere durch Rollen das kollektive Verständnis von Wirklichkeit prägen. Die Frage „Wie wirklich ist die Wirklichkeit?" ist daher nicht nur eine Philosophische, sondern ebenfalls eine genuin Soziologische. Dominierende soziale Gruppen können maßgeblich beeinflussen, welche Rollen, Normen und Versionen der Realität als ‚wahr' und ‚gültig' gelten. Macht ist dabei ein wichtiges Konzept und Analysefokus in der Soziologie. Macht ist relevant in jeglichen Interaktionen und Beziehungen. Offenkundig lässt sich Macht in Arbeitsbeziehungen analysieren, in der Arbeitgebende bzw. Führungskräfte und Mitarbeitende zusammenarbeiten. Doch auch in Familien und privaten Nahbeziehungen wie Freundschaften spielt Macht eine Rolle. Macht kann als die Möglichkeit verstanden werden, seinen Willen auch gegen den Widerstand anderer durchzusetzen (Weber, 1972 [1922]). Sie manifestiert sich in unterschiedlichsten Formen und Bereichen und beeinflusst, welche Versionen der Realität akzeptiert werden. Macht kann auch subtil und versteckt durch Institutionen,

Praktiken und Rituale wirken. In der Soziologie ist eine kritische Analyse von Machtverhältnissen unerlässlich, um die Dynamiken sozialer Prozesse zu beleuchten und zu verstehen. Dieses Verständnis ist entscheidend, da die Strukturen und Beziehungen, die durch Machtverhältnisse geformt werden, den Rahmen dafür setzen, wie Menschen miteinander interagieren.

Über die Betrachtung des Zusammenwirkens von Menschen ist die Gesellschaft der wesentliche Gegenstand der Soziologie. Gesellschaft entsteht und besteht dann, wenn das Zusammenleben und Zusammenwirken geordnet und organisiert ist. Die Gesellschaft meint eine „große und heterogene Menge von Menschen deren Zusammenleben und Zusammenwirken geordnet und organisiert ist" (Lehner, 2011, S. 81). Zu einem geordneten Zusammenleben gehören gemeinsam geteilte Vorstellungen, Normen und Werte, wie man miteinander interagiert, auch wenn die einzelnen Mitglieder nicht unbedingt miteinander interagieren müssen. Zu gemeinsam geteilten Vorstellungen gehört beispielsweise, dass man sich grüßt, wenn man sich kennt. Der Gruß als solches (Winken, Umarmung, Küsse) ist kulturell geprägt und wird je nach Bekanntheitsgrad und Situation angepasst. Die Mitglieder einer Gesellschaft müssen sich nicht unbedingt direkt grüßen, aber sie verstehen, wie der Gruß funktioniert, wann er (nicht) angewendet wird und was er bedeutet. Insofern funktioniert das Zusammenleben in einer Gesellschaft nur, wenn die Normen und Werte bekannt sind und geteilt werden.

Gesellschaft

Eine Gesellschaft ist eine große und heterogene Gruppe von Menschen, die aufgrund ihres raum-zeitlichen Zusammenlebens als soziale Einheit gefasst werden kann und durch soziale Strukturen, Normen und Werte sowie Kultur geprägt wird (Lehner, 2011; Tönnies, 1979 [1935]).

Eine der Grundfragen der Soziologie ist die, wie Gesellschaft und soziale Ordnung möglich sind. Sie interessiert sich entsprechend für das Verhältnis von Gesellschaft und Individuum. Thomas Hobbes geht davon aus, dass der Mensch naturgegeben nicht gut ist, während Jean-Jacques Rousseau das Gegenteil annimmt und den Menschen als naturgegeben gut ansieht. Soziale Ordnung ist vor diesem Hintergrund für Hobbes nur möglich, indem der Mensch zu einer gesellschaftlichen Ordnung gezwungen wird. Aus Rousseaus Perspektive dagegen verfolgen die Menschen ein gemeinsames Ziel und bilden einen gemeinsamen Willen aus, um der gesellschaftlichen Unterdrückung zu entgehen (Abels, 2019). In *Leviathan* (1986 [1651]) postuliert Hobbes, dass Menschen im Naturzustand durch ihr Streben nach Macht und Ressourcen in einen Zustand ständiger Konflikte geraten, den er als einen Krieg beschreibt, in dem jeder gegen jeden kämpft. Ohne eine übergeordnete Instanz, die Ordnung und Sicherheit gewährleistet, wäre das Leben im Naturzustand demnach geprägt von Unsicherheit und Gefahr. Individuen sollen folglich durch einen sozialen Vertrag einen Teil ihrer Rechte an eine zentrale Autorität abtreten, den sogenannten ‚Leviathan', um Sicherheit und gesellschaftliche Stabilität zu gewährleisten (Pries, 2019). Auf der anderen Seite betrachtet Rousseau (2005 [1755], 2012 [1762]) den Menschen im Naturzustand als grundsätzlich friedlich und gut. Gesellschaftliche Probleme, Ungleichheit und Konflikte durch zivilisatorische Entwicklungen sind laut Rousseau insbesondere durch das Aufkommen des Privateigentums entstanden. In seiner Version eines sozialen Vertrages setzt Rousseau auf die Idee des ‚allgemeinen Willens' (‚Volonté Générale'). Statt der Abtretung von Rechten an eine zentrale Autorität favorisiert er eine direkte Demokratie, in der der kollektive Wille der Gemeinschaft die Leitlinie für Entscheidungen und Handlungen bildet.

Eine Gesellschaft kann aus mehreren Gruppen bestehen. Bei einer Gruppe handelt es sich um eine „abgrenzbare Menge von Personen, die in einem regelmäßigen, direkten Interaktionszusammenhang stehen und deren Interaktion einem allgemeinen Zweck unterliegt" (Lehner, 2011, S. 125). Gruppen können Freundschaftsbeziehungen sein, Familien oder in Vereinen und ähnlichen Einrichtungen zu finden sein. Sie sind weitgehend informell und haben keine expliziten Regelungen. Die Mitglieder sind in der Regel interdependent, d.h. wechselseitig aufeinander bezogen (Dimbath, 2020; Schäfers, 1992). Es besteht insofern eine engere Beziehung zu einander. Gruppen haben teilweise eigene Normen und Werte, d.h. Vorstellungen davon, was gut und was richtig ist, und wie man miteinander interagiert. In diesem Kontext wird auch von Gemeinschaft gesprochen und klassisch zwischen Gemeinschaft und Gesellschaft unterschieden (Tönnies, 1979 [1935]). Gemeinschaft ist durch enge soziale Bindungen und persönliche Beziehungen gekennzeichnet, während Gesellschaft durch formale und instrumentelle Beziehungen geprägt ist. Insofern zeichnet sich eine Gemeinschaft durch eine engere Verbundenheit zueinander aus. Die Verbundenheit in Gruppen wird auch als Kohäsion (‚Wir-Gefühl') bezeichnet. Es geht hierbei um das Zusammengehörigkeitsgefühl der Mitglieder einer sozialen Gruppe sowie um die emotionalen Bindungen untereinander und den Zusammenhalt zwischen den beteiligten Personen. Gemeinschaften gelten als Grundelement der Gesellschaft und stehen im Fokus der Soziologie.

2 Entwicklung der Soziologie

Soziologie als eigenständige Wissenschaft besteht seit dem Anfang des 19. Jahrhunderts. Die Entwicklung der Soziologie, welche ihre Wurzeln in einer Vielzahl von Disziplinen wie der Philosophie, Wirtschaftswissenschaft, Staatslehre, Geschichtswissenschaft und Ethnologie hat, ist eng mit einer Reihe von Denker:innen verknüpft, die ihre Theorien und Konzepte in den Kontext der jeweiligen Epoche und Umgebung gestellt haben (Dimbath, 2020; Lehner, 2011; Pries, 2019).

Der Name der Wissenschaft geht auf Auguste Comte (*1798–†1857) zurück, der 1851 bis 1854 ein vierbändiges Werk mit dem Titel *Système de politique positive, ou Traité de sociologie, instituant la religion de l'humanité* veröffentlicht hat. Comte interessiert sich für die „soziale Physik“ (‚Physique Sociale‘), die statische und dynamische Elemente beinhaltet. Obwohl Adam Smith (*1723–†1790) als Ökonom angesehen wird, hat sein Denken ebenfalls einen erheblichen Einfluss auf die Entstehung der Soziologie gehabt. Er wirft grundlegende Fragen über das Wesen menschlicher Beziehungen, das Zusammenleben und die Wechselwirkung von Wirtschaft und Gesellschaft auf. Smith beschäftigt sich beispielsweis in seinem Werk *Theorie der ethischen Gefühle* (*The Theory of Moral Sentiments*) mit Fragen der Moral und sozialen Beziehungen. Menschliche Interaktionen sind folglich von Sympathie getrieben und Menschen haben ein natürliches Bedürfnis nach sozialer Anerkennung und Akzeptanz (Smith, 2010 [1759]).

Nachdem Smith den sozialen Zusammenhalt und das Zusammenwirken von Wirtschaft und Gesellschaft betont hatte, ging Herbert Spencer (*1820–†1903) einen Schritt weiter, indem er die Evolution als treibende Kraft hinter der Entwicklung von Gesellschaften sieht. Er untersucht, inspiriert von dem darwinschen Gedanken, in *Principles of Sociology* (1897) einen Gesellschaftstypus auf die Merkmale, die eine ideale Organisation der Gesellschaft ausmachen müsste. Er fragt nach den Bedingungen, die gegeben sein müssen, um einen bestimmten Gesellschaftstypus in einer bestimmten Weise zu definieren. In Anlehnung an die Naturwissenschaften implementiert er den Kampf ums Überleben (‚Struggle for Existence‘) und das Überleben des Stärksten (‚Survival of the Fittest‘) in seine Theorie. Spencer betrachtet die Gesellschaft als einen Organismus, in dem es um Differenzierung und Integration geht. Wie Smith sieht auch Spencer den individuellen Wettbewerb als einen wichtigen Motor des Fortschritts an. Während Smith jedoch von einer ‚unsichtbaren Hand‘ (‚Invisible Hand‘) ausgeht, die den Markt reguliert (Smith, 1978 [1776]), sieht Spencer den sozialen und kulturellen Wandel als Ergebnis natürlicher Ausleseprozesse, bei denen die am besten angepassten Individuen und Kulturen überleben und sich durchsetzen können.

Émile Durkheim (*1858–†1917) erachtet den sozialen Wandel als Ergebnis kollektiver Kräfte und betont die Rolle von Institutionen und gemeinsamen Überzeugungen. Durkheim wird als einer der Mitbegründer der Soziologie angesehen und kennzeichnet eine Verschiebung der Betrachtung des Individuums und des Wettbewerbs zu einem Fokus auf das Kollektiv und die Struktur von Gesellschaften. Er prägt den Begriff des ‚Sozialen Tatbestands‘ (‚Fait Social‘). Demnach gibt es externe, kollektive Kräfte, die das Handeln und Denken des Einzelnen formen. Für Durkheim ist es die Aufgabe der Soziologie, diese sozialen Tatbestände zu identifizieren und zu analysieren.

Während Durkheim die Kollektivität und die sozialen Kräfte, die den Einzelnen beeinflussen in den Mittelpunkt seiner Untersuchungen stellt, geht der Ansatz von Max Weber (*1864–†1920) in eine andere Richtung. Er interessiert sich nicht nur dafür, wie soziale Strukturen und Institutionen das Individuum prägen, sondern vor allem dafür, wie das Individuum diese Strukturen durch seine Handlungen formt und beeinflusst. Zentral ist sein Konzept der ‚verstehenden Soziologie‘: Soziolog:innen müssen die subjektive Bedeutung von sozialen Handlungen verstehen, um die Motivation und den Sinn hinter menschlichen Handlungen zu erfassen. Dies versucht er, aufbauend auf den bei Spencer formulierten Gedanken, ebenfalls durch die Konstruktion eines Idealtypus zu erlangen. Ein zentrales Thema in Webers Werk ist die Idee der ‚Rationalisierung'. Er sieht die moderne Welt als zunehmend durch rationale, bürokratische Strukturen charakterisiert, die sowohl Vorteile in Form von Effizienz als auch Nachteile in Form von Entfremdung mit sich bringen. Weber untersucht die Rationalisierung, Bürokratisierung und die Entstehung des modernen Kapitalismus in Bezug auf Geist und die Ethik, insbesondere auf die protestantische Ethik.

Zeitgleich wirkt Karl Marx (*1818–†1883) in der Soziologie mit seinem Fokus auf die materiellen und wirtschaftlichen Produktionsverhältnisse und den daraus resultierenden Klassenkampf als Haupttriebkraft der Geschichte des sozialen Wandels. Marx untersucht insbesondere die soziale Ordnung in Gesellschaften und hat mit seiner Klassentheorie in der Phase der Industrialisierung und darüber hinaus die Soziologie maßgeblich geprägt. Ein Teil der Klassiker[2] wird in Aufbaumodul 1 vertiefend vorgestellt.

3 Wissenschaftskommunikation und die Sprache der Soziologie

Wissenschaftskommunikation umfasst „alle Formen von auf wissenschaftliches Wissen oder wissenschaftliche Arbeit fokussierter Kommunikation, sowohl innerhalb als auch außerhalb der institutionalisierten Wissenschaft, inklusive ihrer Produktion, Inhalte, Nutzung und Wirkungen" (Schäfer et al., 2015, S. 13). Soziologische Wissenschaftskommunikation bezieht sich folglich auf die Art und Weise, wie soziologisches Wissen innerhalb und außerhalb einer wissenschaftlichen Gemeinschaft (‚Scientific Community') kommuniziert wird. Soziologische Studien behandeln Themen, die von direkter gesellschaftlicher Relevanz sind, wie soziale Ungleichheit, Arbeit, Migration und Kultur. Die Ergebnisse werden nicht nur innerhalb der wissenschaftlichen Gemeinschaft, sondern auch für die Öffentlichkeit kommuniziert. Das wiederum erfordert eine verständliche Sprache und Form und ein tiefes Verständnis dafür, wie soziologisches Wissen von unterschiedlichen Zielgruppen aufgenommen und interpretiert wird. Gleichzeitig reflektiert die Soziologie ihre eigene Position und Rolle in der Gesellschaft kontinuierlich. Das bedeutet, sie stellt Fragen darüber, wie soziologisches Wissen produziert wird, welche Machtstrukturen diese Prozesse beeinflussen und wie

2 In diesem Buch werden ausschließlich männliche Klassiker der Soziologie behandelt, weswegen wir auf das Gendern des Wortes verzichtet haben. Dies spiegelt nicht eine bewusste Auswahl oder eine Vernachlässigung weiblicher Beiträge wider, sondern vielmehr die historischen Gegebenheiten des Fachs. In der Zeit, in der diese Klassiker wirkten, waren Frauen im akademischen Feld der Soziologie und in vielen anderen Bereichen der Wissenschaft unterrepräsentiert. Dies ist ein Beispiel für ein strukturelles Problem in der Wissenschaftsgeschichte, in dem Frauen aufgrund sozialer und institutioneller Barrieren oft keine sichtbare Rolle spielten.

Forschung in der Gesellschaft wahrgenommen wird. Dieser Reflexionsprozess ist integraler Bestandteil der soziologischen Forschung und beeinflusst auch, wie Wissenschaftskommunikation in der Disziplin verstanden wird. Ein weiterer zentraler Aspekt der Wissenschaftskommunikation in der Soziologie ist die Zusammenarbeit mit anderen Disziplinen, was weitere Anforderungen an die Vermittlung soziologischer Inhalte stellt.

Es geht bei der Wissenschaftskommunikation somit um weit mehr als um die reine Präsentation von Forschungsergebnissen. Es geht um eine Reflexion über den Kontext, in dem soziologisches Wissen produziert und kommuniziert wird und ein Verständnis für die sozialen Dynamiken, welche diesen Prozess beeinflussen.

Eine nicht selten geäußerte Kritik an der Soziologie ist die an ihrer Sprache. Es ist nicht ungewöhnlich und sogar unerlässlich, dass eine Wissenschaft ihre eigenen Begrifflichkeiten benutzt, aber der Soziologie wird im Speziellen der Vorwurf des unverständlichen Ausdrucks gemacht. Das mag im Gegenstand der Soziologie begründet liegen – dem Fokus auf Alltagsgeschehen. Der Gegenstandsbereich der Soziologie erscheint auf den ersten Blick vertraut und die Verfremdung dieser vertrauten Gewissheiten führt zuweilen zu unerwünschter Unsicherheit und zur Kritik. Eben diesem Gegenstand sind aber auch die Begrifflichkeiten geschuldet, die die komplexen Zusammenhänge sozialer Phänomene beschreiben können und zu deren Verständnis beitragen. Tatsächlich sind einige Soziolog:innen nicht ohne Weiteres zu verstehen und es bedarf eines zweiten (und vielleicht auch dritten) Blickes auf die teils verschachtelten Sätze und abstrakten Formulierungen. Niklas Luhmann hat sich mit diesem Vorwurf ebenfalls auseinandergesetzt. Er fragt kritisch: „Sollte man alles, was gesagt wird, gleichermaßen unter die Knute der Verständlichkeit zwingen? Soll Verständlichkeit bedeuten: Verständlichkeit für jedermann? Verständlichkeit ohne jede Mühe? Verständlichkeit ohne jede Vorbereitung, ohne jeden Zeitaufwand des Nachdenkens und Entschlüsselns?“ (Luhmann, 1981, S. 170). Mit diesen Fragen betont Luhmann die Notwendigkeit, sich intensiv und kritisch mit wissenschaftlichen Inhalten auseinanderzusetzen und stellt in Frage, ob eine vollständige Vereinfachung wünschenswert oder überhaupt möglich ist. Luhmann betont die Wichtigkeit des Dialogs zwischen Komplexität und Verständlichkeit. Es bleibt die Herausforderung, den Balanceakt zwischen der adäquaten Darstellung sozialer Phänomene und der Zugänglichkeit der wissenschaftlichen Erkenntnisse zu meistern. Über die Sprache geht es zunächst darum, „das Vertraute unvertraut zu machen“ (Baumann & Haffner, 2018). Für Soziolog:innen ist es zentral, eine Vorstellung davon zu haben, dass die betrachteten sozialen Tatsachen auch anders sein könnten (Abels, 2019). Hierzu können etablierte Theorien herangezogen werden. Es sei aber an dieser Stelle darauf hingewiesen, dass auch die bekanntesten und bewährtesten Theorien nur Instrumente zur Beleuchtung sozialer Phänomene darstellen. Sie ersetzen in keiner Weise das eigenständige Denken und die Reflexion der Erkenntnisse und auch der Theorien selbst.

4 Soziologische Perspektiven und Teildisziplinen

In der Soziologie geht es darum zu verstehen, wie Gesellschaft möglich ist. In diesem Zusammenhang wird von Interaktionen, Prozessen oder Strukturen gesprochen, also davon, wie die einzelnen Elemente des sozialen Lebens ineinander spielen und wie es von innen heraus zusammengehalten wird. Das Einnehmen einer soziologischen Perspektive geht vor allem vor dem Hintergrund dieses ‚eigentlich bekannten' Alltagswissens mit einer systematischen Verfremdung einher. Das meint ein Misstrauen gegenüber dem ‚gesunden Menschenverstand' bis zu einem Verständnis der strukturellen Zusammenhänge, also der nicht zufälligen, sinnvoll geordneten Zusammenhänge sozialer Phänomene. Der gesunde Menschenverstand erscheint als ein dynamisches Konstrukt, der den Menschenverstand als die „Denkweise einer Zeit, in der alle Vorurteile dieser Zeit enthalten sind" versteht (Hegel, 1833, S. 435).

Innerhalb der Soziologie und der Betrachtung und Analyse sozialer und gesellschaftlicher Phänomene werden verschiedene Perspektiven eingenommen, um ein besseres Verständnis zu erzielen. Die vielfältigen Perspektiven lassen sich grundsätzlich unterscheiden in eine übergreifende, makrosoziologische Perspektive und in eine mikrosoziologische Betrachtung kleinster sozialer Einheiten (Dimbath, 2020). Im Fokus der Makrosoziologie stehen große soziale Einheiten. Untersuchungsgegenstand können sowohl soziale Subsysteme wie Politik, Wirtschaft oder Recht als auch gesellschaftliche Gruppierungen wie Klassen, Schichten oder Milieus, gesellschaftliche Konzepte wie Geschlecht oder ethnische Zugehörigkeit sowie gesamtgesellschaftliche Facetten wie beispielsweise demographische Entwicklungen oder soziale Ungleichheiten sein. Der Makrosoziologie kann beispielsweise der Funktionalismus zugeordnet werden, welcher die Gesellschaft als ein ganzes und komplexes System, in welchem alle Teile miteinander verknüpft sind, betrachtet und untersucht, wie verschiedene soziale Strukturen zur Stabilität, Instabilität oder zum Wandel innerhalb von Gesellschaften beitragen. Auch die Konflikttheorie lässt sich der Makrosoziologie zuordnen. Sie konzentriert sich auf die Konflikte aus einer ungleichen Verteilung von Macht und Ressourcen zwischen verschiedenen sozialen Gruppen, insbesondere zwischen Klassen. Beide Ansätze nehmen folglich eher die Vogelperspektive ein und betrachten soziale Gebilde wie Institutionen, Gesellschaft, Wirtschaft etc. (Feldmann & Immerfall, 2006).

Die Mikrosoziologie befasst sich im Gegensatz zur Makrosoziologie mit eher kleinen sozialen Einheiten (Maiwald & Sürig, 2018). Hierbei kann es sich beispielsweise um Paar- oder Familienbeziehungen handeln. Die Mikrosoziologie fokussiert das Handeln, die personale Identität oder Sozialisation (Feldmann & Immerfall, 2006). Der Mikrosoziologie zuzuordnen ist vor diesem Hintergrund der symbolische Interaktionismus, welcher untersucht, wie Individuen durch soziale Interaktionen Bedeutungen und Symbole konstruieren und interpretieren. Betont werden die subjektive Erfahrung und die Rolle von Symbolen in der sozialen Interaktion. Es geht primär darum, wie sich aus zwischenmenschlichen Interaktionen und

Beziehungen das Denken, Wahrnehmen und Handeln von Individuen ausgestaltet (Abels, 2012). Auch die Phänomenologie, die sich auf das Bewusstsein und die subjektiven Erfahrungen von Individuen konzentriert und die Ethnomethodologie, die untersucht, wie Menschen im Alltag soziale Ordnung herstellen und verstehen, lassen sich der mikrosoziologischen Perspektive zuordnen.

Eine Kritik an der Unterscheidung zwischen Makro- und Mikrosoziologie ist jedoch, dass nicht klar abgrenzbar ist, wo genau die Grenze zwischen ‚großen' und ‚kleinen' Untersuchungsgegenständen verläuft, was die Beschreibung der Unterschiede von Mikro- zu Makrosoziologie zu einer rein deskriptiven Ausführung werden lässt.

Eine Brücke zwischen Mikro- und Makrosoziologie bietet in gewisser Weise die ‚Strukturationstheorie' von Anthony Giddens. Im Mittelpunkt der Strukturationstheorie steht die Idee, dass sowohl das menschliche Handeln als auch die sozialen Strukturen in einem dynamischen, wechselseitigen Verhältnis zueinander stehen und nicht voneinander getrennt betrachtet werden können (Giddens, 1979, 1993 [1976], 1997). Strukturen bilden den Rahmen für das Handeln. Diese können sowohl ermöglichend (‚Enabling') als auch einschränkend (‚Constraining') wirken (Reckwitz, 2020). Anstatt also Strukturen als externe und starre Rahmenbedingungen des Handelns zu betrachten, begreift Giddens sie als in den Handlungspraktiken verankert (‚Dualität der Struktur'). Strukturen sind insofern sowohl die Voraussetzung für Handlungen als auch das unmittelbare Ergebnis dieser Handlungen. Die gesellschaftlichen Makrostrukturen der Gesellschaft und die individuellen Handlungspraktiken stehen folglich in einem fortwährenden Prozess der Wechselwirkung und Neuverhandlung miteinander (Giddens, 1997).

Es können mithin unterschiedlichste Perspektiven in der Soziologie eingenommen werden, um den Gegenstandsbereich zu betrachten. Der ‚methodologische Individualismus' geht vom Individuum aus und somit davon, dass individuelle Handlungen und Entscheidungen die Grundlage für das Verständnis sozialer Phänomene bilden. Soziale Prozesse und Strukturen können durch Absichten und Interaktionen von Individuen erklärt werden. Während dieser Ansatz die Rolle des Individuums als zentral für soziale Dynamiken betrachtet, wird er dafür kritisiert, dass er den Einfluss von sozialen Strukturen und Institutionen weniger im Fokus hat und die Autonomie des Individuums überbetont (Abels, 2019; Hollis, 1995). Der ‚methodologische Holismus' nimmt eine gesamtgesellschaftliche Perspektive ein und postuliert, dass soziale Phänomene am effektivsten im Kontext des übergeordneten Systems oder Ganzen, in dem sie auftreten, analysiert werden können. Gesellschaftliche Strukturen, Institutionen oder soziale Gruppen besitzen folglich Eigenschaften und Dynamiken, die nicht allein durch die Untersuchung individueller Akteur:innen oder ihrer isolierten Handlungen verstanden werden können. Für Holist:innen sind diese kollektiven Entitäten und ihre emergenten Eigenschaften zentral für das Verständnis des sozialen Lebens und sie können nicht einfach auf die Summe individueller Interaktionen reduziert werden (Abels, 2019; Hollis, 1995). Der ‚methodologische Interaktionismus' geht von

Verflechtungszusammenhängen aus und richtet den Fokus auf das Verständnis sozialer Prozesse und Dynamiken. Insofern können sowohl Mikro- als auch Makrophänomene, obwohl sie auf unterschiedlichen Ebenen und in verschiedenen Größenordnungen auftreten, letztlich auf soziale Interaktionen und Verflechtungen zurückgeführt werden (Rosa et al., 2018).

Über die Zeit haben sich angesichts der Vielfältigkeit des Gegenstandsbereichs in der Soziologie verschiedene Schwerpunkte und Teildisziplinen herausgebildet. Diese werden als ‚spezielle Soziologie' oder auch als ‚Bindestrichsoziologie' bezeichnet. Spezielle Soziologien rücken einzelne gesellschaftliche Teilbereiche in den Fokus. Wesentlich für die Soziologie mit der Gesellschaft als Untersuchungsgegenstand ist die Analyse sozialer Ungleichheiten. Als Wissenschaft von der Gesellschaft ist die Sozialstrukturanalyse, d.h. die Analyse gesellschaftlicher Strukturen und Systeme, wichtig. Die Soziologie sozialer Ungleichheit beschäftigt sich mit den Erscheinungsformen, Ursache- und Wirkungszusammenhängen der Ungleichverteilung wertvoller Güter in einer Gesellschaft (Burzan, 2010; Erlinghagen & Hank, 2013). In diesem Zusammenhang sind auch kleinere Einheiten der Gesellschaft, nämlich Gemeinschaften wie Familien und private Nahbeziehungen von Interesse. In der Familiensoziologie setzt man sich mit dem gesellschaftlichen Wandel in Familien und mit dem Wandel der Lebensformen auseinander. Hierbei geht es um die Familiengründungen und ihre Folgen, es geht um Geburt, Tod, Heirat und Scheidung (Burkart, 2010). Durch die Anfänge der Soziologie in der Zeit der Industrialisierung ist die Industriesoziologie für die Soziologie seit jeher zentral. Der Fokus hat sich unterdessen auf die Arbeitssoziologie erweitert, da Arbeit auch in anderen als industriellen Kontexten stattfindet. Die Arbeits- und Industriesoziologie setzt sich damit auseinander, weshalb Menschen arbeiten, unter welchen Erwerbsbedingungen und in welchen Bereichen Arbeit stattfindet, welche Arbeitsbelastungen daraus resultieren und wie Arbeit gesteuert wird (Minssen, 2012; Ruiner & Wilkesmann, 2016). In Arbeitskontexten und auch darüber hinaus spielen Organisationen eine wesentliche Rolle in Gesellschaften. Die Organisationssoziologie hält entsprechende Theorien, Konzepte und Methoden parat für eine Analyse von Strukturen, Mitgliedern, Zielen und Funktionen von Organisationen sowie des Handelns in Organisationen in Kontexten der Arbeitsteilung, Kooperation und Herrschaft (Preisendörfer, 2008; Tacke, 2010). Die Wirtschaftssoziologie befasst sich mit der Untersuchung wirtschaftlicher Entwicklungen und Phänomene. Sie analysiert die Stabilität und Instabilität sozialer Ordnungen und rückt Märkte, Unternehmen und Wirtschaftsräume in den Fokus (Maurer, 2008; Maurer & Mikl-Horke, 2015). In der Medien- und Kommunikationssoziologie geht es um das komplexe Wechselverhältnis zwischen Medien und Gesellschaft, wobei sowohl klassische Massenmedien als auch neue Informations- und Kommunikationstechnologien im Mittelpunkt stehen, sofern sie kommunikative und interaktive Prozesse zwischen gesellschaftlichen Akteur:innen prägen (Jäckel, 2005). Die Wissenssoziologie befasst sich mit der Entstehung, Verbreitung, Verwendung und Bewahrung von Wissen in Gesellschaften und untersucht den Bedingungskontext zwischen den sozialen Formen, in denen Wissen gebildet oder kommuniziert wird, und den entsprechenden Wissensformen (Hitzler et al., 1999; Knoblauch, 2014; Schützeichel, 2012). Sie setzt sich folglich mit Wissensordnungen und Wissenspolitik auseinander, aber auch mit Nichtwissen und mit dem sozialen Gedächtnis. Schließlich wird die Entwicklung hin zur Wissensgesellschaft behandelt, konkret die Wissensarbeit und auch das Wissensmanagement. Die Medizin- und Gesundheitssoziologie beschäftigt sich mit den gesellschaftlichen Voraussetzungen und Prozessen in Bezug auf Gesundheit, mit den Determinanten des Gesundheitshandelns und mit den Strukturen des Gesundheitssystems (Hurrelmann & Richter, 2013). Es geht folglich darum, die sozialen und wirtschaftlichen Bedingungen zu verstehen, unter denen Individuen leben und um die Einflüsse, welche ihre Gesundheit beeinflussen können. Die Techniksoziologie befasst sich mit der Erforschung der Wechselwirkungen zwischen Technik und Gesellschaft, d.h. wie Technologien von der Gesellschaft beeinflusst werden und wie sie wiederum die Gesellschaft prägen. Sie rückt entsprechend aktuelle Entwicklungen des Einsatzes digitaler Technologien in den Fokus und analysiert die Auswirkungen auf Ebene der Individuen, die mit Technik umgehen und arbeiten, in Hinblick auf die Zusammenarbeit mit Technik, auf die Veränderungen des Zusammenwirkens in Gruppen sowie auf die Entstehung neuer Geschäftsmodelle (Dolata, 2011; Häußling, 2019; Rammert, 2013, 2016). Die Umwelt- und Nachhaltigkeitssoziologie untersucht schließlich das Verhältnis von Natur und Gesellschaft und hat insbesondere die resultierenden Missstände menschlichen Eingreifens in Naturräume im Fokus wie den Klimawandel, die Boden- und Wasserqualität, Luftreinheit und Energieversorgung (Groß, 2010).

In der facettenreichen Welt der Soziologie liegt der Fokus dieses Buches im Folgenden bewusst auf ausgewählten Teildisziplinen. Die in diesem Buch vorgenommene Auswahl ist nicht als Überordnung der ausgewählten Teilbereiche über andere zu verstehen. Es existieren zahlreiche weitere wichtige und interessante Teilbereiche, die ihre Relevanz im soziologischen Diskurs besitzen (Kneer & Schroer, 2010).

Zusammenfassung

Die Soziologie ist eine empirische Wissenschaft, die das Zusammenleben von Menschen in Gesellschaften untersucht. Im Fokus stehen das soziale Handeln sowie die Voraussetzungen, die Prozesse und die Folgen des Zusammenlebens von Menschen in Gemeinschaften und Gesellschaften. Sie ermöglicht grundlegende Einblicke in die sozialen Strukturen, welche das gesellschaftliche Dasein prägen. Hierbei spielen das soziale Handeln und der subjektive Sinn, den Menschen mit ihren Handlungen verbinden, eine wichtige Rolle. Dieser verbindet Individuen miteinander, indem das Handeln ausdrückt, wie sie zueinander stehen. Gleichzeitig kann Gemeinschaft hergestellt werden, wenn eine besondere Nähe gezeigt wird und auch Gesellschaft entstehen, wenn die Regeln kulturell begründet und gemeinsam geteilt sind.

In diesem Kapitel wurde auch behandelt, was eine Wissenschaft auszeichnet und was eine Theorie ist. Theorien sind zentrale Erklärungen, die Phänomene und Prozesse intersubjektiv veranschaulichen und dabei nicht ohne eine Komplexitätsreduktion der Realität auskommen. Trotz der Generalisierungsbestrebung sind die theoretischen Annahmen so zu gestalten, dass sie überprüft werden können. Zur Theorieentwicklung und zur Theorieprüfung wird in der Regel auf empirische Methoden zurückgegriffen, die in diesem Buch im dritten Basismodul behandelt werden.

Darüber hinaus wurde die Entwicklung der Soziologie von ihren Anfängen her skizziert. Die Grundsteine, gelegt durch Denker wie Comte, Smith, Spencer und Durkheim, wurden vorgestellt und erläutert. Auch die Beiträge von Weber und Marx fanden eine Einordnung. Eine Vertiefung der Auseinandersetzung mit ausgewählten Klassikern der Soziologie wird im ersten Aufbaumodul präsentiert.

Zudem wurde die Sprache der Soziologie reflektiert und in die Diskussion zur Wissenschaftskommunikation eingeordnet. Es ist kein unüblicher Vorwurf, dass sich die Soziologie unverständlich ausdrücke. Dies ist insbesondere vor dem Hintergrund der Notwendigkeit einer verständlichen Kommunikation gesellschaftlicher Beobachtungen und wissenschaftlicher Erkenntnisse als sensibler Punkt zu verstehen. Gerade die Soziologie beschäftigt sich mit alltäglichen Gegenständen (gesellschaftlicher Wandel, Arbeitsmarktentwicklungen etc.) und es wird erwartet, dass Erkenntnisse darüber vermittelt werden. Nun besteht eine Schwierigkeit darin, dass Soziolog:innen auch Teil der Gesellschaft sind, die sie untersuchen und es erforderlich ist, sich davon sprachlich abzugrenzen, um möglichst objektiv Entwicklungen erfassen, analysieren und interpretieren zu können. Zudem sind Begriffe teils ‚konnotiert', indem sie Bausteine theoretischer Ansätze darstellen. Diese werden in den folgenden Kapiteln vertieft.

In Hinblick auf soziologische Perspektiven und Teildisziplinen wurde eine Einordnung der unterschiedlichsten Untersuchungsschwerpunkte der Soziologie vorgenommen. Grundsätzlich können eine übergeordnete Makroperspektive auf Gesellschaften sowie eine Mikroperspektive insbesondere auf Gemeinschaften als kleinere Einheiten der Gesellschaft, ihre Phänomene und Prozesse angenommen werden. Darauf aufbauend wurden verschiedene Teildisziplinen der Soziologie kurz vorgestellt. Für dieses Buch wurde eine gezielte Auswahl an Teildisziplinen getroffen. Die einzelnen Teildisziplinen werden im zweiten Aufbaumodul vertieft, um in die Vielfalt soziologischer Themen, Ansätze und Betrachtungen einzuführen.

Literatur

Abels, H. (2012). Interaktionismus. In U. Bauer, U.H. Bittlingmayer & A. Scherr (Hg.), *Handbuch Bildungs- und Erziehungssoziologie*. Wiesbaden: VS, 405–421.

Abels, H. (2019). *Einführung in die Soziologie. Band 1: Der Blick auf die Gesellschaft*. Wiesbaden: Springer VS.

Baumann, Z. (1984). *Vom Nutzen der Soziologie.* Frankfurt a.M.: Suhrkamp.

Baumann, Z. & Haffner, P. (2018). *Das Vertraute unvertraut machen. Ein Gespräch mit Peter Haffner.* Hamburg: Hoffmann und Campe.

Berger, P.L. & Luckmann, T. (2018). *Die gesellschaftliche Konstruktion der Wirklichkeit. Eine Theorie der Wissenssoziologie.* Frankfurt a.M.: Fischer.

Blau, P.M. (2017 [1964]). *Exchange and Power in Social Life.* London: Routledge.

Burkart, G. (2010). Familiensoziologie. In G. Kneer & M. Schroer (Hg.), *Handbuch Spezielle Soziologien.* Wiesbaden: VS, 123–144.

Burzan, N. (2010). Soziologie sozialer Ungleichheit. In G. Kneer & M. Schroer (Hg.), *Handbuch Spezielle Soziologien.* Wiesbaden: VS, 525–538.

Dimbath, O. (2020). *Einführung in die Soziologie.* Stuttgart: UTB.

Dolata, U. (2011). *Wandel durch Technik. Eine Theorie soziotechnischer Transformation.* Frankfurt a.M.: Campus.

Elias, N. (2014 [1971]). *Was ist Soziologie?* Weinheim: Beltz Juventa.

Erlinghagen, M. & Hank, K. (2013). *Neue Sozialstrukturanalyse.* München: Fink UTB.

Esser, H. (1999). *Soziologie: Spezielle Grundlagen.* Frankfurt a.M.: Campus.

Feldmann, K. & Immerfall, S. (2006). *Soziologie kompakt. Eine Einführung.* Wiesbaden: VS.

Giddens, A. (1979). *Central Problems in Social Theory: Action, Structure, and Contradiction in Social Analysis.* Berkeley: University of California Press.

Giddens, A. (1993 [1976]). *New Rules of Sociological Method.* Stanford: Stanford University Press.

Giddens, A. (1997). *Die Konstitution der Gesellschaft. Grundzüge einer Theorie der Strukturierung.* Frankfurt a.M.: Campus.

Gouldner, A.W. (1960). The norm of reciprocity: a preliminary statement. *American Sociological Review,* 25(2), 161–178.

Groß, M. (2010). Umweltsoziologie. In G. Kneer & M. Schroer (Hg.), *Handbuch Spezielle Soziologien.* Wiesbaden: VS, 645–661.

Häußling, R. (2019). *Techniksoziologie.* Stuttgart: UTB.

Hegel, G.W.F. (1833). *Vorlesungen über die Geschichte der Philosophie, Bd. I. Hegel Werke 18.* Frankfurt a.M.: Suhrkamp.

Hitzler, R., Reichertz, J. & Schröer, N. (Hg.) (1999). *Hermeneutische Wissenssoziologie: Standpunkte zur Theorie der Interpretation.* Konstanz: UVK.

Hobbes, T. (1986 [1651]). *Leviathan.* Stuttgart: Reclam.

Hollis, M. (1995). *Soziales Handeln: Eine Einführung in die Philosophie der Sozialwissenschaft.* Berlin: Akademie.

Hondrich, K.O. (1999). Die vier elementaren Prozesse des sozialen Lebens. In W. Glatzer (Hg.), *Ansichten der Gesellschaft: Frankfurter Beiträge aus Soziologie und Politikwissenschaft.* Wiesbaden: VS, 97–109.

Hurrelmann, K. & Richter, M. (2013). *Gesundheits- und Medizinsoziologie: Eine Einführung in sozialwissenschaftliche Gesundheitsforschung.* Weinheim: Beltz Juventa.

Jäckel, M. (2005). *Mediensoziologie: Grundfragen und Forschungsfelder*. Wiesbaden: VS.

Kneer, G. & Schroer, M. (Hg.) (2010). *Handbuch Spezielle Soziologien*. Wiesbaden: VS.

Knoblauch, H. (2014). *Wissenssoziologie*. Konstanz: UTB.

Lehner, F. (2011). *Sozialwissenschaft*. Wiesbaden: VS.

Luhmann, N. (1981). *Soziologische Aufklärung 3: Soziales System, Gesellschaft, Organisation*. Opladen: Westdeutscher Verlag.

Maiwald, K.-O. & Sürig, I. (2018). *Mikrosoziologie. Eine Einführung*. Wiesbaden: VS.

Maurer, A. (2008). *Handbuch der Wirtschaftssoziologie*. Wiesbaden: VS.

Maurer, A. & Mikl-Horke, G. (2015). *Wirtschaftssoziologie*. Baden-Baden: Nomos UTB.

Mead, G.H. (1968 [1934]). *Geist, Identität und Gesellschaft; aus der Sicht des Sozialbehaviorismus*. Frankfurt a.M.: Suhrkamp.

Minssen, H. (2012). *Arbeit in der modernen Gesellschaft. Eine Einführung*. Wiesbaden: VS.

Popper, K.R. (2013 [1934]). *Logik der Forschung*. Berlin: Akademie.

Preisendörfer, P. (2008). *Organisationssoziologie: Grundlagen, Theorien und Problemstellungen*. Wiesbaden: VS.

Pries, L. (2019). *Soziologie. Schlüsselbegriffe, Herangehensweisen, Perspektiven*. Weinheim: Beltz Juventa.

Rammert, W. (2013). *Technik aus soziologischer Perspektive 2: Kultur-Innovation-Virtualität*. Wiesbaden: VS.

Rammert, W. (2016). *Technik-Handeln-Wissen. Zu einer pragmatistischen Technik- und Sozialtheorie*. Wiesbaden: VS.

Reckwitz, A. (2020). Anthony Giddens. In D. Kaesler (Hg.), *Klassiker der Soziologie. Von Talcott Parsons bis Anthony Giddens*. München: C.H. Beck, 311–337.

Rosa, H., Strecker, D. & Kottmann, A. (2018). *Soziologische Theorien*. Paderborn: UTB.

Rousseau, J.-J. (2005 [1755]). *Abhandlung über den Ursprung und die Grundlagen der Ungleichheit unter den Menschen*. Stuttgart: Reclam.

Rousseau, J.-J. (2012 [1762]). *Der Gesellschaftsvertrag oder Grundsätze des politischen Rechts*. München: Anaconda.

Ruiner, C. & Wilkesmann, M. (2016). *Arbeits- und Industriesoziologie*. Paderborn: UTB.

Schäfer, M.S., Kristiansen, S. & Bonfadelli, H. (2015). *Wissenschaftskommunikation im Wandel*. Köln: Herbert von Halem.

Schäfers, B. (1992). Die soziale Gruppe. In H. Korte & B. Schäfers (Hg.), *Einführung in Hauptbegriffe der Soziologie*. Wiesbaden: Springer VS, 79–94.

Schütz, A. & Luckmann, T. (2017). *Strukturen der Lebenswelt*. Kostanz/München: UVK.

Schützeichel, R. (2012). Wissenssoziologie. In S. Maasen, M. Kaiser, M. Reinhart & B. Sutter (Hg.), *Handbuch Wissenschaftssoziologie*. Wiesbaden: VS, 17–26.

Smith, A. (1978 [1776]). *Der Wohlstand der Nationen*. München: DTV.
Smith, A. (2010 [1759]). *Theorie der ethischen Gefühle*. Hamburg: Felix Meiner.
Spencer, H. (1897). *Principles of Sociology*. New York: D. Appleton and Company.
Stegbauer, C. (2002). *Reziprozität. Einführung in soziale Formen der Gegenseitigkeit*. Wiesbaden: VS.
Tacke, V. (2010). Organisationssoziologie. In G. Kneer & M. Schroer (Hg.), *Handbuch Spezielle Soziologien*. Wiesbaden: VS, 341–359.
Thomas, W.I. & Thomas, D.S. (1928). *The Child in America*. Oxford: Knopf.
Tönnies, F. (1979 [1935]). *Gemeinschaft und Gesellschaft. Grundbegriffe der reinen Soziologie*. Darmstadt: Wissenschaftliche Buchgesellschaft.
Watzlawick, P. (2007). *Wie wirklich ist die Wirklichkeit? Wahn, Täuschung, Verstehen*. München: Piper.
Weber, M. (1972 [1922]). *Wirtschaft und Gesellschaft. Grundriss der verstehenden Soziologie*. Tübingen: Mohr Siebeck.
Weber, M. (1991 [1904]). Die Objektivität sozialwissenschaftlicher und sozialpolitischer Erkenntnis. In M. Weber (Hg.), *Schriften zur Wissenschaftslehre*. Stuttgart: Reclam, 21–101.
Weber, M. (2017 [1917]). *Wissenschaft als Beruf: Eine Debatte*. Berlin: Matthes & Seitz.

Testfragen

1. Was ist Soziologie?
2. Was ist Wissenschaft?
3. Was ist eine Theorie?
4. Was ist Gesellschaft?
5. Wie unterscheiden sich Gesellschaft und Gemeinschaft?
6. Was ist Wissenschaftskommunikation?
7. Wodurch zeichnet sich eine soziologische Perspektive aus?

Basismodul 2: Wissenschaftliches Arbeiten in der Soziologie

1 Bedeutung des wissenschaftlichen Arbeitens in der Soziologie

Die Soziologie als Wissenschaft von der Gesellschaft analysiert Strukturen, Prozesse und Interaktionsmuster, welche das menschliche Zusammenleben prägen und zielt darauf ab, die Komplexität sozialer Verhältnisse zu untersuchen. Um wissenschaftliche und intersubjektiv nachvollziehbare Erkenntnisse zu erzielen, ist ein fundiertes methodisches Vorgehen erforderlich. Dies bezieht sich einerseits auf die verwendeten empirischen Methoden (siehe Basismodul 3) und andererseits auf die Methoden des wissenschaftlichen Arbeitens. Das wissenschaftliche Arbeiten stellt sicher, dass soziologische Forschung auf einem etablierten, objektivierbaren Vorgehen mit spezifischen Regeln basiert. Forschende in der Soziologie sind mit abstrakten Konzepten, grundlegenden Theorien und der Komplexität sozialer Phänomene konfrontiert. Diese Vielfältigkeit erfordert eine gründliche und methodisch korrekte Auseinandersetzung im Sinne des wissenschaftlichen Arbeitens. Wissenschaftliches Arbeiten baut stets auf bereits existierenden wissenschaftlichen Erkenntnissen auf, die kritisch reflektiert und hinterfragt werden. Durch das fortwährende Weiterentwickeln und Bauen auf dem Wissen der Vergangenheit können neue Erkenntnisse gewonnen werden – in gewisser Weise stehen die Forschenden wie Zwerge auf den Schultern von Riesen.

Robert K. Merton (1965) hat dieses Konzept des Auf-den-Schultern-von-Riesen-Stehens aufgegriffen und seine Ursprünge zurückverfolgt. Er betont, wie essenziell der Beitrag vorheriger Generationen für den wissenschaftlichen Fortschritt ist. Die Berücksichtigung der Prinzipien wissenschaftlichen Arbeitens dient dazu sicherzustellen, dass die gewonnenen Erkenntnisse sowohl auf empirischer Basis als auch in theoretischer Stimmigkeit stehen. Wissenschaftliches Arbeiten meint also nicht nur, Fakten und Daten zu sammeln, sondern auch, diese kritisch zu hinterfragen, Zusammenhänge herzustellen und Theorien zu entwickeln. Die Deutsche Forschungsgemeinschaft (DFG) hat zum Zweck der einheitlichen und sicheren Einhaltung etablierter Regeln Leitlinien zur guten wissenschaftlichen Praxis verfasst, die sich an Wissenschaftler:innen aber auch an Universitäten und außerhochschulische Forschungseinrichtungen richten (Deutsche Forschungsgemeinschaft, 2022). Bei diesen Leitlinien handelt es sich um Selbstverpflichtungen zur Sicherung der wissenschaftlichen Integrität und Verdeutlichung der Verantwortung von Wissenschaftler:innen. Es werden rechtliche und ethische Richtlinien aufgezeigt und die Berücksichtigung von Methoden und Standards in Bezug auf die Sicherung von Forschungsdaten u.ä. betont. Ebenfalls wird auf die Vorgehensweisen in Verdachtsfällen des wissenschaftlichen Fehlverhaltens eingegangen.

Wissenschaftliches Schreiben in der Soziologie ist eine spezielle Form der Kommunikation, die darauf abzielt, soziale Phänomene systematisch und objektiv zu analysieren, zu verstehen und zu erklären. Die soziologische Schreibweise folgt bestimmten Konventionen und Standards, die sicherstellen, dass die Arbeit transparent, nachvollziehbar und reproduzierbar ist. Im Gegensatz zur Unterhaltungsliteratur (‚Belletristik'), die Geschichten erzählt und emotionale Erfahrungen vermittelt, zielt das wissenschaftliche Schreiben darauf ab, Erkenntnisse zu generieren und Wissen systematisch aufzubauen (Berninger et al., 2017; Eco, 2020). Während belletristische Werke Stilmittel wie Metaphern, Symbolik und kreative Freiheiten nutzen, um Lesende zu fesseln und zu unterhalten, ist wissenschaftliches Schreiben präzise, sachlich und frei von Wertungen (Kornmeier, 2021). Es geht darum, Argumente zu präsentieren, Belege zu liefern und Schlussfolgerungen zu ziehen, die auf konzisen Argumenten, Daten und Analysen basieren. Dazu gehört auch, den Text so schlank wie möglich zu gestalten und z. B. auf Füllwörter (auch, nun, dabei, eigentlich etc.) und Superlative (bedeutendste, wichtigste etc.) zu verzichten, da diese in der Regel keine Bedeutung für den Inhalt des Satzes haben (Berninger et al., 2017; Kornmeier, 2021). Für einen nachvollziehbaren und überzeugenden Aufbau sind die Argumente klar und in einer logischen Reihenfolge zu präsentieren. Dies wird auch als ‚roter Faden' bezeichnet. Für den roten Faden ist die Konzentration und Fokussierung des Geschriebenen auf die zugrundeliegende Fragestellung von Bedeutung. Der rote Faden verbindet die verschiedenen Teile einer Forschungsarbeit miteinander und ermöglicht einen nahtlosen Übergang zwischen den Argumentationssträngen. In wissenschaftlichen Arbeiten ist es unerlässlich, von der Einleitung über die theoretischen Grundlagen und methodischen Ansätze bis hin zur Diskussion und zum Fazit jeden Abschnitt kohärent und konzise auf dem nächsten aufzubauen und ihn zum grundlegenden Thema der Arbeit beitragen zu lassen. Es mag verlockend sein, Nebenthemen oder andere interessante Informationen, die während der Recherche- und Forschungsphase entdeckt wurden, in die Arbeit zu integrieren. Jedoch birgt das die Gefahr, vom Hauptthema abzuschweifen und die klare Struktur der Arbeit zu verwässern. So wird sichergestellt, dass alle in der Arbeit präsentierten Informationen und Argumente zur Beantwortung der zentralen Fragestellung beitragen. Inhalte, die zwar faszinierend, aber nicht unmittelbar relevant für die Forschungsfrage sind, sollten, so schwer es auch fallen kann, zurückgestellt werden. Eine Arbeit, die sich stringent an ihre Forschungsfrage hält, vermittelt nicht nur eine höhere wissenschaftliche Präzision, sondern ermöglicht auch den Lesenden, der Argumentation zu folgen und die zentralen Erkenntnisse nachzuvollziehen. Im Folgenden werden die wesentlichen Bestandteile einer wissenschaftlichen Arbeit genauer betrachtet.

2 Aufbau und grundlegende Bestandteile wissenschaftlicher Arbeiten

Wissenschaftliches Arbeiten ist die Grundlage wissenschaftlicher Forschung und zeichnet sich durch eine strukturierte und systematische Vorgehensweise aus, bei der es darum geht, Erkenntnisse zu sammeln, zu analysieren und darzustellen (Kornmeier, 2021). Dieser Prozess erfordert neben einer gründlichen Recherche und einer kritischen Auseinandersetzung mit den gesammelten Informationen auch die Einhaltung bestimmter formaltechnischer und methodischer Standards. Die Gestaltung wissenschaftlicher Arbeiten folgt häufig einem sanduhrförmigen Aufbau (siehe Abbildung 1).

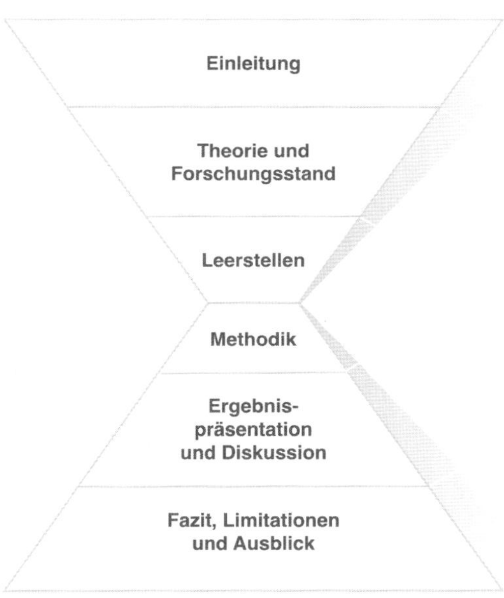

Abb.: 1: Aufbau wissenschaftlicher Arbeiten

Die Arbeit beginnt zunächst mit einer Einleitung, in der das Thema und die Forschungsfrage vorgestellt und in den Kontext eingeordnet werden. Im Hauptteil erfolgt eine vertiefende und spezifische Auseinandersetzung mit der Fragestellung auf Basis der bisherigen Forschung. Schließlich wird im Schlussteil wieder auf den größeren Zusammenhang zurückgekehrt, indem die Ergebnisse besprochen und reflektiert werden. Diese Herangehensweise hilft, die Arbeit klar und nachvollziehbar zu strukturieren und den Forschungsprozess verständlich darzustellen. Hierbei gibt es einige Bestandteile, die obligatorisch sind und im Folgenden besprochen werden.

2.1 Themenwahl und Literaturrecherche

Die Themenwahl und die Literaturrecherche sind wesentliche Grundlagen wissenschaftlicher Arbeiten. Die Themenwahl in soziologischen Untersuchungen orientiert sich an gesellschaftlichen Phänomenen, sozialen Prozessen oder theoretischen Diskursen. Es gilt, ein Thema von akademischem Interesse und gesellschaftlicher Relevanz auszuwählen, aber auch das persönliche Erkenntnisinteresse der Forschenden zu berücksichtigen (Eco, 2020). Neben der Relevanz und dem Interesse am Thema ist die Machbarkeit, insbesondere in Bezug auf verfügbare Ressourcen, Zeit und Zugänglichkeit, ein weiterer entscheidender Faktor.

Die Literaturrecherche ist unverzichtbar, um sich in die bestehenden soziologischen Ansätze, Themen und Forschungsergebnisse einzufinden. Die Suche in wissenschaftlichen Datenbanken, Bibliotheken und Archiven zielt darauf ab, relevante Quellen zu identifizieren, die das Thema bereits beleuchten. Dabei ist nicht nur das Auffinden von Literatur von Bedeutung, sondern auch die kritische Bewertung ihrer Relevanz für das zu bearbeitende Thema. Kriterien wie Ausgewiesenheit der Autor:innen, Veröffentlichungsdatum, peer-reviewed Journals und Zitierhäufigkeit jeder Quelle sollten berücksichtigt werden. Arbeiten, die in der Fachgemeinschaft breite Anerkennung finden und zitiert werden, können als Schlüsseltexte in einem Forschungsfeld angesehen werden. Unterschieden werden kann in diesem Zusammenhang zwischen Monografien, Fachzeitschriften und Sammelwerken. Es bietet sich an, einschlägige und renommierte nationale und internationale Zeitschriften (Journals) der Soziologie zu lesen, wie z. B. American Journal of Sociology, British Journal of Sociology, Kölner Zeitschrift für Soziologie und Sozialpsychologie, Soziale Welt und die Zeitschrift für Soziologie. Anhaltspunkte für das Renommee von wissenschaftlichen Zeitschriften bieten sogenannte Journal-Rankings, die jedoch nicht unumstritten sind (z. B. ABDC Journal List, Harzing Journal Quality List), oder auch Herausgaben wichtiger und einschlägiger Fachgesellschaften (z. B. Deutsche Gesellschaft für Soziologie (DGS)). Populärwissenschaftliche Bücher, Beiträge und insbesondere Webseiten sollten in der Regel nicht als wissenschaftliche Quellen herangezogen werden. Eine Ausnahme kann ggf. in der Einleitung der Arbeit gemacht werden, um die Relevanz bzw. Aktualität des Themas zu verdeutlichen, jedoch sollte dies mit Vorsicht und nur, wenn nicht anders möglich, erfolgen. Eine systematische und strukturierte Recherche unter Verwendung klar definierter Suchbegriffe und deren gezielte Kombination ist zentral, um die verfügbare Literatur zu erfassen und sich einen fundierten Überblick über den aktuellen Stand der Forschung zu verschaffen. Für die Organisation der recherchierten Literatur sind Literaturverwaltungsprogramme hilfreich, da sie die Verwaltung, Kategorisierung und das Zitieren von Quellen erleichtern (z. B. Zotero). Die korrekte Zitierweise und der angemessene Einsatz von Zitaten sind grundlegend für das wissenschaftliche Arbeiten, um wissenschaftliche

Integrität zu bewahren und den Lesenden eine kritische Auseinandersetzung mit den Quellen zu ermöglichen.

In wissenschaftlichen Arbeiten wird unterschieden zwischen direkten und indirekten Zitaten. Direkte Zitate sind wörtliche Übernahmen aus einer Quelle und müssen als solche kenntlich gemacht werden in der Regel durch Anführungszeichen. Sie dienen dazu, die originale Aussage einer Autorin oder eines Autors exakt wiederzugeben und sind insbesondere dann angebracht, wenn die Formulierung prägnant, einzigartig oder für das Verständnis des Kontextes besonders relevant ist. Bei der Verwendung direkter Zitate ist die exakte Seitenangabe obligatorisch, um die Auffindbarkeit im Originaltext und die Überprüfbarkeit der zitierten Stelle zu gewährleisten. Indirekte Zitate hingegen sind sinngemäße Wiedergaben von Aussagen oder Informationen aus einer Quelle. Sie werden genutzt, um die Inhalte in eigenen Worten wiederzugeben. Auch bei indirekten Zitaten muss die Quelle klar angegeben werden, allerdings ist hier in der Regel keine Seitenangabe erforderlich, es sei denn, dies wird durch die Zitierrichtlinien der jeweiligen Institution vorgeschrieben. Unabhängig von der Art des Zitates wird zitiert, wenn auf Gedanken, Theorien, Daten oder Aussagen Bezug genommen wird, die nicht aus dem eigenen Denken stammen, sondern von anderen Autor:innen erarbeitet wurden. Dies geschieht in transparenter Darlegung der wissenschaftlichen Grundlage der Arbeit und ermöglicht den Lesenden, die Herkunft der Informationen nachzuvollziehen und die Argumentation zu überprüfen. Hierfür gibt es verschiedene etablierte Zitierrichtlinien wie APA (American Psychological Association), ASA (American Sociological Association), Chicago Style, MLA (Modern Language Association) und den Harvard Stil (Kornmeier, 2021; Leuze & von Unger, 2015). Die Verwendung von Fußnoten ist unterdessen eher unüblich. Stattdessen werden bevorzugt In-Text-Zitate angegeben, die direkt im Fließtext integriert sind. Fußnoten können für zusätzliche Erläuterungen oder Informationen genutzt werden. Werden in einer wissenschaftlichen Arbeit Inhalte und Gedanken aus Quellen übernommen, die nicht zitiert bzw. mit einem Verweis versehen werden, handelt es sich um ein Plagiat.

Ein Plagiat liegt vor, wenn Passagen aus fremden Texten ohne Zitat wörtlich übernommen werden, wenn fremde Gedanken ohne Nachweis verwendet werden oder wenn Passagen aus fremdsprachigen Texten übersetzt übernommen werden (Leuze & von Unger, 2015).

Darüber hinaus kann der Einsatz von KI-basierten Tools wie DeepL oder ChatGPT in der wissenschaftlichen Arbeit relevant werden, insbesondere bei der Übersetzung internationaler Quellen oder der Informationsrecherche. Diese Tools können eine Unterstützung bieten, jedoch ist es erforderlich, die Ergebnisse kritisch zu überprüfen und die Grenzen der Technologien zu berücksichtigen. Die Verwendung dieser Tools sollte im Sinne der guten wissenschaftlichen Praxis transparent gemacht werden und es ist unerlässlich, die ethischen Aspekte, insbesondere in Hinblick auf Datenschutz und Urheberrecht, zu beachten (Gimpel et al., 2023). Wichtig ist und bleibt die Berücksichtigung der Regeln der guten wissenschaftlichen Praxis (Deutsche Forschungsgemeinschaft, 2022).

Literaturrecherche

Um wissenschaftlich fundierte Informationen zu gewinnen, benötigt es eine gründliche Literaturrecherche. Es sollten vorrangig wissenschaftliche Aufsätze und Bücher, die einem wissenschaftlichen Qualitätssicherungsprozess (z. B. Peer-Review) unterliegen, herangezogen werden. Es ist ratsam, weniger verlässliche oder nicht publizierte Quellen wie Vorlesungsfolien, Internet-Einträge oder Beiträge aus populärwissenschaftlichen Zeitschriften und Büchern in wissenschaftlichen Arbeiten zu vermeiden. Eine effektive Methode zur Literaturrecherche stellt die Nutzung der Schlagwortsuche in spezialisierten Datenbanken dar wie unter anderem: ELSEVIER, Google Scholar, JSTOR, Sage Journals, Science Direct, Scopus, Web of Science, WILEY Online Library, WISO.

Zudem empfiehlt sich die gezielte Online-Suche in relevanten Fachzeitschriften mit Schlagworten, um thematisch passende Artikel zu identifizieren. Außerdem bietet sich zuweilen die Methode der konzentrischen Kreise an. Sie folgt einem strukturierten Ansatz: Zunächst werden ein oder mehrere zentrale Zeitschriftenaufsätze identifiziert. Von diesen ausgehend, werden sämtliche zitierte Quellen untersucht und dokumentiert. Diese wiederum werden auf ihre Quellen hin analysiert, und so fort. Dabei vergrößert sich die Menge der betrachteten Quellen erheblich, wobei sich oft Autor:innen und besonders häufig zitierte Werke herauskristallisieren. Diese Methode ermöglicht zudem das Auffinden von fachfremder, jedoch relevanter Literatur. Ein Nachteil besteht darin, dass nicht zitierte Werke unberücksichtigt bleiben, was möglicherweise zu einer Einschränkung der Literaturvielfalt führen kann, etwa durch Zitierkartelle (Kornmeier, 2021).

Zum effizienten Lesen relevanter Beiträge empfiehlt es sich, zunächst die Literatur (Schlagworte, Titel, Autor:innen, Veröffentlichungsmedium) zu überfliegen und einzugrenzen. Anschließend sollten die Abstracts eingesehen werden, um einen Überblick über Kernaussagen und Ziele zu erhalten. Das Sichten von Überschriften und des Gesamtaufbaus gibt Aufschluss über die Struktur des Textes. Das Einlesen in die Einleitung bietet Einblicke in den Kontext und die Zielsetzung des Beitrags. Gegebenenfalls sollte das Fazit gelesen werden, um die Hauptergebnisse zu erfassen. Wenn diese Punkte auf Relevanz des Textes für das eigene Thema hinweisen, erfolgt das intensive Lesen des kompletten Beitrags und die reflektierte Auseinandersetzung mit den Inhalten (Kornmeier, 2021; Leuze & von Unger, 2015).

2.2 Gliederung der Arbeit

Die Gliederung der Arbeit sollte einen logischen Aufbau haben – d.h. die Argumentation der Arbeit sollte in einer logischen Abfolge sein. Das Inhaltsverzeichnis, das die Gliederung darstellt, dient nicht nur als Leitfaden für die Lesenden – das Inhaltsverzeichnis ist die Visitenkarte jeder wissenschaftlichen Arbeit. Es sollte auf den ersten Blick deutlich werden, wie der Aufbau der Arbeit ist und wie die Argumentation verlaufen wird. Dies gelingt am besten über ‚sprechende Überschriften', d.h. Überschriften, die inhaltlich gewählt sind und deutlich machen, worum es im jeweiligen Abschnitt geht. Eine inhaltliche Benennung der Gliederungspunkte hilft, die Argumentation nachzuvollziehen. Die Gliederungspunkte und Überschriften sollten präzise und leicht verständlich formuliert sein. Das Inhaltsverzeichnis gibt nicht nur einen ersten Eindruck vom Aufbau, der Qualität und Systematik der Argumentation, sondern offenbart auch, wie gründlich und reflektiert die Autor:innen den Untersuchungsgegenstand bearbeitet haben. Die Themen, die in der Arbeit behandelt werden, sollten bereits anhand der Überschriften im Inhaltsverzeichnis deutlich werden. Hierbei ist auch auf die Ausgewogenheit der Inhalte z. B. in Bezug auf Untergliederungspunkte zu achten. Für die Autor:innen selbst ist die Gliederung ein Instrument, das den Schreibprozess strukturiert. Es empfiehlt sich, vor Beginn des Schreibens die Argumente zu sortieren. Es sollte festgelegt werden, welches Argument an welcher Stelle für die Beantwortung der Forschungsfrage erforderlich ist. Dies stellt nicht nur sicher, dass die Arbeit in ihrer Gesamtheit kohärent und schlüssig ist, sondern erleichtert auch das Schreiben selbst, da jeder Abschnitt auf dem vorherigen aufbaut und zu dem nachfolgenden führt. Durch diese sorgfältige Vorarbeit und strukturierte Herangehensweise wird die Gliederung zum stabilen Gerüst der wissenschaftlichen Arbeit. Sie unterstützt die Autor:innen, den Fokus zu bewahren und den roten Faden konsequent beizubehalten.

Gliederung

Die Gliederung wissenschaftlicher Arbeiten verdeutlicht den Aufbau der Arbeit und den Gang der Argumentation. In Hinblick auf die Gliederung sind folgende Fragen relevant:

- Welcher Aufbau ist zielführend, um die Forschungsfrage zu beantworten?
- Welche Informationen sind notwendig, um die Hauptargumente zu stützen?
- Welche Themen sollten in welcher Reihenfolge behandelt werden?
- Wie können die Kapitel und Unterkapitel logisch miteinander verknüpft werden?
- Wie ausgewogen ist die Gliederung?

2.3 Einleitung

In wissenschaftlichen Arbeiten dient die Einleitung dazu, eine Problemstellung zu identifizieren und deren Relevanz aufzuzeigen. Sie skizziert das Forschungsfeld, stellt das Ziel der Arbeit und die zentrale Fragestellung (auch: Forschungsfrage) vor und gibt einen Überblick über den Aufbau der Arbeit. Durch die Einleitung wird ein Rahmen geschaffen, der die Lesenden darauf vorbereitet, die nachfolgenden Argumente und Ergebnisse nachzuvollziehen. Die Einleitung soll präzise und klar formuliert sein, ein Aktualitätsbezug ist wünschenswert. Auch ist wichtig auszuführen, weshalb die Bearbeitung des gewählten Themas relevant ist. Als Argumente eignen sich insbesondere uneindeutige Erkenntnisse der bisherigen Forschung, die genauer untersucht werden sollen. In der Einleitung werden das Ziel der Arbeit und die Fragestellung explizit ausformuliert. Eine gute Fragestellung ist spezifisch und kann mit einer qualitativen oder quantitativen Forschungsmethode beantwortet werden. Mit der Fragestellung wird bereits der Grundstein für die Wahl der Methoden gelegt (siehe Basismodul 3) und die Grundlage für die folgende wissenschaftliche Auseinandersetzung geschaffen. Entsprechend ist auf die Frageformulierung zu achten. Die Fragestellung prägt also den methodischen Zugang zur Untersuchung des Forschungsgegenstandes und bestimmt, wie ein Phänomen untersucht wird. Offene Fragen geben Raum für die Diskussion der Ergebnisse. Sie bieten den Vorteil, Einblicke in soziale Prozesse und Strukturen zu ermöglichen. Solche Fragen werden typischerweise in qualitativen Forschungsdesigns verwendet und erlauben es, soziale Phänomene in ihrer Vielfalt und Komplexität zu erforschen. Beispielfragewörter für diese Fragen sind ‚Wie', ‚Was', ‚Warum'. Demgegenüber eignen sich geschlossene Fragen für Ansätze, die auf quantitativ-empirische Methoden und die Generierung von statistisch auswertbaren Daten abzielen und Muster oder Zusammenhänge in größeren Datenmengen identifizieren wollen. Die Fragen zielen auf kurzgefasste Antworten ab, die in der Regel mit ‚Ja' oder ‚Nein' zu beantworten sind. Beispielfragewörter für diese Frageform sind: ‚Sind', ‚Hat', ‚Können'.

Die Qualität der Fragestellung ist entscheidend für den Erfolg der Untersuchung. Wichtig ist in diesem Zusammenhang, dass die Fragestellung nicht nur deskriptiv ist (etwas wird beschrieben), sondern auch ein analytischer Anteil enthalten ist. Eine analytische Fragestellung zeichnet sich dadurch aus, dass sie an einer identifizierten Leerstelle ansetzt und einschlägige wissenschaftliche Konzepte herangezogen (ggf. miteinander verbunden) werden. Im weiteren Verlauf der Einleitung kann ein kurzer Überblick über den aktuellen Forschungsstand präsentiert werden, insbesondere, wenn damit eine Lücke in der bisherigen Forschung dargestellt werden kann. Zudem werden die verwendeten Methoden kurz skizziert. Auch bietet es sich an, in der Einleitung konkret zu benennen, worin der Beitrag der Arbeit besteht, d.h. welche Erkenntnisse generiert werden (sollen). Das Einleitungskapitel schließt ab mit einer Darstellung des Gangs der Untersuchung, welcher den Aufbau der Arbeit erläutert und in einen logischen Zusammenhang stellt bzw. die Abfolge der Kapitel explizit begründet.

Einleitung

Die Einleitung wissenschaftlicher Arbeiten bietet eine Einführung ins Thema, benennt und begründet die zentrale Fragestellung. Fragen, die in der Einleitung beantwortet werden sollen, sind:

- Was ist das (aktuelle) theoretische, empirische und/oder soziale Problem, das die Arbeit behandelt?
- Was ist der Stand der Forschung im gewählten Themenbereich?
- Worin liegt die Forschungslücke?
- Was ist das Ziel und welche Fragestellung verfolgt die Arbeit?
- Wie ist die Arbeit aufgebaut?

Abstract
Während die Einleitung zum Thema hinführt und den Weg für den Hauptteil der Arbeit bereitet, dient das Abstract als Kompass und gibt einen Überblick über die gesamte Arbeit. Es wird zu Beginn der wissenschaftlichen Arbeit präsentiert und stellt eine prägnante Zusammenfassung der gesamten Arbeit dar, inklusive der zentralen Fragestellung, Methoden, Ergebnisse und Schlussfolgerungen. Wichtig ist entsprechend, dass das konkrete Problem herausgestellt wird und eine Forschungslücke identifiziert wird. Dann wird die konkrete Fragestellung oder das Ziel des Beitrags explizit benannt. Daran an schließt sich das methodische Vorgehen und ein kurzer Abriss der erzielten Ergebnisse. Schließlich wird der Beitrag zur bisherigen Forschung expliziert. Das Abstract ermöglicht es den Lesenden, die Kerninhalte und die Relevanz der Arbeit schnell zu erfassen, ohne den gesamten Text zu lesen (Esselborn-Krumbiegel, 2022; Kornmeier, 2021). Es steht in der Regel vor der Einleitung.

2.4 Theorie, Forschungsstand und Leerstellen

Nach der Einleitung folgt die theoretische und konzeptionelle Grundlage der Arbeit, d.h. es wird präsentiert und diskutiert, welche Theorien relevant sind, welche Ansätze und Erkenntnisse bereits vorliegen (auf die Schultern welcher Riesen sich die Autor:innen stellen). Die Auswahl erfolgt begründet, es müssen also Argumente gefunden werden, weshalb die verwendeten Theorien und Konzepte in Hinblick auf die Fragestellung relevant erscheinen. Wichtig ist auch die Verknüpfung der Theorien, Konzepte, Begriffe sowie des Forschungsstandes mit der Fragestellung. Die einzelnen Aspekte sollen aufeinander aufbauen (und nicht nebeneinander stehen) und von den Autor:innen in Bezug zueinander gesetzt werden.

In der wissenschaftlich-soziologischen Auseinandersetzung ist die klare und präzise Definition von Begriffen wichtig. Eindeutig definierte Begriffe ermöglichen es, komplexe Phänomene der Welt greifbar und verständlich zu machen. Sie dienen als Ausgangspunkt für die Auseinandersetzung mit dem Thema und schaffen die Voraussetzung für weitere begriffliche Ausdifferenzierungen. Zudem sind soziologische Grundbegriffe häufig durch bestimmte Theorien oder Wissenschaftler:innen geprägt, was ihre Interpretation und Verwendung in unterschiedlichen Forschungskontexten beeinflusst. Sobald der Begriff ‚System' oder ‚Habitus' verwendet wird, gehen die Theoriewelten der Klassiker (in diesem Fall Luhmann und Bourdieu) auf. Das bewusste Arbeiten mit Begriffen erlaubt Forschenden, mit anderen Forschenden eine gemeinsame Sprache zu sprechen. Begriffe können insofern als Orientierungspunkte betrachtet werden. Hierzu ist es wichtig, sich mit bisherigen Definitionen auseinanderzusetzen, diese zu diskutieren und dann präzise zu definieren, was unter einem Begriff verstanden wird (Kornmeier, 2021). Eine solche Präzisierung schafft Klarheit und Verständlichkeit und minimiert das Potenzial für Missverständnisse und Fehlinterpretationen. Durch die sorgfältige Definition von Begriffen wird maßgeblich zur Qualität und Klarheit soziologischer Arbeiten beigetragen (Vester, 2009).

In wissenschaftlichen Arbeiten sind zudem der theoretische Rahmen und der Forschungsstand von besonderer Bedeutung. Eine sorgfältige Auseinandersetzung mit den theoretischen Grundlagen und Annahmen der vorangegangenen Forschung ermöglicht ein tieferes Verständnis der Ergebnisse und ihre Einordnung in den wissenschaftlichen Diskurs. Hierzu sind in Anlehnung an die Wahl von Begriffsdefinitionen auch die verwendeten Theorien begründet auszuwählen. Zunächst bedarf es einer gründlichen Recherche, welche Theorie für die Beantwortung der Fragestellung adäquat ist. Bei der Vorstellung der Theorie ist darauf zu achten, dass die Erläuterungen stets einen Bezug zur Fragestellung haben. Zudem sind keine Theorie und kein Ansatz ohne Kritik geblieben. Wichtig ist eine reflektierte Auseinandersetzung mit und kritische Einordnung der Theorien durch die Autor:innen, d.h. es geht darum, würdigende Argumente zu finden, was der Mehrwert einer Theorie ist, aber auch kritische Argumente aufzuzeigen, an welchen Stellen Inkonsistenzen oder Leerstellen bestehen. Diese Auseinandersetzung und Abwägung ist in die wissenschaftliche Arbeit zu integrieren und macht die wissenschaftliche Haltung der Autor:innen deutlich.

Darüber hinaus ist der Forschungsstand in Bezug auf die gewählte Fragestellung zu sichten, d.h. zu recherchieren, welche Veröffentlichungen es zu einem Thema bereits gibt und welche Ergebnisse bislang erzielt wurden. Auch diese sind kritisch zu würdigen und in Hinblick auf ihren Beitrag zur Beantwortung der Fragestellung zu diskutieren. In diesem Zusammenhang können auch die angewandten Methoden kritisch reflektiert werden oder der gesellschaftliche und kulturelle Kontext, in dem die Forschung stattgefunden hat. Erst auf dieser Basis können die Ergebnisse adäquat interpretiert und ihre Relevanz für die eigene Arbeit bewertet werden. Der Forschungsstand dient wiederum als Basis für weitere Forschung, ermöglicht den Erkenntnisgewinn durch Identifizierung und explizite Benennung von Forschungslücken (‚Forschungsdesiderate') und hilft, die Notwendigkeit der Themenbehandlung und Durchführung einer eigenen Studie zu begründen. Bei quantitativ-empirischen Arbeiten bietet es sich an, ein Modell über die angenommenen Zusammenhänge zu entwickeln und Hypothesen zu formulieren, die mit der Empirie geprüft werden können. Das Verständnis und die kritische Auseinandersetzung mit dem bestehenden Forschungsstand sind unerlässlich, um die Relevanz und den Beitrag der eigenen Arbeit zu verdeutlichen. Die Ermittlung des Forschungsstandes beginnt mit einer umfassenden Literaturrecherche (siehe Abschnitt zur Literaturrecherche), bei der wissenschaftliche Zeitschriftenbeiträge, Bücher und andere relevante Quellen gesichtet werden. Diese Recherche muss sorgfältig und umfassend sein, um ein vollständiges Bild des aktuellen Forschungsstandes zu erlangen. In diesem Prozess ist eine kritische Analyse der gefundenen Literatur hinsichtlich Qualität, Methodik und Ergebnissen unabdingbar. Primär sollten hochwertige, wissenschaftliche Publikationen, insbesondere aus peer-reviewed Journals, Berücksichtigung finden.

Konzeptioneller Rahmen

Das Theoriekapitel wissenschaftlicher Arbeiten ist die Basis der Arbeit, stellt die Anknüpfungspunkte an den Forschungsstand dar und ordnet das Thema in den wissenschaftlichen Kontext ein. Die verwendeten Theorien werden begründet ausgewählt und kritisch reflektiert. Der Forschungsstand wird in Hinblick auf seinen Beitrag zur Beantwortung der Fragestellung diskutiert und es werden Leerstellen aufgezeigt. Fragen, die in diesem Kapitel beantwortet werden sollen, sind:

- Welche Begriffe werden verwendet und wie werden diese definiert?
- Welche Theorien und Konzepte sind für die Fragestellung relevant und warum?
- Welche Forschung wurde bereits zu dem Thema durchgeführt und welche Ergebnisse wurden erzielt? Welche methodischen Ansätze wurden verwendet?
- Wie tragen die präsentierten Theorien und die bisherigen Forschungsergebnisse zur Beantwortung der Fragestellung bei?
- Welche Aspekte in Hinblick auf die Fragestellung können beantwortet werden, welche Aspekte bleiben unklar?
- Welche Fragen bzw. Leerstellen bleiben offen (und bedingen eine eigene Untersuchung)?

2.5 Methodik

Die Soziologie ist eine empirische Wissenschaft und es werden in der Regel empirische Studien durchgeführt. Nachdem begründet wurde, dass eine Studie zur Beantwortung der Fragestellung unerlässlich ist und an den Leerstellen der bisherigen Forschung ansetzt, wird intersubjektiv nachvollziehbar dargestellt und argumentiert, wie vorgegangen wurde und welche Methoden verwendet wurden. Dazu gehören methodologische Überlegungen zur Begründung des Vorgehens, d.h. weshalb man sich für einen qualitativ- oder einen quantitativ-empirischen Ansatz entschieden hat. In einem nächsten Schritt erfolgen die Beschreibung und Begründung des verwendeten Erhebungsinstruments, d.h. wie konkret vorgegangen wurde zur Befragung von Personen bzw. Untersuchung von Situationen. Es wird vorgestellt, welche Art von Interviews geführt oder wie die Fragebögen konzipiert wurden, welche Themen integriert und angesprochen bzw. welche etablierten Items und Skalen verwendet wurden. Darüber hinaus soll Transparenz über die Erhebung hergestellt werden: Wer wurde wann wie befragt bzw. untersucht? In diesem Zusammenhang ist nachvollziehbar zu begründen, warum dieses Vorgehen gewählt wurde und warum dies für die Beantwortung der Fragestellung zielführend ist. Das Methodenkapitel ist auch geeignet, um das untersuchte Sample vorzustellen und die Sozialdemographie zu präsentieren. Hierzu gehört auch ein Überblick über die Anzahl und die Dauer der Interviews und warum genau diese Personen für die Untersuchung ausgewählt und wie diese rekrutiert wurden. Für die Lesenden geht es darum, konkret nachvollziehen zu können, wie die Erhebung abgelaufen ist, auch um die Datenbasis einschätzen zu können und ob damit wissenschaftlich fundierte Ergebnisse erzielt werden können. Zudem ist Transparenz darüber herzustellen, wie das empirische Material ausgewertet wurde. Insofern ist vorzustellen, wie viele Personen an der Auswertung beteiligt waren, wie mit dem empirischen Material umgegangen wurde und auf welche wissenschaftlich-methodischen Vorgehensweisen man sich stützt. Selbstredend gehören hierzu Literaturverweise auf einschlägige Methodenwerke. In einem letzten Schritt können im Methodenkapitel (oder im Fazit) die wissenschaftlichen Gütekriterien diskutiert werden (Esselborn-Krumbiegel, 2022). Gütekriterien sind Merkmale, die dazu dienen, die Qualität von empirischer Forschung zu diskutieren und entsprechend einordnen zu können. Eine tiefere Behandlung methodischer Ansätze erfolgt im Basismodul 3.

Methodenkapitel

Im Methodenkapitel wissenschaftlicher Arbeiten werden die verwendeten empirischen Vorgehensweisen zur Erhebung und Auswertung von Daten offengelegt, begründet und diskutiert. Fragen, die für die Erstellung des Methodenkapitels relevant sind, sind die Folgenden:

- Was sind die methodologischen Vorüberlegungen? Welcher empirische Ansatz wird aus welchen Gründen verwendet?
- Welche Erhebungsmethoden kommen zum Einsatz und warum?
- Wie ist das Erhebungsinstrument aufgebaut?
- Welche Personen oder Situationen wurden für die Erhebung ausgewählt? Warum sind diese Personen oder Situationen geeignet, um Erkenntnisse zur Beantwortung der Fragestellung zu gewinnen?
- Wie sieht das Sample bzw. die Stichprobe aus?
- Wie werden die Daten ausgewertet?
- Wie ist die Güte der Untersuchung zu bewerten?

2.6 Ergebnispräsentation und Diskussion

In einem nächsten Schritt werden die erzielten Ergebnisse präsentiert. Zunächst erfolgt eine deskriptive Vorstellung der Ergebnisse und dann eine analytische Ergebnispräsentation. Diese beiden Schritte sollten getrennt sein (Franck & Stary, 2013). Die deskriptive Ergebnispräsentation zielt darauf ab, einen Überblick über das empirische Material zu geben und es strukturiert vorzustellen. Wenn im qualitativ-empirischen Auswertungsverfahren Kategorien erstellt wurden, bietet es sich an, diese zu beschreiben und auch konkretes empirisches Material zu präsentieren (z. B. ausgewählte Transkriptstellen). Bei quantitativ-empirischen Ansätzen erfolgt ein Überblick über die Daten mittels deskriptiver Statistik, um den Datensatz besser kennenzulernen, einen Ein- und Überblick in die Verteilung der Daten zu erhalten und Zusammenhänge zwischen Variablen aufzuzeigen. In der Analyse des empirischen Materials werden die Ergebnisse in Hinblick auf den theoretisch-konzeptionellen Rahmen bzw. die Leerstellen der Arbeit diskutiert und der Erkenntnisgewinn reflektiert. Bei quantitativ-empirischen Arbeiten werden die Hypothesen getestet und das entwickelte Modell geprüft. An dieser Stelle erfolgt in der Regel nicht mehr die Präsentation von empirischem Material. Auf Basis der deskriptiven und dann stärker analytischen Auswertung des empirischen Materials kann dann die Fragestellung beantwortet werden. Das Diskussionskapitel ist folglich ein zentrales Element in der wissenschaftlichen Arbeit, in dem eine vertiefte Auseinandersetzung mit den Ergebnissen stattfindet. Hier werden die Ergebnisse nicht nur reflektiert, sondern auch in den Kontext bestehender Forschungsergebnisse und Theorien gestellt. Es erfolgt eine kritische Betrachtung, inwiefern die eigenen Ergebnisse den theoretisch-konzeptionellen Rahmen bestätigen, erweitern oder möglicherweise in Frage stellen. In der Diskussionsphase werden im Normalfall keine neuen Quellen oder theoretischen Konzepte mehr eingeführt. Die Diskussion sollte vielmehr auf dem bereits in der Arbeit etablierten theoretischen Fundament aufbauen und dieses in Beziehung zu den eigenen Forschungsergebnissen setzen. Der Fokus liegt auf der Interpretation und Einordnung der eigenen Befunde, nicht auf der Einführung neuer theoretischer Perspektiven und Forschungsergebnisse. Schließlich werden an dieser Stelle in manchen Disziplinen Handlungsempfehlungen z. B. für die betriebliche Praxis abgeleitet. Diese müssen sich eindeutig aus dem empirischen Material ergeben und sollten konkret und umsetzbar sein. Allerdings kann die Ableitung von Handlungsempfehlungen auch kritisch gesehen werden und ist zumindest in soziologischen Arbeiten kein Standard (siehe Aufbaumodul 1 Kritische Theorie).

Diskussionskapitel

Im Diskussionskapitel wissenschaftlicher Arbeiten werden die Ergebnisse vorgestellt und vor dem Hintergrund des Forschungsstandes diskutiert. Fragen, die für die Erstellung des Diskussionskapitels relevant sind:

- Welche Ergebnisse wurden erzielt?
- Wie lässt sich auf Basis der empirischen Ergebnisse die zugrundeliegende Fragestellung beantworten?
- Wie können die Ergebnisse in Hinblick auf den Forschungsstand eingeordnet werden?
- Worin liegt der Beitrag der Ergebnisse zur bisherigen Forschung?

2.7 Fazit, Limitationen und Ausblick

Im Fazit erfolgt der Abschluss der wissenschaftlichen Arbeit. Das Fazit einer wissenschaftlichen Arbeit dient dazu, die eingangs gestellte Forschungsfrage aufzugreifen und explizit zu beantworten, die Relevanz der eigenen Ergebnisse im Kontext bestehender Theorien, Modelle und Diskurse zu betonen und die zentralen Erkenntnisse in den wissenschaftlichen Kontext zu setzen. Nach dieser Zusammenschau folgt die Diskussion der Limitationen und der Ausblick. In Hinblick auf die Limitationen wird über die Grenzen des Forschungsdesigns, der Methodik und der Interpretation reflektiert. Diese Grenzen der wissenschaftlichen Arbeit und der generierten Ergebnisse sind nicht zwangsläufig ein Zeichen von Mängeln oder Fehlern, sondern ein Zeugnis für den spezifischen Kontext, in dem die Forschung durchgeführt wurde. Das Erkennen und Diskutieren von Limitationen trägt dazu bei, die Ergebnisse im Zusammenhang zu sehen sowie Transparenz und Integrität zu gewährleisten. Zudem ermöglicht ein Verständnis der Limitationen eine bessere Einordnung der Ergebnisse in den wissenschaftlichen Kontext. In der Soziologie gibt es typischerweise verschiedene Arten von Limitationen. Es gibt methodische Limitationen, die sich auf das gewählte Forschungsdesign oder die Durchführung der Studie beziehen. Es gibt auch Limitationen auf der theoretischen Ebene. Wenn ein bestimmter theoretischer Rahmen gewählt wird, kann dies den Untersuchungsfokus begrenzen und bestimmte Aspekte eines Phänomens stärker hervorheben und andere vernachlässigen. Zudem gibt es praktische Limitationen: Soziologische Forschung ist von ihrem jeweiligen gesellschaftlichen, kulturellen oder historischen Kontexten geprägt. Daher sollte betont werden, in welchem Kontext die Untersuchung durchgeführt wurde und wie dieser die Resultate beeinflusst haben könnte. Die Forschung in der Soziologie kann durch Schwierigkeiten beim Zugang zu bestimmten Bevölkerungsgruppen, Kulturen oder Organisationen beschränkt sein. Kulturelle oder soziale Barrieren können die Datenerhebung beeinflussen. Bei der Erstellung der Limitationen in soziologischen Arbeiten steht Reflexivität im Vordergrund. Die eigene Position sowie der Einfluss auf die Forschung ist kritisch zu hinterfragen. Entsprechend ist die Selbstreflexion ein integraler Bestandteil der Diskussion von Limitationen. Limitationen sind nachvollziehbar und präzise zu beschreiben, damit andere Forschende die Tragweite und den Kontext der Ergebnisse einordnen können.

Darüber hinaus dient das Aufzeigen von Limitationen als Ausgangspunkt, um zukünftige Fragestellungen oder Forschungsmethoden abzuleiten. Jede Forschungsarbeit weist Punkte auf, die potenzielle Anknüpfungsmöglichkeiten für nachfolgende Untersuchungen bieten. Im Ausblick werden solche Anknüpfungspunkte und Forschungslücken identifiziert, die während des Forschungsprozesses deutlich geworden sind und sich in der Regel an die diskutierten Limitationen anschließen. Es werden Empfehlungen für methodische Anpassungen, thematische Vertiefungen oder Erweiterungen formuliert, die sich aus den eigenen Ergebnissen und Erkenntnissen ableiten lassen. Ergebnisse stellen in diesem Zusammenhang die direkten Daten dar, die aus der empirischen Forschung hervorgehen, während Erkenntnisse die Interpretation und das Verständnis dieser Daten sind.

Schlusskapitel

Das Abschlusskapitel wissenschaftlicher Arbeiten besteht aus einem Fazit, das die Fragestellung aufgreift und darauf eine Antwort gibt. Es werden die wesentlichen Erkenntnisse der Arbeit zusammengefasst. Darüber hinaus werden die Limitationen der Arbeit zur Einordnung der Ergebnisse diskutiert und Perspektiven für die zukünftige Forschung aufgezeigt. Folgende Fragen sind bei der Erstellung des Abschlusskapitels relevant:

- Womit hat sich die Arbeit beschäftigt und wie wurde vorgegangen?
- Wie kann die Fragestellung konkret beantwortet werden?
- Welche wesentlichen Erkenntnisse wurden erzielt?
- Welche Limitationen (Einschränkungen) bestehen hinsichtlich des empirischen Vorgehens und der Ergebnisse? Welche (subjektiven) Faktoren könnten die Arbeit beeinflusst haben?
- Welche Forschungsthemen und empirische Designs bieten sich für eine Weiterbearbeitung des Themas an?

2.8 Literaturverzeichnis

Das Literaturverzeichnis enthält alle (wörtlich und/oder sinngemäß) zitierten Quellen. Es ist auf Vollständigkeit und Einheitlichkeit der Quellenangaben zu achten, d.h. alle Quellen, die zitiert werden, müssen im Literaturverzeichnis hinterlegt sein. Die Angaben sind sorgfältig zu machen und mit den wesentlichen Informationen zu versehen, so dass die Quelle recherchiert und eingesehen werden können. Teilweise gibt es spezifische Anforderungen an Literaturverzeichnisse hinsichtlich der Darstellung der Angaben (z. B. Kursivsetzungen, Zeichensetzung, Abkürzungen). Hierauf ist unbedingt zu achten und das Literaturverzeichnis akribisch einheitlich zu gestalten. Es bieten sich Literaturverwaltungssoftwares an, mit denen umfangreiche Formatierungsarbeiten und die entsprechende Literaturverwaltung (z. B. Abstracts, Exzerpte, Zitate) vereinfacht werden (wenn die Angaben in der Datenbank des Literaturverwaltungsprogrammes akribisch einheitlich gepflegt wurden). Das Literaturverzeichnis zeigt den Lesenden an, auf welchen Quellen die wissenschaftliche Arbeit basiert. Eine häufig gestellte Frage ist die nach der erforderlichen Anzahl der Literaturquellen. Diese Frage kann nicht pauschal beantwortet werden. Das Literaturverzeichnis sollte jedoch die Breite und Intensität der Literaturrecherche verdeutlichen. Insofern ist besonders auf die Ausgewogenheit der zugrundeliegenden Literaturbasis zu achten. Wichtig ist, dass die verwendeten Literaturquellen einschlägig sind, d.h. zum Thema passen, dass sie aktuell sind, d.h. dass auch die Entwicklung des Forschungsfeldes berücksichtigt wurde, dass sie international sind, um deutlich zu machen, dass man den Diskurs in der Scientific Community kennt und sich darin einordnen kann, und dass die Quellen hochwertig sind, d.h. einem wissenschaftlichen Qualitätssicherungsprozess unterliegen (‚Peer-Review') (siehe Abschnitt zur Literaturrecherche).

Literaturverzeichnis

Im Literaturverzeichnis wissenschaftlicher Arbeiten werden die verwendeten Quellen der Arbeit aufgeführt. Fragen, die für die Erstellung des Literaturverzeichnisses relevant sind, sind die Folgenden:

- Ist das Literaturverzeichnis vollständig, d.h. sind alle verwendeten Quellen enthalten? Und sind alle Quellen im Literaturverzeichnis als Verweise im Text aufgeführt?
- Sind die Angaben der Quellen im Literaturverzeichnis einheitlich gestaltet (Abkürzungen, Zeichensetzung, Formatierungen)?
- Ist die Literaturbasis der wissenschaftlichen Arbeit aktuell und international?
- Wie breit und intensiv war die zugrundeliegende Literaturrecherche?
- Wird die wesentliche und relevante Literatur rezipiert?

3 Form wissenschaftlicher Arbeiten

In wissenschaftlichen Arbeiten will auch die Form gewahrt werden, d.h. neben dem Inhalt ist auch die Präsentation wissenschaftlicher Arbeiten wichtig. Es wird großer Wert auf Konsistenz und Einheitlichkeit gelegt, was z. B. die Formatierung oder die Angabe von Informationen angeht. Die Form wissenschaftlicher Arbeiten ist quasi die Verpackung des Textes, die keine Beanstandungen zulässt, da diese wiederum einen Schatten auf den Inhalt werfen können (i.S.v. wenn schon die Form nicht sorgfältig ist, wie hält es sich dann mit der zugrundeliegenden Literaturrecherche?). Das wissenschaftliche Arbeiten in der Soziologie unterliegt spezifischen Regeln und Standards, die je nach Art und Zweck der Arbeit variieren können. Im Folgenden soll auf die schriftliche und mündliche Präsentation wissenschaftlicher Arbeiten eigegangen werden.

3.1 Schriftliche Arbeiten

Schriftliche Arbeiten sind *das* Kommunikationsmedium in der Wissenschaft. Die Kunst des wissenschaftlichen Schreibens wird im Studium in Haus- oder Seminararbeiten, Bachelor- und Masterarbeiten sowie in Dissertationen eingeübt. Das Verfassen von Zeitschriftenbeiträgen und Büchern gehört zum Alltag einer Wissenschaftlerin bzw. eines Wissenschaftlers. Das wissenschaftliche Schreiben kann sich mitunter als ‚harte Arbeit' (Kornmeier, 2021) darstellen. Die genannten schriftlichen Arbeiten unterscheiden sich hinsichtlich Umfang, Eigenständigkeit, Anspruch und Erkenntnisinteresse bzw. Beitrag zur Wissenschaft (Voss, 2022). Allen gemein ist das Erfordernis, sich mit einer konkreten Fragestellung wissenschaftlich fundiert und nach den Regeln der guten wissenschaftlichen Praxis (Deutsche Forschungsgemeinschaft, 2022) auseinanderzusetzen.

In schriftlichen wissenschaftlichen Arbeiten dient die Einhaltung formaler Kriterien der Lesbarkeit, Nachvollziehbarkeit und Wissenschaftlichkeit des Textes. Es gibt mehrere Elemente und Prinzipien, die besondere Beachtung verdienen. Einen sehr guten Überblick bieten einschlägige Werke zum wissenschaftlichen Arbeiten (Kornmeier, 2021; Leuze & von Unger, 2015; Voss, 2022). Zu Beginn eines jeden wissenschaftlichen Textes steht das Deckblatt, welches relevante Informationen wie den Titel der Arbeit, den Namen der Autor:innen, das Datum und die Institution beinhalten sollte. Es folgen die Bestandteile, die im vorangegangenen Kapitel vorgestellt wurden. Am Ende der Arbeit ist ein unverzichtbares Element die Eidesstattliche Erklärung, durch welche die Verfassenden die Eigenständigkeit der Arbeit bestätigen. Diese Erklärung ist zumeist vorformuliert und dient der Wahrung wissenschaftlicher Integrität (siehe Abschnitt zur guten wissenschaftlichen Praxis). Nicht zu vergessen sind die obligatorischen Verzeichnisse wie das Inhalts-, Abbildungs-, Tabellen- und Literaturverzeichnis, die zur Strukturierung und zur Auffindbarkeit von Informationen, Daten und Quellen beitragen. Die Strukturierung des Textes in klar abgegrenzte Kapitel und Unterkapitel unterstützt die Übersichtlichkeit und erleichtert den Lesenden die Orientierung. Hierbei ist auf Ausgewogenheit und einen logischen Aufbau zu achten und darauf, dass Kapitel und Unterkapitel weder zu kurz noch zu lang sind, um die inhaltliche Tiefe und Relevanz zu wahren. Die einheitliche Seitengestaltung z. B. in Bezug auf Schriftart und -größe trägt zu einem harmonischen Gesamteindruck und zur Lesefreundlichkeit bei. Auch die Absatzgestaltung ist für die Lesefreundlichkeit relevant. In Absätzen werden Sinneinheiten zusammengefasst. Insofern sollte es nicht zu viele Absätze geben, da dies Sinneinheiten separiert und auch nicht zu lange Absätze, da darunter die Strukturierung des Textes und der Argumente leidet (Berninger et al., 2017). Der Anhang einer wissenschaftlichen Arbeit dient der Aufnahme von Materialien, die für das Verständnis des Textes und der Ergebnisse relevant, jedoch zu umfangreich für den Hauptteil sind. Hierzu können etwa Tabellen, Transkripte, Diagramme oder zusätzliche Daten gehören, welche die Arbeit ergänzen und für die Einordnung der erzielten Erkenntnisse wichtig sind. Die Beachtung und Umsetzung dieser formalen Kriterien tragen maßgeblich zur Qualität des Textes bei und unterstützen die klare Kommunikation der Forschungsergebnisse.

Auch das wissenschaftliche Schreiben als solches ist nicht trivial. Wissenschaftliches Schreiben kann genau wie andere Fertigkeiten erlernt werden. Dabei spielt nicht unbedingt Talent die Hauptrolle, sondern vielmehr Interesse und die Bereitschaft zu üben, Kritik zu akzeptieren und Texte mehrfach zu überarbeiten (Berninger et al., 2017). Zudem ist Schreiben ein erkenntnisfördernder Prozess, d.h. die Erkenntnisse entwickeln sich teilweise erst im Schreibprozess. Insofern bietet es sich an, ‚einfach' anzufangen zu schreiben; das sortiert die Gedanken und lässt Zusammenhänge erkennen. Die ersten Formulierungen sind noch nicht perfekt und müssen es auch nicht sein (Franck & Stary, 2013). Im Verlauf des Schreibens und der Überarbeitung entwickelt sich der Text, die Inhalte werden ‚geschliffen' und Argumente konziser. So geht es zunächst darum, Text zu erstellen und dann zu überarbeiten, damit die finale Version bis zur Abgabe so kurz und konzise wie möglich gestaltet ist. Bei Überarbeitungsschleifen geht es darum, alles zu entfernen, was nicht benötigt wird mit dem Ziel, einen Text zu haben, bei dem nichts mehr weggelassen werden kann (Berninger et al., 2017; Kornmeier, 2021). Hierbei hilft es auch, Abstand vom schriftlichen Werk zu erhalten, indem die Arbeit einige Tage beiseitegelegt und erst danach wieder zur Hand genommen, durchgelesen und überarbeitet wird (Franck & Stary, 2013). Hilfreich ist es auch, andere Personen, Kommiliton:innen, Kolleg:innen um die kritische Durchsicht des Textes zu bitten und eine Rückmeldung zu erhalten, ob die Argumentation nachvollziehbar ist. Hierbei ist auf die Qualität der Rückmeldungen zu achten. Hochwertige Rückmeldungen sind gekennzeichnet durch Konstruktivität, wobei spezifische, klare und direkte Anmerkungen und Änderungsvorschläge bei der Verbesserung der Arbeit unterstützen. Dies trägt dazu bei, eine andere Perspektive auf den eigenen Text zu erhalten und auf dieser Basis die Inhalte weiter zu schärfen. Häufig können dadurch auch Rechtschreibungs- und Zeichensetzungsfehler identifiziert und vermieden werden. Bei der Überarbeitung bietet es sich an, sich stets zu fragen, was ein (Ab)Satz zur Bearbeitung des Themas beiträgt, was weggelassen oder einfacher formuliert oder auch, was noch konkreter formuliert werden kann.

3.2 Das Referat

Bei einem Referat handelt es sich um die mündliche Präsentation eines bestimmten Themas in begrenzter Zeit. Wie beim schriftlichen wissenschaftlichen Arbeiten gibt es auch hier Regeln und Formalia, die zu beachten sind. Es steht das grundlegende Verständnis des Themas im Vordergrund, das in einer klaren Struktur und fokussierten Weise dargestellt wird. Eine Präsentation basiert auf der wissenschaftlich fundierten Auseinandersetzung mit einem Thema bzw. einer Fragestellung und einer entsprechenden Literaturrecherche. Die Präsentation als solche setzt sich aus mehreren Folien zusammen, um den Inhalt strukturiert und nachvollziehbar zu übermitteln. Auch hier ist darauf zu achten, weder zu viele noch zu wenige Folien zu präsentieren (als Faustregel haben sich 2–3 Minuten pro Folie bewährt). Die Titelfolie gibt beispielsweise das Thema, die Namen der Präsentierenden sowie das Datum und gegebenenfalls die Veranstaltung oder Institution an. Sie kann und sollte das Interesse für das Thema wecken, indem ein originelles Zitat oder ein einprägsames Beispiel geschildert werden, auf das im Folgenden vertiefend eingegangen wird. Zur Vorbereitung bietet es sich an, für sich die Frage zu beantworten, warum das Thema interessant ist und was der Vortrag zu bieten hat (Franck & Stary, 2013). Darauf folgt ein Überblick über den Ablauf der Präsentation (z. B. mit einer Agenda-Folie), der auf die folgenden Abschnitte eingeht und die Argumentation nachzeichnet. Es folgen Folien zur Problem- und Fragestellung, um das zentrale Anliegen, das behandelt, und die Fragestellung, die beantwortet werden soll, zu benennen. In einem nächsten Schritt wird auf den konzeptionellen Rahmen, die Theorie oder den begründet gewählten Ansatz eingegangen. Diese werden vorgestellt und wie bei schriftlichen Arbeiten kritisch reflektiert. Das kann und sollte dazu beitragen, die Leerstellen aufzuzeigen, an denen der eigene Vortrag ansetzt. Falls eigene empirische Ergebnisse präsentiert werden, ist eine Methodenfolie obligatorisch, um intersubjektiv nachvollziehbar die Datenherkunft und den Auswertungsprozess zu erläutern. Es folgt die strukturierte und konzise Präsentation der Ergebnisse und ihre Interpretation. Wichtig ist das explizite Festhalten des eigenen Beitrages mit Verweis auf den präsentierten konzeptionellen Rahmen. In einem abschließenden Fazit werden die Fragestellung aufgegriffen und beantwortet sowie Limitationen aufgezeigt. Es heißt, das, was zuletzt gesagt wird, bleibt bei den Zuhörer:innen am ehesten hängen (Leuze & von Unger, 2015). Insofern ist angeraten, den Abschluss des Vortrags dezidiert vorzubereiten und/oder eine sogenannte ‚Take-Home-Message' zu formulieren. Eine Auflistung der verwendeten Literatur oder Quellen sorgt für Transparenz und schließt den inhaltlichen Teil der Präsentation ab, gefolgt von einer Schlussfolie, auf welcher Dankesworte (für die Aufmerksamkeit, das Interesse etc.) und Kontaktdaten vermerkt sind und Raum für Fragen oder Diskussion geboten wird. Bei der Präsentation selbst ist es entscheidend, die zentralen Punkte der Argumentation konzise, klar und verständlich zu vermitteln und die Folien zur Unterstützung der Argumentation systematisch anzuordnen.

Die verwendeten Folien dienen nicht nur der visuellen Unterstützung des Vortrages, sondern tragen maßgeblich zur Verständlichkeit und Nachvollziehbarkeit der Inhalte bei. Es gilt, durch klare Überschriften, Bullet-Points und ausreichend Abstände zwischen den Elementen, eine logische und nachvollziehbare Struktur zu schaffen, die die Zuhörerschaft schrittweise durch das Thema führt. Die Reduktion von Text ist dabei ein wesentliches Gestaltungselement. Lange Sätze und Textblöcke können die Aufmerksamkeit ablenken, weshalb die Fokussierung auf Stichpunkte und Schlüsselinformationen empfehlenswert ist. Dies ermöglicht es, die essenziellen Informationen visuell hervorzuheben und das gesprochene Wort zu unterstützen. Zudem können Grafiken, Diagramme und Tabellen als effektive Mittel zur Visualisierung komplexer Inhalte dienen. Sie tragen dazu bei, Zusammenhänge besser zu veranschaulichen und die Aufmerksamkeit der Zuhörerschaft zu halten. Die gewählten Visualisierungen sollten klar und einfach zu verstehen sein. Die Bedeutung eines einheitlichen und professionellen Designs ist nicht zu unterschätzen, da es zur Verständlichkeit der Präsentation beiträgt. Die Verwendung einheitlicher Schriftarten, Schriftgrößen und Layouts ist ebenso wichtig wie eine angemessene Farbwahl, die genügend Kontrast bietet, um die Lesbarkeit zu gewährleisten. In wissenschaftlichen Kontexten erweist sich die korrekte Angabe von Quellen als unverzichtbar. Diese sollten direkt auf der jeweiligen Folie platziert werden, um die Herkunft von Daten, Fakten und Zitaten transparent zu machen. Obschon Übergänge und Animationen dazu beitragen können, den Fokus des Publikums zu lenken, ist eine sparsame Verwendung ratsam, um Ablenkung und einen unprofessionellen Eindruck zu vermeiden. Nützlich kann es zudem sein, die Durchführung eines Probevortrages zur Überprüfung der Qualität von Folien und des zeitlichen Rahmens einzuplanen. So können Unklarheiten identifiziert und die Folien entsprechend überarbeitet werden, bevor es zum Auftritt kommt. Die Gestaltung der Folien ist somit insgesamt betrachtet ein integraler Bestandteil wissenschaftlicher Präsentationen, der die Verständlichkeit und Aufnahme der Inhalte durch die Zuhörerschaft maßgeblich beeinflusst (Voss, 2022).

Zusammenfassung

In diesem Kapitel wurde eine Einführung in das wissenschaftliche Arbeiten in der Soziologie präsentiert. Bei den Grundlagen des wissenschaftlichen Arbeitens handelt es sich um in der Wissenschaftsgemeinschaft (‚Scientific Community') geteilte Prinzipien, wie wissenschaftliche Erkenntnisse erzielt und dargestellt werden. Wesentlich sind neben dem fundierten wissenschaftlichen Arbeiten die intersubjektive Nachvollziehbarkeit und Transparenz der Vorgehensweisen sowie die Selbstreflexion der Forschenden, um das gewählte Vorgehen einordnen zu können.

Das wissenschaftliche Arbeiten ist zentral für alles, was in der Wissenschaft entwickelt und diskutiert wird. Im Kern gleicht wissenschaftliches Arbeiten einem Handwerk, welches Regeln hat, die zu berücksichtigen sind und die quasi eingeübt werden müssen. Die Regeln dienen der Sicherstellung guter wissenschaftlicher Praxis. Es haben sich Regelwerke von Institutionen wie der DFG etabliert; in zahlreichen Universitäten wurden aber auch eigene Regelwerke und Leitlinien verabschiedet und veröffentlicht. Die Regeln der guten wissenschaftlichen Praxis bilden die Grundlage und einen Konsens in der Wissenschaft darüber, was solide wissenschaftliche Arbeit auszeichnet und wie mit Fehlverhalten (z. B. Plagiaten) umgegangen wird.

In einem nächsten Schritt wurden der Aufbau und die grundlegenden Bestandteile wissenschaftlicher Arbeiten behandelt. Als erster Punkt wurde die Themenwahl und die Literaturrecherche aufgegriffen. Bei der Anfertigung wissenschaftlicher Arbeiten stellt die Kenntnis einschlägiger und relevanter Literatur eine zentrale Basis dar. Diese Kenntnis ermöglicht es, auf den Erkenntnissen vorangegangener Forschungen aufzubauen – nach dem Prinzip des ‚Zwergs auf den Schultern von Riesen'. Zu jedem Forschungsgegenstand existieren bereits Vorarbeiten. Es ist wichtig, diese zu kennen, auch um die bisherigen Leerstellen identifizieren zu können. Das ausgewählte Thema sollte dazu dienen, diese Leerstellen zu adressieren und die Forschung in diesem Bereich zu ergänzen. Es wurden relevante Strategien zur Themenwahl sowie effektive Methoden für die Literaturrecherche dargelegt. Darüber hinaus wurde über die obligatorischen Bestandteile wissenschaftlicher Arbeiten – nämlich die Einleitung, die Theorie bzw. den theoretischen und konzeptionellen Rahmen, den Forschungsstand und die Leerstellen, über das bei empirischen Arbeiten obligatorische Methodenkapitel – berichtet, die Ergebnispräsentation in einen deskriptiven und in einen analytischen Teil unterschieden und Optionen zur Gestaltung der Diskussion der Ergebnisse vor dem Hintergrund der Leerstellen bzw. des Forschungsstandes aufgezeigt. Schließlich wurde auf das abschließende Fazit, das in der Regel auch Limitationen und einen Ausblick enthält, eingegangen. Zudem wurden praktische Tipps gegeben, die es bei der Ausarbeitung wissenschaftlicher Arbeiten zu berücksichtigen gilt. Dabei wurden Fragen formuliert, die sich informierte und versierte Leser:innen beim Durchgehen der jeweiligen Abschnitte stellen. Diese Fragen können leitend sein für das Verfassen der betreffenden Kapitel in wissenschaftlichen Arbeiten.

Abschließend wurde die Form wissenschaftlicher Arbeiten behandelt – kein Inhalt ohne Form. Auch in diesem Bereich gibt es spezifische Vorgaben und Besonderheiten, die sowohl für schriftliche Arbeiten (z. B. Hausarbeiten) als auch für mündliche Präsentationen (z. B. Referate) aufbereitet wurden. Die Kenntnis dieser Regeln ist von Bedeutung, da die Form mittelbar auch auf den Inhalt schließen lässt, insbesondere in Hinblick auf die Kenntnis der Regeln wissenschaftlichen Arbeitens und der angewandten Sorgfalt. Dies betrifft auch das wissenschaftliche Schreiben. Es handelt sich hierbei um einen bestimmten Schreibstil und eine spezifische Art und Weise Inhalte darzustellen. Bereits Umberto Eco (2020) betont, dass es auch darum geht, beim wissenschaftlichen Arbeiten Spaß zu haben und die Herausforderung der konsistenten und logischen Beantwortung einer Fragestellung anzunehmen. Das fällt natürlich leichter, wenn ein Thema gewählt wird, das den eigenen Interessen entspricht.

Literatur

Berninger, I., Botzen, K., Kolle, C. & Vogl, D. (2017). *Grundlagen sozialwissenschaftlichen Arbeitens: Eine anwendungsorientierte Einführung*. Opladen: Barbara Budrich UTB.

Deutsche Forschungsgemeinschaft. (2022). Leitlinien zur Sicherung guter wissenschaftlicher Praxis. Zuletzt abgerufen am 28.09.2023 unter https://www.dfg.de/download/pdf/foerderung/rechtliche_rahmenbedingungen/gute_wissenschaftliche_praxis/kodex_gwp.pdf

Eco, U. (2020). *Wie man eine wissenschaftliche Abschlußarbeit schreibt*. Heidelberg: C.F. Müller UTB.

Esselborn-Krumbiegel, H. (2022). *Richtig wissenschaftlich schreiben: Wissenschaftssprache in Regeln und Übungen*. Paderborn: Brill UTB.

Franck, N. & Stary, J. (2013). *Die Technik wissenschaftlichen Arbeitens: Eine praktische Anleitung*. Paderborn: Schöningh UTB.

Gimpel, H., Hall, K., Decker, S., Eymann, T., Lämmermann, L., Mädche, A., . . . Vandirk, S. (2023). Unlocking the Power of Generative AI Models and Systems such as GPT-4 and ChatGPT for Higher Education. A Guide for Students and Lecturers. *Hohenheim Discussion Papers in Business, Economics and Social Sciences*. Zuletzt abgerufen am 28.09.2023 unter https://digital.uni-hohenheim.de/fileadmin/einrichtungen/digital/Generative_AI_and_ChatGPT_in_Higher_Education.pdf#%5B%7B%22num%22%3A96%2C%22gen%22%3A0%7D%2C%7B%22name%22%3A%22XYZ%22%7D%2C54%2C768%2C0%5D

Kornmeier, M. (2021). *Wissenschaftlich schreiben leicht gemacht. Für Bachelor, Master und Dissertation*. Stuttgart: UTB.

Leuze, K. & von Unger, H. (2015). *Wissenschaftliches Arbeiten im Soziologiestudium*. Paderborn: Fink UTB.

Merton, R.K. (1965). *On the Shoulders of Giants: A Shandean Postscript*. New York: The Free Press.
Vester, H.-G. (2009). *Kompendium der Soziologie I: Grundbegriffe*. Wiesbaden: Springer VS.
Voss, R. (2022). *Wissenschaftliches Arbeiten:... leicht verständlich!* Tübingen: UVK.

Testfragen

1. Welches sind die grundlegenden Bestandteile einer wissenschaftlichen Arbeit?
2. Was ist beim Aufbau und bei der Gliederung einer wissenschaftlichen Arbeit zu berücksichtigen?
3. Worauf ist bei der Formulierung der Forschungsfrage zu achten?
4. Was sind die Regeln der guten wissenschaftlichen Praxis?
5. Wie sollte ein Kapitel zur Ergebnispräsentation in wissenschaftlichen Arbeiten aufgebaut sein?
6. Wie unterscheiden sich direkte von indirekten Zitaten?
7. Worauf ist bei der Gestaltung eines Referates zu achten?

Basismodul 3: Empirische Forschung in der Soziologie

1 Methodologische Grundlagen

Die Soziologie ist eine empirische Wissenschaft, die sich durch die Vielfalt und Komplexität ihrer Forschungsmethoden auszeichnet. Die Methoden, die Soziolog:innen anwenden, um menschliches Handeln in Gesellschaften und soziale Phänomene zu untersuchen, lassen sich in zwei Kategorien einteilen: die qualitative und quantitative Sozialforschung. Beide haben spezifische Ansätze und Vorgehensweisen; sie können auch in Kombination angewendet werden (‚Mixed-Methods Design'). Der Hauptunterschied der beiden Ansätze liegt auf den verschiedenen Erkenntnisinteressen: Während qualitative Methoden auf das Verstehen und tiefe Einblicke in soziale Prozesse und Lebenswelten ausgerichtet sind, geht es bei quantitativen Methoden um das Erklären auf Basis des Vergleichs großer Datenmengen (Diekmann, 2023; Feldmann & Immerfall, 2006). Wichtig ist bei der Wahl der Methoden die Gegenstandsangemessenheit, d.h., ob die methodischen Vorgehensweise und die gewählten Ansätze für den Forschungsgegenstand angemessen und adäquat sind (Flick, 2021).

Methodologie

Methodologie bezeichnet die Reflexion über die Anwendung wissenschaftlicher Methoden. Sie dient dazu, die Vorgehensweisen in der Forschung zu strukturieren, zu analysieren und zu begründen. Zentrale und grundlegende Fragen zur Methodenauswahl können sein:

- Welche Forschungsfrage soll beantwortet werden?
- Welches Erkenntnisinteresse wird verfolgt?
- Welcher Datenbedarf besteht?
- Welches Erhebungsinstrument eignet sich für das Forschungsziel?
- Wie sieht die Zielgruppe aus und welche Möglichkeiten des Feldzugangs bestehen?
- Welche Ressourcen stehen zur Verfügung?

Entscheidungskriterien für die Methodenwahl können sein:

- Forschungsfrage: Qualitative Ansätze erkunden Tiefeninformationen und Bedeutungen. Quantitative Methoden eignen sich für Verallgemeinerungen und Hypothesenprüfungen. Bei Fragestellungen, die ‚Wie' oder ‚Warum' ergründen wollen, sind somit qualitative Ansätze geeignet. Wenn es hingegen um ‚Wie viele', ‚Wie oft' oder ‚Ob' geht, eignen sich quantitative Methoden.

- Theoretischer Hintergrund: Bei einer Theorieentwicklung, die tiefe Erkenntnisse von individuellen Erfahrungen oder sozialen Prozessen erfordert, wird ein qualitativer Ansatz bevorzugt. Bei der Theorieüberprüfung und klaren, messbaren Variablen oder Hypothesen wird ein quantitativer Ansatz gewählt.
- Tiefe des Einblicks: Qualitative Forschung bietet tiefe Einblicke in Erfahrungswelten oder soziale Prozesse. Quantitative Forschung ermöglicht den Vergleich großer Datenmengen und das Erkennen von Mustern.
- Ressourcen: Qualitative Forschung kann eine intensive Datensammlung wie Interviews und eine zeitintensive Transkription und Auswertung erfordern. Quantitative Ansätze benötigen eine große Datenbasis und spezialisierte statistische Kenntnisse.

Qualitative Forschungsmethoden zielen auf das ‚Verständnis' und die ‚Entdeckung' ab. Es geht darum, tiefgreifendes Wissen und Verständnis über bestimmte Situationen und Prozesse aus Perspektive von Individuen zu erlangen (Kalthoff et al., 2008; Krell & Lamnek, 2016; Schiek, 2024). Es handelt sich um ein interpretatives, nicht-standardisiertes Vorgehen (Blumer, 1980; Weingarten et al., 1976). Der Forschungsansatz qualitativer Methoden ist zirkulär, er hat entsprechend einen iterativen und dynamischen Charakter (siehe Abbildung 2). Im Kontext qualitativer Forschung folgt der Prozess des Datensammelns, -analysierens und -interpretierens keiner linearen Abfolge. Vielmehr bewegt sich qualitative For-

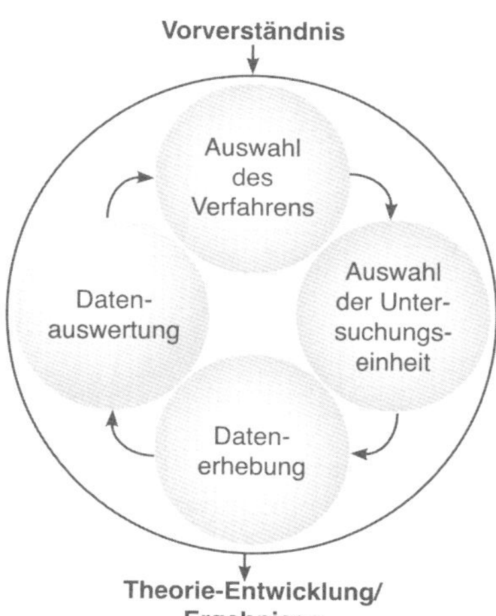

Abb.: 2: Qualitativer Forschungsprozess (eigene Darstellung in Anlehnung an Witt, 2001)

schung zwischen den verschiedenen Forschungsphasen. Es wird mit der Erhebung gezielt ausgewählter Untersuchungseinheiten (z. B. Personen oder Situationen) gestartet, diese werden analysiert und auf der Basis der Analyse wird die Entscheidung über weitere Untersuchungseinheiten und ihrer etwaigen Erhebung getroffen. Dieser Forschungszirkel läuft so lange, bis eine theoretische Sättigung erreicht ist, d.h. auch mit der Erhebung weiterer Untersuchungseinheiten keine neuen Erkenntnisse erzielt werden. Qualitativ arbeitende Forschende passen aufgrund emergenter Einsichten und Erkenntnisse aus dem laufenden Forschungsprozess entsprechend kontinuierlich ihre Erhebungs- und Analysetechniken an (Mey & Ruppel, 2018). Der Ansatz basiert auf der Induktion, d.h. um Schlussfolgerungen aus den Daten heraus vom Speziellen auf das Allgemeine. Damit hängt die Abduktion zusammen, die durch plötzliche Eingebungen zu Erklärungen kommt (Kruse, 2014; Reichertz, 2018).

Quantitative Methoden haben das Erkenntnisinteresse der ‚Erklärung' und ‚Überprüfung'. Sie verwenden statistische Verfahren, um Daten zu sammeln und diese zu analysieren. Im Kern steht die Formulierung von Hypothesen, die mit Hilfe von empirischen Daten und standardisierten Verfahren getestet bzw. geprüft werden. Quantitative Methoden eignen sich für die Untersuchung von Häufigkeiten, Mustern, Trends und Zusammenhängen. Mit quantitativen Methoden sollen möglichst generalisierende Aussagen über ein Thema getroffen werden. Dazu wird eine große Datenbasis angestrebt, um Repräsentativität zu erreichen. Die Forschungsstrategien folgen einem linearen Ablauf (Röbken & Wetzel, 2020) (siehe Abbildung 3). In der Regel werden zunächst Hypothesen formuliert, dann statistische Verfahren zur Hypothesenprüfung und die zu untersuchenden Einheiten ausgewählt. Darauf folgt die Datenerhebung, dann die Datenauswertung und der

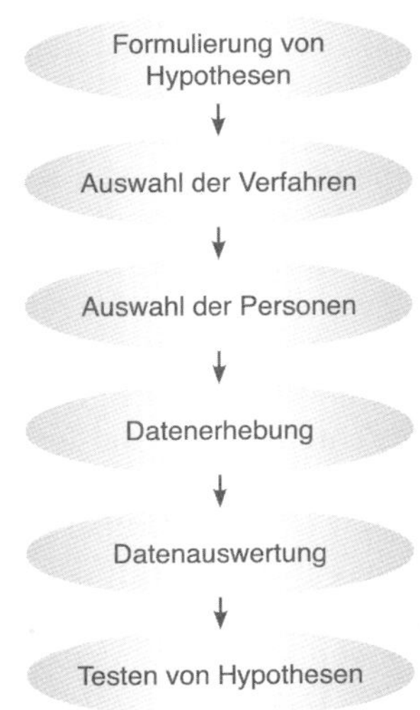

Abb.: 3: Quantitativer Forschungsprozess (eigene Darstellung in Anlehnung an Witt, 2001)

Hypothesentest. Dieser Ansatz kann als deduktiv bezeichnet werden, da Schlussfolgerungen vom Allgemeinen auf das Spezielle erfolgen, d.h., von der Theorie abgeleitet werden und anhand der Daten geprüft werden (Döring, 2023). Tabelle 1 stellt die qualitative und quantitative Sozialforschung einander gegenüber.

Tabelle 1: Gegenüberstellung qualitativer und quantitativer Forschung

	Qualitative Forschung	**Quantitative Forschung**
Ziel	Verstehen/entdecken Theorie-/ Hypothesengenerierung	Erklären/überprüfen Hypothesentestung
Erkenntnisinteresse	Erforschung sozialen Handelns, Prozesse, Situationen aus Perspektive der Individuen	Messung kausaler Zusammenhänge, Verallgemeinerungen
Vorgehensweise	Nicht-standardisiert Leitfadeninterviews, Beobachtungen etc. Offene Fragen	Standardisiert Fragebögen, Experimente etc. Geschlossene Fragen
Datenbasis	Kleinere Datenbasis Einzelfälle Tiefgehende Informationen	Große Stichprobe Große Anzahl an Fällen, Repräsentativität Viele Informationen
Ansatz	Induktiv, abduktiv Zirkulär	Deduktiv Linear
Ergebnisse	Interpretative Verfahren	Statistische Verfahren

Qualitative und quantitative Forschungsmethoden können auch im Mixed-Methods-Design miteinander kombiniert werden. Ein Mixed-Methods-Design kann insbesondere vorteilhaft sein, wenn die Forschungsfrage sowohl explorative (typischerweise qualitative) als auch explikative (typischerweise quantitative) Aspekte beinhaltet (Creswell & Plano Clark, 2017; Creswell et al., 2003; Kelle, 2022). Qualitative und quantitative Forschungsmethoden können in verschiedenen Formen kombiniert werden (siehe Abbildung 4).

Zwei von John W. Creswell und Plano Clark (2017) vorgestellte Modelle zur Integration von qualitativer und quantitativer Forschung sind das konvergente Mixed-Methods-Design und das sequenzielle Mixed-Methods-Design. In der konvergenten Form werden qualitative und quantitative Forschungsmethoden gleichzeitig eingesetzt. Die Daten werden in der Analysephase miteinander verknüpft und interpretiert. Das sequenzielle Design erfordert ebenfalls das Sammeln der Daten in Phasen, jedoch kann der Schwerpunkt und die Reihenfolge variieren. Im explorativen sequenziellen Design beginnt die Forschung mit qualitativen Methoden, danach folgt der Einsatz quantitativer Methoden. Der Zweck dieses Designs ist, mit qualitativen Methoden ein Phänomen zu ergründen, um

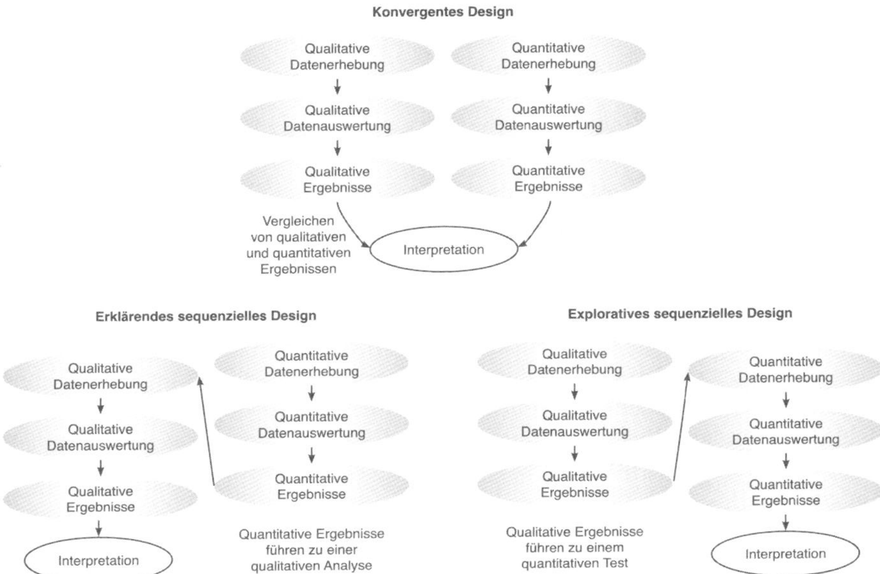

Abb.: 4: Mixed-Methods Designs (eigene Darstellung in Anlehnung an Creswell & Plano Clark, 2017)

daraus Instrumente (wie beispielsweise Fragebögen) oder Hypothesen für die anschließende quantitative Phase zu entwickeln. Im erklärenden sequenziellen Design werden zuerst quantitative Forschungsmethoden angewendet, gefolgt von qualitativer Forschung. Die qualitative Phase dient dazu, die zuvor gewonnenen quantitativen Ergebnisse zu vertiefen, zu verstehen oder in einen Kontext zu setzen. Die Wahl des sequenziellen Designs ist abhängig von der spezifischen Forschungsfrage, dem Forschungskontext, den zugrunde liegenden theoretischen Überlegungen und den Zielen der Untersuchung. Durch die Triangulation (‚Cross Validation'), also die Betrachtung des Forschungsgegenstandes aus mindestens zwei unterschiedlichen Perspektiven, sollen unterschiedliche Datenquellen zur Überprüfung und Bestätigung der Ergebnisse genutzt werden können (Diekmann, 2023). Die methodologische Triangulation stellt nur eine von mehreren Formen der Triangulation dar, bei der entweder innerhalb einer Methode (‚Within Method') bspw. durch die Verwendung unterschiedlicher Subskalen in einem Fragebogen kombiniert wird oder zwischen verschiedenen Methoden (‚Between Method') bspw. durch die Kombination von qualitativen und quantitativen Methoden. Neben diesen Kombinationsmöglichkeiten gibt es die Daten-Triangulation, bei welcher Daten zu unterschiedlichen Zeitpunkten an verschiedenen Orten oder bei verschiedenen Personen erhoben und verglichen werden. Eine weitere Möglichkeit ist die Forscher-Triangulation, bei welcher verschiedene Beobachter:innen oder Interviewer:innen eingesetzt werden, um die subjektiven

Aussagen der Einzelnen zu relativieren. Zudem können bei der Perspektiven-Triangulation unterschiedliche Personengruppen zu ihren Perspektiven auf einen Forschungsgegenstand befragt werden. Schließlich gibt es die Theorien-Triangulation, bei welcher von unterschiedlichen Perspektiven und Hypothesen ausgegangen wird (Denzin, 2009 [1970]; Döring, 2023; Flick, 2015; Krell & Lamnek, 2016).

Die Kombination unterschiedlicher Forschungsmethoden erfolgt auch in Fallstudien (Case Studies) (Yin, 2017). Fallstudien zielen auf eine Untersuchung eines Einzelfalls (oder einer begrenzten Anzahl von Fällen). Im soziologischen Kontext kann sie dazu beitragen, soziales Handeln, Prozesse oder Situationen in ihrer Tiefe und Komplexität zu beleuchten. Fallstudien können sich auf einzelne Personen, eine Gruppe, eine Gemeinschaft, Organisationen oder andere soziale Gebilde konzentrieren. Sie zielen darauf ab, die besonderen, kontextspezifischen Dynamiken und Charakteristika des ausgewählten Falles oder der ausgewählten Fälle zu ergründen. Hierzu werden mit qualitativen und quantitativen Forschungsmethoden umfassend Daten gesammelt, ausgewertet und zur Fallanalyse in Bezug gesetzt.

Beispiel: Die Arbeitslosen von Marienthal

Eines der frühesten und bemerkenswerten Beispiele für den Einsatz unterschiedlicher Methoden in der soziologischen Forschung ist die soziographische Studie von Jahoda et al. (2021 [1975]) *Die Arbeitslosen von Marienthal*. Die Autor:innen untersuchen die sozialen und psychologischen Auswirkungen von Arbeitslosigkeit auf die Bewohner:innen in der kleinen österreichischen Stadt Marienthal. Quantitative Messungen, wie die Messung der Geschwindigkeit beim Gehen, werden durch qualitative Daten ergänzt, die u.a. aus Interviews und Tagebuchaufzeichnungen der Bewohner:innen gewonnen werden. Die Daten werden einschließlich historischen Materials analysiert und interpretiert. So gelingt es den Forschenden, ein umfassendes Bild von der alltäglichen Realität der Arbeitslosen zu zeichnen, einschließlich ihrer Routinen, Wahrnehmungen und Perspektiven. Sie charakterisieren das Gefühl des Lebens in einer von Arbeitslosigkeit betroffenen Gemeinschaft als „müde Gemeinschaft“ (Jahoda et al., 2021 [1975], S. 55). Sie identifizieren auch verschiedene individuelle ‚Haltungstypen‘ als Reaktion auf Arbeitslosigkeit, einschließlich der „Ungebrochenen“, der „Resignierten“ und der „Verzweifelten“ sowie der „Apathischen“ (Jahoda et al., 2021 [1975], S. 73). Die Studie liefert nicht nur detaillierte Einblicke in die Lebensbedingungen der betroffenen Gemeinschaft, sondern zeigt auch, wie wertvoll die Verbindungen von quantitativen und qualitativen Daten sein kann, um ein Verständnis für soziale Phänomene zu gewinnen. Der Ansatz ist ein Vorbild für zahlreiche soziologische Untersuchungen und unterstreicht die Bedeutung von methodischer Vielfalt in der Forschung.

Neben Eigenerhebungen (‚Primärerhebungen') gibt es auch die Möglichkeit der Sekundäranalyse, d.h. bereits erhobene qualitative oder quantitative Daten auszuwerten. Teilweise stehen große Datensätze zur Verfügung, auf die zurückgegriffen werden kann (Burzan, 2015; Diekmann, 2023). Die Verfügbarkeit und Datensparsamkeit sind große Vorteile. Ein Nachteil kann sein, dass das konkrete Studiendesign bzw. die erhobenen Fragen und Themen nicht eindeutig der Forschungsfrage entsprechen und hier Anpassungen vorgenommen werden müssen. Doch teilweise gibt es für qualitative und quantitative Daten die Möglichkeit, diese zur Beantwortung einer neuen Fragestellung auszuwerten, auch wenn sie mit einem anderen Themenfokus primär erhoben wurden (Medjedović, 2014; Medjedović & Witzel, 2010).

Datenarchive

Datenarchive bieten zahlreiche Datensätze für Sekundäranalysen, die entweder für spezifische Projekte gesammelt wurden oder mit der Absicht, zukünftige Analysen zu unterstützen. Oftmals stellen Datenarchive diese auch für wissenschaftliche Forschung bereit. In Deutschland ist das Datenarchiv für Sozialwissenschaften (DAS) herausragend, eine Abteilung von GESIS (Gesellschaft Sozialwissenschaftlicher Infrastruktur). Auf europäischer Ebene werden die Datenarchive durch den Consil of European Special Science Data Archives (CESSDA) koordiniert (Diaz-Bone, 2019).

Insbesondere können bspw. folgende Datensätze und Archive zur Sekundäranalyse genutzt werden.

Quantitative Datensätze:

- ALLBUS (Nationale Allgemeine Bevölkerungsumfrage) wird seit 1980 durch GESIS (Mannheim) alle zwei Jahre durchgeführt mit 2.500–3.500 Erwachsenen aus deutschen Privathaushalten.
- EU-LFS (European Labor Force Survey) wird seit 1983 vierteljährlich erhoben und ist eine umfangreiche Haushaltsstichprobenerhebung mit Ergebnissen zur Erwerbsbeteiligung von Personen ab 15 Jahren und außerhalb der Erwerbsbevölkerung.
- ESS (European Social Survey) wird seit 2002 alle zwei Jahre in mehr als 20 europäischen Ländern erhoben.
- ISSP (International Social Survey Program) wird seit 1985 als jährliche sozialwissenschaftliche Erhebung in nationalen Bevölkerungsumfragen von fast 50 Ländern durchgeführt.
- SOEP (Sozio-oekonomische Panel) erfolgt seit 1984 jährlich. Es handelt sich um eine Studie, bei der dieselben Personen wiederholt befragt werden, bekannt als ‚Panel'. Das SOEP ermöglicht so die Untersuchung sozialer Veränderungen auf individueller Ebene.

- Mikrozensus (MZ) steht Forschenden seit 1987 als anonymisierte Unterstichprobe von über 550.000 Fällen zur Verfügung. Der MZ ist eine jährliche Stichprobenerhebung der amtlichen Statistik, die 1 % der deutschen Bevölkerung in Privathaushalten oder über 800.000 Personen umfasst. Er konzentriert sich auf die soziale, wirtschaftliche und berufliche Situation in Deutschland. Die Befragung ist gesetzlich verpflichtend, was zu einer sehr hohen Antwortrate von etwa 97 % führt. Aufgrund seiner Zuverlässigkeit dient der MZ oft als Referenz für andere Stichproben.
- NEPS (Nationales Bildungspanel) wird seit 2009 (als Drittmittelprojekt) bzw. 2014 (Aufnahme in die Leibniz-Gemeinschaft) in Deutschland als Längsschnittstudie erhoben und liefert Daten zu Bildungsprozessen und Kompetenzentwicklung. Sie ist die größte Langzeitbildungsstudie in Deutschland mit über 70.000 Teilnehmenden. Es werden Bildungsverläufe in sieben Startkohorten erhoben und zusätzlich ca. 50.000 Personen aus deren näheren Umfeld befragt.

Qualitative Datenarchive:

- eLabour ist ein interdisziplinäres Zentrum für IT-basierte qualitative arbeitssoziologische Forschung, das am SOFI Göttingen angesiedelt ist. Es wurde 2019 gegründet und bietet die Möglichkeit, auf qualitativ-empirisches arbeitssoziologisches Material zurückzugreifen.
- Qualiservice ist ein Angebot der Universität Bremen mit weiteren Beteiligten und wurde in 2019 vom RatSWD akkreditiert. Die Datenbank beinhaltet Daten aus qualitativ-empirischen Forschungsprojekten, die für die Auswertung weiterer Fragestellungen genutzt werden können.

Im Kontext der Wahl der Forschungsmethode – und ganz generell im Forschungsprozess – ist der kritische Rationalismus (Popper, 2013 [1934]) zentral. Dieser betont die Wichtigkeit des ständigen Hinterfragens und Überprüfens wissenschaftlicher Annahmen im Gegensatz zum Positivismus, der davon ausgeht, dass auf Basis empirischer Daten durch Induktionsschluss und Verifikation allgemeingültige Theorien abgeleitet werden können (Döring, 2023). In wissenschaftlich-empirischen Forschungsprozessen – ob quantitativ oder qualitativ – ist daher der Drang zur Falsifikation und der ständigen Reflexion des Selbst, der generierten Ergebnisse und über Stärken und Schwächen der verschiedenen Forschungsansätze, zentral. Eine kritische Distanz zu den eigenen Überzeugungen ist notwendig und auch, stets offen gegenüber der Möglichkeit zu bleiben, dass diese revidiert bzw. falsifiziert werden müssen. Wissenschaftliche Erkenntnisse sind frei von Werturteilen. Anders als subjektive Bewertungen oder Meinungen über etwas, die auf persönlichen, kulturellen oder sozialen Werten basieren (bspw. ‚Kunst ist wichtiger als Sport') (siehe Aufbaumodul 1 Kritische Theorie).

2 Qualitative Methoden

2.1 Forschungsprozess qualitativer Sozialforschung

Bei der qualitativ-empirischen Forschung handelt es sich um einen mehrstufigen, zirkulären und interpretativen Prozess, der darauf abzielt, durch ständige Reflexion und Anpassung an neue Erkenntnisse die Komplexität und Vielschichtigkeit sozialer Phänomene zu erfassen und ein Verständnis für menschliches Handeln und soziale Kontexte zu erlangen (Mayring, 2016; Reichertz, 2016). Leitend kann hierbei die „Attitüde der künstlichen Dummheit" (Hitzler, 1986) sein, also sich bewusst naiv gegenüber alltäglichem, routinemäßig akzeptiertem Wissen zu geben, indem vorgefasstes Wissen ausgeklammert und systematisch Zweifel angewendet werden. So sollen tiefere Einblicke in die Konstitution und Funktionsweise alltäglicher Wissensstrukturen und eine kritische Reflexion des als selbstverständlich Angenommenen ermöglicht werden (Hitzler, 1991). Es kann allerdings nicht davon ausgegangen werden, dass Vorwissen (z. B. aus der Literaturrecherche) ausgeblendet werden kann; dieses ist explizit offenzulegen (Berger-Grabner, 2022; Flick, 1999).

2.2 Erhebung qualitativer Daten

In der qualitativ-empirischen Forschung sind in Hinblick auf die Datenerhebung sowohl die verwendeten Methoden als auch die adressierten Personen bzw. Situationen begründet auszuwählen. Qualitative Methoden betreffen u.a. Interviews, Gruppendiskussionen, teilnehmende Beobachtungen oder Dokumentenanalysen. Die Auswahl der konkreten Methoden ist jedenfalls zu begründen. In der Erhebungsphase (‚Feldforschungsphase') sind die Forschenden in der Regel eng in das soziale Feld eingebunden und sammeln Daten aus erster Hand. Die Qualität der Daten steht hierbei im Vordergrund, wird durch die Tiefe und Relevanz der gesammelten Informationen bestimmt (Pohlmann, 2022) und hängt auch mit der gezielten Auswahl der Untersuchungseinheiten (Personen, Situationen etc.) zusammen. In diesem Zusammenhang ist die Frage zu beantworten, wofür die ausgewählten Fälle stehen. Beim sogenannten ‚Sampling' in der qualitativen Sozialforschung geht es nicht um Repräsentativität, sondern vielmehr darum, eine gezielte Auswahl der zu untersuchenden Personen vorzunehmen (Flick, 2021; Kruse, 2014; Przyborski & Wohlrab-Sahr, 2013). Beim ‚Theoretical Sampling' (Glaser & Strauss, 1967) werden aus dem Vorwissen bzw. den Annahmen über das Feld Auswahlkriterien für die befragten Personen abgeleitet und diese dann entsprechend ausgewählt. Die ‚Fallauswahl' kann dem Prinzip der Minimierung und der Maximierung von relevanten Unterschieden folgen. Minimale Kontrastierung zielt darauf ab die Fälle in der Tiefe zu ergründen, wohingegen maximale Kontrastierung eine Differenzierung der Fälle adressiert. In jedem Fall sollten vorher begründet Kriterien festgelegt werden. Sind die zu untersuchenden Einheiten festgelegt, können unterschiedliche Erhebungsmethoden eingesetzt werden, die im Folgenden skizziert werden.

Interviews

Qualitative Interviews sind in der qualitativ-empirischen Forschung populär (Flick, 2021; Kruse, 2014). Sie bieten einen Zugang zu menschlichen Erfahrungen, Wahrnehmungen und Praktiken, indem sie den Blick in die soziale Welt der Personen ermöglichen. Es gibt unterschiedliche Formen qualitativer Interviews, die jeweils auf spezifische Forschungszwecke zugeschnitten sind und sich nach dem Grad ihrer Strukturierung unterscheiden. Bei narrativen Interviews werden die Teilnehmenden ermutigt, ihre Geschichte auf offene und freie Weise zu erzählen (‚Stegreiferzählung'). Dieser Ansatz ist insbesondere geeignet, um Einblicke in persönliche Erfahrungen und Lebensgeschichten zu erhalten (Hopf, 2015; Rosenthal & Loch, 2002; Schütze, 1983). Das problemzentrierte Interview ist leitfadenbasiert. Es konzentriert sich auf ein spezifisches Problem bzw. eine spezifische Frage und kombiniert offene Fragen mit einer stärkeren Strukturierung von Themen durch einen Interviewleitfaden (Witzel, 2000). Dieser deckt die Themengebiete ab, die im Interview angesprochen werden sollen. Trotz dieses Rahmens behält die interviewende Person die Flexibilität, das Interview an den Antworten der Befragten auszurichten und ihnen ausreichend Freiraum zu gewähren, ihre Erfahrungen und Perspektiven in eigenen Worten zu artikulieren (Hermans, 2015; Hopf, 2015; Krell & Lamnek, 2016; Przyborski & Wohlrab-Sahr, 2013).

Ein weiterer Ansatz sind Experteninterviews, die genutzt werden, um in Bezug auf ein Thema Personen mit speziellem Fachwissen oder speziellen Erfahrungen zu befragen. Diese Interviews sind besonders hilfreich, um spezifische Praktiken, Abläufe oder Diskurse in spezialisierten Bereichen zu untersuchen, die für Außenstehende nur schwer zugänglich sind (Meuser & Nagel, 2009).

Interviewleitfäden

Die Erstellung von Interviewleitfäden erfordert eine sorgfältige Planung, wissenschaftliche Präzision und fundierte Kenntnisse des zu erforschenden Phänomens. Es handelt sich um einen iterativen und reflexiven Prozess, der eine ständige Abwägung zwischen der Führung des Gesprächs und der Gewährung von Freiraum für die zu interviewenden Personen erfordert. Es sind mehrere Schritte zu beachten (Diekmann, 2023; Flick, 1999):

- Konzeptionalisierung: Bevor ein Leitfaden erstellt wird, sollte eine klare Vorstellung darüber existieren, welche Informationen erhoben werden sollen und wie diese Informationen zur Beantwortung der Forschungsfrage beitragen. Die zentralen Konzepte zur Beantwortung der zugrundeliegenden Fragestellung (Forschungsfrage) sollten identifiziert und adressiert werden.
- Strukturierung: Ein Leitfaden sollte eine klare Struktur aufweisen. Er beginnt in der Regel mit allgemeineren, erzählgenerierenden Fragen oder Themen, um das Gespräch zu eröffnen und ein Vertrauensverhältnis aufzubauen und taucht dann zunehmend spezifischer und tiefer in die Thematik ein. Der Leitfaden sollte einen logischen Fluss aufweisen, der für die interviewten Personen nachvollziehbar ist und an einem natürlichen Gesprächsverlauf angelehnt ist.
- Formulierung der Fragen: Die Fragen sollten so formuliert sein, dass sie zur Offenheit ermutigen und die befragten Personen dazu anregen, ausführlich und in eigenen Worten zu antworten. Sie sollten in offener Form gestellt und nicht nur mit ‚ja' oder ‚nein' zu beantworten sein. Es ist zudem wichtig, auf eine verständliche und einfache Sprache zu achten, die dem Kontext und der Zielgruppe der Interviews angemessen ist.
- Testung und Überarbeitung: Nach der Erstellung des Leitfadens sollte dieser getestet und überarbeitet werden (‚Pretest'). Beispielsweise können Pretest-Interviews mit einer ähnlichen Zielgruppe durchgeführt werden, um zu eruieren, ob die Fragen verständlich sind und die gewünschten Informationen liefern. Auf dieser Grundlage wird der Leitfaden angepasst und verbessert, bevor es ins Feld geht.
- Flexibilität: Trotz sorgfältiger Planung und Vorbereitung sollte der Leitfaden als flexibles Instrument verstanden werden. Er kann während des Interviews je nach Bedarf angepasst werden, z. B. um auf unerwartete Antworten oder neue interessante Aspekte eingehen zu können.

Gruppendiskussion

Gruppendiskussionen stellen eine effektive Methode der qualitativ-empirischen Sozialforschung dar, um kollektive Meinungen, Erfahrungen und Einstellungen zu untersuchen (Mayring, 2016; Przyborski & Wohlrab-Sahr, 2013). Sie bieten die Möglichkeit, die Wechselwirkungen zwischen sozialen Akteur:innen zu beobachten. Im Zentrum stehen soziale Interaktionen und gruppendynamische Prozesse, welche dazu beitragen, den diskursiven Rahmen und die kollektiven Normen einer Gemeinschaft zu erfassen. In Gruppendiskussionen treffen sich mehrere Teilnehmende, oft zwischen vier und zehn Personen, um über ein bestimmtes Thema oder eine Reihe von Themen zu diskutieren. Die Forschungsperson leitet die Diskussion, gibt Impulse und stellt Fragen, um die Diskussion zu stimulieren und zu lenken. Dabei versucht sie ihre eigene Einflussnahme so gering wie möglich zu halten, um den natürlichen Verlauf der Interaktion nicht zu stören. Ein wesentliches Merkmal der Gruppendiskussion gegenüber anderen Methoden wie Einzelinterviews liegt darin, dass sie die Erfassung sozialer Interaktionen und die Konstruktion von Bedeutungen und Perspektiven innerhalb einer Gruppe ermöglicht. Die Teilnehmenden können aufeinander reagieren, ihre Meinungen gegenseitig beeinflussen und so neue Erkenntnisse und Perspektiven hervorbringen, die in Einzelinterviews nicht zum Ausdruck kommen würden. Dies kann insbesondere nützlich sein, um soziale Normen, Gruppendynamiken und kollektive Wahrnehmungen zu untersuchen (Bohnsack, 2015).

Die Erstellung eines Leitfadens für Gruppendiskussionen folgt in vielerlei Hinsicht ähnlichen Prinzipien wie die Erstellung von Leitfäden für Einzelinterviews. Im Gegensatz zu Einzelinterviews können hier jedoch auch proaktive Fragen oder Aussagen eingebaut werden, um die Diskussion anzuregen. Zudem müssen die Dynamiken innerhalb der Gruppe berücksichtigt werden. Die moderierende Person sollte dafür sorgen, dass alle Teilnehmenden gleichermaßen zu Wort kommen und dass dominante Teilnehmende die Diskussion nicht monopolisieren (Mayring, 2016; Vogl, 2022).

Teilnehmende Beobachtung

Die teilnehmende Beobachtung ist ebenfalls eine verbreitete Methode in der qualitativ-empirischen Sozialforschung. Sie ermöglicht einen Einblick in die soziale Realität von Gruppen oder Gemeinschaften (Krell & Lamnek, 2016). Die Forschenden bringen sich aktiv in den Alltag der zu erforschenden Gruppe ein, um deren Interaktionen, soziale Praktiken und kulturelle Normen aus erster Hand zu beobachten und zu erfahren (Lüders, 2015). Die teilnehmende Beobachtung kann als ein fortlaufender Prozess des Lernens und Verstehens betrachtet werden, der über einen längeren Zeitraum andauert und in dem die Forschenden eine Balance zwischen der Rolle der teilnehmenden Mitglieder und jener der distanzierten Beobachtenden finden müssen. Es geht darum, genug in die Gruppe integriert zu sein, um Zugang zu authentischen sozialen Erfahrungen zu erhalten, und dennoch genug Distanz zu wahren, um eine analytische Perspektive beibehalten zu können. Während des Aufenthaltes im Feld halten die Forschenden ihre Beobachtungen, Reflexionen und Erfahrungen in Form von ausführlichen Feldnotizen fest. Es können auch informelle Gespräche geführt oder Beobachtungsinterviews mit Mitgliedern der Gruppe durchgeführt werden, um weitere Einblicke zu gewinnen und spezifischere Informationen zu sammeln. Feldnotizen und Transkripte dieser Gespräche bilden den Datenkorpus, der in der weiteren Analyse ausgewertet wird (Diekmann, 2023; Hauser-Schäublin, 2020).

Auch wenn diese Methode stark auf Improvisation und der Fähigkeit der Forschenden beruht, sich auf unvorhergesehene Situationen einzustellen, kann ein Leitfaden oder Protokollrahmen hilfreich sein, um sich auf die Beobachtung vorzubereiten. Ein Beobachtungsleitfaden stellt jedoch im Vergleich zu einem Interviewleitfaden andere Anforderungen: Während bei Interviews das gesprochene Wort im Mittelpunkt steht, geht es bei der Beobachtung um die Wahrnehmung und Interpretation von Handlungen, Interaktionen, physischen Umgebungen, nonverbaler Kommunikation und weiteren Elementen des sozialen Geschehens. Auch hier sei auf die „Attitüde der künstlichen Dummheit" (Hitzler, 1991) verwiesen mit der Situationen zu beobachten sind. Die Erstellung eines Beobachtungsleitfadens kann in mehreren Schritten erfolgen. Dieser dient jedoch lediglich als Hilfsmittel und kann nicht alle Aspekte des Beobachtungsprozesses abdecken. Die Forschenden sollten in jedem Fall offen für unerwartete Entdeckungen bleiben und bereit sein, den eigenen Beobachtungsfokus anzupassen, wenn sich neue interessante Aspekte ergeben (Lüders, 2015). In einem solchen Beobachtungsleitfaden wird sowohl der objektive Verlauf der Beobachtung festgehalten als auch die Fragen, Irritationen und Gefühle der Forschenden notiert.

Teilnehmende Beobachtung

- Definition der Beobachtungsziele: Zunächst sollte klar definiert werden, was genau beobachtet werden soll. Es kann hilfreich sein, spezifische Forschungsfragen zu formulieren, die während der Beobachtung untersucht werden sollen.
- Erstellung einer Beobachtungsmatrix: Eine übliche Methode besteht darin, eine Matrix oder eine Liste von Kategorien zu erstellen, die den Fokus der Beobachtung bilden. Diese Kategorien können Aspekte wie physische Umgebung, soziale Interaktion, spezifische Aktivitäten oder Handlungsweisen, nonverbale Kommunikation, emotionale Reaktion etc. umfassen.
- Entwicklung spezifischer Beobachtungsfokusse: Für jede Kategorie sollten spezifische Beobachtungsfokusse entwickelt werden, welche während der Beobachtung gesucht werden. Diese sollen so spezifisch wie möglich sein, um die Beobachtung zu erleichtern und zu strukturieren.
- Beobachtung und Datenerfassung: Während der eigentlichen Beobachtung sollten die Forschenden versuchen, so viele Details wie möglich zu erfassen. Dabei kann es hilfreich sein, zeitnah Notizen zu machen und möglichst konkrete Beschreibungen zu verwenden. Die Notizen sollten nicht in der Situation gemacht werden, um das Feld nicht zu stören.
- Reflexion und Überarbeitung: Nach jeder Beobachtung sollte der Leitfaden überdacht und bei Bedarf überarbeitet werden. Es ist wichtig, ständig zu reflektieren, ob der Leitfaden dabei hilft, die Forschungsfragen zu beantworten und neue Einsichten zu gewinnen.

2.3 Auswertung qualitativ-empirischer Daten

Nachdem die Daten erhoben wurden, folgt die Analyse. In der qualitativen Forschung ist dieser Prozess in der Regel interpretativ, wobei die Daten auf Themen, Kategorien und Muster untersucht werden. Die Daten werden codiert und kategorisiert. Dieser Prozess wird häufig von bestimmten theoretischen Perspektiven geleitet und kann durch Software unterstützt werden (z. B. Maxqda). Es handelt sich um einen mehrstufigen und komplexen Prozess. Dieser beginnt mit der Verschriftlichung der Aufzeichnungen bzw. Audioaufnahmen (‚Transkription') (Kruse, 2014; Kuckartz & Rädiker, 2022). Auf dieser Basis erfolgt die Kodierung der gesammelten Daten. Dies kann u.a. auf Basis der qualitativen Inhaltsanalyse oder Grounded Theory erfolgen. Die Interpretation der einzelnen Daten ist ein zentraler Aspekt dieses Prozesses und erfordert eine gründliche Reflexion und ein kritisches Verständnis des Forschungskontextes und der theoretischen Perspektiven (Bude, 2015; Mey & Ruppel, 2018).

Unabhängig von der spezifischen Erhebungsform spielen die Transkriptionen und Analyse der erhobenen Daten eine zentrale Rolle im Forschungsprozess. Dabei werden Transkripte nach wiederkehrenden Themen, Kategorien und Mustern durchsucht und interpretiert, um ein Verständnis der untersuchten sozialen Phänomene zu erlangen (Dresing & Pehl, 2020; Kowal & O'Connell, 2015; Kuckartz & Rädiker, 2022).

Qualitative Inhaltsanalyse

Die qualitative Inhaltsanalyse nach Mayring (2010) ist eine systematische Methode zur Interpretation von Textdaten. Mayring schlägt eine stufenweise Verdichtung der Daten vor, um eine Balance zwischen der Beibehaltung der Komplexität der Daten und der Bereitstellung einer klaren und übersichtlichen Interpretation zu erreichen. Die Analyse beginnt mit der Definition des Untersuchungsmaterials, welches analysiert werden soll, und der Festlegung der Analyseeinheiten (z. B. Textpassagen oder Themen). Anschließend wird das Material in einem ersten Schritt gelesen, um erste Eindrücke zu gewinnen und mögliche Kategorien zu identifizieren. Im nächsten Schritt werden diese Kategorien definiert und operationalisiert und es wird ein Kategoriensystem erstellt. Schließlich wird das Material erneut durchgegangen, dieses Mal jedoch systematisch nach den festgelegten Kategorien durchsucht. Alle Textpassagen, die einer Kategorie zugeordnet werden können, werden markiert und für die spätere Analyse extrahiert (Mayring, 2019; Mayring & Fenzl, 2019). Das Kodieren beinhaltet das Markieren von Textpassagen mit Codes, die bestimmte Themen, Ideen oder Konzepte repräsentieren. Es ist das Ziel des Kodierungsprozesses, die Daten zu organisieren, zu reduzieren und sie in einer Weise darzustellen, welche die Interpretation und das Verständnis der zugrunde liegenden Bedeutungen und Zusammenhänge erleichtert. Diese Codes können sowohl deduktiv, also im Voraus bestimmt, als auch induktiv, das heißt aus den Daten selbst, abgeleitet werden. Es handelt sich um einen iterativen Prozess, bei dem Forschende oft zurückgehen und ihre Kodierungen und Themen überarbeiten, basierend auf dem, was während der Analyse aufgefallen ist. Nach der Kodierung werden die Daten analysiert, um Muster und Beziehungen zwischen den Codes zu identifizieren. Diese Methode ermöglicht eine strukturierte und systematische Analyse von Textdaten (Mayring, 2019; Mayring & Fenzl, 2019).

Grounded Theory

Die Grounded Theory (Glaser & Strauss, 1967; Glaser & Strauss, 2010; Strauss & Corbin, 1994) ist eine Methode, die darauf abzielt, Theorien aus den Daten selbst zu ergründen, statt die Daten auf bestehende theoretische Rahmen zu stützen. Bei dieser Methode wird ein iterativer Prozess des ständigen Vergleichens verwendet, in dem die Daten kontinuierlich mit aufkommenden Konzepten und Kategorien verglichen werden. Dieser Prozess führt zur Entwicklung einer empirisch begründeten Theorie (,Grounded Theory'), d.h. einer Theorie, die eng an die Daten gebunden ist und aus ihnen hervorgeht. Hierbei ist die Reflexion über die eigene Positionierung und Rolle im Feld, einschließlich der Einflüsse, die sie auf die Interaktionen und Beobachtungen gehabt haben könnten, wichtig. In diesem Zusammenhang hat Cathy Charmaz (2014) mit ihrer konstruktivistischen Interpretation der Grounded Theory die Rolle der Forschenden im Konstruktionsprozess von Bedeutungen und Theorien betont. Ihr zufolge werden Theorien nicht nur ,entdeckt', sondern konstruiert, wobei der Umgang der Forschenden mit Daten im Vordergrund steht (Charmaz, 2011). Die Auswertung der Daten beinhaltet eine tiefere Analyse der beobachteten sozialen Praktiken und Interaktionen. Feldnotizen werden sorgfältig gelesen und analysiert, um zentrale Muster und Themen zu identifizieren und um die sozialen Prozesse und Bedeutungszusammenhänge zu verstehen (Böhm, 2015). Der erste Schritt beinhaltet die ,offene' Kodierung, bei der die Daten offen in Hinblick auf alle möglichen Themen, Konzepte und Kategorien kodiert werden. Anschließend folgt die ,axiale' Kodierung, bei der Beziehungen zwischen den Kategorien identifiziert werden und schließlich die ,selektive' Kodierung, bei der eine zentrale Kategorie bestimmt und die Theorie um diese Kategorie herum aufgebaut bzw. nach der das Material gezielt durchsucht wird. Die Grounded Theory ermöglicht einen flexiblen, aber strukturierten Ansatz zur Theoriebildung, der eng an den Daten ausgerichtet ist (Mey & Ruppel, 2018; Strübing, 2021). In diesem Zusammenhang hat sich die Gioia-Methode (Gioia et al., 2013) herausgebildet. Hier werden nach den beschreibenden Kategorien der ersten Ordnung, die sich auf die Informant:innen beziehen, aus den Rohdaten theoriezentrierte Kategorien der zweiten Ordnung entwickelt. Dieses interpretative Verfahren ermöglicht die Erstellung einer Theorie, die sowohl unterschiedliche Aspekte als auch deren Beziehungen erläutert (Corley & Gioia, 2011; Gioia, 2021). Nach diesem ersten Kodierungsprozess, angelehnt an Strauss und Corbin (1998), bei dem viele Codes erzeugt werden, da es nur wenig Selektion gibt, folgt eine Phase, in der nach Gemeinsamkeiten und Unterschieden in den Kategorien gesucht wird. Diese

Phase ähnelt dem axialen Kodieren der Grounded Theory (Gioia, 2021; Strauss & Corbin, 1998). Hauptaugenmerk liegt darauf, zu erforschen, was in den Forschungskontexten geschieht und ob eine theoretische Erklärung möglich ist. So werden Schlüsselkonzepte und Beziehungen aus den bisherigen Interviews gewonnen. Falls erforderlich oder möglich, können Kategorien zweiter Ordnung zu aggregierten Dimensionen der zweiten Ordnung gebündelt werden (Gioia, 2021). Daraufhin erfolgt die Erarbeitung einer visuellen Datenstruktur, die aufzeigt, wie die Begriffe, Kategorien und Dimensionen miteinander verknüpft sind. Dies verdeutlicht den Übergang von Rohdatenbegriffen zu Analysekategorien und -dimensionen. Da die Darstellung der Datenstruktur eher statisch ist, wird sie in ein Grounded-Theory-Modell integriert, um die Dynamik des Prozesses abzubilden (Gioia, 2021; Nag et al., 2007). In diesem Modell werden die Zusammenhänge zwischen Daten und Theorie weiter ausgearbeitet und Beziehungen zwischen abgeleiteten Konzepten dargestellt, die relevante Phänomene beschreiben oder erklären (Gioia, 2021; Gioia et al., 2013).

Hermeneutische Verfahren

Das Hauptanliegen von hermeneutischen Verfahren besteht darin, den Sinn und die Bedeutung von sozialen Handlungen und die zugrundeliegenden Deutungsmuster und Orientierungen zu verstehen. Bei der wissenssoziologischen Hermeneutik basiert die Datenauswertung hauptsächlich auf der hermeneutischen Sequenzanalyse ausgewählter Schlüsselstellen (Hitzler & Reichertz, 2003; Schröer, 1997). Hierbei erfolgt eine extensive Sequenzanalyse der jeweiligen Schlüsselstelle, in dem Wort für Wort interpretiert wird. Die Lesarten verschiedener Schlüsselstellen werden erfasst und im Folgenden geprüft, aufrechterhalten, reformuliert oder verworfen. Es folgt eine Paraphrasierung der Schlüsselstelle und die Identifizierung von Charakteristika. Darauf aufbauend werden erste Deutungsantworten entwickelt und Hypothesen über den Fall generiert. Dies entscheidet dann über die Auswahl weiterer Schlüsselstellen. Die objektive Hermeneutik (Oevermann, 2000) zielt darauf ab, die Bedeutungen, die den beobachteten sozialen Handlungen innewohnen, durch eine detaillierte, systematische und interpretative Analyse der Daten zu entdecken. Der Schwerpunkt liegt auf der Analyse von Sequenzen von Interaktionen, um die impliziten Regeln und Strukturen zu verstehen, die das Handeln der Akteur:innen leiten. Es geht nicht darum, das subjektive Erleben der Akteur:innen zu erfassen, sondern die objektiven Strukturen und Muster von sozialen Handlungen zu analysieren (Reichertz, 2015). Die Auswertung von Daten in der objektiven Hermeneutik erfolgt in der Regel durch eine Sequenzanalyse (Wernet, 2000). In dieser werden die einzelnen Schritte in einer Interaktion genau analysiert und interpretiert, um die zugrundeliegenden Muster und Strukturen von Handlungen und Interaktionen zu verstehen (Diekmann, 2023; Lüders, 2015; Schwinghammer, 2018). Die Daten sind zunächst kontextfrei zu interpretieren, um die Interpretation später mit dem konkreten Kontext, in dem die Daten erhoben wurden, zu vergleichen (Prinzip der Kontextfreiheit). Daneben spielt das Prinzip der Wörtlichkeit eine entscheidende Rolle, d.h. alles, was gesagt wurde, hat eine Bedeutung, die es zu analysieren gilt. Das Prinzip der Sequentialität erfordert, dass Wort für Wort, Satz für Satz und Abschnitt für Abschnitt in chronologischer Reihenfolge interpretiert wird. Das Prinzip der Extensivität verweist einerseits darauf, das gesamte Material zu interpretieren und andererseits darauf, dass die Gedankenexperimente, mit deren Hilfe Lesarten gebildet werden und die Interpretation erfolgt, nicht vorschnell abgebrochen werden, sondern tatsächlich alle möglichen Interpretationen erfasst werden. Schließlich besagt das Prinzip der Sparsamkeit, dass nur die Lesarten und Interpretationen, die sich aus dem Text heraus begründen lassen, aufrechtzuerhalten sind und in Fallstrukturhypothesen einfließen (Wernet, 2000).

Dokumentarische Methode
Die dokumentarische Methode eignet sich insbesondere zur Auswertung von Gruppendiskussionen (Bohnsack, 2003). Hierbei müssen sowohl der Inhalt der Diskussion als auch die Art und Weise analysiert werden, wie Meinungen geäußert, unterstützt oder in Frage gestellt werden und welche sozialen Normen und Dynamiken dabei sichtbar werden (Przyborski & Wohlrab-Sahr, 2013). Bei der dokumentarischen Methode wird zwischen dem ‚immanenten' und dem ‚dokumentarischen' Sinngehalt unterschieden (Mannheim, 1980 [1922–1925]). Immanent meint, was als Thema und Inhalt konkret besprochen und diskutiert wird, dokumentarisch meint die zugrundeliegenden Orientierungsmuster und -rahmen, die sich durch das Gesagte (und Gemeinte) offenbaren. Die dokumentarische Methode basiert auf den Analyseschritten der formulierenden Interpretation, bei der die behandelten Themen festgehalten werden. Bei der reflektierenden Interpretation geht es um die Rekonstruktion und Explikation des Rahmens, innerhalb dessen Themen behandelt werden. Hierbei ist es hilfreich, Gegensätze und auch Abgrenzungen von Personen oder Gruppen zu identifizieren und fallintern zu vergleichen. In der Fallbeschreibung werden die einzelnen Diskussionskomponenten wieder zusammengeführt und in Bezug zueinander gesetzt. Schließlich folgt die Typenbildung, die auf einem fallübergreifenden Vergleich basiert. Kluge (2000) setzt sich explizit mit der Typenbildung auseinander und beschreibt Typen als Konstrukte, die sich aus der Differenzierung und Verdichtung des Materials ergeben. Die Basis ist die Identifikation von Vergleichsdimensionen. Die Ähnlichkeiten und Unterschiede der Vergleichsdimensionen begründen dann unterschiedliche Typen. Die Typenbildung resultiert aus der Gruppierung der Fälle anhand der Zuordnung zu den Typen und ihren Merkmalen (Kruse, 2014). Zwischen den Typen soll eine größtmögliche Heterogenität bestehen, innerhalb von Typen sollen die zugeordneten Materialien eine größtmögliche Homogenität aufweisen (Kuckartz, 2020). In der Folge werden die inhaltlichen Sinnzusammenhänge analysiert und auf dieser Basis die entwickelten Typen charakterisiert. Die Typen werden basierend auf der wiederholten Analyse des Materials kontinuierlich überarbeitet und verfeinert. Die Daten werden somit

mehrmals durchlaufen, um Muster und Kategorien zu identifizieren. Grundsätzlich kann die Typisierung auch bei anderen Methoden angewendet werden.

Diskursanalyse

Die Diskursanalyse stellt eine vielschichtige Methode der qualitativ-empirischen Sozialforschung dar, die sich mit der Untersuchung von Sprache in ihrem sozialen Kontext befasst. Sprache ist folglich nicht nur eine passive Reflexion der Realität, sondern ist aktiv an der Konstruktion sozialer Wirklichkeiten beteiligt (Keller et al., 2011). Diskurse sind zu verstehen als Praktiken, die systematisch Aussagen und Konzepte formen, die verwendet werden, um die Welt zu beschreiben und zu verstehen. Sie beeinflussen somit das Denken und Handeln (Parker, 2015). Die Diskursanalyse ist eigentlich eine Analysemethode, aber sie erfordert eine spezifische Art der Datenerhebung. Im Zentrum der Diskursanalyse steht die Untersuchung von Texten – was sowohl schriftliche Dokumente, Transkripte von Gesprächen oder Reden, Zeitungsartikel, politische Dokumente, Posts in sozialen Medien als auch Bilder oder Symbole oder auch gesprochene Konversationen umfassen kann (Gardt, 2013; Parker, 2015). Bei der Datenerhebung für eine Diskursanalyse wird typischerweise ein Korpus von Texten zusammengestellt, der anschließend analysiert wird. Diese Texte werden auf verschiedene Arten von Mustern hin untersucht, einschließlich der Verwendung von Metaphern, der Struktur von Argumenten, der Art und Weise, wie bestimmte Themen dargestellt werden und der latenten Annahmen, die diesen Darlegungen zugrunde liegen (Gardt, 2013). Ein zentraler Aspekt der Diskursanalyse ist die Aufmerksamkeit für Machtbeziehungen. Diskurse werden als Instrumente der Macht gesehen, die dazu dienen, bestimmte Wahrheiten zu etablieren, bestimmte Perspektiven zu privilegieren und andere auszuschließen (Foucault, 1978; Keller, 1997). Durch die Analyse von Diskursen können Forschende aufzeigen, wie soziale Realitäten konstruiert werden, welchen Interessen sie dienen und welche Auswirkungen sie auf verschiedene soziale Gruppen haben. So kann beleuchtet werden, wie durch Sprache Macht ausgeübt, Identitäten geformt und soziale Wirklichkeiten geschaffen werden. Die Diskursanalyse erfordert eine sorgfältige und kritische Lektüre von Texten, eine Reflexion über die Rolle von Sprache in der Konstruktion sozialer Wirklichkeiten und eine stetige Aufmerksamkeit für die Machtbeziehungen, die in und durch Diskurse vermittelt werden (Gardt, 2013; Traue et al., 2022).

Dokumentenanalyse

Die Dokumentenanalyse stellt eine interpretative Methode zur Untersuchung von schriftlichen Materialien dar. Diese Methode erlaubt es, Texte unterschiedlichster Art, die zur Erklärung menschlichen Handelns verwendet werden können, wie beispielsweise Urkunden, Zeitungsartikel, offizielle Dokumente, Briefe oder Tagebücher, Geschäftsberichte und Webseiten, systematisch zu untersuchen, um soziale Phänomene zu verstehen (Atteslander, 1971; Mayring, 2016). In erster Linie geht es bei der Durchführung der Dokumentenanalyse darum, die in den Texten enthaltenen Bedeutungen, Darstellungen und Botschaften herauszuarbeiten und zu interpretieren. Das Material kann indes sehr vielfältig sein und es ist wichtig, sowohl den expliziten als auch den impliziten Gehalt des Materials zu berücksichtigen (Mayring, 2016). Ein besonderes Augenmerk liegt auf der Kontextualisierung des Dokuments, d.h. es wird analysiert, in welchem sozialen, historischen oder kulturellen Kontext das Dokument entstanden ist und welche Rolle es innerhalb dieses Kontextes spielt (Wolff, 2015). Das Vorgehen bei der Analyse kann in Anlehnung an Mayring (2016) in vier Stufen unterteilt werden: (1) Formulierung einer klaren Fragestellung, (2) Definition, welche Dokumente als solche gelten sollen, (3) Einordnen des Aussagewertes und der Relevanz zur Beantwortung der Forschungsfrage der ausgewählten Dokumente durch Quellenkritik und abschließend erfolgt (4) die Interpretation der ausgewählten Dokumente.

Die Analyse der Materialien ermöglicht einen Zugang zu nicht unmittelbar beobachtbaren sozialen Realitäten. Sie bietet sich daher in Bereichen an, in denen ein direkter Zugang über Befragungen, Beobachtungen oder Messungen erschwert ist (Mayring, 2016). Zentral ist bei der Anwendung dieser Methode eine kritische Reflexion. Die Auswahl der zu analysierenden Dokumente, die Interpretation der Inhalte sowie die Kontextualisierung sind stets von den subjektiven Vorverständnissen und theoretischen Rahmenbedingungen der Forschenden geprägt. Es ist ein transparentes und nachvollziehbares Vorgehen darzulegen, wie die Dokumente ausgewählt, analysiert und interpretiert wurden.

Gütekriterien qualitativer Sozialforschung

Die qualitativen Methoden in der Sozialforschung sind darauf ausgelegt, soziale Phänomene in ihrer Tiefe und Komplexität zu erfassen. Gütekriterien gewährleisten, dass die Forschungsergebnisse trotz inhärent subjektiver Natur qualitativer Daten den wissenschaftlichen Anforderungen gerecht werden. Gütekriterien in der qualitativen Sozialforschung werden kontrovers diskutiert in Hinblick darauf, ob sie die in der quantitativ-empirischen Forschung etablierten Kriterien der Objektivität, Reliabilität und Validität verwenden oder eigene Gütekriterien erforderlich sind (Döring, 2023; Kruse, 2014; Przyborski & Wohlrab-Sahr, 2013). Die Diskussion zu eigenen Gütekriterien für die qualitative Sozialforschung wird von Ines Steinke (2015) geprägt. Sie betont die Notwendigkeit der intersubjektiven Nachvollziehbarkeit, d.h., dass andere Forschende in der Lage sein sollten, den Forschungsprozess und die daraus gezogenen Schlussfolgerungen zu verfolgen und zu verstehen. Erreicht wird die intersubjektive Nachvollziehbarkeit durch eine genaue Dokumentation der Forschungsprozesse und durch Interpretationen mit mehreren Forschenden. Ein weiteres Gütekriterium ist die Indikation des Forschungsprozesses. Entsprechend muss die Wahl des qualitativen Vorgehens und der Methodik transparent und begründet sein. Durch die genaue Darstellung des Vorgehens sollen andere Forschende die Entscheidungen nachvollziehen und die Forschungsergebnisse in den richtigen Kontext setzen können. Mit dem Gütekriterium der empirischen Verankerung wird betont, dass trotz des qualitativen Forschungscharakters eine klare Beziehung zur empirischen Realität bestehen muss. Dies kann durch kodifizierte Methoden, ausreichende Textbelege und analytische Induktion erreicht werden. Auch Prognosen und die kommunikative Validierung, bei der Forschungsergebnisse mit den untersuchten Personen oder Gruppen besprochen werden, sind relevant. Die Limitation ist ein weiteres essenzielles Kriterium. Hierbei steht die Fallkontrastierung im Vordergrund, bei der verschiedene Fälle miteinander verglichen werden, um eine Analyse zu ermöglichen. Auch die explizite Suche nach abweichenden, extremen oder negativen Fällen wird hervorgehoben, um voreilige Schlussfolgerungen zu vermeiden und die Gültigkeit der Ergebnisse kritisch zu hinterfragen. Steinke (2015) betont auch die Bedeutung von Kohärenz – die innere Logik und Konsistenz der Forschungsergebnisse – und Relevanz – die Bedeutung der Forschung für das größere soziologische Feld. Schließlich, und vielleicht am kritischsten, ist die reflektierte Subjektivität zu berücksichtigen. Forschende bringen sich selbst und eigene Vorannahmen, Erfahrungen und Perspektiven in den Forschungsprozess ein. Diese Subjektivität soll erkannt, reflektiert und wo möglich kontrolliert werden (Flick, 2021). Dies kann durch Selbstbeobachtung, die Anerkennung persönlicher Voraussetzungen sowie die Reflexion darüber, ob ein Vertrauensverhältnis besteht, erreicht werden. Zudem ist die Reflexion während des Feldeinstiegs unerlässlich, um durch die Betrachtung eventueller Irritationen und auch Unannehmlichkeiten, Spezifika des entsprechenden Feldes zu erlangen (Steinke, 2015).

3 Quantitative Methoden

3.1 Forschungsprozess quantitativer Sozialforschung

Bei quantitativer Forschung geht es um die empirische Beobachtung von gesellschaftlichen Phänomenen über systematische und standardisierte Verfahren auf Basis möglichst vieler Daten und Zahlen. Quantitativ-empirische Verfahren sind deduktiv angelegt, d.h. im Vorhinein werden Ansätze, Konzepte und Zusammenhänge überlegt, in Hypothesen verdichtet und mit Daten überprüft. Auf dieser Basis sollen Ausprägungen und Zusammenhänge quantifizierbar beschrieben werden (Burzan, 2015; Diekmann, 2023; Röbken & Wetzel, 2020).

Der quantitativ-empirische Forschungsprozess läuft in der Regel linear wie folgt ab: Zunächst wird die Forschungsfrage konkretisiert, es wird der einschlägige Forschungsstand recherchiert und diskutiert und es werden adäquate Theorien gesucht. In einem nächsten Schritt werden in Hinblick auf die identifizierten Leerstellen Hypothesen abgeleitet. Es bietet sich an, ein Modell über die erwarteten Zusammenhänge und Hypothesen zu entwickeln. Hypothesen sind verdichtete Annahmen, die empirisch geprüft werden können. Sie zeichnen sich aus durch Allgemeingültigkeit, d.h., dass die Annahme über den Einzelfall hinausgeht, durch eine konditionale Form, im Sinne von ‚Wenn-dann-‘ bzw. ‚Je-desto-

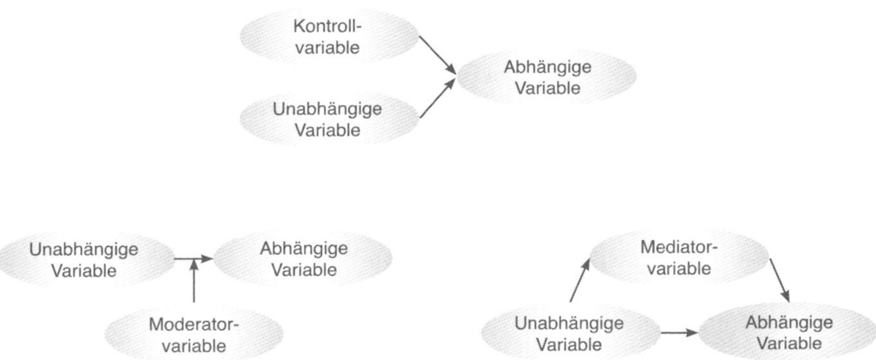

Abb.: 5: Variablenarten

Strukturen', und durch Falsifizierbarkeit, d.h. die Hypothese muss potenziell falsch sein können. Es gibt drei Arten von Hypothesen: Unterschiedshypothesen, die Unterschiede zwischen zwei oder mehr Gruppen postulieren, Zusammenhangshypothesen, die Zusammenhänge zwischen Variablen festhalten und Veränderungshypothesen, die Veränderungen von Variablen über die Zeit erwarten lassen (Diekmann, 2023; Döring, 2023). Eine wesentliche Überlegung ist die Frage danach, welche Variable als abhängige Variable gilt (AV), d.h., welches Konstrukt erklärt werden soll, und welche unabhängigen Variablen (UV) hierbei eine Rolle spielen können. Zudem gibt es Kontrollvariablen, die zusätzlich auf ihren Einfluss hin getestet werden (häufig: Alter, Geschlecht etc.). In Hinblick auf die erwarteten Zusammenhänge im Modell ist zu berücksichtigen, ob Variablen direkt aufeinander wirken oder ob sie vermittelt als Moderator oder Mediator wirken. Eine Moderatorvariable beeinflusst, wie Variable A auf B wirkt; eine Mediatorvariable ist eine dritte Variable, über die der Zusammenhang von A auf B erst erklärt werden kann (siehe Abbildung 5).

3.2 Erhebung quantitativer Daten

Erhebungsmethoden

In Hinblick auf die Erhebungsmethoden im quantitativ-empirischen Bereich werden klassische Testverfahren und Messungen, Verhaltensbeobachtungen und Befragungen mittels standardisierter Fragebögen unterschieden. Zu den Testverfahren gehören z. B. Intelligenztests als standardisierte psychologische Verfahren, die dazu dienen, mit einer Vielzahl von Fragen die kognitiven Fähigkeiten und intellektuellen Fertigkeiten einer Person zu messen (Döring, 2023).

Messungen sind beispielsweise das Elektroenzephalogramm (EEG), das die elektrische Aktivität des Gehirns misst oder auch das Elektrokardiogramm (EKG) als diagnostisches Verfahren zur Aufzeichnung der Herzaktivität. Auch Eye-Tracking-Messungen als Verfahren zur Erfassung und Aufzeichnung der Blickbewegungen und Fixationen von Personen gehören dazu und werden eingesetzt, um zu verstehen, wohin und wie lange jemand auf bestimmte visuelle Reize oder Objekte schaut (Döring, 2023).

Verhaltensbeobachtungen sind systematische Beobachtungen des Handelns von Personen. Sie erfolgen geplant, zielgerichtet und überprüfbar. In der Regel ist die Basis ein Beobachtungsbogen, der Kategorien zur Bewertung enthält. Die Beobachter:innen werden geschult, damit Wahrnehmungs-, Interpretations- und Urteilsfehler, Erinnerungsfehler und Wiedergabefehler möglichst vermieden werden (Diekmann, 2023; Döring, 2023).

Bei quantitativ-empirischen Befragungen werden standardisierte Fragebögen angewendet. Sie sind das Instrument, das in der sozialwissenschaftlichen Forschung mitunter am häufigsten eingesetzt wird. Hierbei ist es wichtig, dass die Interviewer:innen geschult sind, um Interviewereffekte zu vermeiden. Derartige Befragungen können telefonisch erfolgen (Computer-Assisted-Telefone-Interview (CATI)), in Präsenz (Computer-Assisted-Personal-Interview (CAPI)) oder rein online auf Basis eines Links (Computer-Assisted-Web-Interviewing (CAWI)), der Befragten zugesendet wird (Push) oder der auf einer Webseite hinterlegt ist (Pull) (Diekmann, 2023; Döring, 2023; Reinecke, 2022). Ein Problem an Befragungen kann es sein, dass Selbstauskünfte der befragten Personen von Wahrnehmungsverzerrungen geprägt sein können. Objektive Daten ohne subjektive Verzerrungen durch die Studienteilnehmer:innen erhält man nur mit klassischen Messungen wie oben beschrieben oder teilweise auch in Experimenten.

Bei experimentellen Studien geht es um die Überprüfung eines kausalen Einflusses mehrerer unabhängiger Variablen auf eine oder mehrere abhängige Variablen. In der Regel wird mit einer Experimental- und mit einer Kontrollgruppe gearbeitet. In diesem Zusammenhang ist die interne Validität wichtig, d.h., dass die Effekte der abhängigen Variable eindeutig auf die Wirkung der unabhängigen Variablen zurückzuführen sind und sich keine Störungen beobachten lassen. Hierzu werden bei der Durchführung von Experimenten besondere Vorkehrungen getroffen und sie werden z. B. in spezifischen Computerlaboren durchgeführt. Die externe Validität meint in Bezug auf Experimente, ob die identifizierten Zusammenhänge auch außerhalb der Laborsituation generalisierbar sind. Nichtexperimentelle Studien oder auch Feldstudien, zu denen Befragungen gehören, finden in einer eher natürlichen und wenig kontrollierbaren Umgebung statt (Diekmann, 2023; Döring, 2023).

Grundsätzlich werden bei empirischen Designs Querschnitts- und Längsschnittstudien unterschieden, d.h. ob Messwiederholungen stattfinden oder nicht. Eine Querschnittsstudie erfasst Daten zu einem Zeitpunkt oder in einem Zeitraum von verschiedenen Individuen oder Gruppen. Sie ist eine Momentaufnahme von Merkmalen, Einstellungen oder Handlungsweisen, z. B. wenn Teilnehmende zu einem Zeitpunkt befragt werden. Eine Längsschnittstudie erfasst dieselben Individuen oder Gruppen über einen längeren Zeitraum, normalerweise über mehrere Monate oder Jahre hinweg. Es werden wiederholte Messungen der gleichen Variablen durchgeführt, um Veränderungen im Laufe der Zeit zu identifizieren und um Ursache-Wirkungs-Beziehungen zu untersuchen. Ein Beispiel für eine Längsschnittstudie ist eine Kohortenstudie, bei der eine Gruppe von Personen über einen Zeitraum beobachtet und wiederholt befragt wird (Döring, 2023).

Operationalisierung
In der sozialwissenschaftlichen Forschung werden Konstrukte verwendet, um Phänomene, die nicht direkt beobachtbar sind, zu untersuchen, wie z. B. Arbeitszufriedenheit, Arbeitsleistung oder Organisationskultur. Konstrukte spezifizieren, was gemessen werden soll, sie bieten ein theoretisches Konzept und zeigen relevante Dimensionen auf. Ein solches theoretisches Konzept wird mit beobachtbaren Variablen (‚Indikatoren') operationalisiert. Bei der Operationalisierung handelt es sich um den Prozess der Konkretisierung und Messbarmachung von abstrakten Konzepten oder Variablen, um sie für quantitative Analysen zugänglich zu machen. Die Abfrage erfolgt über sogenannte Items. Ein Item ist eine Frage in einer Umfrage oder ein Statement in einem Fragebogen, das darauf abzielt, ein abstraktes Konzept messbar zu machen. Zum Beispiel könnte ein Item zur Messung des Konzepts ‚soziale Integration' eine Frage sein wie: „Wie oft treffen Sie sich mit Freund:innen oder Nachbar:innen?" Hierbei würde die Antwortfrequenz als Indikator für das Maß an sozialer Integration verwendet. Solche Items helfen dabei, abstrakte Konzepte in quantifizierbare Daten umzusetzen, die anschließend analysiert werden können. Für die Qualität von Items ist es wichtig, dass diese kurz, prägnant und einfach formuliert sind und z. B. keine Fachbegriffe enthalten. Pro Item soll nur eine Aussage abgefragt werden, weil sonst die Eindeutigkeit leidet und unklar wird, worauf sich die Antworten beziehen. Für die Befragten ebenfalls schwierig zu beantworten sind doppelte Verneinungen in Aussagen. Schließlich sollten Items nicht extrem formuliert sein, damit die Antwortoptionen auch noch hinreichend differenzieren, sich weder Polarisierungen noch ein uneindeutiges Antwortverhalten in der Mitte zeigt (Kallus, 2016). In der Regel müssen Items nicht selbst entwickelt werden, da auf etablierte und validierte Skalen zu interessierenden Konzepten zurückgegriffen werden kann. Die Validierung einer Skala bezieht sich auf den Prozess, bei dem geprüft wird, ob ein bestimmtes Messinstrument tatsächlich das misst, was es messen soll. In der sozialwissenschaftlichen Forschung werden Skalen häufig verwendet, um Eigenschaften oder Merkmale von Personen, Gruppen oder Objekten zu messen. Es kann sich dabei um Persönlichkeitsmerkmale, Einstellungen, Werte, Meinungen, Verhaltensweisen oder andere Konstrukte handeln. Die Validierung eines Messinstruments ist ein wichtiger Schritt, um sicherzustellen, dass die Ergebnisse der Messung verlässlich und gültig sind. Bereits etablierte und validierte Instrumente findet man in den entsprechenden Publikationen oder auch auf einschlägigen Webseiten (z. B. https://zis.gesis.org/).

Zu validierten Konstrukten gehört nicht nur die konkrete Frageformulierung und die Erfassung etwaiger Dimensionen, sondern auch das zugehörige Antwortformat, d.h. die Skalenniveaus, die sich unterscheiden lassen in die Nominal-, die Ordinal-, die Intervall- und die Verhältnisskala (Diaz-Bone, 2019; Diekmann, 2023; Döring, 2023) (siehe Tabelle 2).

Tabelle 2: Skalenniveaus

Nominalskala	Ordinalskala	Intervallskala	Verhältnisskala
Gleichheit, Verschiedenheit	Größer-Kleiner-Relationen	Gleichheit von Differenzen	Gleichheit von Verhältnissen
Antworten unterscheiden sich	Antworten lassen sich in Reihenfolge bringen	Abstände zwischen Antworten sind gleich groß	Wie Intervallskala, mit natürlichem Skalenmittel- oder Nullpunkt
Abteilungszugehörigkeit	Noten, Windstärken	Geburtsjahr, Temperatur in °C	Körpergröße, Einkommen

Bei Intervallskalen sind unterschiedliche Ratingskalen zu differenzieren. Unipolare Ratingskalen unterscheiden z. B. von nicht zufrieden (0) bis sehr zufrieden (7), bipolare Ratingskalen unterscheiden z. B. von unzufrieden (0) bis zufrieden (7). Likert-Skalen implizieren die Antwortoptionen von stimme nicht zu (0) bis stimme zu (7). Darüber hinaus werden Ratingskalen dahingehend unterschieden, ob es um die Häufigkeit geht (nie – selten – ... – oft – immer), ob es um die Intensität geht (gar nicht – kaum – ... – überwiegend – völlig), die Wahrscheinlichkeit (keinesfalls – wahrscheinlich nicht – ... – ziemlich wahrscheinlich – sicher) oder die Bewertung (trifft gar nicht zu – trifft wenig zu – ... – trifft ziemlich zu – trifft völlig zu). Beim Antwortverhalten kommt es auch auf die optimale Stufenanzahl an: Bei wenigen Stufen erhält man in der Regel undifferenzierte Urteile, bei Skalen mit vielen Stufen können Befragte nicht gut differenzieren. Vor dem Hintergrund hat sich eine Stufenzahl zwischen fünf und sieben bewährt (Döring, 2023; Kallus, 2016).

Stichprobe

Bei der Auswahl der Befragungspersonen bzw. bei der Stichprobenziehung kommt es darauf an, in welchem Verhältnis die Stichprobe zur Grundgesamtheit steht. Ist die Stichprobe ein Abbild der Grundgesamtheit, wird auch von Repräsentativität gesprochen. Hierzu sind Maße erforderlich, mit denen sich die Grundgesamtheit charakterisieren lässt (z. B. Geschlechterverhältnis, Durchschnittsalter). In Hinblick auf die Auswahl der Stichprobe aus der Grundgesamtheit gibt es unterschiedliche Verfahren: Eine Stichprobe kann willkürlich gezogen werden, die Ziehung kann zufällig erfolgen (Zufallsauswahl) oder bewusst nach bestimmten Kriterien. Auch die Erhebungsmethode (z. B. Telefoninterview, Online-Befragung) kann mit Verzerrungen einhergehen, wenn nur bestimmte Personen über die gewählten Medien erreicht werden können (Döring, 2023).

Die erforderliche Größe der Stichprobe hängt von verschiedenen Faktoren ab, wie zum Beispiel der gewünschten Genauigkeit der Ergebnisse – der maximal zulässigen Fehler oder der maximalen Abweichung der Stichprobe – der Varianz und dem gewünschten Konfidenzniveau. Ein Konfidenzniveau ist ein statistisches Maß dafür, wie sicher man sich sein kann, dass ein Ergebnis aus einer Stichprobe auch auf die Gesamtheit der Population zutrifft. Es gibt an, mit welcher Wahrscheinlichkeit ein geschätzter Parameter (z. B. der Durchschnitt oder die Varianz) innerhalb eines bestimmten Intervalls um den beobachteten Wert liegt. Das Konfidenzniveau hängt eng mit dem Konfidenzintervall zusammen, welches die Grenzen eines Intervalls um den beobachteten Wert darstellt, innerhalb dessen der wahre Wert des Parameters mit einer bestimmten Wahrscheinlichkeit liegt. Je höher das Konfidenzniveau, desto breiter das Intervall und desto größer die Unsicherheit in der Schätzung des wahren Wertes.

Eine größere Stichprobengröße führt in der Regel zu genaueren Ergebnissen, d.h., mit wachsendem Stichprobenumfang steigt die Aussagekraft der Studie. Es gibt verschiedene Formeln, um die optimale Stichprobengröße zu berechnen (z. B. Cochran-, Krejcie-Morgan-Ansatz oder auch G*Power). Diese berücksichtigen die Größe der Grundgesamtheit, aus der die Stichprobe gezogen wird und setzen diese ins Verhältnis zur Stichprobe. Je größer die Grundgesamtheit ist, desto größer muss auch die Stichprobe sein, um repräsentative Ergebnisse zu erhalten. Wenn in einer interessierenden Population eine geringe Varianz vorherrscht, kann die Stichprobe kleiner sein. Die erforderliche Stichprobengröße hängt jedoch auch von der Anzahl der Items im Fragebogen ab, denn je mehr Items, desto größer sollte die Stichprobengröße sein, um eine ausreichende Repräsentativität der Stichprobe zu gewährleisten. Mit einer größeren Stichprobe wird in der Regel eine höhere Genauigkeit und Zuverlässigkeit erzielt.

3.3 Auswertung quantitativ-empirischer Daten

Sobald quantitative Daten erhoben sind, geht es im nächsten Schritt um die Auswertung. Hierzu müssen die Daten zunächst aufbereitet und bereinigt werden, um Fehler zu entfernen, wenn z. B. fehlerhafte Werte eingegeben wurden, es extreme Antworten gibt (‚Ausreißer') oder zahlreiche Variablenwerte fehlen (‚Missing Values'), die die Auswertung verzerren könnten. Dann erfolgt die Stichprobenbeschreibung in Hinblick auf soziodemographische Merkmale (z. B. Alter, Geschlecht, Bildungsgrad). Hiernach werden in einem ersten Schritt die Daten deskriptivstatistisch analysiert in Hinblick auf die interessierenden Variablen, worauf inferenzstatistische Analysen zum Mittelwert, Signifikanztests und weitere folgen. Die Analysen erfolgen in der Regel softwaregestützt (z. B. R) Auf dieser Basis erfolgt die inhaltliche Interpretation der statistischen Ergebnisse. In

Bezug auf die Auswertung werden unterschiedliche und unterschiedlich komplexe Verfahren differenziert.

Deskriptive Statistik

Deskriptive Statistik (beschreibende Statistik) meint Methoden, mit denen empirische Daten zusammenfassend dargestellt und beschrieben werden können. Hierzu gehören Häufigkeitsauswertungen, Mittelwerte und Streuung von Daten, Kreuztabellen und auch Korrelationen. Mit Tabellen und Grafiken werden wesentliche Merkmale des Untersuchungsgegenstands ausgedrückt. Zur deskriptiven Statistik gehören Lage- und Streuungsmaße (Döring, 2023). Lagemaße versuchen, die Stichprobe durch einen mittleren Wert, wie den Modus (Modalwert), Median oder Mittelwert (M) zu beschreiben. Der Modalwert ist derjenige Messwert, der am häufigsten in einer Verteilung vorkommt. Median (Md) ist der Wert, der, wenn man alle Zahlen der Größe nach sortiert, in der Mitte liegt. Der Mittelwert (Arithmetisches Mittel (AM), Durchschnitt, Mean (M)) meint die Summe aller Einzelwerte, geteilt durch die Anzahl der Einzelwerte (siehe Abbildung 6).

Streuungsmaße liefern ein Maß dafür, wie sehr die gemessenen Werte vom Mittelwert abweichen, dazu gehört die Spannweite, die Varianz und auch die Standardabweichung (SD) (siehe Abbildung 7). Die Spannweite (‚Range') bezieht sich auf die absolute Differenz zwischen größtem und kleinstem Wert, hier sind jedoch Ausreißer ein Problem. Die Varianz s^2 ist die Summe der quadrierten Abweichungen aller Messwerte vom arithmetischen Mittel (AM) dividiert durch die Anzahl aller Messwerte. Die Standardabweichung (SD) zieht die Wurzel aus der Varianz. Sie ist das wichtigste Streuungsmaß und wird für statistische Berechnungen benutzt. Lagemaße und Streuungsmaße gehören zusammen und werden gemeinsam angegeben (üblicherweise M und SD). Aus einer tabellarischen oder grafischen Darstellung des bivariaten Datensatzes wird ein erster Eindruck gewonnen, ob zwischen zwei Merkmalen ein Zusammenhang besteht. Unterscheiden kann man die Richtung und die Stärke des statistischen Zusammenhangs.

Um zu bestimmen, ob der Mittelwert zweier Stichproben signifikant voneinander abweicht, wird das statistische Verfahren des t-Tests verwendet (Döring, 2023). Der t-Test basiert auf der Annahme, dass die Stichproben normalverteilt

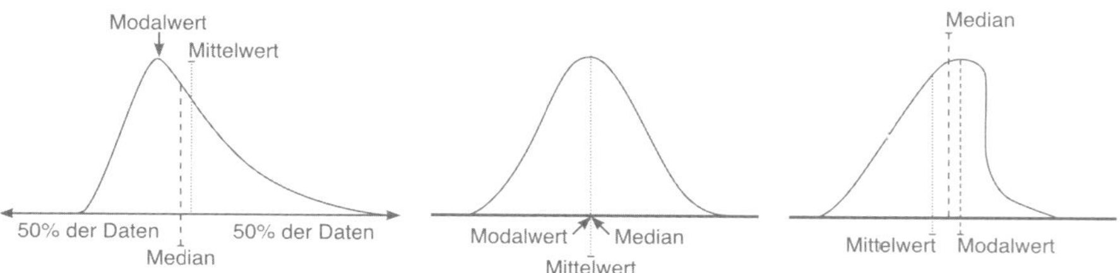

Abb.: 6: Lagemaße bei deskriptiver Statistik

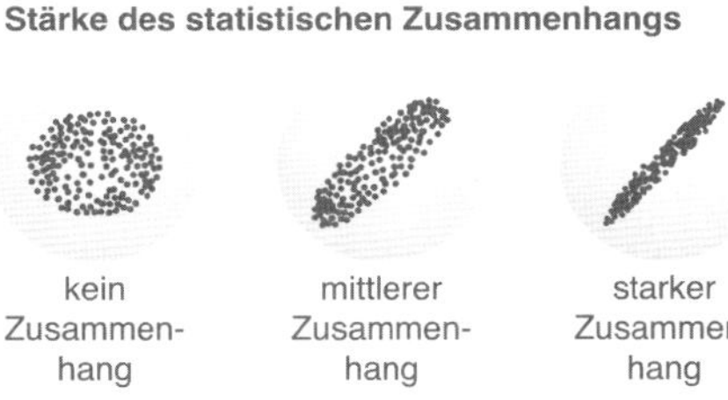

Abb.: 7: Streuungsmaße bei deskriptiver Statistik

sind und dass die Varianzen in den beiden Stichproben ungefähr gleich sind. Wenn diese Annahmen nicht erfüllt sind, gibt es alternative Tests, die verwendet werden können (Kuckartz et al., 2010). Der t-Test dient dazu, festzustellen, ob der Mittelwert einer Stichprobe im Vergleich zu einem festgelegten Wert, wie dem Bevölkerungsmittelwert, signifikant unterschiedlich ist (Kuckartz et al., 2010). Es gibt zwei Arten von t-Tests: den einseitigen und den zweiseitigen t-Test. Ein einseitiger t-Test wird verwendet, wenn Unterschiede in eine bestimmte Richtung erwartet werden (bei ‚gerichteten' Hypothesen), während ein zweiseitiger t-Test verwendet wird, wenn man wissen möchte, ob es einen signifikanten Unterschied zwischen den Mittelwerten gibt unabhängig von der Richtung (bei ‚ungerichteten' Hypothesen) (Kuckartz et al., 2010).

Das Anliegen der Untersuchung ist, die Nullhypothese zugunsten der Alternativhypothese abzulehnen. Die Nullhypothese ist das Pendant zur eigentlichen Untersuchungshypothese (Alternativhypothese). Sie stellt den Standard bzw. den Normalzustand dar, der keinen Zusammenhang zwischen bestimmten Merkmalen vermutet, während die Alternativhypothese die Annahme über einen Zusammenhang beinhaltet, der überprüft werden soll. Die beiden Hypothesen werden gegensätzlich formuliert, damit am Ende eine als wahr angenommen und die andere als falsch abgelehnt werden kann. Hypothesen können ‚gerichtet' sein, d.h. eine Information darüber enthalten, welche Richtung des Zusammenhangs vermutet wird. Bei ‚ungerichteten' Hypothesen wird ein Zusammenhang ohne Richtung des Effekts vermutet. Dies ist dann der Fall, wenn nur wenige Vorkenntnisse bestehen (Döring, 2023). Zur Ablehnung der Nullhypothese wird der p-Wert, d.h. das Signifikanzniveau, herangezogen. Es handelt sich um eine statistische Kennzahl, die angibt, wie wahrscheinlich es ist, dass ein beobachteter Effekt zufällig auftritt, wenn in Wirklichkeit kein Unterschied zwischen den Gruppen oder

Bedingungen besteht. Ein kleiner p-Wert (z. B. $p<0.05$) bezieht sich auf die Wahrscheinlichkeit, dass der beobachtete Unterschied auf Zufall beruht, sehr gering ist, und dass es daher wahrscheinlich einen wahren Unterschied zwischen den Gruppen gibt. Ein hoher p-Wert (z. B. $p>0.05$) deutet darauf hin, dass die Wahrscheinlichkeit, dass der beobachtete Unterschied auf Zufall beruht, hoch ist und es daher keinen signifikanten Unterschied zwischen den Gruppen gibt. Der p-Wert ist jedoch nicht das einzige Kriterium zur Beurteilung der Signifikanz eines Effekts und steht zunehmend in der Kritik. Es ist wichtig, auch andere Faktoren wie die Stichprobengröße und die Größe des Effekts zu berücksichtigen. Ein kleiner p-Wert kann auf einen signifikanten Effekt hinweisen, aber es ist auch möglich, dass ein Effekt real, aber aufgrund einer zu kleinen Stichprobengröße nicht signifikant ist.

Mit der linearen Regression wird der Einfluss einer (oder mehrerer) unabhängigen Variablen auf eine abhängige Variable geschätzt. Bei einer bivariaten Korrelation wird die Enge (schwach oder stark) und die Richtung (positiv oder negativ) eines Zusammenhangs bestimmt. Der bivariate Korrelationskoeffizient kann Werte zwischen -1 (negativer Zusammenhang) bis +1 (positiver Zusammenhang) annehmen; bei Werten um 0 existiert kein Zusammenhang. Wenn mehr als zwei Variablen beteiligt sind, wird von multivariaten Analysen gesprochen. Der durch einen Korrelationskoeffizient gemessene statistische Zusammenhang darf jedoch nicht automatisch als kausal bezeichnet werden, d.h., Korrelation bedeutet nicht Kausalität (Döring, 2023; Kuckartz et al., 2010). Die Korrelation kann (und sollte im besten Fall) statistisch signifikant sein, d.h., erhobene Daten weichen so stark von einer vorher definierten Annahme (Nullhypothese) ab, dass diese verworfen wird. Statistisch signifikant meint nicht, dass eine Hypothese zu einer gewissen Wahrscheinlichkeit (p-Wert) zutrifft oder nicht zutrifft oder dass etwas bewiesen wurde. Das Signifikanzniveau ist ein Entscheidungskriterium zur Beurteilung der Irrtumswahrscheinlichkeit. Teilweise wird nicht mit statistischer Signifikanz gearbeitet, sondern mit der Irrtumswahrscheinlichkeit p. Diese sagt aus, wie wahrscheinlich es ist, das Testergebnis oder ein extremeres Testergebnis zu erhalten, wenn die Nullhypothese gilt. Unterschreitet p das vorher festgelegte Signifikanzniveau (häufig $\alpha = 0.05$, teilweise 0,01 oder 0,001), spricht man von statistischer Signifikanz (Döring, 2023).

Interferenzstatistik

Im Gegensatz zur deskriptiven Statistik stellt die Inferenzstatistik (schließende oder analytische Statistik) die Frage, inwieweit das Gemessene ein Abbild der Realität oder Zufall ist und untersucht entsprechend, inwieweit z. B. ein Mittelwert vom Mittelwert der Grundgesamtheit abweicht. Die Inferenzstatistik meint alle Methoden, mit denen aufgrund empirischer Daten Aussagen über die Richtigkeit von Hypothesen formuliert werden können. Es werden Hypothesen, die vor der Untersuchung aufgestellt wurden, mittels Schätzung von Wahrscheinlichkeitsannahmen aus einer Stichprobe geprüft.

Die statistische Hypothesenprüfung kann über eine einfaktorielle Varianzanalyse (,One-way Analysis of Variance' (ANOVA)) erfolgen. Wenn es um den Zusammenhang von zwei unabhängigen Variablen (Interaktion) geht, wird eine zweifaktorielle Varianzanalyse (,Two-way ANOVA') verwendet. Ein signifikanter Interaktionseffekt in der zweifaktoriellen Varianzanalyse meint, dass beide Faktoren in nicht-additiver Weise zusammenwirken. In Interaktionsdiagrammen können die Zusammenhänge zwischen zwei Faktoren in der Regel anschaulich dargestellt werden (Döring, 2023). Mit einer Kovarianzanalyse (,Analysis of Covariance' (ANCOVA)) können Unterschiede zwischen Versuchs- und Kontrollgruppen dargestellt werden. Es wird der Einfluss der unabhängigen Variable auf die abhängige Variable untersucht. Falls mehrere abhängige Variablen untersucht werden sollen, gibt es multivariate Analysen und auch spezifische Längsschnittanalysen, wenn es bei der Erhebung eine Messwiederholung gab und Veränderungshypothesen getestet werden sollen (Diekmann, 2023; Döring, 2023).

Eine konfirmatorische Faktorenanalyse (,Confirmatory Factor Analysis' (CFA)) ist eine statistische Methode, die verwendet wird, um zugrunde liegende Strukturen oder Faktoren zu identifizieren und zu verstehen. Diese Methode zielt darauf ab, die Redundanz in den Daten zu reduzieren, indem sie gemeinsame Variationen in den Variablen identifiziert und diese in eine kleinere Anzahl von Faktoren zusammenfasst. Faktoren sind latente oder nicht direkt beobachtbare Konstrukte, die die gemeinsame Variation in den Variablen erklären. Sie sind hypothetische Konzepte, die aufgrund der Analyse der Beziehungen zwischen den Variablen abgeleitet werden. Die Ladung eines Faktors gibt an, wie stark jede Variable mit diesem Faktor in Beziehung steht. Hohe Ladungen bedeuten, dass die Variable gut durch den Faktor erklärt wird, während niedrige Ladungen darauf hinweisen, dass der Faktor wenig Einfluss auf die Variable hat (Döring, 2023).

Ein Strukturgleichungsmodell (,Structural Equation Modeling' (SEM)) ist ein statistisches Modell, das verwendet wird, um komplexe Beziehungen zwischen Variablen zu untersuchen und zu modellieren. Es handelt sich um ein multivariates statistisches Verfahren, das mehrere Gleichungen gleichzeitig modelliert. Ein SEM besteht aus zwei Komponenten: einem Messmodell und einem Strukturmodell. Das Messmodell beschreibt die Beziehungen zwischen den beobachtbaren Variablen und den nicht beobachtbaren (latenten) Variablen, die die beobachtbaren Variablen erklären. Das Strukturmodell beschreibt die Beziehungen zwischen den latenten Variablen. SEM bieten auch die Möglichkeit, Hypothesen zu testen und Theorien zu überprüfen, indem der Zusammenhang zwischen verschiedenen Variablen und ihre Auswirkungen aufeinander untersucht werden (Döring, 2023).

Gütekriterien quantitativer Forschung

Schließlich sind in Hinblick auf die Methodenanwendung die Gütekriterien zu berücksichtigen. Im quantitativ-empirischen Bereich unterscheidet man die Objektivität, die Reliabilität und die Validität (Burzan, 2015; Diekmann, 2023; Döring,

2023; Krebs & Menold, 2022). Objektivität meint, ob die Messung unabhängig von den erhebenden, auswertenden und interpretierenden Personen erfolgt. Die Durchführungsobjektivität bezieht sich auf die Unabhängigkeit der Durchführung von Erhebungen. Bei quantitativ-empirischen Befragungen ist die Durchführungsobjektivität meist hoch durch die hohe Standardisierung des Fragebogens und der Erhebung. Einschränkungen können aus Reihenfolgeeffekten, Ankereffekten u.ä. entstehen. Die Auswertungsobjektivität wird durch eine sorgfältige Dokumentation aller Auswertungsschritte gewährleistet. Die Interpretationsobjektivität kann als grundsätzlich eingeschränkt bezeichnet werden, da subjektive Werturteile in der Sozialforschung eine Rolle spielen können (Diekmann, 2023) (siehe auch Aufbaumodul 1 Kritische Theorie).

Das Gütekriterium der Reliabilität bezieht sich auf die Zuverlässigkeit des Verfahrens und prüft, inwieweit wiederholte Messungen zu gleichen Werten führen. In Konstrukten sind teilweise mehrere Items enthalten, welche eine wiederholte Messung darstellen. Das Ausmaß, zu dem diese wiederholten Messungen übereinstimmen (korrelieren), stellt eine Schätzung für die Messgenauigkeit dar. Dabei können die Zeitpunkte der Messung weiter auseinander liegen im Sinne der Test-Retest-Reliabilität oder die beiden Messungen können gleichzeitig mittels der Erhebung von zwei vergleichbaren Messinstrumenten erfolgen (Paralleltest-Reliabilität) (Diekmann, 2023).

Die Validität bezieht sich auf die Gültigkeit der Ergebnisse, also inwieweit das vorgeblich gemessene Merkmal tatsächlich erfasst, was es erfassen sollte. Die Inhaltsvalidität meint, ob die Messungen eines Konstrukts dessen Inhalt in all seinen Aspekten vollständig erfassen. Die Konstruktvalidität fragt, ob vom Verhalten in der Testsituation auf das zugrundeliegende Konstrukt geschlossen werden kann. Schließlich bedeutet die Kriteriumsvalidität, inwieweit ein Untersuchungsverfahren ein interessierendes Merkmal so misst, dass es mit einem für das Merkmal relevanten Außenkriterium übereinstimmt (Diekmann, 2023).

4 Forschungsethik und Forschungsdatenmanagement

In der empirischen Soziologie sind im Sinne der Regeln der guten wissenschaftlichen Praxis die Berücksichtigung der Forschungsethik und auch das Forschungsdatenmanagement zentral, um die Integrität der Forschung sicherzustellen und die Rechte der Forschungsteilnehmenden zu schützen. Die Forschungsethik beschäftigt sich mit den ethischen Grundlagen der Forschung und setzt sich mit der Beziehung zwischen Forschenden und Beforschten auseinander (Flick, 2021; Hopf, 2016; von Unger, 2014). In der Forschungsethik ist die Reflexion über mögliche Machtungleichgewichte zwischen Forschenden und Teilnehmenden von Bedeutung. Machtungleichgewichte können die Freiwilligkeit und Authentizität der Teilnahme beeinträchtigen und erfordern daher eine sorgfältige ethische Reflexion und Sensibilität seitens der Forschenden. Sich mit Machtverhältnissen auseinanderzusetzen und ein Umfeld zu schaffen, in dem offene Kommunikation und die Autonomie der Teilnehmenden gewährleistet sind, ist daher unerlässlich, um die ethische Integrität und Glaubwürdigkeit der Forschung zu schützen (Botzem, 2014). Forschungsethische Regelungen und Werte betreffen insbesondere die (1) Anonymisierung und Vertraulichkeit von Daten (Datenschutz), (2) den Schutz vor Beeinträchtigung oder Schädigung und (3) die Freiwilligkeit bzw. informierte Einwilligung (‚Informed Consent') (Deutsche Gesellschaft für Soziologie (DGS) & Berufsverband Deutscher Soziologinnen und Soziologen (BDS), 2017; Döring, 2023; Friedrichs, 2022).

In Hinblick auf den Datenschutz steht die Anonymisierung der Daten im Vordergrund, um die Identität der Teilnehmenden zu schützen. Die Verarbeitung personenbezogener Daten sollte stets unter strenger Einhaltung gesetzlicher Bestimmungen erfolgen, um die Privatsphäre der Individuen zu wahren (Hopf, 2016). Dies betrifft auch den Schutz vor Beeinträchtigung oder Schädigung. Die Forschenden haben dafür Sorge zu tragen, dass die beforschten Personen weder physische noch psychische Schäden erleiden. Dies betrifft insbesondere vulnerable Gruppen (z. B. Kinder). Es gilt zu prüfen, ob Themen behandelt werden, die für die Befragten sensibel sind, und/oder ob die Beforschten körperlich oder mental besonders beansprucht werden. Insofern sind die Risiken abzuwägen, denen die Beforschten ausgesetzt werden. Über die Studie ist im Vorhinein zu informieren, damit die Beforschten informiert einwilligen können. Das betrifft Informationen zum Datenschutz und zum Umgang mit Forschungsdaten, das betrifft aber auch die Inhalte der Erhebung und ein Überblick darüber, was die Beforschten in Hinblick auf Zweck, Methoden, potenzielle Risiken und Vorteile erwarten können. Diese Aufklärung dient als Grundlage für eine informierte Entscheidung der Proband:innen, ob sie an der Studie teilnehmen möchten oder nicht. Darüber hinaus ist die Möglichkeit einzuräumen, die Teilnahme jederzeit und ohne negative Folgen zu beenden bzw. das Einverständnis zu widerrufen. An Forschungseinrichtungen sind in der Regel Ethikkommissionen eingerichtet, die zur forschungsethischen Begutachtung von Studien befragt werden können. Teilweise ist es in anderen Disziplinen bereits üblich, ein Ethikvotum einzuholen, das u.U. auch bei Zeitschriften mit dem Einreichen von Manuskripten vorzulegen ist.

Auch das Forschungsdatenmanagement nimmt eine wesentliche Rolle in der empirischen Forschung ein. Von der anfänglichen Planung eines Forschungsprojektes bis hin zur Aktivierung und potenziellen Freigabe der Daten für die Wissenschaftsgemeinschaft trägt ein systematisches Datenmanagement maßgeblich dazu bei, die Qualität und Nachvollziehbarkeit der Forschungsergebnisse zu gewährleisten. In der Planungsphase wird ein detaillierter Datenmanagementplan benötigt. Dieser dokumentiert nicht nur die Prozesse der Datenerhebung und -verarbeitung, sondern behandelt zudem Fragen des Datenschutzes und der Datensicherheit, um die Integrität der erhobenen Daten zu schützen. Während der Phase der Datenerhebung und -verarbeitung ist eine akribische Vorgehensweise erforderlich. Die Genauigkeit und Vollständigkeit der erfassten

Daten bilden das Fundament für die Glaubwürdigkeit der Forschung. Eine lückenlose Dokumentation aller Verarbeitungsschritte ist unerlässlich, um die Reproduzierbarkeit der Forschungsergebnisse zu sichern und somit einen Beitrag zur wissenschaftlichen Verlässlichkeit zu leisten. Die Praktiken der Datenspeicherung und -sicherung sind von gleichermaßen kritischer Bedeutung. Eine mehrfache, sichere Lagerung der Forschungsdaten ist erforderlich, um jeglichen Datenverlust zu vermeiden und die Langlebigkeit der Daten zu gewährleisten. Die Verwendung sicherer Speichermedien und regelmäßige Backups sind hierbei Standardverfahren. Schließlich spielt die Archivierung und Zugänglichkeit der Daten eine wichtige Rolle im Forschungsdatenmanagement. Die Daten müssen in einem dauerhaft zugänglichen Format in geeigneten Archiven gespeichert werden. Repositorien dienen als digitale Datenbanken oder Archive, in denen Forschungsdaten systematisch hinterlegt und für den Zugriff durch die Forschungsgemeinschaft bereitgestellt werden. Dies unterstützt die Nachvollziehbarkeit und Replizierbarkeit wissenschaftlicher Erkenntnisse und trägt somit zur Integrität und Transparenz in der Forschung bei. Die sichere Aufbewahrung und den Zugang zu den Daten im Sinne der mindestens zehnjährigen Aufbewahrungsfrist der Forschungsdaten als gute wissenschaftliche Praxis müssen sichergestellt werden (Deutsche Forschungsgemeinschaft, 2022). Unter Berücksichtigung der Anonymität der Befragten sind die Daten datenschutzkonform aufzubereiten und zu archivieren. Hauptsächlich handelt es sich um die anonymisierten Rohdaten sowie kodierte Daten aus empirischen Erhebungen. Hierbei ist auch die Ablage von Kontextdaten zur Erhebung, Auswertungsschritten u.Ä. relevant, um die langfristige Nachvollziehbarkeit sicherzustellen. Ziel ist, die Forschungsdaten strukturiert und nachvollziehbar zu archivieren und nach den FAIR-Prinzipien (Findable (auffindbar), Accessible (zugänglich), Interoperabel (interoperabel), Reusable (wiederverwendbar)) der Scientific Community so frei wie möglich zugänglich zu machen (Universität Konstanz, 2023). Die Bereitstellung der Daten für die wissenschaftliche Gemeinschaft kann, unter Beachtung ethischer und datenschutzrechtlicher Bestimmungen, den wissenschaftlichen Diskurs fördern und die Überprüfbarkeit der Forschungsergebnisse sicherstellen. So wird nicht nur die individuelle Forschungsarbeit gesichert, sondern auch die Transparenz und Nutzbarkeit der Daten für die Wissenschaftsgemeinschaft gefördert.

Zusammenfassung

Die Soziologie ist eine empirische Wissenschaft, weshalb in diesem Kapitel die empirische Forschung im Fokus stand. Zunächst wurden methodologische Grundüberlegungen zur Methodenreflexion und Methodenwahl präsentiert. In diesem Zusammenhang wurden die Unterschiede zwischen qualitativen und quantitativen Forschungsmethoden unterschieden. Während qualitative Methoden auf das Verstehen sozialer Sachverhalte aus sind und hierzu offenere Verfahren angewendet werden, um einzelne Fälle in ihrer Tiefe zu ergründen, geht es bei quantitativen Methoden um das Erklären sozialer Sachverhalte, weshalb auf quantifizierbare Verfahren und eine große Datenbasis zurückgegriffen wird. In Studien können auch beide Forschungsansätze im Rahmen von Mixed-Methods-Designs miteinander kombiniert werden.

Hiernach wurden zunächst qualitative Methoden in der Soziologie vorgestellt. Neben dem Forschungsprozess wurde auf ausgewählte Formen der Erhebung qualitativer Daten eingegangen: Interviews, teilnehmende Beobachtungen und Gruppendiskussionen. Die Methoden wurden kurz beschrieben und ihre Spezifika hervorgehoben. Im Anschluss wurde ein Überblick über ausgewählte Verfahren der Auswertung qualitativer Daten gegeben. Im Fokus stand die qualitative Inhaltsanalyse, Grounded Theory, hermeneutische Verfahren, die dokumentarische Methode, die Diskursanalyse sowie die Dokumentenanalyse. Ebenfalls wurden Gütekriterien qualitativer Sozialforschung vorgestellt.

Darüber hinaus wurden quantitative Methoden der empirischen Sozialforschung präsentiert. Der Einstieg erfolgte über den Forschungsprozess und ging über zu unterschiedlichen Erhebungsformen (Befragung, Experiment etc.) und zur Auswertung quantitativ-empirischer Daten. Im Kern wurden hier deskriptive Verfahren und multivariate Analysen unterschieden. Schließlich folgte die Vorstellung der relevanten und einschlägigen Gütekriterien.

Zum Abschluss wurden die Forschungsethik und das Forschungsdatenmanagement erläutert, da beide Aspekte im Kontext der empirischen Forschung an Relevanz gewinnen und im Fokus des öffentlichen Interesses stehen. Dies betrifft zum einen den Umgang mit beforschten Personen und die Standards der Beziehung zu Forschenden, aber auch die Sicherung der Datenverfügbarkeit über einen Zeitraum von zehn Jahren hinaus, um wissenschaftliche Integrität und die Nachvollziehbarkeit empirischer Forschung zu bewahren.

Literatur

Atteslander, P. (1971). *Methoden der empirischen Sozialforschung*. Berlin: De Gruyter.

Berger-Grabner, D. (2022). *Wissenschaftliches Arbeiten in den Wirtschafts- und Sozialwissenschaften. Hilfreiche Tipps und praktische Beispiele*. Wiesbaden: Springer VS.

Blumer, H. (1980). Der methodologische Standort des Symbolischen Interaktionismus. In Arbeitsgruppe Bielefelder Soziologen (Hg.), *Alltagswissen, Interaktion und Gesellschaftliche Wirklichkeit*. Wiesbaden: VS.

Böhm, A. (2015). Theoretisches Codieren: Textanalyse in der Grounded Theory. In U. Flick, E. von Kardorff & I. Steinke (Hg.), *Qualitative Forschung. Ein Handbuch*. Reinbek bei Hamburg: Rowohlt, 475–484.

Bohnsack, R. (2003). Dokumentatische Methode und sozialwissenschaftliche Hermeneutik. *Zeitschrift für Erziehngswissenschaft*, 6(4), 550–570.

Bohnsack, R. (2015). Gruppendiskussion. In U. Flick, E. von Kardorff & I. Steinke (Hg.), *Qualitative Forschung. Ein Handbuch.* Reinbek bei Hamburg: Rowohlt, 369–384.

Botzem, S. (2014). Strategisches Erzählen – strategisches Befragen: Macht und Reflexivität in Expert*inneninterviews mit Finanzeliten. In H. von Unger, P. Narimani & R. M'Bayo (Hg.), *Forschungsethik in der qualitativen Forschung: Reflexivität, Perspektiven, Positionen.* Wiesbaden: Springer VS, 59–75.

Bude, H. (2015). Die Kunst der Interpretation. In U. Flick, E. von Kardorff & I. Steinke (Hg.), *Qualitative Forschung. Ein Handbuch.* Reinbek bei Hamburg: Rowohlt, 569–577.

Burzan, N. (2015). *Quantitative Methoden kompakt.* Konstanz: UTB.

Charmaz, K.C. (2011). Grounded Theory konstruieren. In G. Mey & K. Mruck (Hg.), *Grounded Theory Reader.* Wiesbaden: Springer VS, 89–107.

Charmaz, K.C. (2014). *Constructing Grounded Theory.* Thousand Oaks: Sage.

Corley, K.G. & Gioia, D.A. (2011). Building theory about theory building: what constitutes a theoretical contribution? *Academy of Management Review,* 36(1), 12–32.

Creswell, J.W. & Plano Clark, V.L. (2017). *Designing and Conducting Mixed Methods Research.* Thousand Oaks: Sage.

Creswell, J.W., Plano Clark, V.L., Gutmann, M.L. & Hanson, W.E. (2003). Advanced mixed methods research designs. In A. Tashakkori & C. Teddlie (Hg.), *Handbook of Mixed Methods in Social and Behavioral Research.* Thousand Oaks: Sage, 209–240.

Denzin, N.K. (2009 [1970]). *The Research Act: A Theoretical Introduction to Sociological Methods.* New Jersey: Transaction.

Deutsche Forschungsgemeinschaft. (2022). Leitlinien zur Sicherung guter wissenschaftlicher Praxis. Zuletzt abgerufen am 28.09.2023 unter https://www.dfg.de/download/pdf/foerderung/rechtliche_rahmenbedingungen/gute_wissenschaftliche_praxis/kodex_gwp.pdf

Deutsche Gesellschaft für Soziologie (DGS) & Berufsverband Deutscher Soziologinnen und Soziologen (BDS). (2017). Ethik-Kodex der Deutschen Gesellschaft für Soziologie (DGS) und des Berufsverbandes Deutscher Soziologinnen und Soziologen (BDS). Zuletzt abgerufen am 28.09.2023 unter https://soziologie.de/dgs/ethik/ethik-kodex

Diaz-Bone, R. (2019). *Statistik für Soziologen.* München: UVK.

Diekmann, A. (2023). *Empirische Sozialforschung: Grundlagen, Methoden, Anwendungen.* Reinbek bei Hamburg: Rowohlt.

Döring, N. (2023). *Forschungsmethoden und Evaluation in den Sozial- und Humanwissenschaften.* Heidelberg: Springer.

Dresing, T. & Pehl, T. (2020). Transkription: Implikationen, Auswahlkriterien und Systeme für psychologische Studien. In G. Mey & K. Mruck (Hg.), *Handbuch Qualitative Forschung in der Psychologie: Band 2: Designs und Verfahren.* Wiesbaden Springer, 835–854.

Feldmann, K. & Immerfall, S. (2006). *Soziologie kompakt. Eine Einführung.* Wiesbaden: VS.

Flick, U. (1999). *Qualitative Forschung. Theorie, Methoden, Anwendung in Psychologie und Sozialwissenschaften*. Reinbek bei Hamburg: Rowohlt.

Flick, U. (2015). Triangulation in der qualitativen Forschung. In U. Flick, E. von Kardorff & I. Steinke (Hg.), *Qualitative Forschung. Ein Handbuch*. Reinbek Hamburg: Rohwolt.

Flick, U. (2021). *Qualitative Sozialforschung. Eine Einführung*. Reinbek bei Hamburg: Rohwolt.

Foucault, M. (1978). *Dispositive der Macht: Über Sexualität, Wissen und Wahrheit*. Berlin: Merve.

Friedrichs, J. (2022). Forschungsethik. In N. Baur & J. Blasius (Hg.), *Handbuch Methoden der empirischen Sozialforschung*. Wiesbaden: Springer VS, 67–76.

Gardt, A. (2013). Textanalyse als Basis der Diskursanalyse. In F. Ekkehard (Hg.), *Faktizitätsherstellung in Diskursen. Die Macht des Deklarativen*. Berlin: De Gruyter, 29–55.

Gioia, D. (2021). A systematic methodology for doing qualitative research. *Journal of Applied Behavioral Science*, 57(1), 20–29.

Gioia, D.A., Corley, K.G. & Hamilton, A.L. (2013). Seeking qualitative rigor in inductive research: notes on the Gioia methodology. *Organizational Research Methods*, 16(1), 15–31.

Glaser, B.G. & Strauss, A.L. (1967). *The Discovery of Grounded Theory: Strategies for Qualitative Research*. New York: De Gruyter.

Glaser, B.G. & Strauss, A.L. (2010). *Grounded Theory: Strategien qualitativer Forschung*. Bern: Huber.

Hauser-Schäublin, B. (2020). Teilnehmende Beobachtung. In B. Beer & A. König (Hg.), *Methoden ethnologischer Feldforschung*. Berlin: Dietrich Reimer, 35–54.

Hermans, H. (2015). Interviewen als Tätigkeit. In U. Flick, E. von Kardorff & I. Steinke (Hg.), *Qualitative Forschung. Ein Handbuch*. Reinbek bei Hamburg: Rowohlt, 360–369.

Hitzler, R. (1986). Die Attitüde der künstlichen Dummheit. *Sozialwissenschaftliche Informationen* 3, 53–59.

Hitzler, R. (1991). Dummheit als Methode: eine dramatologische Textinterpretation. In D. Garz & K. Kraimer (Hg.), *Qualitativ-empirische Sozialforschung: Konzepte, Methoden, Analysen*. Opladen: Westdeutscher, 295–318.

Hitzler, R. & Reichertz, J. (2003). *Hermeneutische Wissenssoziologie. Standpunkte zur Theorie der Interpretation*. Konstanz: Universitätsverlag Konstanz.

Hopf, C. (2015). Qualitative Interviews – ein Überblick. In U. Flick, E. von Kardorff & I. Steinke (Hg.), *Qualitative Forschung. Ein Handbuch*. Reinbek bei Hamburg: Rowohlt, 349–360.

Hopf, C. (2016). Forschungsethik und qualitative Forschung. In W. Hopf & U. Kuckartz (Hg.), *Schriften zu Methodologie und Methoden qualitativer Sozialforschung*. Wiesbaden: Springer VS, 195–206.

Jahoda, M., Lazarsfeld, P.F. & Zeisl, H. (2021 [1975]). *Die Arbeitslosen von Marienthal. Ein soziographischer Versuch*. Frankfurt a.M.: Suhrkamp.

Kallus, W.K. (2016). *Erstellung von Fragebogen*. Wien: Facultas UTB.

Kalthoff, H., Hirschauer, S. & Lindemann, G. (Hg.) (2008). *Theoretische Empirie. Zur Relevanz qualitativer Forschung*. Frankfurt a.M.: Suhrkamp.

Kelle, U. (2022). Mixed Methods. In N. Baur & J. Blasius (Hg.), *Handbuch Methoden der empirischen Sozialforschung*. Wiesbaden: Springer VS, 159–172.

Keller, R. (1997). Diskursanalyse. In H. Ronald & A. Honer (Hg.), *Sozialwissenschaftliche Hermeneutik. Eine Einführung*. Wiesbaden: Springer VS, 309–333.

Keller, R., Hirseland, A., Schneider, W. & Viehöver, W. (Hg.) (2011). *Handbuch sozialwissenschaftliche Diskursanalyse*. Wiesbaden: Springer VS.

Kluge, S. (2000). Empirisch begründete Typenbildung in der qualitativen Sozialforschung. *Forum Qualitative Sozialforschung / Forum Qualitative Social Research, 1*(1). Zuletzt abgerufen am 28.09.2023 unter https://www.qualitative-research.net/index.php/fqs/article/view/1124/2498

Kowal, S. & O'Connell, D. (2015). Zur Transkription von Gesprächen. In U. Flick, E. von Kardorff & I. Steinke (Hg.), *Qualitative Forschung. Ein Handbuch*. Reinbek bei Hamburg: Rowohlt, 437–447.

Krebs, D. & Menold, N. (2022). Gütekriterien quantitativer Sozialforschung. In N. Baur & J. Blasius (Hg.), *Handbuch Methoden der empirischen Sozialforschung*. Wiesbaden: Springer VS, 549–565.

Krell, C. & Lamnek, S. (2016). *Qualitative Sozialforschung*. Weinheim: Beltz.

Kruse, J. (2014). *Qualitative Interviewforschung: Ein integrativer Ansatz*. Weinheim: Beltz.

Kuckartz, U. (2020). Typenbildung. In M. Günter & M. Katja (Hg.), *Handbuch Qualitative Forschung in der Psychologie: Band 2: Designs und Verfahren*. Wiesbaden: Springer, 795–812.

Kuckartz, U., Rädiker, S. (2022). *Qualitative Inhaltsanalyse. Methoden, Praxis, Computerunterstützung*. Weinheim: Beltz, 199–203.

Kuckartz, U., Rädiker, S., Ebert, T. & Schehl, J. (2010). *Statistik. Eine verständliche Einführung*. Wiesbaden: VS.

Lüders, C. (2015). Beobachten im Feld und Ethnographie. In U. Flick, E. von Kardorff & I. Steinke (Hg.), *Qualitative Forschung. Ein Handbuch*. Reinbek bei Hamburg: Rowohlt, 384–401.

Mannheim, K. (1980 [1922–1925]). *Strukturen des Denkens*. Frankfurt a.M.: Suhrkamp.

Mayring, P. (2010). *Qualitative Inhaltsanalyse: Grundlagen und Techniken*. Weinheim: Beltz.

Mayring, P. (2016). *Einführung in die qualitative Sozialforschung*. Weinheim/Basel Beltz.

Mayring, P. (2019). *Qualitative Inhaltsanalyse – Abgrenzungen, Spielarten, Weiterentwicklungen*. Zuletzt abgerufen am 23.10.2023 unter https://www.qualitative-research.net/index.php/fqs/article/view/3343

Mayring, P. & Fenzl, T. (2019). *Qualitative Inhaltsanalyse*. Wiesbaden: Springer VS.

Medjedović, I. (2014). *Qualitative Sekundäranalyse: Zum Potenzial einer neuen Forschungsstrategie in der empirischen Sozialforschung*. Wiesbaden: Springer VS.

Medjedović, I. & Witzel, A. (2010). *Wiederverwendung qualitativer Daten. Archivierung und Sekundärnutzung qualitativer Interviewtranskripte.* Wiesbaden: VS.

Meuser, M. & Nagel, U. (2009). Das Experteninterview – konzeptionelle Grundlagen und methodische Anlage. In A. Bogner, B. Littig & W. Menz (Hg.), *Methoden der vergleichenden Politik- und Sozialwissenschaft: Neue Entwicklungen und Anwendungen.* Wiesbaden: Springer VS, 465–479.

Mey, G. & Ruppel, P.S. (2018). Qualitative Forschung. In O. Decker (Hg.), *Sozialpsychologie und Sozialtheorie: Band 1: Zugänge.* Wiesbaden: Springer VS, 205–244.

Nag, R., Corley, K.G. & Gioia, D.A. (2007). The intersection of organizational identity, knowledge, and practice: attempting strategic change via knowledge grafting. *Academy of Management Journal*, 50(4), 821–847.

Oevermann, U. (2000). Die Methode der Fallrekonstruktion in der Grundlagenforschung sowie der klinischen und pädagogischen Praxis. In K. Kraimer (Hg.), *Die Fallrekonstruktion.* Frankfurt a.M.: Suhrkamp, 58–153.

Parker, I. (2015). Die diskursanalytische Methode. In U. Flick, E. von Kardorff & I. Steinke (Hg.), *Qualitative Forschung. Ein Handbuch.* Reinbek bei Hamburg: Rowohlt, 546–555.

Pohlmann, M. (2022). *Einführung in die Qualitative Sozialforschung.* Paderborn: UTB.

Popper, K.R. (2013 [1934]). *Logik der Forschung.* Berlin: Akademie.

Przyborski, A. & Wohlrab-Sahr, M. (2013). *Qualitative Sozialforschung. Ein Arbeitsbuch.* München: Oldenbourg.

Reichertz, J. (2015). Objektive Hermeneutik und hermeneutische Wissenssoziologie. In U. Flick, E. von Kardorff & I. Steinke (Hg.), *Qualitative Forschung. Ein Handbuch.* Reinbek bei Hamburg: Rowohlt, 514–523.

Reichertz, J. (2016). *Qualitative und interpretative Sozialforschung: eine Einladung.* Wiesbaden: Springer VS.

Reichertz, J. (2018). Abduktion. In R. Bohnsack, A. Geimer & M. Meuser (Hg.), *Hauptbegriffe Qualitativer Sozialforschung.* Opladen: Barbara Budrich UTB, 11–14.

Reinecke, J. (2022). Grundlagen der standardisierten Befragung. In N. Baur & J. Blasius (Hg.), *Handbuch Methoden der empirischen Sozialforschung.* Wiesbaden: Springer VS, 601–617.

Röbken, H. & Wetzel, K. (2020). *Qualitative und quantitative Forschungsmethoden.* Oldenburg: Carl von Ossietzky Universität.

Rosenthal, G. & Loch, U. (2002). Das narrative Interview. In D. Schaeffer & G. Müller-Mundt (Hg.), *Qualitative Gesundheits- und Pflegeforschung.* Bern: Huber, 221–232.

Schiek, D. (2024). *Methoden der qualitativen Sozialforschung.* Stuttgart: UTB.

Schröer, N. (1997). *Wissenssoziologische Hermeneutik. Sozialwissenschaftliche Hermeneutik.* Wiesbaden: Springer VS.

Schütze, F. (1983). Biographieforschung und narratives Interview. *Neue Praxis,* 13(3), 283–293.

Schwinghammer, Y. (2018). Teilnehmende Beobachtung. In J.M. Boelmann (Hg.), *Empirische Forschung in der Deutschdidaktik*. Baltmannsweiler: Schneider Verlag Hohengehren, 165–178.

Steinke, I. (2015). Gütekriterien qualitativer Forschung. In U. Flick, E. von Kardorff & I. Steinke (Hg.), *Qualitative Forschung. Ein Handbuch*. Reinbek bei Hamburg: Rowohlt, 319–331.

Strauss, A. & Corbin, J. (1994). Grounded theory methodology: an overview. In N.K. Denzin & Y.S. Lincoln (Hg.), *Handbook of Qualitative Research*. Thousand Oaks: Sage, 273–285.

Strauss, A. & Corbin, J. (1998). *Basics of Qualitative Research. Techniques and Procedures for Developing Grounded Theory*. Thousand Oaks: Sage.

Strübing, J. (2021). *Grounded Theory: Zur sozialtheoretischen und epistemologischen Fundierung eines pragmatistischen Forschungsstils*. Wiesbaden: Springer VS.

Traue, B., Pfahl, L. & Schürmann, L. (2022). Diskursanalyse. In N. Baur & J. Blasius (Hg.), *Handbuch Methoden der empirischen Sozialforschung*. Wiesbaden: Springer VS, 627–645.

Universität Konstanz. (2023). *Forschung und Daten managen*. Universität Konstanz. Zuletzt abgerufen am 28.09.2023 unter https://forschungsdaten.info/

Vogl, S. (2022). Gruppendiskussion. In N. Baur & J. Blasius (Hg.), *Handbuch Methoden der empirischen Sozialforschung*. Wiesbaden: Springer VS, 913–919.

von Unger, H. (2014). Forschungsethik in der qualitativen Forschung: Grundsätze, Debatten und offene Fragen. In H. von Unger, P. Narimani & R. M'Bayo (Hg.), *Forschungsethik in der qualitativen Forschung. Reflexivität, Perspektiven, Positionen*. Wiesbaden: Springer VS, 15–40.

Weingarten, E., Sack, F. & Schenkein, J. (1976). *Ethnomethodologie: Beiträge zu einer Soziologie des Alltagshandelns*. Frankfurt a.M: Suhrkamp.

Wernet, A. (2000). *Einführung in die Interpretationstechnik der objektiven Hermeneutik*. Opladen: Leske & Budrich.

Witt, H. (2001). Forschungsstrategien bei quantitativer und qualitativer Sozialforschung. *Forum Qualitative Sozialforschung / Forum Qualitative Social Research, 2*(1). Zuletzt abgerufen am 28.09.2023 unter http://nbn-resolving.de/urn:nbn:de:0114-fqs010189

Witzel, A. (2000). Das problemzentrierte Interview. *Forum Qualitative Sozialforschung / Forum: Qualitative Social Research,* Art. 22. Zuletzt abgerufen am 13.10.2023 unter http://nbn-resolving.de/urn:nbn:de:0114-fqs0001228

Wolff, S. (2015). Dokumenten- und Aktenanalyse. In U. Flick, E. von Kardorff & I. Steinke (Hg.), *Qualitative Forschung. Ein Handbuch*. Reinbek bei Hamburg: Rowohlt, 502–513.

Yin, R.K. (2017). *Case Study Research: Design and Methods*. Thousand Oaks: Sage.

Testfragen

1. Was sind die Unterschiede zwischen qualitativer und quantitativer Forschung?
2. Was ist unter Mixed-Methods-Designs zu verstehen und welche Formen werden unterschieden?
3. Welche verschiedenen Formen qualitativer Interviews gibt es?
4. Welche sind die Gütekriterien qualitativer Sozialforschung?
5. Welche sind die Gütekriterien quantitativer Sozialforschung?
6. Was ist eine Hypothese?
7. Was ist Forschungsethik und welche Prinzipien sollten berücksichtigt werden?

Aufbaumodul 1: Kurzskizzen soziologischer Klassiker

1 Grundlagen der Soziologie

1.1 Marx

Karl Marx (*1818–†1883) ist bekannt für seine Analysen des Industriekapitalismus. Er prägt gemeinsam mit Friedrich Engels (*1820–†1895) maßgeblich den Sozialismus und Kommunismus. Marx vertritt einen dialektischen Ansatz, der sich durch drei zentrale Dimensionen auszeichnet: (1) eine Betrachtung der geschichtlichen Entwicklung, (2) ein materialistisches Verständnis, bei dem die ökonomische Basis als Fundament für soziale und kulturelle Phänomene angesehen wird, und (3) eine dialektische Perspektive, in der die Bewegung der Geschichte als ein Fortschreiten verstanden wird, das durch die Entwicklung und Aufhebung von Widersprüchen charakterisiert ist (Rosa et al., 2018).

Seine Analysen basieren auf Beobachtungen der Produktionsbedingungen im Kontext der Industrialisierung. Die Gesamtheit dieser Produktionsverhältnisse bildet die ökonomische Struktur der Gesellschaft (Marx, 1981 [1859]). Diese versteht er als eine Klassengesellschaft. Es sind insbesondere zwei Klassen, in die sich die Gesellschaft nach Marx einteilen lässt: Auf der einen Seite stehen die Kapitalist:innen, d.h. die Bourgeoisie, die über Produktionsstätten verfügen. Auf der anderen Seite befinden sich die Arbeitenden, d.h. das Proletariat, die ihre Arbeitskraft an die Kapitalist:innen verkaufen. Beide stehen in einem hierarchischen Verhältnis zueinander und verfolgen unterschiedliche Interessen. Marx betrachtet den Menschen als ein Wesen, das ohne die Gesellschaft nicht gedacht werden kann: „wie die Gesellschaft selbst den Menschen als Menschen produziert, so ist sie durch ihn produziert" (Marx, 1981 [1844], S. 537). Dabei spielt das Klassenbewusstsein eine wesentliche Rolle: „Es ist nicht das Bewußtsein der Menschen, das ihr Sein, sondern umgekehrt ihr gesellschaftliches Sein, das ihr Bewußtsein bestimmt" (Marx, 1981 [1859], S. 8). Im Gegensatz zu Georg W. F. Hegel (*1770–†1831), der eine idealistische Perspektive vertritt – also davon ausgeht, dass der Geist oder das Absolute sich durch die Geschichte hindurch entfaltet und sich selbst realisiert – nimmt Marx eine materialistische Perspektive ein. Soziale und kulturelle Veränderungen führt Hegel zurück auf Ideen und Logik, welche nach seiner Auffassung die Basis für die Entwicklungen von Gesellschaft bilden. Marx dagegen möchte diese These ‚vom Kopf auf die Füße stellen' (Engels, 1975), indem er ihr die materialistische These gegenüberstellt. In der Folge entwickelt er das Konzept von Basis und Überbau. Dieses Konzept postuliert, dass die materiellen Produktionsverhältnisse – also die Strukturen und Prozesse, durch die Menschen ihre Existenz sichern, wie etwa Eigentumsverhältnisse oder Arbeit – die ‚Basis' einer Gesellschaft bilden. Diese Basis bestimmt und formt den ‚Überbau', der die ideologischen und kulturellen Aspekte einer Gesellschaft wie Recht, Politik, Religion und Kunst umfasst. Es gibt aber auch Momente, in denen der Überbau zurückwirkt auf die Basis, wobei die dominierende Richtung der Einflussnahme von der Basis zum Überbau verläuft. Dementsprechend beeinflussen die wirtschaftlichen und materiellen Bedingungen einer Gesellschaft maßgeblich ihre kulturellen und ideologischen Formen. In diesem Zusammenhang betont er die in der Basis entstehenden Spannungen und Widersprüche, welche zu gesellschaftlichen Veränderungen führen können. Wenn sich die Produktionsverhältnisse und -kräf-

Klassen

Marx (1981 [1867]) unterscheidet zwei zentrale Klassen in kapitalistischen Gesellschaften:

- Bourgeoisie: Bei der Bourgeoisie handelt es sich um die Kapitalist:innen, d.h. die Produktionsmitteleigner:innen, also diejenigen, die Fabriken, Maschinen, Land und Kapital besitzen, und dadurch die Produktionsprozesse kontrollieren und die wirtschaftliche Macht haben. Die Bourgeoisie profitiert von der Ausbeutung des Proletariats und akkumuliert dadurch Kapital und Reichtum.
- Proletariat: Das Proletariat ist die Arbeiterklasse, d.h. diejenigen Menschen, die ihre Arbeitskraft verkaufen müssen, um ihren Lebensunterhalt zu verdienen. Diese Klasse besitzt keine Produktionsmittel wie Fabriken oder Maschinen und ist daher wirtschaftlich abhängig von den Kapitalist:innen (Bourgeoisie).

Darüber hinaus beschreibt Marx zwei unterschiedliche soziale Klassen:

- Klasse an sich (‚Class in Itself'): Es handelt sich um eine soziale Klasse, die objektiv durch gemeinsame ökonomische Interessen und soziale Merkmale definiert ist. Sie besteht aus Menschen, die ähnliche Positionen im Produktionsprozess einnehmen und ähnliche wirtschaftliche Bedingungen teilen, aber nicht als politische oder soziale Einheit handeln.
- Klasse für sich (‚Class for Itself'): Es handelt sich um eine soziale Klasse, die sich ihrer gemeinsamen Interessen und ihrer Identität als Klasse bewusst ist und aktiv handelt, um diese Interessen zu vertreten und zu verwirklichen. Sie hat ein gemeinsames Klassenbewusstsein entwickelt und strebt nach politischer und sozialer Veränderung, um ihre Position in der Gesellschaft zu verbessern.

Die Idee der ‚Klasse für sich' betont die Bedeutung von Klassenbewusstsein und kollektiver Organisation für soziale Veränderungen. Marx sieht die Entwicklung von einer ‚Klasse an sich' zu einer ‚Klasse für sich' als einen entscheidenden Punkt im historischen Prozess des Klassenkampfes.

te verändern, kann es zu einem Punkt kommen, an dem der bestehende Überbau nicht mehr mit der Basis übereinstimmt. In solchen Momenten werden gesellschaftliche Veränderungen und Revolutionen wahrscheinlicher, da die Beziehung von der Basis und die Ideen im Überbau in einen Konflikt geraten. Nach Marx sind also die materielle Arbeit und Wirtschaft und über diese die politischen und militärischen Institutionen prägende Kräfte für Gesellschaft und das Verhältnis der Menschen untereinander (Rosa et al., 2018).

In dieser gesellschaftlichen Trennung liegt die Grundlage für den Kapitalismus. Voraussetzungen sind: (1) die Trennung der Arbeitenden von den Produktionsmitteln, die den Kapitalist:innen gehören und an die die Arbeitenden ihre Arbeitskraft verkaufen müssen, (2) der Verkauf von Arbeitskraft über einen Arbeitsvertrag und (3) die Beschäftigung der Arbeitenden zur Vermehrung des Kapitals der Produktionsmitteleigner:innen. In diesem System besitzt alles einen Tauschwert und wird zur Ware. Der sogenannte Warencharakter betrifft alle gesellschaftlichen Beziehungen und Beziehungen zwischen den Menschen. In diesem Zusammenhang spricht Marx (1981 [1867]) über den Fetischcharakter der Ware. Es werden Waren als unabhängige Entitäten mit scheinbar natürlichen Werten wahrgenommen, während Menschen und ihre Beziehungen in den Hintergrund treten, sodass die Rollen von Subjekten (Menschen) und Objekten (Waren) vertauscht erscheinen. In der Folge begegnet sich der Mensch selbst in seinen eigenen Waren, allerdings in einer entwirklichten Form. Dadurch wird die Arbeit zu einem Gegenstand, dem sich die Arbeitenden nur unter größter Anstrengung bemächtigen können. Dies führt im Weiteren zur Entfremdung des Menschen, da die Arbeitenden sich zum Produkt ihrer Arbeit als einem fremden Gegenstand verhalten und so weiter unter die Herrschaft des Kapitals geraten. Dies wird verstärkt, je mehr Gegenstände die Arbeitenden produzieren und sie umso weniger besitzen können, d. h., je mehr die Arbeitenden arbeiten, umso mächtiger wird die fremde gegenständliche Welt. In diesem Zusammenhang hat Marx (1981 [1844]) den Begriff der Entfremdung geprägt. Arbeit, die hauptsächlich zur Existenzsicherung dient, entfernt den Menschen von seiner wahren Fähigkeit zur freien Entfaltung seiner geistigen Potenziale, unabhängig von physischen Bedürfnissen. Die Entfremdung wird zu einer objektiven Kategorie, die den Produktionsverhältnissen des Kapitalismus inhärent ist. Das Verständnis von Entfremdung bei Marx ist unabhängig von den subjektiven Erfahrungen oder Gefühlen der Arbeitenden. Zum Wesen des Kapitalismus gehört die Entfremdung der Arbeit und auch die Entfremdung der Menschen in diesem System von ihrer wahren Menschlichkeit und ihrem gesellschaftlichen Zusammenhang (Schumann, 2000).

Klassische Beispiele für die Entfremdung von Arbeit sind tayloristische Produktionssysteme (Taylor, 2006 [1911]). Diese zeichnen sich durch eine Zerlegung komplexer Aufgaben in elementare Tätigkeiten aus, die kontinuierlich ausgeführt werden und zu einer Dequalifikation der Arbeitenden führen. Hierbei sind strikte Vorgaben in der Ausführung zu beachten und die Arbeitenden haben keine Entscheidungsmöglichkeiten über die Ausübung und Einteilung ihrer Tätigkeit. Sie

Entfremdung

Die Entfremdung von Arbeit bezieht sich auf ein Gefühl, das Arbeitende in industriellen bzw. kapitalistischen Produktionsstrukturen erleben können. Marx (1981 [1844]) unterscheidet verschiedene Formen der Entfremdung des Menschen in kapitalistischen Produktionsprozessen:

- Entfremdung vom Akt der Produktion: Arbeitende können die eigene Arbeit als mechanisch und repetitiv wahrnehmen ohne Möglichkeit zur Selbstentfaltung oder Kreativität. Ihre Arbeit wird auf eine aufgespaltene, monotone Tätigkeit reduziert, die den Menschen nicht als ganzes, vielschichtiges Individuum anspricht. Es findet somit keine Befriedigung eines inneren Bedürfnisses durch die Arbeit statt, sondern die Wahrnehmung als Zwang, um das eigene Überleben zu sichern.
- Entfremdung von den Produkten der Arbeit: Arbeitende können das Gefühl haben, dass die Ergebnisse ihrer Arbeit ihnen nicht gehören. Die Produkte ihrer Arbeit werden von den Arbeitgebenden bzw. den Kapitalist:innen beansprucht und verkauft, wodurch die Arbeitenden von einem direkten Bezug zu dem, was sie produzieren, entfremdet werden. Menschen werden selbst zur Ware, wenn sie Produkte herstellen, die ihnen nicht gehören.
- Entfremdung von anderen Menschen: In arbeitsteiligen Produktionsprozessen können die Arbeitenden oft nicht den gesamten Produktionsprozess überblicken oder mit anderen Arbeitenden direkt zusammenarbeiten. Dies kann zu einem Gefühl der sozialen Isolation führen.
- Entfremdung von der eigenen menschlichen Natur: Die Entfremdung von Arbeit stellt eine Entfremdung der menschlichen Natur dar, da die Arbeitenden nicht in der Lage sind, ihre Kreativität und Potenziale voll auszuschöpfen, sondern auf einen einzigen Aspekt reduziert werden.

sind im Wesentlichen sogenannte ‚Erfüllungsgehilfen der Maschinen', an deren Vorgaben und Maschinen-Takt-Zeiten sie sich strikt zu orientieren haben. Dies kann die Entfremdung von Arbeit verstärken. Als Ziel der Soziologie in diesem Sinne gilt es, die Unterschiede und Spannungen (insbesondere zwischen den Klassen, zwischen Überbau und Basis und zwischen der Fortentwicklung der Produktivkräfte und den bestehenden Produktionsverhältnissen) herauszuarbeiten.

Marx hat mit seiner Betrachtung des Kapitalismus und der Produktionssysteme und ihren Folgen für die Arbeitenden eine Grundlage für die sozialstrukturelle Analyse der Gesellschaft geschaffen, die Arbeits- und Industriesoziologie beeinflusst sowie weitere Arbeiten aus dem industriellen Kontext und darüber hinaus motiviert. Allen voran ist Braverman (1974) zu nennen, der mit seiner Studie über die Arbeitsprozessgestaltung im industriellen Kontext die *Labor Process Theory* gründet (siehe Aufbaumodul 2 Soziale Ungleichheit und Sozialstrukturanalyse sowie Arbeits- und Industriesoziologie).

1.2 Durkheim

Émile Durkheim (*1858–†1917) ist neben Marx, Weber und Parsons einer der Mitbegründer der modernen Soziologie. Durkheim geht auf gesellschaftlicher Ebene der Frage nach, wie gesellschaftliche Ordnung und sozialer Zusammenhalt in modernen Gesellschaften möglich sind. In seinem Werk *Die Regeln der soziologischen Methode* stellt Durkheim (1984 [1895]) den Begriff der sozialen Tatbestände vor, auf welchen er auch seine Definition von Soziologie stützt.

> „Ein soziologischer Tatbestand ist jede mehr oder minder festgelegte Art des Handelns, die die Fähigkeit besitzt, auf den Einzelnen einen äußeren Zwang auszuüben; oder auch, die im Bereiche einer gegebenen Gesellschaft allgemein auftritt, wobei sie ein von ihren individuellen Äußerungen unabhängiges Eigenleben besitzt" (Durkheim, 1984 [1895], S. 114).

Soziale Tatbestände sind externe, kollektive und zwingende Phänomene, die das Handeln und Denken von Individuen beeinflussen. Ein Beispiel für einen sozialen Tatbestand ist die Sprache, die unabhängig von einem einzelnen Individuum existiert und auf das Handeln der Menschen Einfluss nimmt. Durkheim argumentiert, dass die Soziologie als eigenständige wissenschaftliche Disziplin soziale Tatbestände und Phänomene auf der Grundlage ihrer Beziehungen zu anderen sozialen Tatbeständen untersuchen sollte. Soziales ist somit durch Soziales zu erklären.

Soziale Tatbestände sind definiert als externe Phänomene, die unabhängig von individuellen Akteur:innen existieren und als objektive Realitäten betrachtet werden können. Sie sind klar und präzise zu definieren, bevor sie empirisch untersucht werden können. Sie können durch direkte Beobachtung und Erfahrung erfasst werden. Um sie zu erklären, müssen ihre Ursachen identifiziert und verstanden werden. Durkheim betont die Notwendigkeit, die Beziehung zwischen unterschiedlichen sozialen Tatbeständen aufzudecken, um die zugrunde liegenden Mechanismen und Bedingungen zu ermitteln. Soziale Tatbestände sollten nicht nur in Bezug auf ihre Ursachen, sondern ebenfalls in Bezug auf ihre Funktion innerhalb einer Gesellschaft untersucht und systematisch klassifiziert werden.

Die Klassifizierung kann anhand ihrer ähnlichen Eigenschaften vorgenommen werden. Durkheim hebt die Notwendigkeit hervor, soziale Tatbestände in Kategorien und Typen einzuteilen, um die Beziehung zwischen ihnen besser zu verstehen und ihre Gesetzmäßigkeiten erforschen zu können. So werden sie in ‚normal' oder ‚pathologisch' klassifiziert. Normale soziale Tatbestände sind jene, die in einer Gesellschaft zu einem bestimmten Zeitpunkt vorherrschen und zur Stabilität und Kohärenz der Gesellschaft beitragen. Sie kommen regelmäßig und typisch vor. Pathologische soziale Tatbestände sich diejenigen, die beispielsweise soziale Dysfunktionen verursachen können. Soziale Tatbestände sollten in unter-

Sozialer Tatbestand

Durkheim (1984 [1895]) prägt den Begriff ‚sozialer Tatbestand' (‚Fait Social'). Ein sozialer Tatbestand bezieht sich auf eine soziale Tatsache, die über die individuellen Handlungen und Einstellungen der Menschen hinausgeht und eine objektive Existenz in der Gesellschaft hat. Es handelt sich um Handlungsmuster, Normen und Werte, Institutionen und soziale Strukturen, die unabhängig von einzelnen Individuen existieren und deren Handeln beeinflussen. Insofern haben soziale Tatbestände eine externe Realität. Sie entstehen durch die Interaktion und das Zusammenleben der Mitglieder einer Gesellschaft und haben eine gewisse Stabilität und Unabhängigkeit von den individuellen Handlungen.

schiedlichen sozialen und kulturellen Kontexten verglichen werden, um allgemeingültige Gesetze und Prinzipien abzuleiten. Durch den Vergleich verschiedener Gesellschaften und Kulturen können die spezifischen Bedingungen und Faktoren identifiziert werden, die zu sozialen Phänomenen führen.

In seinem Werk *Über soziale Arbeitsteilung* unterscheidet Durkheim (1992 [1893]) die ‚segmentäre' von der ‚arbeitsteiligen Differenzierung'. Sein Fokus liegt hier auf der sozialen Differenzierung. Der Begriff der Arbeitsteilung bezieht sich auf die Spezialisierung von Individuen oder Gruppen innerhalb einer Gesellschaft. Sie übernehmen bestimmte Funktionen, Aufgaben oder Berufe. Durkheim stellt die zentrale Rolle der Arbeitsteilung bei der Entwicklung von Gesellschaften heraus und die enge Verbundenheit mit sozialer Solidarität und Zusammenhalt. Die segmentäre Differenzierung ist charakteristisch für traditionelle, vorindustrielle Gesellschaften. In diesen ist die Arbeitsteilung gering und es gibt nur wenig Spezialisierung in unterschiedlichen Funktionen und Rollen. Die Solidarität basiert auf der Ähnlichkeit der Mitglieder, den gemeinsamen Werten und Zielen sowie der gemeinsamen Identität. Durkheim bezeichnet diese Form der Solidarität als ‚mechanische Solidarität'. Stammesgesellschaften, in denen Mitglieder ähnliche Aufgaben und Rollen haben wie beispielsweise gemeinsames Jagen oder Sammeln, sind ein Beispiel für diese Art von Gesellschaft. Es herrscht wenig Arbeitsteilung und die soziale Ordnung basiert auf gemeinsamen Normen, Werten und Traditionen. Die arbeitsteilige Differenzierung dagegen ist charakteristisch für moderne bzw. industrialisierte Gesellschaften. Als Beispiel kann die moderne Industriegesellschaft angeführt werden, in der es eine Vielzahl von Berufen und Spezialisierungen gibt, wie Ärzt:innen, Ingenieur:innen, Lehrer:innen oder Handwerker:innen. Die soziale Ordnung in diesen Gesellschaften ist auf die Koordination und Integration verschiedener Funktionen und Rollen angewiesen. Diese werden durch Institutionen, Gesetze und Normen ermöglicht. Die Individuen sind stärker auf bestimmte Aufgaben, Funktionen und Berufe spezialisiert und es gibt mehr Rollen und Verantwortlichkeiten. Die Solidarität in arbeitsteilig differenzierten Gesellschaften basiert auf gegenseitiger Abhängigkeit der Mitglieder und der Notwendigkeit der Zusammenarbeit. Durkheim bezeichnet diese Form der Solidarität als ‚organische Solidarität'. Eng mit der Solidarität verknüpft ist Durkheim (2007 [1912]) zufolge der Begriff des Kollektivbewusstseins, welches zu einem seiner grundlegenden Konzepte zählt. Es bezieht sich auf das gemeinsame Denken, Wahrnehmen und Handeln innerhalb einer Gesellschaft und umfasst die Werte, Normen und Glaubenssysteme sowie symbolische Ausdrucksformen, welche von Mitgliedern einer Gesellschaft geteilt werden. Bezogen auf die Solidarität ist das Kollektivbewusstsein demnach in traditionellen Gesellschaften stark ausgeprägt und in modernen Gesellschaften schwächer, da die Solidarität hier auf der gegenseitigen Abhängigkeit beruht. Durkheim betrachtet das Kollektivbewusstsein als ein dynamisches und veränderliches Phänomen, welches sich im Laufe der Zeit und unter dem Einfluss sozialer, wirtschaftlicher und politischer Faktoren entwickeln kann. Gleichzeitig postuliert er die grundlegenden Unterschiede der Funktionsweise in verschiedenen Gesellschaftstypen.

Durkheim versteht die Arbeitsteilung als treibende Kraft, der eine grundlegende und konstitutive Rolle für die Integration in der modernen Gesellschaft zukommt. Ist sie jedoch rechtlich und sozial nicht eingebettet oder kommt es in der Geschwindigkeit des sozialen Wandels zu Diskontinuitäten, kann sie pathologische Züge annehmen. Im Kontext der Analyse der Arbeitsteilung prägt Durkheim den Begriff der Anomie, mit dem er soziale Desorganisation beschreibt. Anomie tritt auf, wenn soziale Regeln und Normen schwach werden oder fehlen und es in der Folge zu einer normlosen unregulierten Gesellschaft kommt. Anomie kann zu einem Anstieg von devianten oder kriminellen Handlungsweisen führen. Beispielsweise können Proteste oder Unruhen in unterschiedlichen Teilen der Welt auf wachsende Frustration und Unzufriedenheit mit politischen und sozialen Systemen hindeuten.

In der Theorie der anomischen Arbeitsteilung zeigt Durkheim (1992 [1893]) die Kennzeichnung der modernen Gesellschaft durch zunehmende Arbeitsteilung und Spezialisierungen auf. Er untersucht das Verhältnis von Individuum und Gesellschaft im Kontext der Veränderungen, welche durch die Industrialisierung hervorgerufen werden (Durkheim, 1992 [1893]). In diesem Zuge arbeitet er unter anderem eine Diagnose sozialer Pathologien heraus, indem er zwischen ‚anomischer Arbeitsteilung', ‚erzwungener Arbeitsteilung' und ‚fehlorganisierte Arbeitsteilung (weitere anormale Form)' unterscheidet (Rosa et al., 2018). Bei der anomischen Arbeitsteilung fokussieren Individuen sich lediglich auf ihre spezialisierten Rollen, ohne die Bedeutung anderer Rollen in der Gesellschaft zu erkennen. Dieser Zustand entsteht aufgrund von Unterregulierung und führt zu einem Mangel an sozialer Kohäsion und Verständnis. In der erzwungenen Arbeitsteilung werden bestimmten Individuen oder Gruppen spezifische Rollen auferlegt, oft begleitet von Überregulierung. Solidarische Beziehungen können in diesem Zustand nur bestehen, wenn die Beteiligten nicht durch ihre soziale Klasse in asymmetrischen Positionen festgehalten werden. Die fehlorganisierte

Arbeitsteilung ist auf unzureichend koordiniertes und organisiertes Vorgehen zurückzuführen. Hier werden die Rollen und Funktionen nicht durch sozioökonomische Strukturen – wie in der erzwungenen Arbeitsteilung – sondern durch formale, oft starr definierte Berufsregeln bestimmt. Diese Art der Arbeitsteilung lässt den Individuen wenig Raum zur Flexibilität und Eigeninitiative, was auf eine Unterregulierung zurückzuführen ist (Durkheim, 1992 [1893]). Die Arbeitsteilung kann folglich zu einem Verlust von gemeinsamen Werten und Normen führen. Aus diesem Verlust geht wiederum ein Gefühl der Desorientierung und Entfremdung bei den Individuen hervor, die anschließend Schwierigkeiten haben, ihre eigenen Ziele und Werte zu definieren. Die resultierende Anomie kann eine Ursache für soziale Pathologien wie Kriminalität oder Selbstmord sein (Rosa et al., 2018).

In seiner Untersuchung des Selbstmordes (Durkheim, 1983 [1897]) folgt Durkheim seiner eigenen Regel, Soziales durch Soziales zu erklären. Folglich verwirft er psychische und natürliche Faktoren, da diese keine adäquaten Erklärungsmuster für die Soziologie liefern. Er bezieht sich stattdessen auf „soziale Ursachen" (Durkheim, 1983 [1897], S. 122f.). Abhängig von dem Individualisierungs- oder Kollektivierungsgrad und der damit einhergehenden Chance des Individuums zur Identifikation und der etablierten Form der sozialen Kontrolle entwickelt er eine Typologie von Selbstmordarten, die auf dem Grad der sozialen Interaktion und der sozialen Regulierung basiert. Er unterscheidet den ‚egoistischen', ‚altruistischen', ‚anomischen' und ‚fatalistischen' Selbstmord. Laut Durkheim entstehen in der modernen Gesellschaft Pathologien und Missstände aus übermäßiger oder unzureichender sozialer Integration und sozialer Regulierung. Die Selbstmordrate schwankt seiner Beobachtung nach in verschiedenen sozialen Milieus abhängig von der Konfession, der Familie, politischen oder beruflichen Gruppen. In einer Gesellschaft, in der die Normen und Werte nicht klar sind oder sich schnell verändern, haben Menschen Schwierigkeiten, die eigenen Handlungen zu regulieren und die eigenen Bedürfnisse zu befriedigen. Diese Umstände können sowohl zu einem Anstieg von Handlungen führen, die gegen die Normen in der Gesellschaft verstoßen als auch zu einer Zunahme von psychischen Problemen und sozialer Instabilität. Um die Anomie zu reduzieren, schlägt Durkheim vor, gemeinsame Werte und Normen zu schaffen. Indem in der Gesellschaft gemeinsame Ziele und Werte gefördert werden und auf das Finden und Erfüllen von Rollen hingearbeitet wird, kann die Anomie verringert werden und es besteht die Möglichkeit für eine gesunde und stabile Gesellschaft.

Durkheim hat die Soziologie grundlegend beeinflusst und die Ansätze spielen in den unterschiedlichsten Teildisziplinen der Soziologie eine wichtige Rolle. So ist Durkheim zentral für die Familiensoziologie und das Verständnis von Solidarität in Gesellschaften, aber auch für die Wirtschafts- und die Wissenssoziologie. Zudem wird Durkheim jüngst in der Umweltsoziologie aufgegriffen, da auch bei ihm schon die materielle Umwelt für soziale Prozesse wichtig war (siehe Aufbaumodul 2 Familiensoziologie, Wirtschaftssoziologie, Wissenssoziologie sowie Umwelt- und Nachhaltigkeitssoziologie).

1.3 Simmel

Georg Simmel (*1858–†1918) gilt als Begründer der formalen Soziologie. Damit bewegt er sich auf einer Mesoebene; im Gegensatz zu Durkheim, der seinen Forschungsgegenstand aus einer Makroperspektive betrachtet, und Weber, der aus einer individuellen Perspektive heraus forscht (Pries, 2019). Die formale Soziologie konzentriert sich weniger auf konkrete historische Inhalte, sondern vielmehr darauf, Strukturen sozialer Interaktionen zu identifizieren und deren Entwicklung zu analysieren, also auf die Formen von Wechselwirkungen zwischen Individuen. Dies umfasst Mechanismen wie die Bildung von Hierarchien innerhalb von Gruppen. Ebenso wichtig sind die Prozesse, durch die sich neue soziale Gruppen von Außenstehenden abgrenzen und intern eine dichte, homogene Gemeinschaft formen. Diese Tendenzen – die äußere Abgrenzung und die innere Integration – betrachtet Simmel als universale Aspekte des sozialen Lebens. Er macht diese Analyse zum Kernthema der Soziologie und legt damit den Grundstein für die formale Soziologie. Ein besonderes Anliegen Simmels ist die Untersuchung der Gesetze, die den verschiedenen Formen des gesellschaftlichen Zusammenlebens zugrunde liegen. Dieses Interesse steht im Mittelpunkt seiner Betrachtungen des Modernisierungsprozesses. Er wird mit seinem ‚methodologischen Interaktionismus' (Rosa et al., 2018, S. 111) (siehe Basismodul 1) zwischen den Struktur- und Handlungstheorien verortet (Abels, 2019). Simmel zufolge bestimmen und prägen sowohl die Wechselwirkungen innerhalb einer Gesellschaft die Akteur:innen als auch die Akteur:innen die Wechselwirkungen (Rosa et al., 2018). Gesellschaft basiert seiner Ansicht nach auf Formen dieser Verflechtungszusammenhänge und diese Formen wiederum haben unterschiedliche Voraussetzungen (‚Apriori') (Simmel, 2021 [1908]).

Eines der zentralen Verständnisse formuliert er in einem ersten Apriori: Die Idee besagt, der Mensch sieht den anderen in einer verallgemeinerten Weise, während eine vollständige Kenntnis dieser Individualität unerreicht bleibt. Daher neigen Menschen dazu, andere in typisierte Rollen zu kategorisieren (Simmel, 2021 [1908]).

In seinem zweiten Apriori argumentiert Simmel gegen die reine Definition der Identität des Einzelnen in der Gesellschaft durch soziale Rollen und Verbindungen und für die Unterschiedlichkeit und Einzigartigkeit: „Die Art seines [des Menschen, CR/MB] Vergesellschaftet-Seins ist bestimmt oder mitbestimmt durch die Art seines Nicht-Vergesellschaftet-Seins" (Simmel, 2021 [1908], S. 51). Es gibt Individuen oder Gruppen, die gerade durch ihre Abgrenzung von der Gesellschaft eine Bedeutung erlangen (z. B. Punks oder Hippies). Der Einzelne kann sich als Produkt der Gesellschaft erkennen und zugleich als einen Teil, der zur Gestaltung und Produktion der gesellschaftlichen Struktur beiträgt (Simmel, 2021 [1908]).

Im dritten Apriori stellt er den Beruf als Kategorie heraus und beschreibt die Gesellschaft als ein Gefüge („Kosmos“, Simmel, 2021 [1908], S. 57), indem jedes Element oder Individuum eine bestimmte Position einnimmt und so stetig dazu aufgefordert ist, den eigenen Platz zu finden. Die Gesellschaft ist seiner Ansicht nach nicht homogen, sie ist „ein Gebilde aus ungleichen Elementen“ (Simmel, 2021 [1908], S. 57). Diese Unterschiedlichkeit ergibt sich aus komplexen Wechselbeziehungen.

Vor diesem Hintergrund setzt Simmel sich aus soziologischer Perspektive mit grundlegenden Themen der Soziologie wie Prozessen der Vergesellschaftung und Vergemeinschaftung auseinander und behandelt in seinen Ausführungen soziale Phänomene, menschliche Interaktionen und gesellschaftliche Mikroprozesse wie die Dankbarkeit, Geld, Liebe, Streit und Mode (Simmel, 1983 [1896], 1985, 1989 [1900], 2023 [1885]). Zu den Grundlagen der Soziologie gehören die Interaktion und die Wechselseitigkeit des Austauschs zwischen Individuen in Gesellschaften. In diesen Zusammenhängen beleuchtet Simmel die Spannung zwischen dem individuellen Selbst und den sozialen Strukturen sowie die Wechselwirkung von Nähe und Distanz in sozialen Beziehungen (Simmel, 2021 [1908]). Simmel unterscheidet zwischen Form und Inhalt, indem er soziale Formen von ihren Inhalten trennt. Während der Inhalt konkrete, greifbare Ereignisse oder Handlungen sein kann, bezieht sich die Form auf dauerhafte Muster oder Weisen einer Interaktion, unabhängig von den speziellen Umständen (Simmel, 1917).

In seinem Werk *Über sociale Differenzierung* beschreibt er seinen Fokus: Es geht darum, wie Menschen miteinander interagieren und nach welchen Regeln Einzelpersonen als Teil einer Gemeinschaft sowie die Gemeinschaften als solches handeln (Simmel, 1989 [1890]). Es geht folglich um die Wechselwirkungen, die zu gesellschaftlicher bzw. sozialer Ordnung führen. Genauer handelt es sich um eine Ordnung im Prozess, d.h. Wechselwirkungen implizieren komplexe Verflechtungen zwischen Individuen, die gegenseitig auf sich einwirken (Abels, 2019). Es bestehen Wechselwirkungen zwischen Individuen und sozialen Gruppen, zwischen Gruppen sowie zwischen Individuen oder Gruppen und gesellschaftlichen Strukturen. In diesen formen und durchdringen sich Individuen und soziale Strukturen der Gesellschaft (Rosa et al., 2018). Wechselwirkungen sind entsprechend einerseits aktiv hergestellt, andererseits auch passiv bestimmend. Es resultieren geordnete gesellschaftliche Verhältnisse, die auch als Vergesellschaftung verstanden werden können. Die Wechselwirkung entsteht aus „bestimmten Trieben heraus oder um bestimmte Zwecke willen“ (Simmel, 2021 [1908], S. 17f.). Menschliches Handeln ist insofern egoistisch und altruistisch zugleich, da Handeln an sich selbst und/oder am anderen orientiert sein kann.

Das Verhältnis von Vergesellschaftung und Vergemeinschaftung wird exemplarisch in Bezug auf die Rolle des Geldes in der modernen Gesellschaft von Simmel (1989 [1900]) in seinem Werk *Philosophie des Geldes* untersucht. Simmel betrachtet Geld als die allgemeinste Form sozialer Wechselwirkung (Simmel, 1989 [1900]). Als Tauschmittel hat es eine entpersönlichende und versachlichende Wirkung: „[denn] in dem die entgegengesetztesten, fremdesten, fernsten Dinge ihr Gemeinsames finden und sich berühren [...] [erfolgt ein, CR/MB] Reduzieren qualitativer Werte auf quantitative" (Simmel, 1983 [1896], S. 90). Ferner hebt Simmel (1989 [1900]) die Ambivalenz bzw. den Doppelcharakter des Geldes hervor, indem er Geld einerseits eine ‚zersetzende', ‚isolierende' und ‚auflösende', andererseits eine ‚versöhnende', ‚verbindende' und ‚vereinigende' Wirkung zuschreibt. In unpersönlichen Beziehungen führt dies dazu, Menschen zu verbinden und Personen voneinander abhängig zu machen. In persönlichen Beziehungen wiederum führt Geld zu einer Trennung der Personen, da es als abstraktes Tauschmittel die individuelle Unabhängigkeit fördert und damit die Individuen freisetzt.

Der Tausch stellt für Simmel ein zentrales Element menschlicher Sozialität dar. Ihm zufolge unterscheidet sich der wirtschaftliche Tausch von anderen Tauschformen, wie Liebe oder Gedankenaustausch, durch das damit verbundene Opfer. In Beziehungen oder beim Teilen von Gedanken wird das Geben oft als Gewinn empfunden, ohne dass ein klarer Verlust erkennbar ist. Im wirtschaftlichen Kontext hingegen gibt man ein wertvolles Gut, um ein anderes zu erhalten. Für Simmel ist die Wirtschaft nicht nur die Erfüllung von Bedürfnissen oder die Verarbeitung von Ressourcen, sondern ein System, in dem Gewinne mit Opfern verbunden sind. Dieser Gedanke des Tausches betrifft nicht nur externe Transaktionen zwischen Menschen, sondern auch interne Gedankenprozesse. Individuen wägen also ständig ab und kalkulieren den Wert von Dingen in ihrem Inneren. Diese internen ‚Ausgleichungsprozesse' oder Kosten-Nutzen-Abwägungen sind grundlegend für alle Tauschhandlungen, ob als innere individuelle Handlung oder zwischen mehreren Parteien (Adloff, 2019).

In diesem Kontext hat Simmel (1983 [1907]) das Phänomen der Dankbarkeit analysiert und einen eindrucksvollen Grundlagentext verfasst. Die These, das Schema von Äquivalent und Hingabe sei allen Beziehungen inhärent, bildet den Ausgangspunkt der Ausführungen. Geben und Nehmen erfolgt in der Regel in gleichem Wert, d.h., es wird objektiv Gleiches getauscht, wodurch es zu einer Versachlichung von Beziehungen kommt, da der Austausch rechnerisch stattfindet. Tauschbeziehungen (insbesondere wirtschaftliche) werden über die Rechtsverfassung geregelt, wodurch Gegenleistungen erzwingbar werden. Dankbarkeit stellt eine Balance zwischen Nehmen und Geben her in Beziehungen, in denen die Rechtsform nicht eintritt, d.h. in Kontexten, in denen das Äquivalent für Hingabe nicht erzwingbar ist. Die Dankbarkeit erfolgt aus dieser Wechselwirkung heraus und stellt das subjektive Residuum des Tauschs dar. Die Dankbarkeit überlebt insofern den Akt des Tauschs und wird damit zum stärksten Bindemittel der Gesellschaft. Zudem ist die Dankbarkeit jenes Motiv, das die Erwiderung einer Gabe von innen heraus bewirkt, wo von äußerer Notwendigkeit nicht die Rede ist.

Jedoch ist die Freiwilligkeit einer ersten Gabe bei der Erwiderung nicht mehr vorhanden, obgleich sie objektiv die erste überwiegen kann. Die Erwiderung unterliegt nämlich einem moralischen Zwang. Aus diesem Grund kann praktisch die erste Gabe nicht erwidert werden, da ihr das Freiheitsmoment fehlt und somit die innere Bindung nie vollständig gelöst werden kann. Die erste Leistung hat eine Freiheit, der es an Pflicht – auch der Pflicht der Dankbarkeit – mangelt. Die Gegenleistung unterliegt immer der Dankbarkeit und ist eher ein Zwang als Freiheit. Ihre Freiheit liegt höchstens auf der Seite des Unterlassens einer Gegenleistung.

Simmel hat mit seiner soziologischen Analyse der Wechselwirkungen unterschiedlichste Teildisziplinen der Soziologie beeinflusst. Allen voran kann die Familiensoziologie genannt werden, die sich im Zuge aktueller Entwicklungen in privaten Nahbeziehungen mit Prozessen der Vergesellschaftung und Vergemeinschaftung auseinandersetzt sowie der Ausgeglichenheit des Wechselverhältnisses, was wiederum zentral ist für das Funktionieren von Gesellschaften. Darüber hinaus hat seine Betrachtung des Geldes die Wirtschaftssoziologie geprägt und eine frühzeitige wissenssoziologische Analyse hervorgebracht, indem er die Divergenz von subjektiver und objektiver Kultur beleuchtet hat (siehe Aufbaumodul 2 Familiensoziologie, Wirtschaftssoziologie sowie Wissenssoziologie).

1.4 Weber

Max Weber (*1864–†1920) ist einer der bedeutendsten Vertreter der Soziologie, der auch in anderen Disziplinen große Beachtung gefunden hat. Er hat wichtige Begriffe und Konzepte geprägt, wie den Begriff Soziologie (siehe Basismodul 1). In seiner Definition stellt er klar, worum es in der Soziologie geht: Soziales Handeln soll deutend verstanden werden. Soziales Handeln meint, dass es von den Handelnden mit einem Sinn versehen wird und auf andere bezogen ist, die wiederum den Sinn des Handelns deuten.

> „»Soziales« Handeln aber soll ein solches Handeln heißen, welches seinem von dem oder den Handelnden gemeinten Sinn nach auf das Verhalten anderer bezogen wird und daran in seinem Ablauf orientiert ist.“ (Weber, 1972 [1922], S. 1).

Auf Basis seines Handlungsbegriffs nimmt Weber eine Unterscheidung von Vergemeinschaftung und Vergesellschaftung vor und ordnet die Motive vier Bestimmungsgründen sozialen Handelns den Sphären der Gemeinschaft und der Gesellschaft zu. Als ‚Vergesellschaftung‘ definiert Weber soziale Beziehungen, die auf (wert- oder zweck-)rationalem Handeln und damit auf Interessenausgleich beruhen. ‚Vergemeinschaftung‘ basiert auf eher affektuellem und traditionalem

Soziales Handeln

Weber (1972 [1922]) unterscheidet vier Bestimmungsgründe des sozialen Handelns:

- Zweckrationales Handeln bezieht sich auf Handlungen, die bewusst und rational auf ein bestimmtes Ziel oder einen Zweck ausgerichtet sind.
- Wertrationales Handeln berücksichtigt festgelegte Werte, Prinzipien oder ethische Normen, unabhängig von den persönlichen Interessen oder den direkten Auswirkungen auf sich selbst.
- Affektuelles Handeln wird von Emotionen, Leidenschaften oder Gefühlen gesteuert.
- Traditionales Handeln meint, wenn Handlungen auf der Grundlage von Traditionen, Gewohnheiten, Bräuchen oder Ritualen durchgeführt werden.

sozialen Handeln und entsprechend auf einer subjektiv wahrgenommenen Zusammengehörigkeit der Beteiligten (Weber, 1972 [1922], S. 21). Weber sieht ‚Gemeinschaft' und ‚Gesellschaft' nicht als gegensätzliche Pole an: „Die große Mehrzahl sozialer Beziehungen aber hat teils den Charakter der Vergemeinschaftung, teils den der Vergesellschaftung" (Weber, 1972 [1922], S. 22).

In seiner Gesellschaftsanalyse hat sich Weber (1905) intensiv mit dem Kapitalismus und seinen Auswirkungen auf die Gesellschaft auseinandergesetzt. In seinem Werk *Die protestantische Ethik und der Geist des Kapitalismus* untersucht er den Zusammenhang zwischen der protestantischen Ethik und dem Aufstieg des Kapitalismus in Europa. Die protestantische Ethik, insbesondere der Calvinismus, spielt eine wichtige Rolle bei der Entstehung des modernen Kapitalismus. Die calvinistische Lehre betont die Bedeutung von Fleiß, Sparsamkeit und Disziplin sowie den Glauben an die Vorherbestimmung und den Erfolg als Zeichen von Gottes Gnade. Dementsprechend legen diese Werte und Überzeugungen die Grundlage für die Entwicklung des Kapitalismus, indem sie den Unternehmergeist und die wirtschaftliche Expansion fördern. Negative Auswirkungen des Kapitalismus in Bezug auf die Gesellschaft lassen sich insbesondere auf Ebene des Individuums beobachten. So führt der Kapitalismus zunehmend zur Rationalisierung und Bürokratisierung der Gesellschaft und einer Entfremdung des Individuums von seiner Arbeit und seinen Mitmenschen. Mit dem Rationalisierungsprozess werden Handlungen und Gedanken systematischer und berechenbarer. Im Zuge dieses Prozesses wird die Welt laut Weber ‚entzaubert'. „Entzauberung der Welt" (Weber, 1919, S. 594) bedeutet für Weber, die Befreiung von magischen und unerklärlichen, geheimnisvollen und unberechenbaren Momenten. Wenn alles in der Welt systematisiert und berechenbarer wird, verschwinden jene magischen und geheimnisvollen Elemente und damit einhergehend kann die Grundlage für Sinn und Bedeutung ebenfalls verschwinden.

In diesem Zusammenhang hat sich Weber eingehend mit Bürokratien auseinandergesetzt. Weber definiert die Bürokratie als eine Form der Herrschaft, die auf formellen Regeln und Verfahren beruht und von spezialisierten, hierarchisch organisierten Institutionen ausgeübt wird.

> „Macht bedeutet jede Chance, innerhalb einer sozialen Beziehung den eigenen Willen auch gegen Widerstreben durchzusetzen, gleichviel worauf diese Chance beruht" (Weber, 1972 [1922], S. 28).

> „Herrschaft soll heißen die Chance, für einen Befehl bestimmten Inhalts bei angebbaren Personen Gehorsam zu finden" (Weber, 1972 [1922], S. 122).

Weber stellt eine Tendenz zur Selbstreproduktion der Bürokratie heraus und ihre Neigung, sich selbst zu erhalten und zu erweitern. Dies kann zu einer Verwaltung führen, die nicht mehr am Gemeinwohl orientiert ist, sondern sich auf die Befriedigung ihrer eigenen Bedürfnisse und Interessen konzentriert. Außerdem kann die Bürokratie zu einer Entmenschlichung und der Reduktion des Menschen auf ihre Funktion und Aufgaben führen, was ihre Kreativität und ihre menschliche Entwicklung beeinträchtigten kann und Entfremdung zur Folge hat. Merkmale von Bürokratie sind (Weber, 1972 [1922], S. 122ff.):

1. Es gibt Positionen und Stellen als Bausteine der Organisation. Diese sind losgelöst und unabhängig von konkreten Personen. Dadurch sind Positionen und Stellen dauerhaft gegeben und die konkreten jeweiligen Positionsinhaber:innen werden ersetzbar.
2. Es gibt feste Amtskompetenzen und eine klare Amtshierarchie. In Bürokratien gibt es eine funktionale Arbeitsteilung mit klaren Zuständigkeiten. Daraus resultiert ein System der Über- und Unterordnung mit Weisungsbefugnissen und Befehlsgewalt.

Herrschaft

Während Macht darauf beruht, dass sie auch gegen Widerstreben durchgesetzt werden kann, setzt Herrschaft ein gewisses Maß an Gehorsam bzw. Mitwirkung voraus. Die Legitimität von Herrschaft kann auf folgenden drei Aspekten beruhen:

- Rationalität (legale Herrschaft): Personen glauben an die „Legalität gesatzter Ordnungen" (Weber, 1972 [1922], S. 124) und das Anweisungsrecht der Personen auf gewissen Positionen.
- Traditionalität (traditionale Herrschaft): Personen glauben an von jeher geltende Traditionen und die Legitimität der durch sie zur Ausübung Berufenen.
- Charisma (charismatische Herrschaft): Personen glauben an die Heiligkeit, die Heldenkraft oder die Vorbildlichkeit einer Person.

3. Die Regelgebundenheit und Unpersönlichkeit der Amtsführung impliziert die Abhängigkeit der Entscheidungen von Regeln und Vorschriften und nicht von den persönlichen Einstellungen der Amtsinhabenden.
4. Bei der Aktenmäßigkeit aller verwaltungstechnischen Abläufe ist nicht das gesprochene Wort ausschlaggebend, sondern ausschließlich, das schriftlich Festgehaltene, Dokumentierte und Abgelegte.
5. Qualifiziertes und loyales Fachpersonal trägt dazu bei, dass bürokratisches Geschehen regelgebunden, unpersönlich und möglichst reibungslos verläuft, wenig Fluktuation besteht und die betreffenden Personen nicht bestechlich sind.

Webers Typisierung und Beschreibung von Bürokratien haben den Charakter eines Idealtypus. Es handelt sich dabei um ein theoretisches Konstrukt, das die Essenz einer bestimmten sozialen Erscheinung oder Struktur aufzeigt. Der Idealtypus ist ein Mittel der Erkenntnis und hat „die Bedeutung eines rein idealen Grenzbegriffes [...], an welchem die Wirklichkeit zur Verdeutlichung bestimmter bedeutsamer Bestandteile ihres empirischen Gehaltes gemessen, mit dem sie verglichen wird." (Weber, 1991 [1904], S. 77). Idealtypen weisen die Vielfältigkeit der ‚Realität' anhand einzelner, scharf trennender Bestandteile des Forschungsgegenstandes in einem gedanklichen Gebilde zu, wodurch die Wirklichkeit begrifflich geordnet wird. Sie dienen als Vergleichsinstrument, um die realen Beobachtungen und Phänomene zu analysieren und zu klassifizieren. Indem die Wirklichkeit mit den Idealtypen in Bezug gesetzt wird, lassen sich mehr oder weniger große, messbare ‚Abweichungen' vom begrifflichen Ideal feststellen. Die Wirklichkeit muss und kann nicht vollständig einem Typ entsprechen, die Nähe oder Ferne zu einem Typ reicht aus: „In seiner begrifflichen Reinheit ist dieses Gedankenbild nirgends in der Wirklichkeit empirisch vorfindbar, es ist [...] in jedem einzelnen Falle festzustellen, wie nahe oder wie fern die Wirklichkeit jenem Idealbilde steht [...]." (Weber, 1991 [1904], S. 73f.).

Neben dem ‚Idealtypus' hat Weber die Wissenschaftslandschaft über die Soziologie erweitert mit dem Begriff der Werturteilsfreiheit (Weber, 1988 [1917], 1991 [1904]). Werturteilsfreiheit erfordert die Trennung persönlicher Werturteile vom wissenschaftlichen Forschungsprozess, damit eigene Wertvorstellungen wissenschaftliche Untersuchungen nicht beeinflussen, Ergebnisse verzerren und die Glaubwürdigkeit der Studie in Frage stellen. Stattdessen sollte eine neutrale und vorurteilsfreie Haltung eingenommen werden. In diesem Zusammenhang wird auf die Unmöglichkeit hingewiesen, vollständig objektiv zu sein. Jeder Mensch, auch Forschende, sind gesellschaftlich geprägt und Vorurteile und Überzeugungen können die Wahrnehmung beeinflussen. Das Ziel der Werturteilsfreiheit ist daher nicht, vollständige Objektivität zu erreichen, sondern sich der Existenz persönlicher Wertvorstellungen bewusst zu sein und diese nicht in die wissenschaftliche Untersuchung einfließen zu lassen.

Weber hat die Soziologie grundlegend geprägt durch seine etablierten Definitionen von Soziologie und sozialem Handeln und seine Analyse von Macht und

Herrschaft, die bis heute höchste Aktualität haben (Maurer, 2021). Schließlich haben auch seine wissenschaftstheoretischen Überlegungen zu Werturteilen und zum Idealtypus zu einer Weiterentwicklung der Soziologie geführt (siehe Basismodul 1, Aufbaumodul 2 Arbeits- und Industriesoziologie, Organisationssoziologie, Wirtschaftssoziologie sowie Wissenssoziologie).

1.5 Kritische Theorie

Die Kritische Theorie bietet der empirisch-analytischen Wissenschaftsauffassung eine Gegenposition und bildet basierend auf der verstehenden und systemtheoretischen Soziologie eine philosophisch-kritische Wissenschaftsauffassung zur Analyse der gesellschaftlichen Gegenwart. Die Kritische Theorie sieht sowohl Subjekte als auch Objekte als gesellschaftlich geprägt an. In der Folge können diese nur im Zusammenhang mit der Berücksichtigung und Analyse der Gesellschaft hinreichend verstanden werden. Darüber hinaus wird auch wissenschaftliches Denken in der Gesellschaft vermittelt, basiert auf sozialen bzw. kulturellen Normen und ist über die Zeit veränderbar.

Beim Positivismusstreit geht es um die Auseinandersetzung der Methoden der Soziologie zwischen der sogenannten ‚Kritischen Theorie' und dem ‚Kritischen Rationalismus'. Der Positivismusstreit knüpft an den Werturteilsstreit an. Im Werturteilsstreit hat bereits Weber die Trennung von Werturteilen von wissenschaftlichen Aussagen gefordert, da sich normative Aussagen empirisch weder bestätigen noch verwerfen lassen. Positivismus bezeichnet die Lehre, die den Gegenstand der Wissenschaft auf empirisch Wahrnehmbares reduziert. Als Begründer des Positivismus gilt Auguste Comte, der den Übergang von der sozialen Physik zur Soziologie markiert. Im Konkreten bezeichnet der Positivismusstreit eine Auseinandersetzung zwischen Karl Popper (*1902–†1994) zum Thema *Die Logik der Sozialwissenschaften* (1962) und einem Koreferat von Theodor W. Adorno (*1903–†1969). Die Auseinandersetzung wurde später von Jürgen Habermas (*1929), einem wissenschaftlichen Mitarbeiter von Adorno, und Hans Albert (*1921–†2023) als Vertreter des Kritischen Rationalismus weitergeführt.

Popper (2013 [1934]) begründet den Kritischen Rationalismus mit seinem Werk *Logik der Forschung*. Beim Kritischen Rationalismus geht es darum, den Wahrheitsgehalt einer Theorie zu überprüfen und eine Theorie zu widerlegen (falsifizieren), statt ihrer Verifizierung zu folgen. Im Wesentlichen soll eine Theorie ständigen Falsifikationsversuchen ausgesetzt werden; sie ist nach Popper nicht empirisch verifizierbar. Bereits David Hume (*1711–*1776) hat auf das sogenannte Induktionsproblem hingewiesen, d.h., dass man von einzelnen Beobachtungen nicht auf Regelmäßigkeiten oder Gesetze schließen kann. Gerne wird zur Verdeutlichung das bekannte Beispiel der Schwäne angeführt: Die Behauptung ‚alle Schwäne seien weiß' kann mit einem einzigen schwarzen Schwan falsifiziert werden, während tausend weiße Schwäne die These nicht verifizieren können. Die Theorie gilt aber solange als ‚wahr', bis der erste schwarze Schwan auftaucht.

Das Postulat der Werturteilsfreiheit stützt sich auf die These des Dualismus von Tatsachen und Entscheidungen und nimmt eine Unterscheidung von Naturgesetzen und sozialen Normen vor. Naturgesetze stellen empirische Regelmäßigkeiten dar und sind unabhängig von handelnden Subjekten, während soziale Normen durch Subjekte vermittelt werden.

> „Positivisten unterstellen nun die Unabhängigkeit der beiden Gesetzestypen voneinander. Hypothesen, die sich auf Naturgesetze beziehen, können empirisch zutreffen oder nicht, soziale Normen dagegen sind Feststellungen, die empirisch weder wahr noch falsch sein können." (Habermas, 1965, S. 170).

Habermas kritisiert Popper für die Auffassung, die Annahme oder Verwerfung von Basissätzen werde durch eine Einigung über die Kriterien von Erfolg und Misserfolg entschieden. Dies basiert wiederum auf sozialen Normen, welche ebenfalls veränderbar sind, und in der Folge soll empirisch Geltung haben, was durch Normen bestimmt ist. Dies steht der Wertfreiheit entgegen. Wertneutralität entspricht einer Objektivität der Geltung von Aussagen. Sogenannte Wenn-Dann-Beziehungen und Zweck-Mittel-Relationen genügen den Forderungen der Wertneutralität nicht, da sie aus einem Vorverständnis heraus hergeleitet werden. Die Reflexion von Vorverständnissen und Interessen zwingt laut Habermas zu dialektischem Denken. Dialektik meint, die Analyse als Teil des analysierten gesellschaftlichen Prozesses zu begreifen. Die Selbstreflexion soll die Rationalität sichern.

Dieser Ansatz wird von den Positivisten kritisiert. Die dialektische Methode stützt sich auf ein theoretisches Vorwissen, das zum Grundstein der zu entwickelnden Theorie wird, die dann in der Realität bestehen muss. In der dialektischen Theoriebildung können jedoch nicht nur Vorwissen, sondern auch vorhe-

Werturteil

Ein Werturteil ist eine subjektive bzw. nicht-objektive Bewertung von Situationen, Handlungen und Ergebnissen durch eine Person basierend auf individuellen ethischen, moralischen, kulturellen oder persönlichen Werten und Überzeugungen (Weber, 1988 [1917], 1991 [1904]). Werturteile sind nicht objektiv messbar oder empirisch nachweisbar. Der Werturteilsstreit bezieht sich darauf, ob und wie persönliche oder gesellschaftliche Werte in Forschung und Theoriebildung einfließen dürfen. Es gibt zwei Positionen: Die eine geht von der Notwendigkeit der Wertfreiheit und Objektivität in der Wissenschaft aus, während die andere postuliert, dass Werturteile unvermeidlich sind und Wissenschaft oft menschlichen Entscheidungen und Zielen unterliegt.

rige Irrtümer in die Theorie einfließen. Ein weiterer Kritikpunkt ist, dass Habermas lediglich auf Fakten hinweist und kein Problemlösungsverfahren vorschlägt (Albert, 1969).

Für Habermas als Vertreter der Kritischen Theorie stellt sich das Theorie-Praxis-Problem wie folgt dar: Die dialektische Einheit von Theorie und Praxis besagt, dass die Sozialwissenschaft nicht unabhängig von der gesellschaftlichen Einbettung betrachtet werden kann. Die Kritische Theorie kritisiert theoretische Ansätze unter Berücksichtigung gesellschaftlicher Rahmenbedingungen. In diesem Zusammenhang geht es auch um eine Emanzipation des Menschen, der mittels Selbstreflexion gegebene gesellschaftliche Verhältnisse erkennt und auf dieser Basis verändern kann (Habermas, 1969). Ansatzpunkt dieses Reflexionsprozesses stellt die Analyse des eigenen Tuns der Wissenschaft dar. Es kann nach Habermas keine Wertneutralität geben, da die Forschenden als Subjekte (der Totalität) der Gesellschaft zugehörig sind und aus dieser Perspektive heraus die Gesellschaft erforschen, wobei nur ein Ausschnitt gewählt wird, in dem sich aber bereits Normen, Werte und Vorstellungen der Wissenschaftler:innen widerspiegeln (Habermas, 1965). Die Beschreibung und Erklärung von Tatsachen sollen jedoch objektiv, d.h. wertfrei und nachvollziehbar, sein. Dies bezieht sich auf die Auswahl der Forschungsfragen (Entdeckungszusammenhang), auf die wissenschaftliche Begründung von Aussagen (Begründungszusammenhang) und auf die Verwertung von wissenschaftlichen Ergebnissen (Verwendungszusammenhang). Entsprechend muss eine Reflexion der erkenntnisleitenden Interessen stattfinden. Hierbei werden gleichzeitig gesellschaftliche Verhältnisse mitreflektiert.

Die Selbstreflexion wird für die Wissenschaft zu einem wichtigen Instrument (Habermas, 1969), denn „der von Subjekten veranstaltete Forschungsprozess des objektiven Zusammenhangs, der erkannt werden soll, gehört durch den Akt des Erkennens hindurch selber dazu“ (Habermas, 1969, S. 260). Weiterhin ist die Erfahrung elementar in der Theoriebildung. Da es keine unbeeinflusste Quelle des Wissens gibt, lenkt sie den Entwurf einer Theorie über die Entscheidung der Annahme oder Ablehnung von Basissätzen, die als Grundlage des Forschungsprozesses aufgestellt werden (Habermas, 1969). Die Totalität ist folglich nicht in ihre Einzelteile zerlegbar, es besteht eine Abhängigkeit der Einzelerscheinungen von der Realität. Wertneutralität ist demnach nicht erfüllt, da Prognosen aus einem Vorverständnis heraus hergeleitet werden und die Dialektik benötigt wird, um die Analyse als Teil des analysierten gesellschaftlichen Prozesses zu begreifen (Habermas, 1969). Jedoch wird in der empirischen Überprüfung von Theorien ein Vorverständnis bestimmter sozialer Normen vorausgesetzt, was auch implizite Annahmen beinhaltet. Die Selbstreflexion nimmt ergo eine wichtige Rolle ein, weil sie aufzeigt, Theorien beschreiben die Wirklichkeit nicht einfach, sondern beinhalten auch Annahmen, Entscheidungen und Urteile.

Die kritische Theorie, der Werturteilsstreit und die Auseinandersetzung zwischen kritischen Rationalist:innen und Positivist:innen sind wesentliche Grundlagen der Soziologie als empirischer Wissenschaft und der Frage, wie gesellschaftliche Phänomene, Situationen und Prozesse adäquat erforscht werden können (siehe Basismodul 3).

2 Strukturanalyse und Systemtheorie

2.1 Parsons

Talcott Parsons (*1902–†1979) entwirft und begründet eine Systemtheorie, welche als Basis der Forschung zahlreicher Soziolog:innen des 20. Jahrhunderts gilt; sei es in kritischer Auseinandersetzung oder in der Weiterentwicklung. Die Grundlage seiner Systemtheorie ist eine Handlungstheorie, welche er zum Strukturfunktionalismus weiterentwickelt. Parsons generiert eine deskriptive Sozialtheorie mit dem Anspruch, umfassend zu sein und für alle Epochen und Gesellschaften zu gelten (‚analytischer Realismus') (Camic, 1987; Joas, 2007). Er interessiert sich für die Grundformel bzw. die allgemeine Logik, nach der jede Gesellschaft funktioniert. Er geht von grundlegenden Strukturprinzipien aus, obwohl die Ausprägungen dieser Strukturen variieren können.

Seine Theorie basiert auf der Annahme, Gesellschaften funktionieren wie lebende Organismen. Das wird am Beispiel eines Einzellers verdeutlicht: Es gibt eine Haut – eine sogenannte Außengrenze – und es gibt Organe als Teilsysteme, welche bestimmte Funktionen übernehmen. Die Ausrichtung aller Teilsysteme ist auf das Überleben des Gesamtorganismus angelegt. Parsons betrachtet Gesellschaften als komplexe Systeme, die sich von ihrer Umwelt abgrenzen. Zum Überleben werden Strukturen herausgebildet, welche entsprechende Funktionen übernehmen, um die Bestanderhaltung des Gesamtsystems zu sichern. Stabilität von Gesellschaft wird erreicht durch die Herausbildung bestimmter Organe (Organisationen, Institutionen). Die Gesellschaften setzen sich mit ihrer natürlichen Umwelt und anderen Gesellschaftssystemen auseinander (z. B. treiben Handel), die Verarbeitung erfolgt je nach Logik des Systems. Dieser Umstand ist für alle Epochen und Gesellschaften gleich. Parsons schaut sich im Gegensatz zu Luhmann und Habermas nicht die Veränderung der Gesellschaft an, sondern fragt nach der Stabilität von Gesellschaft und wie diese möglich ist. Stabil ist eine Gesellschaft dann, wenn sie wächst und nicht in sich zusammenfällt oder von anderen Gesellschaften überrollt wird. Zudem wollen die Menschen gerne und aus Überzeugung in der Gesellschaft leben. Damit unterscheidet sich Parsons von Hobbes. Während Hobbes davon ausgeht, dass soziale Ordnung nur unter Zwang möglich ist (siehe Basismodul 1), betont Parsons Zwangssysteme würden im geschichtlichen Verlauf letztlich scheitern (Hobbes, 1986 [1651]). Eine zentrale Frage für die Stabilität von Gesellschaften ist also, wie Menschen dazu gebracht werden können, einer Ordnung dauerhaft und aus freien Stücken zuzustimmen. Parsons Hauptanliegen besteht darin zu ergründen, wie eine Ordnung aufrecht erhalten wird, und nicht darin herauszufinden, wo ihr Ursprung ist (Abels, 2019). Gesellschaft hat nach diesem Verständnis gewisse Strukturen, die sich in Normen, Werten und Regeln äußern, es bilden sich Funktionen heraus und es werden Versorgungsleistungen erbracht, um das Gesamtsystem aufrecht zu halten und zu stabilisieren. Kompetenzen, Erwartungen und Bedürfnisse werden an diese Ordnung stetig angepasst; dieser Anpassungsprozess verläuft jedoch unbewusst (Parsons & Shils, 2017 [1951]).

Gesellschaft ist demnach nicht einfach die Summe von Individuen. Es geht insofern nicht nur um das einzelne Individuum, sondern um das Verständnis der gesamtgesellschaftlichen Strukturen, der Abhängigkeit voneinander und des funktionalen Bezuges aufeinander. Im Rahmen der Sozialisation begreifen Individuen die Bedeutung und den Wert einer normativen Ordnung. Daher handeln sie nicht nur aus Pflicht, sondern aus einem Willen (‚Voluntas') heraus so, wie es von einer Gesellschaft erwartet wird. Diese Eigeninitiative und Selbstbestimmung im Handeln sind charakteristisch für Parsons Ansatz. Deswegen wird seine Theorie auch als ‚voluntaristisch' bezeichnet, da sie den freien Willen und die bewusste Entscheidung des Einzelnen betont.

Die Werte (‚symbolische Orientierungen') und Normen (‚verpflichtende Orientierungen'), die im Prozess der Sozialisation dann angenommen werden, fasst Parsons zusammen mit dem Begriff ‚kulturelles System' (Parsons & Shils, 2017 [1951]). Dieses kulturelle System steht in Parsons Theorie als übergeordnetes, ordnungsstiftendes System über den sozialen Systemen und dem Persönlichkeitssystem. Es führt somit zu Stabilität auf der Ebene der Gesellschaft, des Handelns und des Individuums. Soziale Systeme können als Netzwerke begriffen werden, in denen Individuen entweder direkt miteinander in Verbindung stehen oder über symbolische Mittel interagieren. Auf der anderen Seite reflektieren Persönlichkeitssysteme die einzigartige Zusammenstellung von tief verankerten Werten eines Individuums und den darauf basierenden Handlungsweisen. Durch die Sozialisation eines Individuums im Laufe seines Lebens und durch die Anpassung an Erwartungen und Pflichten verschiedener sozialer Rollen ergibt sich ein Muster, welches zur Entstehung eines konstanten Orientierungsrahmens führt. Dieser Rahmen wird von Parsons als ‚Identität' charakterisiert (Parsons, 2013 [1951]). Die herausgebildeten Institutionen funktionieren jedoch nur, wenn Individuen darin auf eine bestimmte Weise handeln, also spezifisches soziales Handeln an den Tag legen, indem Aspekte der Persönlichkeit ausgewählt werden, um die jeweilige Rolle zu erfüllen und andere Aspekte in den Hintergrund gestellt werden. In diesem Zusammenhang bedeutet Sozialisation für Parsons das Erlernen von Rollen, um in Institutionen handlungsfähig zu sein. Es geht um das ‚Trainieren' miteinander und nicht um die Frage nach dem eigentlichen Sinn oder der eigenen Identität. Das Handeln muss in Situationen angepasst werden, da in den jeweiligen Institutionen Erwartungen herrschen und bei unangepasstem Handeln Sanktionen folgen. Sozialisation hat die Funktion, die Rollen zu trainieren und zu erlernen, welches Handeln in den jeweiligen

Institutionen erwartet wird. Das Ziel ist somit das Formen der Triebe in der eigenen Identität, um Anschlussfähigkeit an die Erwartungen eines Teilsystems zu erlangen. Parsons stellt ein Motivationsmodell vor, welches auf der Entwicklungstheorie von Freuds Psychoanalyse basiert und erklärt, warum die Individuen entsprechend handeln. Das Modell basiert auf der Annahme, die Verinnerlichung gesellschaftlicher Werte formt und begrenzt die Triebe. Gesellschaftliche Anerkennung führt demnach zur Triebbefriedigung. Neben den drei beschriebenen Systemen definiert Parsons auch das Organismus-System (‚Verhaltensorganismus' oder ‚Verhaltenssystem'), welches nicht nur auf die einzigartige physische Beschaffenheit eines Individuums bezogen ist, sondern auch auf dessen innerste Triebe und körperlichen Bedürfnisse, die maßgeblich das jeweilige Handeln prägen und beeinflussen (Abels, 2019; Parsons, 2013 [1951]). Teilsysteme sind ineinander verschränkt und gleichzeitig aufeinander bezogen. Die Teilsysteme müssen also funktional integriert sein. Die einzelnen Teilsysteme haben eigene Funktionen; die Funktionen stabilisieren die Strukturen, wobei Parsons die Überlegenheit der Strukturen über die Funktionen betont. Parsons Systemtheorie wird daher auch als ‚strukturfunktionalistische Systemtheorie' bezeichnet. Ein System kann folglich als ein Gefüge verstanden werden, in dem soziale Faktoren, Ereignisse und Abläufe miteinander interagieren und gegenseitig aufeinander einwirken. Diese Interaktionen dienen in erster Linie der Bewahrung und dem Erhalt des Systems. Innerhalb des Systems gibt es eine Anordnung von Beziehungen, die als Struktur bezeichnet wird. Jeder Bestandteil des Systems hat eine Funktion, die dazu dient, diese Struktur aufrechtzuerhalten. Eine hohe Koordination zwischen Funktionen kann die Stabilität des Systems stärken. Allerdings gibt es auch dysfunktionale Elemente, die die geordnete Struktur stören können (Abels, 2019). Zentral ist hierfür die Annahme, dass ein System insgesamt vier Funktionen erfüllen muss, diese fasst Parsons in einer Vierfeldermatrix zusammen (siehe Abbildung 8).

A – Anpassungsfunktion (‚Adaption'): In der dynamischen Umwelt müssen Mittel und Ressourcen beschafft werden.

G – Zielerreichungsfunktion (‚Goal Attainment'): Es müssen Handlungsziele festgelegt und durchgesetzt werden.

I – Integrationsfunktion (‚Integration'): Die Teilsysteme müssen aufeinander abgestimmt sein, um Erwartungssicherheit und Solidarität ausbilden zu können.

L – Muster- bzw. Strukturerhaltungsfunktion (‚Latency'): Um legitimes Handeln zu ermöglichen, muss ein gemeinsamer Werte- und Bedeutungshorizont vorhanden sein.

Das sogenannte AGIL-Schema bestimmt den Differenzierungsprozess der Teilsysteme und die Logik der sozialen Welt. Diese besteht aus hierarchisch angeordneten Teilsystemen, die sich weiter ausdifferenzieren. In diesem Zusammenhang erscheinen die Mustervariablen (‚Pattern Variables'), welche dem Handeln zugrunde liegen als zentral. Parsons stellt diese als binäre Gegensatzpaare heraus,

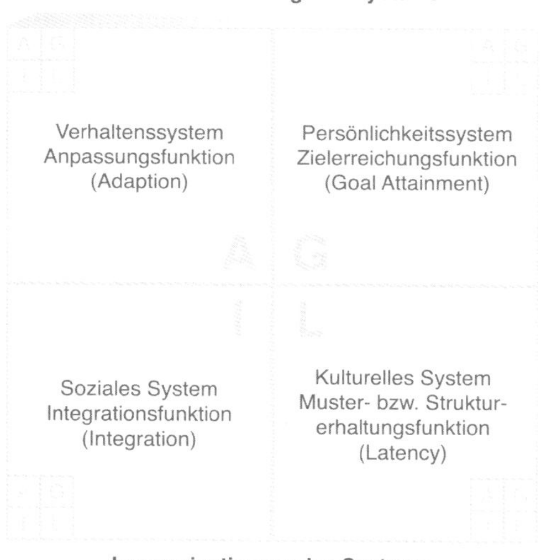

Abb.: 8: AGIL-Schema nach Parsons (eigene Darstellung in Anlehnung an Rosa et al. 2018)

die die Dilemmata und Entscheidungen beschreiben, vor denen Menschen in sozialen Interaktionen stehen (Parsons, 2013 [1951]):

- Universalismus vs. Partikularismus: Akteur:innen können partikulare Werte und Interessen verfolgen, die sich auf bestimmte Einzelheiten oder Situationen beziehen oder sie können sich an universalen Grundsätzen orientieren, die allgemeingültig und in unterschiedlichen Kontexten anwendbar sind.
- Leistung vs. Zugehörigkeit: Hier geht es darum, ob Individuen aufgrund ihrer Leistungen oder aufgrund ihrer zugeschriebenen Eigenschaften (z. B. Geburt, Geschlecht, Alter) bewertet werden.
- Diffusität vs. Spezifität: Handlung kann entweder von unbestimmten, diffusen Vorgaben oder von klaren, spezifischen, an eine Rolle gebundenen, Erwartungen geleitet werden.
- Neutralität vs. Affektivität: Dies bezieht sich darauf, ob Handlungen und Beziehungen emotional oder neutral gestaltet werden.
- Selbstorientierung vs. Kollektivitätsorientierung: Diese Variable stellt die Interessen des Individuums (Eigeninteresse) den Interessen der Gruppe (Gemeinwohl) gegenüber.

Diese Mustervariablen können als Werkzeuge zur Analyse von Interaktionen und Handlungen in Subsystemen und Systemen angesehen werden. Menschen entwickeln durch den Sozialisationsprozess und ihre Beziehungen zu verschiedenen Gruppen (z. B. Familie, Peer-Groups, Schulklasse) verschiedene Formen von Loyalität, Vertrauen und Handlungsorientierung. Zum Beispiel wird die ursprüngliche ‚diffuse' Loyalität, die man gegenüber seiner Familie empfindet, im Laufe der Beziehung zu anderen Gruppen erweitert. Das Gleiche gilt für andere Formen von Bindungen und Vertrauen. So können die Mustervariablen verwendet werden, um die komplexen Wechselwirkungen und Beziehungen in sozialen Systemen zu analysieren (Münch, 1980).

Parsons beeinflusst diverse Teildisziplinen der Soziologie mit seiner Behandlung von Familien und Organisationen in Gesellschaften. Auch für die Medizinsoziologie, die auf einem Verständnis von sozialen Systemen und Institutionen im Gesundheitssystem basiert, und die Frage, welche Funktionen erfüllt sein müssen, damit ein System erhalten bleibt, ist Parsons bedeutend (siehe Aufbaumodul 2 Familiensoziologie, Organisationssoziologie sowie Medizin- und Gesundheitssoziologie).

2.2 Luhmann

Niklas Luhmann (*1927–†1998) baut auf der Systemtheorie von Parsons auf und entwickelt diese weiter. Luhmann betrachtet Gesellschaft ebenfalls von oben aus einem ‚Krähennest', rein deskriptiv und ohne normativen Input. Er stellt die grundlegende Frage, wie Strukturen überhaupt erst erzeugt werden (Abels, 2019). Luhmann (1998 [1997]) geht von vier ‚Erkenntnisblockaden' aus, welche die traditionelle Vorstellung von Gesellschaft prägen und eine differenzierte Beobachtung von Gesellschaft behindern:

- Gesellschaft besteht aus konkreten Menschen: Diese Annahme vernachlässigt, dass eine Gesellschaft nicht nur aus einzelnen Menschen besteht, sondern aus Kommunikation, die zwischen Menschen stattfindet. Indem der Fokus auf Individuen und nicht auf Kommunikation liegt, wird die Eigendynamik sozialer Prozesse übergangen.
- Gesellschaft bildet sich aus Konsens: Diese Annahme übersieht die Tatsache, dass Konflikte, Unterschiede und Diversität wesentliche Aspekte der sozialen Realität sind und dass Gesellschaft nicht nur auf Konsens, sondern auch auf Differenz und Dissens beruht.
- Gesellschaft ist eine territorial begrenzte Einheit: Diese Annahme geht davon aus, dass Gesellschaften klar durch geografische oder politische Grenzen umrissen sind. Sie vernachlässigt, dass soziale Beziehungen und Prozesse oft über Grenzen hinweg verlaufen und dass moderne Gesellschaften zunehmend durch globale Netzwerke und Interaktionen geprägt sind.
- Gesellschaft lässt sich von außen beobachten: Diese Annahme unterstellt, dass es einen neutralen Standpunkt gibt, von dem aus Gesellschaft objektiv beobachtet und beschrieben werden kann. Sie ignoriert, dass jede Beobachtung selbst ein Teil der sozialen Realität ist und dass Beobachter:innen immer auch Teilnehmer:innen und Mitgestalter:innen der Gesellschaft sind.

Um diese Erkenntnisblockaden zu umgehen bzw. zu beheben schlägt Luhmann (1998 [1997], S. 34f.) einen „Übergang zu einem radikal antihumanistischen, einem radikal antiregionalistischen und einem radikal konstruktivistischen Gesellschaftsbegriff" vor. Antihumanistisch meint, dass die menschliche Person nicht als zentrale oder grundlegende Einheit einer Gesellschaft angesehen wird. Stattdessen konzentriert sich Luhmanns Gesellschaftstheorie auf Kommunikation als grundlegende Operation sozialer Systeme. Kommunikation ist aus Luhmanns Perspektive nicht nur ein Mittel der Informationsübertragung, sondern ein fundamentales, dreiteiliges selektives Ereignis, welches die Kernstruktur sozialer Systeme bildet und aufrechterhält. Zunächst gibt es die Information, eine Selektion aus einer Vielzahl potenzieller Bedeutungen, die eine Neuigkeit für das System darstellt. Anschließend folgt die Mitteilung, die äußere Darstellung dieser Information, durch die sie innerhalb des Systems geteilt wird. Doch eine Mitteilung garantiert nicht automatisch das Verstehen. Das Verstehen tritt ein, wenn Rezipient:innen die in der Mitteilung eingebettete Informationen interpretieren und darauf reagieren. Kommunikation ist somit keine lineare Botschaftsübermittlung von Sender:innen zu Empfänger:innen, vielmehr ist sie der zentrale Baustein, durch welchen soziale Systeme generiert, differenziert und erhalten werden. Es sind fortlaufende Kommunikationsereignisse, die die Struktur und Dynamik sozialer Systeme prägen (Luhmann, 1981; Rosa et al., 2018). Menschen sind für Luhmann Teil der Umwelt sozialer Systeme, nicht ihre konstruktiven Elemente. Diese Perspektive kennzeichnet einen Bruch mit dem anthropozentrischen Denken, welches die menschliche Person und ihre Eigenschaften, Intentionen und Handlungen in den Mittelpunkt stellt. Antiregionalistisch meint, die Gesellschaft kann nicht als eine territorial begrenzte Einheit verstanden werden. Anstelle der Annahme, soziale Systeme seien in erster Linie durch räumliche oder politische Grenzen bestimmt, legt Luhmann den Fokus auf funktionale Differenzierung und globale Interdependenzen. Radikal konstruktivistisch ist Luhmanns Theorie, da sie davon ausgeht, soziale Systeme konstruieren ihre eigene Realität. Sie produzieren Sinn, indem sie Selektionen (aus einer Fülle von Möglichkeiten) vornehmen und Komplexität reduzieren. Es werden folglich Selektionen vorgenommen, die im Prinzip aber auch anders ausfallen könnten; diesen Umstand bezeichnet Luhmann als „Kontingenz" (Luhmann, 1984, S. 47).

Die Idee von Kontingenz beschreibt nicht einfachen Zufall, sondern vielmehr bedingte und kohärente Optionen. In einem gegebenen System sind nicht alle Szenarien realisierbar, dennoch erlaubt es eine Vielzahl von Optionen – und das nur, weil es bestimmte Alternativen von vornherein ausschließt. Da Systeme geschaffen wurden, hätten sie in ihrer Beschaffenheit auch variieren können. Sie könnten sich in der Zukunft wandeln, aber sie werden stets durch bestimmte Bedingungen eingeschränkt bleiben – das macht sie kontingent. Bei jeder Handlungsentscheidung wird die Frage der Kontingenz relevant (Abels, 2019). Das Handeln einer Person ist ungewiss, ebenso ist das Handeln der anderen Person für die erste unvorhersehbar. Es geht darum, sich bewusst zu machen, wie man selbst die Situation wahrnimmt, aber auch im Blick zu behalten bzw. eine Erwar-

Doppelte Kontingenz

Doppelte Kontingenz bedeutet, dass soziale Interaktionen von Unsicherheiten (‚Kontingenzen') geprägt sind. Zwei Akteur:innen begegnen sich in einer Situation, in der alle die möglichen Reaktionen der oder des anderen in Betracht ziehen, bevor sie selbst handeln.

tung dazu zu haben, wie das Gegenüber die Situation wahrnehmen wird, also eine Erwartung darüber, was der oder die andere erwarten wird (‚Erwartungserwartungen') (Luhmann, 1987 [1984]). Bei der Koordination zwischen dem situativen Rahmen, den Erwartungen und den Erwartungserwartungen wird in der Soziologie in der Regel von ‚doppelter Kontingenz' gesprochen. Diese verdeutlicht, dass in einer Situation nicht nur die entsprechenden Handlungsmotive und Handlungsbedingungen von Bedeutung sind, sondern ebenfalls die von dem agierenden Individuum angenommenen Erwartungen der Interaktionspartner:innen über die Erwartungen der oder des jeweils anderen. Daher lässt sich nicht sicher vorhersagen, wie ihre Entscheidungen ausfallen werden. Es gibt verschiedene mögliche Ergebnisse ihrer Handlungen. Um dennoch handlungsfähig zu bleiben, wird sich Luhmann zufolge an ‚generalisierten Erwartungen' und der ‚Ausdifferenzierung von Erwartungsstrukturen' orientiert. So kann Komplexität reduziert werden, indem durch die Erwartungen angezeigt wird „was eine gegebene Sinnlage in Aussicht stellt" (Luhmann, 1987 [1984]). Bei Erwartungsstrukturen ist es wichtig, dass die Ausdifferenzierung bzw. die Präzisierung der „Erwartungen nur so weit, wie dies zur Sicherung von Anschlussverhalten unerlässlich ist" (Luhmann, 1987 [1984]) erfolgt. Eine tiefergehende Ausdifferenzierung würde das tatsächliche Eintreten unwahrscheinlicher machen. Der Fall der Beendigung einer Arbeit zwischen 8 und 10 Uhr tritt sehr viel wahrscheinlicher ein, als der Fall, dass die Aussage zutrifft, man wäre um 9:26 Uhr fertig. Das bedeutet, je ausdifferenzierter die Erwartung ist, desto unwahrscheinlicher wird ihr Eintreffen.

Jedes soziale System – und die Gesellschaft als Ganzes – ist für Luhmann ein autopoietisches System, das sich selbst durch seine Operationen erzeugt und reproduziert (Luhmann, 1987 [1984]; Schroer, 2017). Autopoiesis (etymologisch aus dem Griechischen stammend, wobei ‚auto' für ‚selbst' und ‚poiesis' für ‚Herstellung' oder ‚Produktion' steht) ist ein zentrales Konzept in Luhmanns Theorie. Es

Beispiel: Unvorhersehbarkeit

Person A möchte Person B ansprechen, ist sich aber unsicher, wie B reagieren wird. Gleichzeitig denkt Person B darüber nach, wie Person A auf ihre Reaktion reagieren würde. Beide Personen sind sich der Unvorhersehbarkeit des Handelns des anderen bewusst, was zu einer gegenseitigen Anpassung ihres Handelns führen kann.

beschreibt die Fähigkeit sozialer Systeme, sich selbst durch eigene Operationen – vorrangig Kommunikation – zu organisieren und zu reproduzieren. Diese Systeme sind selbstreferenziell, sie greifen also ständig auf ihre eigenen vorherigen Zustände zurück, um ihre fortlaufende Existenz und Funktion zu gewährleisten. Obwohl sie in Wechselwirkung mit ihrer Umwelt stehen, sind sie operativ geschlossen. Dennoch sind sie nicht vollkommen isoliert. Die Systeme grenzen sich von ihrer Umwelt ab, nehmen jedoch selektiv externe Informationen auf und verarbeiten sie mit dem Ziel, die inhärente Komplexität der Außenwelt zu reduzieren. Autopoiesis stellt somit einen Mechanismus dar durch den soziale Systeme Komplexität bewältigen, sich selbst aufrechterhalten und in einer dynamischen Umwelt fortbestehen (Luhmann, 1985).

Luhmanns Theorie bietet eine neuartige Sicht auf die soziale Wirklichkeit. Soziale Phänomene werden nicht primär als Ergebnis individueller Handlungen, sondern als Resultat von Operationen sozialer Systeme begriffen. Luhmanns zentrales Forschungsinteresse gilt der Theorie sozialer Systeme, einem komplexen, multidimensionalen Konzept (Luhmann, 1987 [1984]). Soziale Systeme sind autopoietische Gebilde, d.h. sie schaffen und erhalten sich selbst. Unter Anwendung des Konzepts der Autopoiesis aus der Biologie auf soziale Systeme vertritt Luhmann die Auffassung, diese konstruieren sich nicht durch Materie oder Energie, sondern durch Kommunikation. Die unablässige Kette von Kommunikationsereignissen bildet die Basis für die Selbstreproduktion und Selbstorganisation des Systems, seine Autopoiesis. Kommunikation ist somit das zentrale strukturierende und formgebende Element sozialer Systeme.

Darüber hinaus spielt das Konzept des Sinns eine wichtige Rolle. Sinn wird durch Kommunikation geschaffen sowie vermittelt und ermöglicht es dem System, eine Realität zu strukturieren und zu organisieren, die auf seine spezifischen Bedürfnisse und Kapazitäten zugeschnitten ist. Durch die kontinuierliche Produktion und Reproduktion von Sinn durch Kommunikation gelingt es sozialen Systemen, ihre Autopoiesis aufrechtzuerhalten und die Komplexität ihrer Umwelt zu bewältigen. Luhmann geht von einem dreidimensionalen Verständnis von Sinn aus. Die drei Dimensionen sind in jedem sinnvollen Akt präsent und miteinander verknüpft. Die sozialen Systeme können so eine Vielfalt an Informationen und Ereignissen verarbeiten und ihre Aktivitäten auf der Grundlage von selektiven und kontextspezifischen Kriterien organisieren. Er unterscheidet zwischen der

- sozialen Dimension: Sie bezieht sich auf die Interaktion zwischen Menschen in einer Gesellschaft. Kommunikation ist hier zentral, da durch sie soziale Systeme entstehen und sich reproduzieren.
- zeitlichen Dimension: Diese Dimension bezieht sich auf die zeitliche Orientierung und Kontinuität von Sinnzusammenhängen. Jede sinnhafte Äußerung steht in Beziehung zu vergangenen und zukünftigen Ereignissen. Jede gegenwärtige Selektion bezieht ihren Sinn aus der Abfolge von Vergangenheit und Zukunft.

- faktischen Dimension (Sachdimension): Sie bezieht sich auf den konkreten Inhalt oder das Thema einer Mitteilung oder Handlung. Hier geht es um das ‚Was' der Kommunikation, also um die spezifischen Informationen oder Themen, die in einem bestimmten Kontext relevant sind.

Zentraler Bestandteil des systemtheoretischen Ansatzes von Luhmann ist die Idee der Komplexitätsreduktion. Sie geht davon aus, dass die Realität unendlich komplex ist und dass soziale Systeme eine Methode benötigen, um diese Komplexität zu reduzieren. Damit das gelingt, müssen die Systeme eine Art Sinn erzeugen, der es ihnen ermöglicht, in ihrer jeweiligen Umgebung zu funktionieren und sich darin zurechtzufinden. Diese Komplexitätsreduktion wird laut Luhmann durch Kommunikation erreicht. Indem sie aus einer unendlichen Menge von möglichen Kommunikationsereignissen auswählen, konstruieren sie eine sinnvolle Realität, die sie verstehen und auf die sie reagieren können. Diese Selektion von Kommunikationsereignissen führt zu einer Reduktion von Komplexität, indem sie die Menge der als relevant betrachteten Phänomene begrenzt. Dieser Prozess ist nicht nur auf das Gesamtsystem anwendbar, sondern auch auf seine verschiedenen Subsysteme. Maßgeblich in Luhmanns Ansatz ist die Unterscheidung zwischen System und Umwelt, die das Innen/Außen-Verhältnis des Systems bildet. Im Gegensatz zu Parsons, der soziale Systeme als offene Strukturen versteht, die in ständiger Interaktion mit ihrer Umwelt stehen, sieht Luhmann soziale Systeme als operativ geschlossen und kognitiv offen. Das bedeutet: Obwohl sie ihre Umwelt beobachten und Informationen aus ihr aufnehmen können (kognitive Offenheit), finden die Operationen innerhalb des Systems – die Produktion und Reproduktion von Sinn durch Kommunikation – unabhängig von der Umwelt statt (operative Geschlossenheit). Ein weiterer Eckpfeiler von Luhmanns Theorie stellt das Konzept der „funktionalen Differenzierung" (Luhmann, 1998 [1997]) dar. Die Struktur der modernen Gesellschaft wird nicht mehr hauptsächlich durch stratifikatorische Differenzen, etwa aufgrund von Klasse oder Stand, bestimmt. Vielmehr ist sie durch funktionale Differenzen gekennzeichnet, die sich in der Ausbildung spezialisierter sozialer Subsysteme manifestieren (beispielweise in den Bereichen Wirtschaft, Politik, Recht, Bildung und anderen). Diese funktional differenzierten Subsysteme erfüllen jeweils eine spezifische Funktion innerhalb der Gesellschaft und verfügen über eine interne Logik. Sie generieren ihren spezifischen Sinn. Diese Subsysteme sind jeweils auf ihre Aufgaben und Herausforderungen zugeschnitten und verfügen über eigene Mechanismen zur Bewältigung der Komplexität. Im Gegensatz zu Parsons sieht Luhmann in dieser operativen Geschlossenheit einen Prozess, der zur Ausbildung einer eigenen System-Umwelt-Differenz führt. Diese Differenz ermöglicht es den Subsystemen, sich selbst zu reproduzieren und zu erhalten, ohne auf andere Subsysteme angewiesen zu sein. In der modernen, funktional differenzierten Gesellschaft sind die Subsysteme also insofern entkoppelt, als sie ihre eigenen internen Operationen durchführen und ihre spezifischen Realitäten und Sinnsysteme hervorbringen, ohne dass sie von den Operationen und Sinnstrukturen anderer Subsysteme abhängig sind (Luhmann, 1987 [1984]).

In direkter Verbindung mit Luhmanns autopoietischer und konstruktivistischer Perspektive steht die Beobachtung zweiter Ordnung (Luhmann, 1987 [1984], 1998 [1997]). Sie erweitert das traditionelle Beobachtungsverständnis und stellt eine neue Form der Reflexion und Analyse bereit, welche auf die Beobachtung von Beobachtungen abzielt. Die Beobachtung erster Ordnung bezieht sich auf den gewöhnlichen Vorgang der Beobachtung, bei dem durch Beobachter:innen eine Unterscheidung getroffen wird und etwas in deren Umgebung ausgewählt und hervorgehoben wird. Die Beobachtung zweiter Ordnung hingegen betrachtet diesen Beobachtungsvorgang selbst und analysiert, wie Beobachtungen gemacht werden, welche Unterscheidungen getroffen werden und wie diese die wahrgenommene Realität strukturieren. Die Beobachtung zweiter Ordnung stellt somit eine Meta-Beobachtung dar: Sie beobachtet nicht direkt die Welt, sondern die Art und Weise, wie andere Beobachter:innen die Welt beobachten. Sie nimmt von den Beobachter:innen erster Ordnung getroffene Unterscheidungen und Selektionen in den Blick und analysiert, wie diese die Wahrnehmung und Interpretation der Realität prägen. Die Vorstellungen von der Welt sind folglich nicht einfach ‚gegeben', sondern das Ergebnis spezifischer Beobachtungsoperationen, die auf Unterscheidungen und Selektionen beruhen. So wird es möglich, die systematischen Mechanismen der Sinnproduktion und Realitätskonstruktion zu erfassen und zu untersuchen.

In der Perspektive von Luhmann sind soziale Systeme auf drei miteinander verbundenen Ebenen organisiert: den Interaktionssystemen, den Organisationen und der Gesellschaft. Beginnend mit den Interaktionssystemen konzipiert Luhmann diese als kleinste Einheiten sozialer Kommunikation, entstehend und aufrechterhalten durch unmittelbaren, persönlichen Austausch zwischen Individuen. Charakteristisch für diese Systeme ist ihre flüchtige und situative Natur, manifestiert in spezifischen kommunikativen Situationen wie beispielsweise persönlichen Gesprächen oder Diskussionen. Sie sind sowohl zeitlich als auch räumlich begrenzt und bestehen lediglich solange und dort, wo Interaktionen stattfinden. Auf der darüberliegenden Ebene finden sich die Organisationen. Sie zeichnen sich durch ihre Stabilität und Beständigkeit im Vergleich zu den Interaktionssystemen aus. Organisationen sind durch eine definierte Struktur und spezifische Funktion gekennzeichnet. Sie regulieren und koordinieren die Aktivitäten ihrer Mitglieder durch formelle Regeln und Verfahren, treffen Entscheidungen und verwalten Ressourcen. Diese Art sozialer Systeme manifestiert sich in vielfältigen Formen wie Unternehmen, Schulen, Krankenhäusern und anderen. Die dritte Ebene der sozialen Systembildung stellt die Gesellschaft dar. Als das größte aller sozialen Systeme umfasst die Gesellschaft die Totalität aller Kommunikationsprozesse. Im Unterschied zu den untergeordneten Ebenen ist sie weder räumlich noch zeitlich eingeschränkt. Vielmehr erstreckt sich die Gesellschaft über alle Kommunikationen, die zumindest theoretisch miteinander verknüpft sein könnten. Die drei Ebenen sind nicht isoliert, sondern beeinflussen sich gegenseitig, indem sie verschiedene Aspekte der sozialen Realität repräsentieren und es ermöglichen, soziale Phänomene aus unterschiedlichen Perspektiven zu betrachten.

Luhmanns grundlegender Beitrag zur Soziologie ist die Begründung der neuen Systemtheorie. Diese Theorie kann auf die unterschiedlichsten Phänomene angewendet werden und ist für die verschiedensten Teildisziplinen relevant (siehe Aufbaumodul 2 Familiensoziologie, Organisationssoziologie, Medien- und Kommunikationssoziologie, Wissenssoziologie, Medizin- und Gesundheitssoziologie sowie Umwelt- und Nachhaltigkeitssoziologie).

3 Soziale Interaktion und symbolischer Interaktionismus

3.1 Mead

George Herbert Mead (*1863–†1931) legt den Grundstein für den symbolischen Interaktionismus, auch wenn er den Begriff als solchen noch nicht verwendet. In Chicago entsteht mit dem symbolischen Interaktionismus zwischen 1915 und 1940 eine sozialreformerische Soziologie, die darauf ausgerichtet ist, Lösungen für zu diesem Zeitpunkt aktuelle Probleme zu finden. Der Fokus seiner Untersuchungen liegt auf der Analyse menschlicher Interaktionen, Kommunikation, subjektiver Wahrnehmungen und sozialer Konstruktionen innerhalb der Gesellschaft (Mead, 1968 [1934]). Mead betont die Rolle der Sozialität im Evolutionsprozess. Es handelt sich um die Fähigkeit von Organismen, das Handeln ihrer Artgenossen als Referenz für ihr eigenes Handeln zu nutzen. Die Bedeutung oder der Sinn des Handelns eines Individuums resultiert aus den Reaktionen anderer. Alle beteiligten Akteur:innen sind sich aber dieser Bedeutung nicht zwangsläufig bewusst. Innerhalb sozialer Strukturen wird der Zweck einer Handlung durch die Reaktion einer anderen Person definiert. Abhängig von dieser Antwort kann das handelnde Individuum seine Interpretation der Aktion überdenken und anpassen (Kapitanova, 2013).

Menschen nutzen also Feedback von anderen, um ihr eigenes Handeln zu bewerten und gegebenenfalls zu korrigieren. Wenn eine bestimmte Handlung oder Geste bei verschiedenen Personen dieselbe Reaktion hervorruft, erhält sie den Status eines bedeutungsvollen Symbols. Solche markanten Symbole repräsentieren nicht nur persönliche Bedeutungen, sondern sind in der kulturellen Matrix der Gesellschaft verwurzelt. Sie entwickeln sich und werden durch kontinuierliche Interaktion verstanden, manifestiert als kollektive Konzepte.

Mead unterscheidet die drei Begriffe Zeichen, Gesten und (signifikante) Symbole. Zeichen setzen sich als einfache Sinnesreize von Gesten und Symbolen ab, indem sie direkte und instinktive Reaktionen hervorrufen. Gesten sind nonverbale Ausdrücke, die durch Handeln vermittelt werden und von Menschen basierend

Symbolischer Interaktionismus

Der symbolische Interaktionismus beschäftigt sich mit Interaktionen zwischen Personen (Blumer, 1980). Menschliche Erfahrungen, Identitäten und Realitäten werden durch komplexe Muster von sozialen Interaktionen und durch die ständige Interpretation und Re-Interpretation von Symbolen (bspw. Sprache oder Gesten) geformt und beeinflusst. Individuen sind demnach nicht passive Empfänger:innen von sozialen Strukturen und Normen, sondern interpretieren aktiv die Welt sowie ihre Position darin, konstruieren und gestalten diese ständig neu.

auf ihren Erfahrungen interpretiert werden können. Durch Bedeutungszuschreibung bzw. Sinn (‚Meaning') wird die Geste mit einer Handlung verbunden (Mead, 1968 [1934]). Gesten können somit sowohl als Verhalten[3] als auch als Handeln verstanden werden (Abels, 2004). Ein Symbol repräsentiert den Kontext einer vergangenen Geschichte, aktuellen Gegebenheiten und potenziellen zukünftigen Handlungen. Ein signifikantes Symbol ruft unabhängig vom Alter oder der Situation stets die gleiche Bedeutung und Reaktion hervor. Solche Symbole, insbesondere in Form von Sprache, ermöglichen es, die Perspektiven und Erwartungen anderer – selbst in deren Abwesenheit – zu berücksichtigen und das eigene Handeln oder Denken entsprechend anzupassen. Durch diesen Prozess entsteht eine objektive Realität, in der festgelegte Erwartungen anderer ins Bewusstsein aufgenommen werden können (Abels, 2004). Symbole sind folglich in der Theorie von Mead maßgeblich für die soziale Interaktion. Indem Menschen mithilfe von Symbolen miteinander interagieren, entwickeln sie gemeinsame Bedeutungen und bilden soziale Bindungen. Symbole ermöglichen es Individuen, die Perspektive anderer einzunehmen und Empathie zu entwickeln. Die sozialen Ordnungen und Strukturen werden somit nicht von einer übergeordneten Instanz auferlegt, sondern entstehen durch die fortlaufenden Interaktionen der Individuen und werden durch diese aufrechterhalten. Diese Perspektive legt den Fokus somit auf die Mikroebene der sozialen Interaktionen und auf die Bedeutung von individuellen Handlungen und Entscheidungen.

Meads Theorie beruht auf Konzepten, die sich gegenseitig ergänzen und das Verständnis sozialer Prozesse und menschlichen Handelns vertiefen. Symbolische Interaktion nimmt in Meads Theorie eine zentrale Rolle ein. Individuen sind in der Lage, Bedeutungen und Erwartungen durch den Gebrauch von Symbolen, wie etwa Sprache, Gesten oder Handlungen, auszudrücken und zu interpretieren. Diese symbolischen Interaktionen sind entscheidend für die Funktionsweise

3 Verhalten ist in diesem Zusammenhang eine Aktivität oder Reaktion, die bewusst oder unbewusst sein kann (freiwillig oder unfreiwillig). Handeln dagegen ist zielgerichtet und bewusst sowie mit subjektivem Sinn versehen.

Identität

Mead versteht Identität als das Ergebnis eines dynamischen und ständig fortschreitenden sozialen Prozesses (,Play' und ,Game'). Die Individuen formen und reformieren ihre (Ich-)Identität durch Interaktionen mit anderen, indem sie gesellschaftliche Normen internalisieren, Rollen übernehmen und diese ständig in Bezug auf die Reaktion der anderen überprüfen und anpassen. Das Selbst ist folglich kein statisches Konstrukt, sondern eine sich ständig wandelnde Entität, geprägt durch die Interaktionen und Erfahrungen in der sozialen Welt. Mead unterscheidet drei Formen der Identität (Mead, 1968 [1934]):

- Personale Identität beschreibt die einzigartige Kombination von Daten, die aus einer individuellen Lebensgeschichte stammen.
- Ich-Identität bezieht sich auf das subjektive Empfinden einer Person bezüglich ihrer eigenen Situation und umfasst das Selbstkonzept sowie das Zugehörigkeitsgefühl, welches aus individuellen Erfahrungen resultiert.
- Soziale Identität dagegen definiert sich durch das Bewusstsein über die eigenen sozialen Zugehörigkeiten und die damit verbundenen Erwartungen.

von Gesellschaft, da sie ein gemeinsames Verständnis von Bedeutungen und sozialen Phänomenen ermöglichen. Zudem betont Meads Ansatz auch das Selbstkonzept als einen wichtigen Aspekt der Identitätsbildung und sozialen Anpassung (siehe Abbildung 9). Er unterscheidet zwischen dem ,I', das die spontane, kreative und individuelle Seite des Selbst repräsentiert und nur nachträglich erschließbar ist, und dem ,Me', das die gesellschaftliche Seite des Selbst widerspiegelt und die internalisierten Normen, Werte und Erwartungen der Gesellschaft umfasst und damit eine Rekonstruktion darstellt. Die Interaktion zwischen dem ,I' und dem ,Me' prägt die Identität (,Self') des Individuums und ermöglicht es ihm, sich in der Gesellschaft zurechtzufinden. Das ,Self' wird in diesem Zusammenhang durch einen dynamischen Prozess geprägt. In der sozialen Interaktion und Selbstentwicklung ist die Rolle des anderen Mead zufolge wesentlich (Joas, 2012).

Die ,generalisierten Anderen' (,Generalized Other') repräsentieren die kollektiven Erwartungen, Normen und Werte einer Gesellschaft, die von Individuen internalisiert werden, um sich in der Gesellschaft zu integrieren und angemessen zu handeln. Auch in der Entwicklung des Selbstkonzeptes ist der generalisierte Andere ein grundlegendes Element. Indem Individuen sich mit den Normen, Werten und Erwartungen der generalisierten Anderen auseinandersetzen, erwerben sie die Fähigkeit, die Perspektive anderer Menschen einzunehmen und in sozialen Situationen zu antizipieren, wie ihre Handlungen auf andere wirken werden. Dies ermöglicht es ihnen, Empathie zu entwickeln, ihr Handeln anzupassen und in der Gesellschaft zu agieren. In diesem Zusammenhang sind die ,generalisierten Anderen' für die Identitätsbildung und die Entwicklung sozial

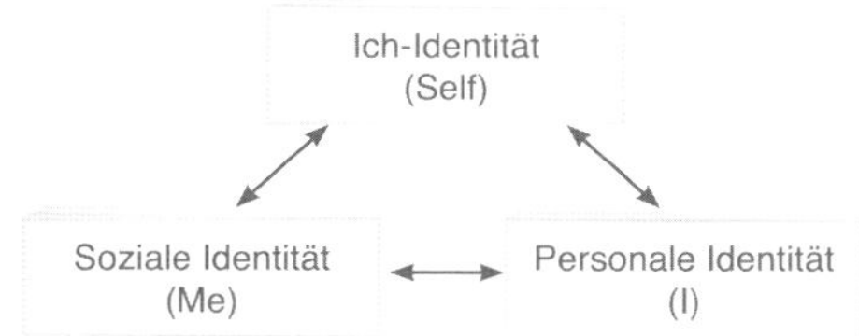

Abb.: 9: Entstehung von Identität nach Mead

angepasster Handlungsweisen von Bedeutung. Indem Individuen die Erwartungen und Normen der Gesellschaft internalisieren und die Perspektiven anderer Menschen einnehmen, sind sie in der Lage, ihre Identität und soziale Rolle zu entwickeln. Die Fähigkeit zur Rollenübernahme stellt somit einen Mechanismus in der sozialen Interaktion dar. Die Rollenübernahme ermöglicht es einem Individuum, die Perspektive einer anderen Person einzunehmen und deren Erwartungen, Handlungen und Gefühle zu antizipieren (Joas, 2012; Mead, 1968 [1934]).

In diesem Zusammenhang sind die Konzepte von ‚Play' und ‚Game' zentrale Bestandteile von Meads Theorie. Die Konzepte illustrieren, wie Individuen im Laufe ihrer sozialen Entwicklung schrittweise in die Fähigkeit der Rollenübernahme und des Verständnisses der gesellschaftlichen Erwartungen und Normen hineinwachsen. In der Phase des ‚Play' engagieren sich Kinder in vorstrukturierten sozialen Situationen und imitieren verschiedene Rollen (Mead, 1968 [1934]). Beispielsweise spielen Kinder ‚Mutter-Vater-Kind' und nehmen abwechselnd die Rollen der Mutter, des Vaters und des Kindes ein, um die verschiedenen Perspektiven und Handlungsweisen der Familienmitglieder zu erforschen. Dies ermöglicht ihnen die Erkundung sozialer Dynamiken und die Aneignung sozialer Kompetenzen. In dieser frühen Phase der Sozialisation beginnen Individuen ein Bewusstsein für die Bedeutung der Perspektivübernahme und des Einfühlungsvermögens in andere zu entwickeln, was einen grundlegenden Schritt in der Herausbildung eines reflexiven Selbstbewusstseins darstellt. Sie orientieren sich in dieser Phase an unmittelbar vorhandenen Personen (‚signifikanten Anderen'). Der Übergang zum ‚Game' markiert eine weiterführende Entwicklungsstufe der sozialen Interaktion, in welcher Individuen sich auf soziale Situationen einstellen und gleichzeitig die Erwartungen mehrerer Akteur:innen berücksichtigen (Mead, 1968 [1934]). Beispielsweise agieren Schüler:innen und Lehrer:innen in einer Schulklasse innerhalb einer sozialen Struktur, die auf Rollen und Erwartungen basiert. Schüler:innen müssen die Anweisungen der Lehrer:innen befolgen, mit anderen Schüler:innen interagieren und in Gruppenarbeiten kooperieren, während sie sich gleichzeitig an die sozialen Normen und Regeln des Schulkontextes halten.

Das Beherrschen dieser Fähigkeiten ist essenziell, um innerhalb der Gesellschaft zu agieren und den Anforderungen des sozialen Lebens gerecht zu werden. In diesem fortgeschrittenen Stadium der Sozialisation entwickeln Individuen ein ausgeprägtes Verständnis für die sozialen Normen und Werte, die die ‚generalisierten Anderen' repräsentieren.

Herbert Blumer (*1900–†1987) erweitert Meads Ansatz, prägt den Begriff des ‚symbolischen Interaktionismus' und formuliert in seinem Werk *Symbolic Interactionism: Perspective and Method* (Blumer, 1986) grundlegende Prinzipien:

- Menschen handeln auf der Grundlage der Bedeutung, die Dinge für sie haben. Diese Bedeutungen entstehen aus der sozialen Interaktion und sind nicht statisch, sondern können sich im Laufe der Zeit verändern.
- Bedeutungen werden entwickelt und modifiziert durch den interpretativen Prozess, den ein Individuum verwendet, um auf die Dinge einzugehen, die es in seiner Umwelt wahrnimmt und
- Individuen sind keine passiven Rezipient:innen von gesellschaftlichen Strukturen und Normen, sondern aktive Gestalter:innen ihrer sozialen Realität durch ihre fortlaufenden Interaktionen und Interpretationen.

Der symbolische Interaktionismus untersucht soziale Phänomene aus der Perspektive der Akteur:innen, um ihre Handlungen und Interaktionen im Kontext der Bedeutungen und Interpretationen, die sie ihnen zuschreiben, zu verstehen. So wird ein nuanciertes Verständnis sozialer Prozesse und Phänomene ermöglicht, das die Komplexität und Dynamik menschlichen Handelns und sozialer Interaktion berücksichtigt (Blumer, 1986). Dies gelingt mit Methoden der qualitativen Sozialforschung, die in diesem Zusammenhang etabliert sind. Erkenntnisse tragen bei zum Verständnis unterschiedlichster sozialer Phänomene und finden beispielsweise Anwendung in der Sozialisationstheorie, der Medien- und Kommunikationssoziologie sowie in der Wissenssoziologie (siehe Aufbaumodul 2 Medien- und Kommunikationssoziologie sowie Wissenssoziologie).

3.2 Garfinkel

Harold Garfinkel (*1917–†2011) ist ebenfalls ein Interaktionist und begründet die Ethnomethodologie, die einen Teilbereich des symbolischen Interaktionismus darstellt (Garfinkel, 2020 [1967]). Garfinkel baut auf der Phänomenologie von Alfred Schütz (*1899–†1959) auf und distanziert sich von der Handlungs- und Systemtheorie von Parsons. Das zentrale Forschungsinteresse von Garfinkel ist die Untersuchung der grundlegenden sozialen Ordnung und Bedeutung, die in alltäglichen Handlungen und Interaktionen von Individuen entstehen. Er befasst sich insbesondere mit der Frage, wie Menschen Sinn und Ordnung in ihrer sozialen Welt herstellen und aufrechterhalten. Die Ethnomethodologie richtet den Fokus somit auf die Analyse alltäglicher Verfahren, die Menschen nutzen, um ihr Handeln und das Handeln anderer in sozialen Situationen zu interpretieren, zu organisieren und zu verstehen. Garfinkels Interesse besteht darin, zu erforschen wie Individuen auf diese Weise eine ‚tiefere' soziale Ordnung herstellen, die in den alltäglichen Handlungen und Interaktionen zum Ausdruck kommt. In der Ethnomethodologie geht es somit nicht darum, warum Individuen handeln, sondern darum, wie sie handeln. Vermieden werden „Urteile über Adäquatheit, ihren Wert, ihre Bedeutsamkeit, ihre Notwendigkeit, ihre Praktikabilität, ihren Erfolg oder ihre Konsequenzen" (Garfinkel & Sacks, 1976, S. 139). In diesem Zusammenhang untersucht Garfinkel die Reflexivität der sozialen Ordnung, d.h. die Art und Weise, wie Individuen ihre Handlungen aufeinander abstimmen und so eine soziale Ordnung herstellen. Soziale Ordnung wird ständig ausgehandelt und aufrechterhalten und ist folglich in dem Verständnis von Garfinkel nicht als vorgegebene Struktur zu verstehen, sondern entsteht aus den Interaktionen der Menschen selbst. Ein relevantes Konzept in diesem Zusammenhang ist die ‚Indexikalität'. Der Begriff stammt aus der Linguistik und beschreibt Zeichen oder Ausdrücke, deren Bedeutung sich aufgrund des jeweiligen Kontextes verändert. Garfinkel überträgt diese Annahme auf soziale Interaktionen. Die Bedeutung von Handlungen, Gesten und Kommunikation hängt in hohem Maße von dem spezifischen Kontext ab, in dem sie stattfinden. Er bezeichnet soziale Handlungen und Äußerungen als indexikalisch, weil ihre Bedeutung nicht universell oder von vornherein festgelegt ist, sondern durch die Interpretation der Beteiligten konstruiert wird (Brüsemeister, 2013). Garfinkel geht folglich von zwei zentralen Implikationen für die Analyse menschlichen Handelns und der sozialen Ordnung aus: Reflexivität und Kontextgebundenheit. Die Reflexivität von sozialen Handlungen und Äußerungen verdeutlicht, dass die Bedeutungen nicht isoliert entstehen, sondern als Teil eines fortlaufenden Prozesses betrachtet werden müssen. Individuen stimmen ihre Handlungen aufeinander ab und (re-)konstruieren die Bedeutung ihrer eigenen Handlungen sowie die der anderen kontinuierlich. Soziale Ordnung entsteht demnach aus der Interdependenz der beteiligten Individuen und wird stetig neu ausgehandelt. Reflexivität betont die dynamische Natur der sozialen Ordnung und unterstreicht die Bedeutung des fortlaufenden Aushandelns von Bedeutungen in sozialen Interaktionen. Die Kontextgebundenheit von sozialen Handlungen und Äußerungen führt zu einer Kontextsensitivität ethnomethodischer Analysen (Eickelpasch, 1982).

Die Ethnomethodologie sucht folglich nicht nach allgemeinen Gesetzmäßigkeiten oder abstrakten sozialen Strukturen, sondern richtet den Fokus auf konkrete Situationen und Kontexte, in welchen Individuen handeln und interagieren. In diesem Zuge wird untersucht, wie Bedeutungen und soziale Ordnung in diesen spezifischen Kontexten hergestellt werden. Ausdruck dieses fortlaufenden Prozesses sind verschiedene Formen von Handlungen, Äußerungen, Praktiken und sozialen Phänomenen, die in alltäglichen sozialen Interaktionen hervorgebracht werden (Garfinkel & Sacks, 1976). Diese Erzeugnisse sind sowohl das Ergebnis als auch der Gegenstand ethnomethodologischer Untersuchungen. Sie können verbale oder nonverbale Handlungen sein, die von den Akteur:innen zur Herstellung und Aufrechterhaltung von Sinn und sozialer Ordnung verwendet werden. Beispiele für Erzeugnisse sind Gespräche, körpersprachliche Gesten, Entscheidungen oder Routinen. Garfinkel betont die Relevanz dieser Erzeugnisse, da sie die soziale Welt widerspiegeln und gleichzeitig zur Schaffung dieser Welt beitragen.

In seinem Werk *Studien zur Ethnomethodologie* führt Garfinkel (2020 [1967]) Krisenexperimente (‚Breaching Experiments') durch. In diesen Experimenten werden absichtlich die unausgesprochenen Regeln, Normen und Erwartungen verletzt, die das alltägliche Handeln und die sozialen Interaktionen strukturieren. Diese alltäglichen, routinemäßigen und oft unausgesprochenen Handlungen und Verhaltensweisen werden als ‚praktische Praxis' bezeichnet. Sie bezieht sich auf das tatsächliche Tun von Menschen, während sie in sozialen Situationen handeln und interagieren. Das Konzept ist eng verbunden mit der Indexikalität und Reflexivität und verdeutlicht, wie soziale Ordnung und Bedeutung aus der kontinuierlichen Anpassung und Aushandlung von Handlungen in konkreten sozialen Situationen – wie beispielsweise Gesprächsführung, Interpretation von Gesten, Koordination von Aktivitäten – entstehen. Ziel der Krisenexperimente ist es, die Reaktion von Individuen auf diese Verstöße zu beobachten und dadurch zu verdeutlichen, wie stark sie auf die Verletzung der sozialen Ordnung reagieren und wie sie versuchen, diese Ordnung wiederherzustellen.

Deutlich wird in diesen – und vielen weiteren – Experimenten, dass die soziale Ordnung in alltäglichen Interaktionen auf unausgesprochenen Regeln und Normen basiert, die als selbstverständlich betrachtet werden. Indem Garfinkel diese Normen durch seine Krisenexperimente bricht, legt er die Grundlage der sozialen Ordnung offen und zeigt, wie Individuen stetig daran arbeiten, diese Ordnung in ihren Interaktionen herzustellen und aufrechtzuerhalten.

In diesem Zusammenhang hat Garfinkel auch den Begriff des ‚Doing Gender' geprägt. Doing Gender resultiert aus einer interaktionistischen und methodologischen Betrachtung und erlangt schließlich durch West und Zimmerman (1987)

Beispiel: Krisenexperiment

Ein Beispiel für ein Breaching Experiment ist das Tic-Tac-Toe-Experiment. Die Teilnehmenden werden aufgefordert, eine Partie Tic-Tac-Toe zu spielen. Jedoch verändern die Forschenden während des Spiels die Regeln, ohne die Teilnehmenden zu informieren. Die Reaktion der Teilnehmenden darüber zeigen, wie irritiert und verunsichert sie durch diese unerwartete Veränderung sind und wie sehr sie versuchen, die Regeln und die damit verbundene soziale Ordnung wiederherzustellen. In einem weiteren Experiment werden Studierende angewiesen, sich in den Elternhäusern wie Gäst:innen zu verhalten und nicht wie die Kinder ihrer Eltern. Die Studierenden mussten beispielsweise höflich um die Erlaubnis für alltägliche Handlungen bitten, wie die Nutzung des Badezimmers. Die Reaktionen der Eltern zeigten, wie unangenehm ihnen die unerwartete Veränderung des sozialen Kontextes war und wie sie versuchten, die gewohnte soziale Ordnung wiederherzustellen.

Bekanntheit. Der Begriff bezieht sich darauf, wie Menschen im Alltag Geschlecht darstellen und interpretieren und beschreibt, wie Individuen zeigen, welchem Geschlecht sie angehören und wie sie sich dazu verhalten, sei es affirmativ, kritisch oder auf andere Weise. Geschlechtshandeln bezieht sich nicht nur darauf, ‚typisch männlich' oder ‚typisch weiblich' zu handeln, sondern Situationen so zu gestalten, dass sie als geschlechtlich angemessen wahrgenommen werden (West & Zimmerman, 1987; Westheuser, 2018). Es geht folglich darum, welche kontinuierliche Arbeit erforderlich ist, um der sozial geteilten Realität eine scheinbar selbstverständliche Ordnung zu geben. Garfinkel untersucht in seiner ‚Agnes-Studie' (Garfinkel, 1967), wie Geschlecht im Alltag durch Interaktionen konstruiert wird. Anhand der transsexuellen Frau Agnes, die er während ihrer Geschlechtsumwandlung begleitet, beobachtet er die Mechanismen der Geschlechtsdarstellung, insbesondere im Licht von Geschlechtsnormabweichungen. Traditionell betrachtet die Gesellschaft Geschlecht als zweigeschlechtlich, naturgegeben und durch die Genitalien definiert. Trotz dieser Annahmen fühlt Agnes stets, dass sie eine Frau ist. Während die meisten Menschen ihr Geschlecht als gegeben annehmen (‚Ascribed Status'), muss Agnes aktiv daran arbeiten, ihre weibliche Identität anderen zu präsentieren, ein Prozess, den Garfinkel als ‚Passing' bezeichnet. Diese Interaktionsarbeit, die für viele unbemerkt bleibt, ist für Agnes essenziell. In einigen Kontexten, die Garfinkel als spielerisch beschreibt, ist sie sich ihrer Rolle und Präsentation besonders bewusst. In vielen alltäglichen Situationen, etwa in Gesprächen mit ihrem Freund Bill oder dessen Mutter, passt sich Agnes jedoch intuitiv an, um sich als Frau zu präsentieren und gleichzeitig das Handeln einer Frau zu erlernen. Die Konstruktion und Darstellung von Geschlecht ist omnipräsent, aber oft unsichtbar und das ‚Doing Gender' ist ein gewohnter Bestandteil des Alltags (Garfinkel, 1967; Geimer, 2013).

Mit dem Ansatz des Doing Gender hat Garfinkel die Geschlechterforschung maßgeblich geprägt. Darüber hinaus hat seine Ethnomethodologie die Workplace Studies etabliert. Diese haben einen Fokus auf das Zusammenspiel von Technologie, Interaktion und Organisation (Heath et al., 2000; Luff et al., 2000; Rawls, 2008) (siehe Aufbaumodul 2 Arbeits- und Industriesoziologie sowie Techniksoziologie).

3.3 Goffman

Erving Goffman (*1922–†1982) analysiert die Interaktion und die Rolle von Individuen in sozialen Situationen und bewegt sich damit im Bereich der Mikrosoziologie (Goffman, 1971 [1967]). Goffmans Arbeiten leisten einen wichtigen Beitrag zum symbolischen Interaktionismus. Als grundlegendes Element entwickelt Goffman die Theorie der Interaktionsordnung. Seine Grundannahme besagt, dass die Interaktionsordnung in jedem einzelnen Interaktionsausschnitt zu finden ist. In der Interaktionsordnung werden die grundlegenden Prinzipien, Regeln und Strukturen beschrieben, die menschliches Handeln und Kommunikation in sozialen Situationen prägen. Sie umfasst unterschiedliche Dimensionen wie Räume, Gelegenheiten und Zusammenkünfte, die das soziale Leben und die Kommunikation zwischen Individuen strukturieren. Goffmans Fokus liegt auf der Analyse der Regeln und Interaktionsritualen in Face-to-Face-Interaktionen, wie beispielsweise Regeln der Höflichkeit, dem Respektieren persönlicher Grenzen oder der Selbstpräsentation, welche den sozialen Austausch und die Interaktion zwischen Individuen bestimmen. Die Interaktionsordnung ist am deutlichsten in informellen, alltäglichen Interaktionen zu finden. Beispielsweise kann die Art und Weise, wie Menschen sich in einer Warteschlange oder in Fahrstühlen (Hirschauer, 1999) verhalten, die Regeln der Interaktionsordnung verdeutlichen. Menschen achten hier beispielsweise auf einen angemessenen Abstand zueinander, respektieren die Reihenfolge der Wartenden und interagieren in einer höflichen und respektvollen Weise. Die zugrunde liegende Idee dieser Annahme ist, dass Individuen in sozialen Begegnungssituationen einen gemeinsamen ‚Arbeitskonsens' über die Realität etablieren, indem sie gegenseitige Aufmerksamkeit, Empathie und koordinierte Handlungen zeigen. Diese Art von Handlungen und die damit verbundenen Regeln und Normen ermöglichen es den beteiligten Personen, ihre sozialen Rollen und Erwartungen anzugleichen und ein geteiltes Verständnis der Situation aufzubauen. In Begegnungssituationen entsteht eine besondere Strukturierung, die durch ein jeweils relativ unabhängiges Regelwerk der Interaktionsordnung charakterisiert ist. Beispielsweise können in einer informellen sozialen Situation wie einem Treffen mit Freund:innen, lockere Konversationen und informelle Handlungen angemessen sein, während in formellen Rahmen wie einer Vorstandssitzung strikte Regeln zu befolgen sind. Hier könnten die Sitzungsteilnehmenden erwartet werden, die Reihenfolge der Redner:innen festgelegt und respektiert sein, Entscheidungsprozesse einzuhalten und ein Dresscode zu befolgen sein. In formellen Kontexten ist es relevant, respektvoll zuzuhören, persönliche Angriffe zu vermeiden und sich an die vorgegebene Tagesordnung und Struktur der Sitzung zu halten. So werden ein reibungsloser Ablauf und eine effektive Kommunikation gewährleistet. Die Ordnung kann jedoch auch beeinträchtigt sein, wenn grundlegende Normen nicht berücksichtigt werden. Es können peinliche Situationen oder Verlegenheit (‚Embarrassment') resultieren, die reparaturbedürftig sind. Solche Situationen können jedoch auch Handlungen der Gesichtswahrung (‚Facework') auslösen, um die soziale Ordnung wiederherzustellen und entweder das eigene oder das Gesicht des Gegenübers zu wahren.

Im Kontext der Interaktionsordnung ist für Goffman (1994) auch das *Arrangement der Geschlechter* eine Analyseperspektive. So spielt das Geschlecht eine grundlegende Rolle in Interaktionen und in ‚Interaktionsritualen' wird das Geschlecht reproduziert (Goffman, 1971 [1967]). Ein zentrales Element der Interaktionsordnung ist die Identitätsbildung. Während der sozialen Interaktion präsentieren Akteur:innen eine bestimmte Identität, welche sie beanspruchen. Diese Identität kann von anderen Interaktionspartner:innen entweder anerkannt oder abgelehnt werden. Die Anerkennung oder Ablehnung der beanspruchten Identität ist wichtig für den Prozess der Identitätsbildung. Im Falle einer Ablehnung oder Verweigerung der beanspruchten Identität kann dies zu einer Beschädigung der Identität des betroffenen Individuums führen, woraus wiederum eine Stigmatisierung resultieren kann. Stigmatisierung bezieht sich auf den Prozess, in welchem ein Individuum aufgrund einer ablehnenden oder abweichenden Identität von anderen diskriminiert oder ausgegrenzt wird (Goffman, 2020 [1967]).

Für die Bestimmung der Interaktionsordnung und der Angemessenheit der Interaktion ist die Rahmenanalyse (‚Framework Analysis') weisend (Goffman, 1977). Diese hilft dabei, soziale Vorkommnisse und Ereignisse einzuordnen und zu interpretieren, ob sie angemessen sind oder nicht. Es handelt sich quasi um Interpretations-Blaupausen, die dazu beitragen, Gegenstände, Ereignisse, Handlungen und Situationen mit einem Sinn zu versehen. Rahmen (‚Frames') fungieren als Filter oder Orientierungsmuster, durch die Menschen die Welt wahrnehmen und interpretieren. Sie legen fest, welche Informationen in einer gegebenen Situation berücksichtigt werden und welche nicht. Diese Rahmen werden nicht nur durch raum-zeitliche und ereignisbezogene Vorgaben bestimmt, sondern sie enthalten auch implizite Informationen, die auf gemeinsamen Weltanschauungen und kulturellen Erfahrungen beruhen. Goffman identifiziert unterschiedliche Typen von Rahmen. Die primären oder natürlichen Rahmen betreffen physisch wahrnehmbare Ereignisse. Im Gegensatz dazu basieren soziale oder sekundäre Rahmen auf gemeinsamen kulturellen oder gesellschaftlichen Orientierungsmustern, die von Menschen genutzt werden, um ihre Umwelt zu interpretieren – sie sind also sozial konstruiert. Rahmen sind jedoch nicht starr. Sie können durch verschiedene Mechanismen verändert oder angepasst werden. Das kann zum Beispiel durch ‚Modulationen' geschehen, bei denen ein bestehender Rahmen leicht verändert wird. Es kann aber auch durch ‚Täuschungen' (‚Fabrications'), bei denen ein Rahmen bewusst verzerrt wird, oder durch ‚Schichtungen' (‚Laminations'), bei denen verschiedene Realitätsebenen miteinander kombiniert werden, geschehen. In seinen Rahmen-Analysen strebt Goffman danach, den alltäglichen Handlungen und Verhaltensweisen eine tiefere Bedeutung und Verständnis zu vermitteln. Er identifiziert die Rahmen, die Menschen zur Verfügung stehen, um ihren Handlungen Sinn und Bedeutung zu verleihen. Es geht folglich darum, die unsichtbaren und oft unbewussten Strukturen zu erkennen, die das tägliche Handeln prägen und leiten (Goffman, 1977).

In seinem Werk *Wir alle spielen Theater* entwickelt Goffman (2003 [1956]) die Annahme, dass soziale Situationen wie Theaterstücke inszeniert sind, in denen Individuen Rollen spielen, um ein bestimmtes Selbstbild zu präsentieren und die Erwartungen anderer zu erfüllen (‚Dramaturgie'). In dem Konzept der Dramaturgie geht er davon aus, dass die Teilnehmenden einer sozialen Interaktion als Akteur:innen agieren, die gezielt unterschiedliche ‚Masken' tragen und Verhaltensweisen einsetzen, um einen bestimmten Eindruck zu erzeugen. Einer der Hauptaspekte der Dramarturgie ist die Unterscheidungen zwischen der ‚Vorderbühne' und der ‚Hinterbühne'. Die ‚Vorderbühne' entspricht dem öffentlichen

Raum der sozialen Interaktion, in dem Akteur:innen ihre Rollen spielen und versuchen, eine bestimmte Darstellung ihres Selbst zu vermitteln. In diesem Zusammenhang tritt das ‚Impression Management' auf, bei dem die Akteur:innen die Wahrnehmung anderer Menschen durch die bewusste Kontrolle und Anpassung ihrer Selbstpräsentation beeinflussen. Diese Verwaltung von Eindrücken kann auf emotionaler, körperlicher oder verbaler Ebene stattfinden. Auf der Vorderbühne bemühen sich Akteur:innen, Fehler oder unerwünschte Informationen zu verbergen, um ein positives Selbstbild aufrechtzuerhalten und ihre Ziele in der sozialen Interaktion zu erreichen. Die ‚Hinterbühne' hingegen ist der Bereich, in welchem die Akteur:innen ihre öffentlichen Masken ablegen und sich von der Anstrengung der Vorderbühnen-Präsentation erholen können. Hier können sie ihr Handeln und ihre Emotionen freier ausdrücken, da sie sich nicht den sozialen Erwartungen der Öffentlichkeit unterwerfen müssen. Die Hinterbühne dient als Raum, in dem Akteur:innen ihre Strategien und Taktiken für die nächste Interaktion planen und die Authentizität ihrer öffentlichen Darstellungen hinterfragen. In dem dramaturgischen Konzept ist auch die Rolle von Requisiten, Kostümen und Kulissen bei der Gestaltung sozialer Situationen inbegriffen. Akteur:innen nutzen diese Elemente, um ihr Auftreten zu unterstützen, die Glaubwürdigkeit ihrer Rolle zu erhöhen und ihre Ziele in der sozialen Interaktion zu erreichen. Dazu gehört beispielsweise die Wahl der Kleidung, die Art der Sprache oder das Einrichten eines Raumes, um den gewünschten Eindruck zu erzeugen. Diese dramaturgische Perspektive auf soziale Interaktionen verdeutlicht die strategische und inszenierte Natur menschlicher Kommunikation. Sie zeigt, wie Individuen in sozialen Situationen stetig ihre Selbstpräsentation anpassen und die Erwartungen anderer erfüllen, um ein kohärentes und angemessenes Selbstbild aufrechtzuerhalten. Gleichzeitig unterstreicht die Dramaturgie die Bedeutung der Mikroebene sozialer Strukturen und die Wechselwirkungen zwischen individuellen Akteur:innen. Durch die Betonung der Inszenierung und den symbolischen Charakter sozialer Interaktionen wird veranschaulicht, wie Individuen ihre Identität und ihren sozialen Status durch die Handlungen und Präsentationen aufbauen und aufrechterhalten.

Die Interaktionsordnung hat eine wichtige Rolle bei der Konstruktion sozialer Realität. Sie stellt Normalität auf der Ebene sichtbarer Interaktionen her; durch das Befolgen bestimmter Regeln und Normen wird ein Gefühl von Ordnung und Stabilität in sozialen Begegnungen erzeugt. Organisationen, insbesondere ‚totale Institutionen' wie Gefängnisse, militärische Einrichtungen oder Psychiatrien, nutzen laut Goffman (1973) diese Mechanismen der Interaktionsordnung, um die Identität der Insassen zu formen und so ihre Kontrolle und Autorität aufrechtzuerhalten. In solchen Kontexten kann die grundlegende Fremdheit im Interaktionsprozess zu einer Brüchigkeit des scheinbar selbstverständlichen Charakters der sozialen Welt führen. Gleichzeitig ist für die ‚Glücksbedingung' des Vertraut-Seins die Einhaltung der bekannten Regeln durch alle Teilnehmenden relevant. Die entsprechende Anwendung dieser ist jedoch kompliziert, weswegen eine

Alltagssicherheit nicht als per se gegeben angesehen werden kann, sondern einen dynamischen Prozess darstellt, welcher stetiger Bestätigungen, Neuverhandlungen und Anpassungen bedarf (Hettlage, 2003).

Die Schaffung von Normalität ist ein zentrales Element in sozialen Interaktionen, das durch routinemäßige Rituale ermöglicht wird. Diese Rituale dienen als Ausdrucksmittel zur Präsentation des Selbst und helfen den Akteur:innen dabei, ihre Identität sowie die sozialen Rollen in Übereinstimmung mit den Erwartungen anderer zu wahren.

In diesem Kontext lassen sich zwei Kategorien von Interaktionsritualen unterscheiden: ‚bekräftigende' Rituale und ‚korrigierende' Rituale. Bekräftigende Rituale zielen darauf ab, die von Individuen beanspruchte Identität zu bestätigen und anzuerkennen. Dies zeigt sich beispielsweise in Begrüßungsritualen, die soziale Bindungen knüpfen und pflegen sollen, wie dem Händeschütteln oder der Umarmung. Korrigierende Rituale hingegen dienen der Wiederherstellung von Normalität in sozialen Situationen, in denen eine Interaktion missglückt ist. Dadurch werden Spannungen abgebaut und das Gleichgewicht wiederhergestellt. Beispiele hierfür sind Entschuldigungen oder „Hoppla"-Rufe, die dazu beitragen, unangenehme oder unangemessene Handlungen zu entschärfen und die Erwartungen anderer hinsichtlich einer angemessenen Interaktion wiederherzustellen. Um als kompetent und sozial angepasst wahrgenommen zu werden, ist es für die Akteur:innen essenziell, die alltäglichen Interaktionsmuster zu beherrschen. Durch die Anwendung sowohl von bekräftigenden als auch von korrigierenden Ritualen können sie ihre Identität und sozialen Rollen erfolgreich darstellen und aufrechterhalten (Goffman, 1971 [1967]).

Goffmans Analyse von Interaktionsritualen und der Interaktionsordnung hat zahlreiche Forschungsarbeiten in den unterschiedlichsten Kontexten inspiriert und damit diverse soziologische Teildisziplinen geprägt. Insbesondere im Bereich der Medizin- und Gesundheitssoziologie hat er einen prägenden Einfluss auf die Grundlagen der Teildisziplin ausgeübt (siehe Aufbaumodul 2 Medizin- und Gesundheitssoziologie).

4 Das Individuum in der Gesellschaft zwischen Selbst- und Fremdbestimmung

4.1 Elias

Norbert Elias (*1897–†1990) fand zwar bis ins Jahr 1976 hinein kaum Beachtung, ist heute jedoch einer der bedeutendsten Soziologen. Elias entwickelt eine relevante Modernisierungstheorie mit Blick auf die Individualisierung. Seine Soziologie basiert auf der Verwunderung über die mit der modernen Gesellschaft steigenden Erfordernisse der Koordination, Organisation und Synchronisation, welche indes keine Zwangsmaßnahmen oder Verhaltenskontrollen seitens des

Staates erfordern. In seinem Hauptwerk *Über den Prozess der Zivilisation* entwickelt Elias (1997 [1939]-a, 1997 [1939]-b) seine Zivilisationstheorie.

Er konzentriert sich auf die langfristige Entwicklung westlicher Gesellschaften. Sein Fokus liegt auf dem historischen gesellschaftlichen Wandel in Europa vom Mittelalter bis zur Moderne. Die Zivilisation ist in diesem Sinne kein Zustand und kein Endpunkt, sondern ein lang andauernder und kontinuierlicher Prozess, in welchem sich Handlungsweisen, soziale Strukturen sowie Emotionen und Persönlichkeitsstrukturen anpassen. Auch die sozialen Normen und Werte wandeln sich im Laufe der Zeit und diese Veränderungen sind Elias zufolge eng mit dem Zivilisationsprozess verbunden. Zudem bringt der Zivilisationsprozess Veränderungen in den Emotionen und Persönlichkeitsstrukturen mit sich. Individuen lernen im Zeitverlauf, ihre eigenen Emotionen und Impulse zu kontrollieren und zu regulieren, um sich den gesellschaftlichen Erwartungen anzupassen. Es besteht eine zunehmende Relevanz von Selbstkontrolle und Selbstregulierung.

Um seine Thesen zu untermauern, zieht Elias eine Vielzahl historischer Fallstudien heran, beispielsweise untersucht er den Wandel der Tischsitten in Europa vom Mittelalter bis zur Moderne. Er zeigt auf, wie die Veränderungen in den Tischsitten die Verfeinerung der Manieren und die zunehmende Selbstkontrolle der Individuen widerspiegeln. Mit seiner Prozesstheorie, auf welcher auch seine Figurationssoziologie beruht, betont er die Dynamik und den Wandel sozialer Strukturen und Prozesse. Er versteht Gesellschaft nicht als statischen Zustand, sondern als einen fortlaufenden Prozess, welcher sich aus einer Vielzahl miteinander verwobener sozialer Prozesse zusammensetzt. Die Prozesstheorie betont zudem die Bedeutung einer historischen Perspektive für das Verständnis sozialer Phänomene und Veränderungen. Durch Untersuchungen sozialer Phänomene über längere Zeiträume hinweg können Muster und Dynamiken identifiziert werden, die in kürzeren Zeiträumen eventuell verborgen bleiben. Er schaut sich beispielsweise in diesem Kontext die Entwicklung des Sports an, insbesondere des Fußballs. Hier zeigt er auf, wie der Sport als soziales Phänomen im Laufe der Zeit Veränderungen unterworfen ist, wie z. B. Regelanpassungen, die Professionalisierung der Spieler:innen und die Rolle der Medien. Die Rolle des Staates und die Entwicklungen von Machtstrukturen analysiert Elias ebenfalls in diesem Zusammenhang. Die Zentralisierung der politischen Macht und die Monopolisierung der Gewalt durch den Staat sind wichtige Faktoren für die Entstehung zivilisierter Gesellschaften (Elias, 1983 [1969]).

Durch die Prozesstheorie wird deutlich, dass soziale Strukturen und Prozesse untrennbar miteinander verwoben sind. Strukturen sind nicht unabhängig von den Prozessen, die sie hervorbringen, sondern vielmehr das Ergebnis dieser Prozesse. Gleichzeitig beeinflussen und prägen soziale Strukturen die Prozesse, aus denen sie entstehen. Ein weiterer Aspekt ist die Betonung von Kontingenz und Unvorhersehbarkeit in sozialen Prozessen. Auch die Veränderungen der Tischsitten vom Mittelalter bis in die Moderne waren nicht linear oder vorhersehbar, sondern hingen von einer Vielzahl von Faktoren ab, wie beispielsweise der Veränderung von Machtstrukturen, sozialen Normen und Werten sowie der Ausbreitung neuer Ideen und Technologien. Während im Mittelalter Tischsitten, wie das gemeinsame Benutzen von Tellern und Besteck oder das Zerkleinern von Fleisch mit den Händen akzeptiert waren, wurden diese Praktiken im Laufe der Zeit als unhygienisch und unzivilisiert angesehen. Es entwickelten sich neue Tischsitten, die auf einer höheren Stufe der Selbstkontrolle und Rücksichtnahme auf andere basierten. Da soziale Prozesse aus einer Vielzahl von miteinander verwobenen Faktoren und Dynamiken bestehen, ist ihre Entwicklung häufig nicht linear und vorhersehbar.

Zentral für die Theorie von Elias sind die Begriffe von Selbst- und Fremdzwang. Die beiden Begriffe rekurrieren auf die Mechanismen, durch die Individuen in einer Gesellschaft kontrolliert und reguliert werden. ‚Selbstzwang' bezieht sich auf die inneren Kontrollmechanismen, die Individuen dazu bringen, sich selbst zu regulieren und ihre eigenen Handlungen und Emotionen in Übereinstimmung mit den gesellschaftlichen Erwartungen und Normen zu bringen. Er manifestiert sich in Form von Scham, Schuldgefühlen, Angst vor sozialer Ächtung oder dem Wunsch, Anerkennung und Respekt von anderen zu erhalten. Im Laufe des Zivilisationsprozesses internalisieren Individuen die sozialen Normen und Werte und üben dadurch Selbstzwang auf sich aus, um den gesellschaftlichen Erwartungen gerecht zu werden. ‚Fremdzwang' hingegen bezieht sich auf äußerliche Kontrollmechanismen, welche von der Gesellschaft oder von Autoritäten auf Individuen ausgeübt werden. Es werden folglich soziale Normen, Gesetze, Sanktionen und andere Formen von Druck ausgeübt, um bestimmte Handlungsweisen oder Einstellungen zu fördern oder zu unterbinden. Fremdzwang kann von Institutionen wie dem Staat, der Familie, der Schule oder der Kirche ausgehen und beinhaltet die Androhung oder Anwendung von Strafen, sollten Individuen gegen die vorgegebenen Regeln verstoßen (Elias, 1997 [1939]-a, 1997 [1939]-b). Individuen in modernen Gesellschaften zeichnen sich Elias zufolge durch eine verstärkte Betonung von Selbstzwang und eine veränderte Rolle des Fremdzwangs aus. Dies spiegelt sich in der zunehmenden Selbstkontrolle, Selbstbeherrschung und Rücksichtnahme auf andere wider.

Vor diesem Hintergrund gewinnt die ‚Soziogenese' an Bedeutung. Sie bezeichnet den Prozess der Herausbildung und Transformation gesellschaftlicher Strukturen, die zu differenzierten und verflochtenen sozialen Beziehungen führen. In diesem Kontext hat der Fremdzwang ursprünglich dominiert und eine zentrale Rolle in der Regulierung individuellen Handelns gespielt (Elias, 1997 [1939]-a). Parallel dazu stellt die ‚Psychogenese' den internen Wandel des Individuums innerhalb dieser gesellschaftlichen Kontexte dar. Sie beleuchtet die Evolution der menschlichen Psyche, die auf die zunehmende Komplexität sozialer Strukturen reagiert. Mit der fortschreitenden Integration sozialer Normen und Werte in das Individuum transformiert sich der Fremdzwang allmählich in einen Selbstzwang. Das Individuum verinnerlicht gesellschaftliche Erwartungen so tief, dass sie Teil des eigenen Selbstverständnisses und nicht mehr nur als externe Anforderung wahrgenommen werden. Zusätzlich wird es nicht mehr von spontanen Bedürfnissen und Leidenschaften gesteuert (Elias, 1997 [1939]-a). In Elias Analyse der modernen Zivilisation sind Soziogenese und Psychogenese nicht nur sequenzielle oder nebeneinanderstehende Prozesse, sondern vielmehr interdependent. Dieses dialektische Zusammenspiel formt den Kern dessen, was als Zivilisationsprozess verstanden wird. Er repräsentiert die Synthese dieser Prozesse – er ist ihre Summe und zugleich ihr fein ausbalanciertes Gleichgewicht. In der modernen Gesellschaft spiegelt sich demnach nicht nur der äußere Wandel von Strukturen und Normen wider, sondern auch der innere Wandel des Individuums in seinem Verhältnis zu diesen Strukturen.

Die traditionelle Gegenüberstellung von Individuum und Gesellschaft lehnt Elias jedoch ab, da diese dichotome Sichtweise ein unzureichendes Verständnis der sozialen Realität bietet. Er betont stattdessen die wechselseitige Abhängigkeit von Individuen und Gesellschaften (Elias, 1991 [1987]). Basierend auf dieser Prämisse entwickelt er das Konzept der ‚Figuration' in seiner Figurationssoziologie. Das Zusammenleben in menschlichen Gemeinschaften nimmt – auch in Zeiten von Chaos oder Zerfall – eine bestimmte Form an (Elias, 2014 [1971]; Kopp & Steinbach, 2018).

Beziehungen und Interdependenzen zwischen Individuen und sozialen Strukturen werden in den Figurationen ersichtlich. Figurationen sind Netzwerke von miteinander verwobenen Individuen, deren Handlungen und Interaktionen sich gegenseitig beeinflussen. Durch die Betonung der Figuration als zentrales Element sozialer Prozesse rückt Elias von einer statischen, strukturalistischen Sichtweise der Gesellschaft ab und betont die Veränderungen und Dynamiken sozialer Beziehungen. Das Individuum wird somit in Elias Theorie nicht als isoliertes Wesen, das unabhängig von der Gesellschaft existiert, betrachtet, sondern als Teil eines Netzwerkes sozialer Beziehungen und Interaktionen. Individuen sind untrennbar mit der Gesellschaft verbunden und ihre Identität, Handlungen und Verhaltensweisen werden durch diese sozialen Beziehungen geformt und beeinflusst. Diese wechselseitige Abhängigkeit von Individuen und Gesellschaft wird in dem Konzept der Figuration deutlich, indem es den Fokus auf die sozialen Beziehungen und Verflechtungen zwischen den Individuen legt. Figurationen sind in diesem Kontext dynamische und sich verändernde soziale Beziehungen, die sowohl durch das Handeln der Individuen als auch durch die gesellschaftlichen Strukturen beeinflusst werden. Beispielsweise untersucht Elias vor diesem Hintergrund das Konzept der ‚Balancen der Macht' als Figuration, in welcher unterschiedliche Akteur:innen ihre gegenseitige Abhängigkeit und die sich verändernden Machtbeziehungen anerkennen und aushandeln (Elias, 1983 [1969], 1997 [1939]-a, 1997 [1939]-b).

Innerhalb des figurativen Strukturverhältnisses erweist sich das Konzept der Macht als besonders aufschlussreich. Für Elias ist Macht nicht lediglich eine Ressource, die von Individuen oder Gruppen gehalten wird. Vielmehr manifestiert sich Macht in der spezifischen Positionierung von Akteur:innen innerhalb

Figuration

Elias versteht unter Figuration die komplexen und dynamischen Beziehungsgeflechte zwischen Individuen innerhalb einer Gesellschaft. Die Figuration bildet die Grundeinheit seiner soziologischen Betrachtung und ist auf soziale Einheiten unterschiedlichster Größenordnungen anwendbar. Dabei wird das Individuum nicht als isoliertes Wesen betrachtet, sondern als Teil eines verflochtenen Netzwerks, in dem wechselseitige Abhängigkeiten und Interaktionen die sozialen Prozesse und Identitäten prägen (Elias & Scotson, 2017 [1965]).

einer Figuration und in deren relationalen Verbindungen. Akteur:innen können demzufolge, basierend auf der eigenen Position und den von ihnen gepflegten Beziehungen, variierende Einflussgrade in unterschiedlichen sozialen Kontexten besitzen. Es ist zentral, dass diese Position und relationalen Bindungen dynamischen Veränderungen unterliegen können, wodurch die Machtverhältnisse fluide bleiben. Der Figurationsbegriff ist ein analytisches Werkzeug, mit welchem sich die Entstehung, Ausprägung und Transformation von Machtbeziehungen nachvollziehen lassen. In der Vielschichtigkeit einer Figuration kann Macht auf unterschiedlichste Weise präsent sein, von direkter Dominanz bis hin zu subtileren Formen des Einflusses und der Überzeugung. Der Figurationsbegriff ermöglicht es zudem, die Beziehungen zwischen etablierten Gruppen und Außenseiter:innen als dynamische und wechselseitig abhängige soziale Prozesse zu verstehen, die von individuellen Handlungen ebenso geprägt sind, wie von den strukturellen Bedingungen der Gesellschaft.

In ihrem Werk *Etablierte und Außenseiter* wenden Elias und Scotson (2017 [1965]) den Begriff der Figuration auf die Untersuchung sozialer Gruppen und ihrer Beziehungen zueinander an und zeigen, wie die Dynamik innerhalb der Figuration sowohl durch äußere Umstände wie ökonomische und politische Faktoren als auch durch Interaktionen der Gruppen selbst beeinflusst wird. Die Beziehungen zwischen etablierten Gruppen und Außenseiter:innen bilden die Figuration, in der die Gruppen aufeinander angewiesen sind und ihre Identität und Position innerhalb der sozialen Hierarchie durch die Interaktion miteinander definieren und verstehen. Die etablierten Gruppen sichern ihre Position und Macht innerhalb der Figuration, indem sie die sozialen Normen und Regeln festlegen, die den Zugang zu Ressourcen und sozialer Anerkennung regulieren. In dieser Figuration sind die Außenseiter:innen in einer untergeordneten Position, da sie von der etablierten Gruppe in Bezug auf das Erreichen sozialer Anerkennung und sozialer Mobilität abhängig sind. Im Laufe der Zeit können sich die Machtverhältnisse und Identitäten innerhalb der Figuration ändern, etwa wenn Außenseiter:innen erfolgreich in die etablierte Gruppe integriert werden oder wenn neue Gruppen entstehen, welche die bestehenden Machtstrukturen herausfordern.

Elias Betrachtung des Zusammenhangs von Individuen und Gesellschaften ist für die Soziologie höchst relevant. Er hat nicht nur interessante Kontexte analysiert, sondern auch grundlegende Konzepte geprägt, um gesellschaftliche Prozesse verstehen zu können. Elias Konzepte werden nicht zuletzt herangezogen für ein Verständnis der Entstehung und Kommunikation von Wissen (siehe Aufbaumodul 2 Medien- und Kommunikationssoziologie sowie Wissenssoziologie).

4.2 Foucault

Michel Foucault (*1926–†1984) ist ursprünglich ein Philosoph; seine Ausarbeitungen zu *Archäologie des Wissens* (Foucault, 1973 [1969]), zur *Ordnung der Dinge* (Foucault, 2008 [1966]), *Überwachen und Strafen* (Foucault, 1992 [1975]) sowie zur *Sexualität und Wahrheit* (Foucault, 1989 [1984]-a, 1989 [1984]-b) haben die Soziologie nachhaltig beeinflusst. Er betreibt eine historisch-empirische Philosophie, welche er aus der abstrakt-universalistischen Philosophie ableitet (Keller, 2005). Foucault nimmt jedoch nicht die Perspektive eines an den Gründen für bestimmte Phänomene interessierten Teilnehmenden ein mit der Fragestellung ‚Welche Gründe überzeugen wodurch?', wie es in der Philosophie üblich ist, sondern ist in der Rolle eines an den Ursachen interessierten Beobachters gesellschaftlicher Praxis mit der Fragestellung ‚Welche Muster, Strukturen und Mechanismen sind ursächlich für bestimmte Phänomene?'. In seinen zahlreichen Werken und Einzelstudien beschäftigt er sich übergreifend mit Machtanalysen und den Grenzen des Handelns, Seins und Denkens (Rosa et al., 2018). Diese Analysen denkt er vor dem Hintergrund der geschichtlichen Entwicklungen und strebt danach, den Modernisierungsprozess neu zu interpretieren und zu beschreiben. Dies äußert sich unter anderem in seinen Zweifeln an dem Verhältnis von Selbst- und Fremdzwang, wie Elias sie beschreibt, und an der vordergründigen Selbstkontrolle der Individuen in der Moderne. Folglich stellt er die Annahme in Frage, es gäbe ein unabhängiges menschliches Sein, welches sich selbst kontrolliert und bestimmt und autonom handelt.

In seiner Abhandlung zur *Archäologie des Wissens* verdeutlicht Foucault (1973 [1969]) den Ansatz, Texte als Teil von Diskursen zu betrachten. In diesem Kontext werden die Arten und Regeln diskursiver Praktiken untersucht, auch um Brüche und Diskontinuitäten zu identifizieren. Diskurse sind Systeme, die Wissen und Bedeutungen produzieren und zirkulieren. Der Diskursbegriff beschränkt sich nicht auf die Sprache, er bezieht sich auf Kommunikation im Allgemeinen. Diskurse haben spezifische Regeln und Formationen, sind eng mit Machtstrukturen verknüpft und manifestieren sich in institutionellen Praktiken. Sie sind historisch wandelbar und prägen, was in einem gegebenen Kontext als ‚sinnvoll' oder ‚wahr' gilt. Diskurse bilden demnach eine Praxis des Handelns und Kommunizierens, welche gleichzeitig die Gegenstände hervorbringen, von denen sie handeln (Parr, 2014). Vereinfacht dargestellt handelt es sich bei Diskursen um be-

Gouvernementalität und Macht

Foucault untersucht die Art und Weise, wie Macht in modernen Gesellschaften ausgeübt wird, insbesondere in Hinblick auf die Steuerung von Menschen und Bevölkerungen. Gouvernementalität beschreibt das Konzept der Regierungsführung oder des Regierens. Gouvernementalität bezieht sich auf die Techniken, Praktiken und Rationalitäten, die von Regierungen und anderen Machthaber:innen eingesetzt werden, um soziale Ordnung herzustellen und zu kontrollieren. Foucault unterscheidet in diesem Zusammenhang die repressive Macht und die produktive Macht. D. h., dass die Steuerung nicht nur durch repressive Maßnahmen und Zwang erfolgt, sondern auch auf subtilere Weise durch die Schaffung von Normen, Werten und Verhaltensweisen, die die Individuen in der Gesellschaft dazu bringen, sich selbst zu disziplinieren und nach bestimmten Regeln und Normen zu handeln, ohne dass direkte Zwangsmittel erforderlich sind (Foucault, 2003 [1994], 2004a, 2004b; Ruoff, 2013).

stimmte Weltanschauungen, welche durchaus durch individuelle Einflussnahme verändert werden können. In der *Archäologie des Wissens* arbeitet Foucault die Regeln heraus, die den Menschen in einer Kultur das Handeln, Denken und Sein vorgeben.

Die Grundlage von Diskursen bilden Episteme (Foucault, 2008 [1966]). Diese kristallisieren sich über die Zeit heraus und beeinflussen Diskurse. Episteme sind grundlegend und prinzipiell nicht wandelbar. Der Begriff meint in der Philosophiegeschichte das allgemeingültige und vernünftige Wissen, welches keinem historischen Wandel unterliegt. Im Gegensatz dazu gibt es die Doxa, welche beispielsweise Vorurteile oder reine Meinungs- und Glaubensbekundungen zusammenfasst. Sie ist historisch wandelbar und folglich nur für einen begrenzten Zeitraum gültig. Nach Foucault ist es nicht möglich eine wissenschaftliche Erkenntnis vollkommen unvoreingenommen zu erlangen. Es gibt keine Tabula Rasa und die absolute Distanzierung des Subjektes von der Doxa. Foucault nutzt den Epistemebegriff als ein Instrument, um die Veränderung in der menschlichen Wahrnehmung und dem Verständnis sowie der Produktion von Wissen im historischen Verlauf zu untersuchen (Balke, 2014). Episteme sind folglich das Ergebnis von historischen, kulturellen und sozialen Entwicklungen und können als Spiegel des aktuellen Wissensstandes und der Wahrnehmungen zu einem bestimmten Zeitpunkt angesehen werden. Aus den Epistemen als historisch gewachsenen Wissensordnungen und Strukturen in einer Epoche, die eine spezifische immanente Logik verkörpern, leiten sich Diskurse ab. Diese wandeln sich über die Zeit und sind beeinflussbar durch die Anpassung von Praktiken des Individuums. Episteme bilden die Rahmenbedingungen und die Struktur, in denen Diskurse entstehen können. Gleichzeitig beinhalten Diskurse konkrete Ausdrucksformen und Praktiken, durch welche sich Episteme in der Gesellschaft manifestieren können. Die

Art und Weise, wie Menschen Wissen produzieren, organisieren und interpretieren, wird demnach maßgeblich von den sozialen und politischen Machtstrukturen beeinflusst, die in einer bestimmten Epoche und Kultur vorherrschen. Als treibende Kraft dieser Veränderungen sieht Foucault die zugrundeliegenden Machtstrukturen, welche allen Diskursen inhärent sind (Balke, 2014).

In *Dispositive der Macht* stehen die Praktiken und Technologien im Fokus, welche das Wissen beeinflussen, und zwar als eigene, dynamische Faktoren und nicht, wie noch in der *Archäologie des Wissens,* als Effekte von unabhängigen diskursiven Episoden (Foucault, 1978). In diesem Zusammenhang meint der Begriff ‚Dispositive' Institutionen, Diskurse und Praktiken, die einen Zusammenhang zwischen Wissen und Macht herstellen (Foucault, 1978, 2003 [1994]). Die Erklärung und Offenlegung der kontingenten gesellschaftlichen Strukturen basieren in der Folge auf den zugrundeliegenden Machtverhältnissen und -strukturen. Foucault untersucht vor diesem Hintergrund unterschiedliche Technologien als Macht-, Wissens- und Selbstpraktiken. Beispielsweise beschäftigt er sich mit der Disziplinierung als Technologie der Macht, die darauf abzielt, das Handeln und den Körper von Individuen zu kontrollieren (z. B. in Schulen, Gefängnissen und Psychiatrien). Eine weitere Technologie der Macht stellt die Überwachung dar, die darauf abzielt das Handeln von Individuen zu beobachten und zu kontrollieren. In diesem Zusammenhang interessieren Überwachungspraktiken. Eine zentrale Figur ist hier der Panoptismus als Machttyp. Dieser wurde inspiriert von Benthams Erfindung des Panoptikons, d.h. einem Gebäude mit einer Raumaufteilung, die von einem zentralen Punkt die Kontrolle aller Personen in diesem Gebäude erlaubt. Dies kann umgesetzt werden als Krankenhaus oder Schule und wurde als Gefängnis realisiert. Es hat einen Turm in der Mitte und einen Rundbau drumherum, in dem die Gefängniszellen angeordnet sind. Der Turm als zentraler Punkt bietet die Möglichkeit der Beobachtung aller Vorgänge in diesem Gebäude, wobei die Insassen nicht wissen, ob und wann sie unter Beobachtung stehen. Sie müssen davon ausgehen, dass jede delinquente Handlung sichtbar ist, entdeckt und sanktioniert wird, was wiederum zur Selbstdisziplinierung führt bzw. führen kann (Foucault, 1992 [1975]).

Die Technologien des Selbst beziehen sich darauf, wie Individuen als Subjekte konstruiert werden bzw. sich konstruieren. Beispielsweise kann dies durch Selbsterfahrung, Selbstreflexion und Selbstverwaltung erreicht werden. Diese (und weitere) Technologien sind Teil von einer umfassenden Analyse gesellschaftlicher Machtverhältnisse und der Art und Weise wie die Konstitution von Subjekten möglich ist.

Foucaults Analytik der Macht beruht darauf, alle sozialen Beziehungen als Machtverhältnisse zu verstehen. Dabei sind die gesellschaftliche Makro- und die individuelle Mikroebene interdependent. Macht tritt in unterschiedlichen Formen auf. Zum einen erscheint sie als Souveränitätsmacht (‚repressive' Macht), die von extern auf das Subjekt ausgeübt wird. Die repressive Macht ist in der Souveränität des Staates verankert und beruht auf dem geltenden Recht. Sie basiert auf der

Technologien des Selbst

Technologien des Selbst beschreiben die Art und Weise, wie Individuen an sich selbst arbeiten, um ihre Identität, ihr Handeln und ihre Subjektivität zu gestalten und zu formen. Es werden verschiedene Techniken, Praktiken und Disziplinen entwickelt, die es den Individuen ermöglichen, sich selbst zu regieren und zu ‚disziplinieren'. Technologien des Selbst werden von den Individuen internalisiert und angewendet. Hierzu gehört beispielsweise die Selbstbeobachtung und -reflexion, die Selbstdisziplin i.S. der Kultivierung von Gewohnheiten, die Selbstpflege zur Förderung optimaler Leistungsfähigkeit und Effizienz und die Selbstoptimierung zur kontinuierlichen Verbesserung und Ausschöpfung des eigenen Potenzials. Macht und Kontrolle in modernen Gesellschaften treffen entsprechend nicht nur von außen auf die Individuen, sondern zeigen sich in der Art und Weise, wie die Individuen auf sich selbst einwirken und ihre eigene Subjektivität formen (Foucault, 1989 [1984]-a, 1989 [1984]-b, 2004 [2001]; Ruoff, 2013).

Annahme, der Staat hat das Monopol auf die Anwendung von Gewalt und die Durchsetzung von Gesetzen. Die repressive Macht zielt darauf ab, diejenigen zu kontrollieren und zu unterdrücken, die gegen die bestehende Ordnung verstoßen. Zum anderen gibt es die Biomacht (‚produktive' Macht), die vom Individuum selbst ausgeht und es das wollen lässt, was es wollen soll. Dies führt zur Selbstkontrolle. Die produktive Macht zielt auf die Produktion und Lenkung von Wissen, Handeln und Beziehungen. Dabei bezieht sie sich auf die Verwaltung und Kontrolle der Individuen durch Wissen und Technologien. Die Subjekte werden als der produktiven Macht Unterworfene betrachtet, die erst durch die Unterwerfung zu einer Identität gelangen. Die Ausübung von repressiver Macht wird zuweilen durch die Anwendung von produktiver Macht ergänzt und/oder verstärkt (siehe Abbildung 10).

Die Technologien des Selbst sind grundlegend dafür, wie Menschen ihre eigene Identität und ihr Handeln gestalten. Es sind folglich nicht nur institutionelle Machtmechanismen, durch die Kontrolle ausgeübt wird, sondern auch die Art und Weise, wie Menschen sich selbst kontrollieren und disziplinieren. Das Subjekt stellt in den Werken von Foucault kein autonomes, unveränderliches Wesen dar, sondern ist vielmehr das Ergebnis eines komplexen Macht-Wissens-Verhältnisses. Die Identität wird aktiv durch das Subjekt konstruiert und wird nicht als gegeben, universell oder natürlich betrachtet, sondern stellt ein historisch und kulturell spezifisches Phänomen dar, welches in der Beziehung zu Machtverhältnissen und Diskursen entsteht. Das Subjekt ist somit nicht nur ein Objekt der Machtbeziehungen, sondern gleichzeitig ein:e Akteur:in, der:die aktiv an der Herstellung und Reproduktion von Machtverhältnissen beteiligt ist.

Foucault hat das Denken in der Soziologie in hohem Maße geprägt. Insbesondere für die Diskursforschung legen seine Theorien Grundsteine und fin-

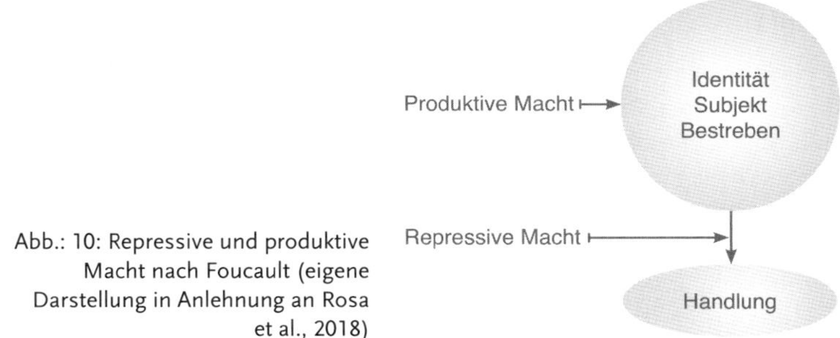

Abb.: 10: Repressive und produktive Macht nach Foucault (eigene Darstellung in Anlehnung an Rosa et al., 2018)

den in unterschiedlichen Teildisziplinen der Soziologie bis heute Anwendung (siehe Aufbaumodul 2 Wissenssoziologie sowie Medizin- und Gesundheitssoziologie).

4.3 Bourdieu

Pierre Bourdieus (*1930–†2002) Forschungsinteresse konzentriert sich auf das Verständnis der Strukturen sozialer Ungleichheit und deren Reproduktion. Er entwickelt eine Analyse, die sich auf die Konzepte des Habitus, des Kapitals, des sozialen Feldes und der symbolischen Gewalt stützt.

Der Habitus ist ein generatives Schema von einverleibten Strukturen und Dispositionen, das sowohl geistige als auch körperliche Aspekte umfasst und durch individuelle und kollektive Erfahrungen in spezifischen sozialen und historischen Kontexten geformt wird (Bourdieu, 1979 [1972], 1987 [1979]). Der Habitus beeinflusst die Art und Weise, wie Individuen die soziale Welt wahrnehmen, interpretieren und auf sie reagieren. Er basiert auf internalisierten Strukturen, verleiht den individuellen Handlungen Regelmäßigkeit und Konsistenz, ohne dass es zu einem Zwang wird. Die Individualität des Habitus wird durch die spezifischen sozialen Bedingungen und Erfahrungen geformt, die jedes Individuum durchläuft. Beispielsweise können die in der privilegierteren sozialen Klasse gemachten Erfahrungen zu einem bestimmten Habitus führen, der die Präferenz für Künste und raffinierte kulturelle Praktiken fördert. Dagegen kann ein in einer Arbeiterklasse erworbener Habitus eine Affinität zu praktischer Arbeit und populärer Kultur hervorbringen. Der Habitus ist aber gleichzeitig nicht nur ein Produkt sozialer Strukturen, sondern trägt auch zur Reproduktion dieser bei. Die Art und Weise, wie Individuen die Welt interpretieren und auf sie reagieren, führt dazu, die bestehenden sozialen Normen und Praktiken zu bestätigen und zu verstärken. Der Habitus, obwohl er Auswirkungen auf das Handeln und das Denken von Individuen hat, kann nicht als ein vollständig bewusstes oder vollständig deterministisches Phänomen angesehen werden. Er operiert weitgehend auf Ebene des

Habitus

Der Habitus prägt das Wahrnehmen, Denken und Handeln von Individuen in Gesellschaften. Er bildet sich aus den Erfahrungen, Erwartungen und Wertvorstellungen, die eine Person während ihrer Sozialisation in einem bestimmten Kontext bzw. einer sozialen Umgebung erwirbt, d.h. insbesondere in der Familie, in Bildungseinrichtungen u.ä. Kontexten. Das Konzept des Habitus verweist darauf, dass soziale Akteur:innen nicht einfach durch äußere Umstände oder rationale Kalkulation gesteuert werden, sondern dass ihre Handlungen und Entscheidungen von ihren internalisierten Wertvorstellungen und bisherigen Erfahrungen geprägt sind. Der Habitus beeinflusst, wie Menschen ihre Umwelt wahrnehmen, wie sie auf bestimmte Situationen reagieren und welche Ziele und Präferenzen sie haben. Er ist ein vorreflexives, implizites System von Wahrnehmungen, Vorlieben, Gewohnheiten, welches das Handeln von Individuen in sozialen Situationen prägt. Er wird als zentral zur Erklärung sozialer Reproduktion und sozialer Ungleichheit angesehen. Der Habitus ist zwar relativ stabil und trägt zu einer Transmission von Wahrnehmungs-, Denk- und Handlungsmustern über Generationen bei, kann sich jedoch im Laufe des Lebens, beeinflusst durch unterschiedliche soziale Kontexte, verändern (Bourdieu, 1979 [1972], 1987 [1979]).

vorreflexiven Bewusstseins und obwohl er durch die sozialen Bedingungen geprägt wird, bietet er Raum für Veränderung. Ein Beispiel hierfür sind die Klassenunterschiede im Musikgeschmack, die Bourdieu (1987 [1979]) in seinem Werk *Die feinen Unterschiede* ausführlich diskutiert.

Bourdieu erweitert zudem die traditionelle ökonomische Definition von Kapital. In Bezug auf das Konzept des Kapitals unterscheidet er zwischen ökonomischem, sozialem und kulturellem Kapital (Bourdieu, 1987 [1979], 2001 [1992]). Ökonomisches Kapital bezieht sich auf materielle Ressourcen wie Geld und Eigentum. Kulturelles Kapital kann in drei Formen existieren (Bourdieu, 1987 [1979]) (siehe Abbildung 11):

- Inkorporiertes kulturelles Kapital meint langfristig erworbene Dispositionen des Geistes und des Körpers. Es geht um verinnerlichte kulturelle Praktiken, Werte, Einstellungen und Fähigkeiten, die durch Sozialisation und Bildung angeeignet werden. Der Verinnerlichungsprozess beginnt in der Regel in der Familie und setzt sich in Bildungsinstitutionen fort. Dieser Prozess erfordert Zeit und persönliche Anstrengung und das erworbene kulturelle Kapital bleibt untrennbar mit dem Individuum verknüpft. Das inkorporierte kulturelle Kapital kann sich in vielen Formen manifestieren, wie beispielsweise in der Fähigkeit, klassische Musik zu schätzen, oder in der Fähigkeit eine bestimmte Sprache zu sprechen.
- Institutionalisiertes kulturelles Kapital rekurriert auf den formalen und offiziellen Anerkennungsprozess von Bildungsabschlüssen und -titeln. Akademische

Qualifikationen, Titel und Zertifikate sind Beispiele für institutionalisiertes kulturelles Kapital. Sie sind institutionalisierte Anerkennungen von kulturellem Wissen und Kompetenzen. Diese Qualifikationen haben einen festgelegten Wert in der Gesellschaft, der weitgehend unabhängig von der Person ist, die sie besitzt. Insbesondere in modernen Gesellschaften spielen Qualifikationen eine wichtige Rolle bei der Bestimmung des sozialen Status und des beruflichen Werdegangs. Sie dienen als ‚Eintrittskarten' zu bestimmten Berufen und sozialen Kreisen und haben einen direkten Einfluss auf die wirtschaftlichen Möglichkeiten und den sozialen Status einer Person. Personen mit höheren Bildungsabschlüssen haben in der Regel Zugang zu prestigeträchtigen und einflussreichen Positionen. Der Zugang zu institutionalisiertem kulturellen Kapital ist jedoch häufig von der sozialen Klasse und den vorhandenen Ressourcen bestimmt. Die Möglichkeit beispielsweise einen Hochschulabschluss zu erwerben, kann davon abhängen, welche finanzielle Situation in der Familie herrscht und von dem kulturellen Kapital abhängen, das in der Familie vorhanden ist (z. B. die Wertschätzung von Bildung, der Vorhandensein von Büchern im Haushalt, die Fähigkeit der Eltern, bei den Hausaufgaben zu unterstützen, etc.).

- Objektiviertes kulturelles Kapital bezieht sich auf kulturelle Güter und Artefakte, wie beispielsweise Bücher, Kunstwerke oder Musikinstrumente. Es geht um physische Objekte, die kulturellen Wert repräsentieren. Diese Objekte können materiellen Wert haben und können gekauft, verkauft oder vererbt werden. Dennoch erfordert ihr Gebrauch oder ihre Wertschätzung bestimmte kulturelle Kompetenzen oder Wissen, eben inkorporiertes kulturelles Kapital.

Kulturelles Kapital ist in all seinen Formen eng mit sozialer und ökonomischer Macht verknüpft. Es dient als Mittel der sozialen Unterscheidung und trägt zur Reproduktion sozialer Ungleichheiten bei, indem es den Zugang zu wertvollen Ressourcen und Positionen in der Gesellschaft reguliert. Kulturelle Praktiken, Präferenzen und Fähigkeiten sind somit nicht nur Fragen des individuellen Geschmacks oder der persönlichen Wahl, sondern sind mit sozialen Strukturen und Machtverhältnissen verbunden und tragen dazu bei, diese zu reproduzieren und zu verstetigen. Soziales Kapital bezieht sich auf die sozialen Beziehungen, die einem Individuum Zugang zu Ressourcen ermöglichen.

Eine weitere grundlegende Komponente in Bourdieus Theorie stellt jene des sozialen Feldes dar (Bourdieu, 2001 [1992], 2017 [1997]). Ein soziales Feld ist nach Bourdieu ein strukturierter sozialer Raum, ein Spielfeld oder eine Arena, in der Individuen und Gruppen in einem Netz von Beziehungen stehen und um die Kontrolle und Verteilung von spezifischen Formen von Kapital konkurrieren. Jedes soziale Feld hat seine eigenen charakteristischen Regeln, Normen und Logiken, die das Handeln von Akteur:innen innerhalb des Feldes strukturieren und leiten. Es gibt verschiedene Arten von Feldern in der Gesellschaft, wie das künstlerische Feld, das wissenschaftliche Feld, das politische Feld und das ökonomische Feld. Innerhalb jedes Feldes sind die Positionen der Akteur:innen

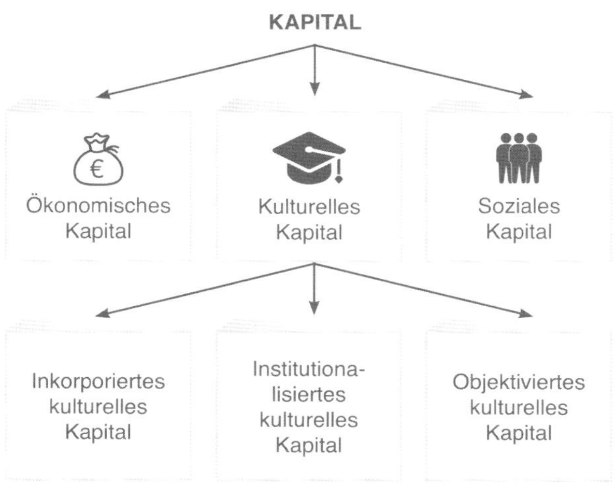

Abb.: 11: Kapitalarten nach Bourdieu

durch ihre spezifischen Formen und Mengen von Kapital definiert. Die Dynamik innerhalb eines Feldes wird maßgeblich durch das Kräfteverhältnis zwischen den verschiedenen Akteur:innen und deren Kapitalarten geprägt. Diejenigen, mit hohem Kapital – sei es ökonomisch, kulturell, sozial oder symbolisch – haben in der Regel eine dominante Position und sind in der Lage, die Regeln des Feldes zu bestimmen oder zu beeinflussen. Diejenigen mit weniger Kapital haben eher eine untergeordnete Position und müssen sich an die von den dominierenden Akteur:innen festgelegten Regeln anpassen. Ein soziales Feld ist vor diesem Hintergrund kein statischer Raum, sondern ein Ort ständiger Kämpfe und Verhandlungen. Die Akteur:innen im Feld streben stetig danach, ihre Position zu verbessern, indem sie die Menge und Art des Kapitals, das sie besitzen, erhöhen und so ihren Einfluss und ihre Macht im Feld ausweiten. Diese Kämpfe sind nicht nur auf materielle oder ökonomische Ressourcen beschränkt, sondern umfassen auch symbolische und kulturelle Ressourcen, wie Anerkennung, Prestige oder Legitimität.

Die Struktur und Dynamik eines sozialen Feldes sind jedoch nicht ausschließlich durch die Interessen und Handlungen der Akteur:innen bestimmt. Sie sind verwurzelt in den historischen und sozialen Kontexten, in denen das Feld entstanden ist und funktioniert. So sind beispielsweise die Regeln und Normen eines künstlerischen Feldes mit der Geschichte der Kunst, den institutionellen Strukturen des Kunstmarktes und den kulturellen Werten und Überzeugungen der Gesellschaft verbunden. Die Wechselwirkung zwischen verschiedenen sozialen Feldern bilden einen integralen Bestandteil von Bourdieus theoretischem Rahmen. Innerhalb dieser Perspektive ist ein soziales Feld nicht als isolierte Entität zu betrachten, sondern steht in Relation zu anderen Feldern. Ereignisse,

Prozesse und Transformationen können folglich Auswirkungen auf andere Felder haben und umgekehrt. Beispielsweise kann eine politische Krise, die im politischen Feld entsteht, Konsequenzen für das ökonomische Feld haben. Dies kann sich in Form von wirtschaftlicher Instabilität, Änderungen in der Finanzpolitik oder Auswirkungen auf den Arbeitsmarkt zeigen. In ähnlicher Weise kann eine Veränderung in der ökonomischen Struktur oder eine Finanzkrise den politischen Bereich beeinflussen, indem sie politische Agenden verändern oder Druck auf politische Entscheidungsträger:innen ausübt, bestimmte politische Maßnahmen zu ergreifen. Darüber hinaus können Transformationen im kulturellen Feld, wie etwa das Aufkommen neuer kultureller Praktiken oder Änderungen im kulturellen Geschmack, substanzielle Auswirkungen auf das wissenschaftliche Feld haben. Beispielsweise können neue kulturelle Paradigmen die Forschungsinteressen und -methoden in bestimmten wissenschaftlichen Disziplinen beeinflussen, oder der kulturelle Wert, der auf bestimmte Arten von Wissen gelegt wird, kann die Ressourcenallokation und Prioritätensetzung innerhalb des wissenschaftlichen Feldes beeinflussen. Die gegenseitige Beeinflussung von Feldern unterstreicht die systemische Natur der sozialen Welt in Bourdieus Theorie. Soziale Felder sind nicht nur Orte, an denen Kämpfe um spezifische Formen von Kapital ausgefochten werden, sondern sie sind auch in ein breites Netzwerk von Beziehungen und Wechselwirkungen eingebettet, die die Struktur und Dynamik der gesamten sozialen Welt prägen. Das Konzept des sozialen Feldes ist vor diesem Hintergrund mit den Konzepten des Habitus und des Kapitals verknüpft. Die Akteur:innen in einem Feld handeln nicht einfach nach ihren individuellen Wünschen oder Interessen, sondern ihre Handlungen und Wahrnehmungen sind durch ihren Habitus geprägt, der wiederum durch ihre soziale Position und die Menge und Art des Kapitals, das sie besitzen, geformt ist.

Für das Verständnis von Macht und Herrschaft im Sinne von Bourdieu ist die symbolische Gewalt wichtig (Bourdieu, 1987 [1979]). Bourdieu nutzt den Begriff der symbolischen Gewalt, um die subtilen Mechanismen der Macht und Dominanz in der Gesellschaft zu analysieren. Im Gegensatz zu physischer oder offener Gewalt, die sich durch direkte physische Kraft oder Zwang manifestiert, ist die symbolische Gewalt eine verborgene Form der Macht, die durch die Internalisierung von gesellschaftlichen Normen und Werten wirkt. Symbolische Gewalt basiert auf der Anerkennung und Akzeptanz der herrschenden Definition von Werten, Geschmack und Verdienst durch die untergeordneten Gruppen. Sie ist eine Form der Macht, die auf der Ebene der kulturellen und symbolischen Praktiken und Vorstellungen operiert und dazu dient, die bestehenden sozialen Hierarchien und Ungleichheiten zu legitimieren und zu reproduzieren. Die untergeordneten Gruppen akzeptieren die vorherrschenden sozialen Ordnungen, indem sie die herrschenden Definitionen von Werten und Geschmack internalisieren und als ihre eigenen annehmen. Als Beispiel zieht Bourdieu das Bildungssystem heran (Bourdieu, 1987 [1979]). Dieses ist wesentlich für die Reproduktion sozialer Ungleichheiten, indem es den Kindern der herrschenden Klassen die kulturellen

Kompetenzen vermittelt, die für den Erfolg im schulischen und beruflichen Leben notwendig sind. Gleichzeitig dient das Bildungssystem dazu, die soziale Ungleichheit zu legitimieren, indem es den Glauben fördert, dass Bildungserfolg auf individueller Anstrengung und Verdienst basiert, anstatt auf ungleichen sozialen Ressourcen. Diese Form der symbolischen Gewalt führt dazu, dass untergeordnete Gruppen ihre eigenen schulischen und sozialen Positionen als Ergebnis ihrer eigenen Fähigkeiten oder des Mangels daran akzeptieren, anstatt sie als Produkt sozialer Ungleichheit zu erkennen.

Bourdieus Tiefenanalyse individueller Wahrnehmungs-, Denk- und Handlungsmuster, des Habitus und seiner gesellschaftlichen Grundlagen hat die Soziologie grundlegend bereichert. Insbesondere die Sozialstruktur- und Lebensstilanalysen sind maßgeblich von Bourdieu geprägt (siehe Aufbaumodul 2 Soziale Ungleichheit und Sozialstrukturanalyse).

Zusammenfassung

Ziel dieses Kapitels war es, einen Überblick über soziologische Klassiker zu erhalten. Als Klassiker gelten die Wissenschaftler:innen, die die Soziologie maßgeblich geprägt haben und die man als Soziolog:in kennen *muss*. Sicher gibt es darüber hinaus weitere, insbesondere auch zeitgenössische Vertreter:innen, die wichtig und renommiert sind, allerdings musste hier eine Auswahl getroffen werden. Die Auswahl und Strukturierung des Kapitels folgte den Grundlagen der Soziologie, der Strukturanalyse und Systemtheorie, der sozialen Interaktion und des symbolischen Interaktionismus sowie Ansätzen, die das Individuum in der Gesellschaft und die entsprechende Wechselbeziehung im Fokus haben.

Zu den Grundlagen der Soziologie gehören Marx mit seiner kritischen Analyse des Kapitalismus und dem Verhältnis der Kapitalist:innen und Arbeiter:innen zueinander. Die resultierende Klassentheorie ist wesentlich für die Soziologie. Durkheim prägt insbesondere die Perspektive der Soziologie und das soziologische Vorgehen. Es werden soziale Tatbestände, also externe, kollektive und zwingende Phänomene untersucht, die das Handeln und Denken von Individuen beeinflussen. Simmel fokussiert die Wechselseitigkeit des Austauschs und der Interaktion in gesellschaftlichen Mikroprozessen und die Wechselwirkungen zwischen Individuen und sozialen Gruppen, zwischen Gruppen sowie zwischen Individuen oder Gruppen und gesellschaftlichen Strukturen, die aktiv hergestellt und auch passiv bestimmend sind. Weber hat insbesondere den Begriff des sozialen Handelns geprägt, der grundlegend für ein Verständnis der Soziologie ist und das Verhältnis von Vergesellschaftung und Vergemeinschaftung verdeutlicht. Der von Weber geprägte Begriff des Werturteils wird im Zusammenhang mit der kritischen Theorie vertieft, die sich mit wissenschaftstheoretischen Grundlagen und der Frage auseinandersetzt, wie eine fundierte und haltbare Analyse der gesellschaftlichen Gegenwart erfolgen kann. In diesem

Zusammenhang wird der kritische Rationalismus dem Positivismus gegenübergestellt.

Im nächsten Teilkapitel ging es um die Strukturanalyse und Systemtheorie, die von ihren Anfängen bei Parsons über die Weiterentwicklung bei Luhmann skizziert wurden. Parsons zeigt auf, wie Gesellschaften funktionieren und wie verschiedene Teilsysteme dazu beitragen. Luhmann analysiert, wie Strukturen überhaupt erst erzeugt werden. Soziale Systeme sind autopoietische Gebilde, die sich selbst schaffen und erhalten.

Die symbolischen Interaktionist:innen werden in diesem Buch vertreten durch Mead, Garfinkel und Goffman. Bei Mead steht im Zentrum, wie soziale Interaktion durch die ständige (Re-)Interpretation von Symbolen funktioniert und wie Sozialisation dazu beiträgt, ein grundlegendes Verständnis für die Gesellschaft und ihre Symbole zu schaffen. Garfinkels Interesse gilt ebenfalls der sozialen Ordnung, die in alltäglichen Handlungen und Interaktionen von Individuen entsteht. Goffman sieht in jeder sozialen Interaktion eine Interaktionsordnung als grundlegende Prinzipien, Regeln und Strukturen, die das Handeln prägen und die Ordnung im Zusammenwirken aktiv herstellen.

Das Individuum in der Gesellschaft wird von Elias untersucht. Er richtet den Blick auf das Verhältnis von Selbstzwang und Fremdzwang in unterschiedlichen Kontexten, wobei er insbesondere die Verwobenheit sozialer Prozesse (‚Figurationen') betrachtet. Foucault nimmt umfassende Machtanalysen vor und widmet sich hierüber dem Verhältnis von Individuum und Gesellschaft. Er stellt heraus, dass und wie Handlungen nicht nur unter Zwang erfolgen, sondern sich Individuen auch selbst disziplinieren. Bourdieu geht darauf ein, wie soziale Strukturen das individuelle Wahrnehmen, Denken und Handeln (‚Habitus') bestimmen, womit deutlich wird, dass das Individuum ein Teil der Gesellschaft ist, durch diese geprägt wird und sie gleichzeitig herstellt.

Dieser kurze Einblick in soziologische Klassiker, ihre Arbeiten, Perspektiven und Erkenntnisse bietet ein weiterführendes Verständnis für die Soziologie. Gleichzeitig werden damit die Grundlagen gelegt für die soziologischen Teildisziplinen in Aufbaumodul 2. In dem Aufbaumodul wird eine Auswahl an Teildisziplinen der Soziologie vorgestellt, wobei deren Entstehungskontexte, zentrale theoretische Ansätze und Schlüsselkonzepte sowie aktuelle Forschungsthemen herausgestellt werden. Diese Darstellung unterstreicht die Vielfalt und dynamische Entwicklung soziologischer Forschung und ermöglicht den Weitblick auch für die Erkundung weiterer und emergierender Teildisziplinen. Jede Betrachtung der ausgewählten Teildisziplinen mündet in einem Ausblick, der nicht nur zukünftige Forschungsrichtungen beleuchtet, sondern auch die anhaltende Relevanz betont.

Literatur

Abels, H. (2004). *Interaktion, Identität, Präsentation. Kleine Einführung in interpretative Theorien der Soziologie.* Wiesbaden: Springer VS.

Abels, H. (2019). *Einführung in die Soziologie. Band 1: Der Blick auf die Gesellschaft.* Wiesbaden: Springer VS.

Adloff, F. (2019). Alles nur Tausch? Zu Simmels Tauschkonzept und dessen Grenzen. *Soziopolis: Gesellschaft beobachten.* Zuletzt abgerufen am 24.02.2024 unter https://nbn-resolving.org/urn:nbn:de:0168-ssoar-82278-7

Albert, H. (1969). Der Mythos der totalen Vernunft. Dialektische Ansprüche im Lichte undialektischer Kritik. In T.W. Adorno (Hg.), *Der Positivismusstreit in der deutschen Soziologie.* Neuwied: Luchterhand, 193–234.

Balke, F. (2014). Episteme. In C. Kammler, R. Parr, U.J. Schneider & E. Reinhardt-Becker (Hg.), *Foucault-Handbuch: Leben – Werk – Wirkung.* Stuttgart: J.B. Metzler, 246–249.

Blumer, H. (1980). Der methodologische Standort des symbolischen Interaktionismus. In Arbeitsgruppe Bielefelder Soziologen (Hg.), *Alltagswissen, Interaktion und Gesellschaftliche Wirklichkeit.* Wiesbaden: Springer VS.

Blumer, H. (1986). *Symbolic Interactionism: Perspective and Method*: University of California Press.

Bourdieu, P. (1979 [1972]). *Entwurf einer Theorie der Praxis auf der ethnologischen Grundlage der kabylischen Gesellschaft.* Frankfurt a.M.: Suhrkamp.

Bourdieu, P. (1987 [1979]). *Die feinen Unterschiede. Kritik der gesellschaftlichen Urteilskraft.* Frankfurt a.M.: Suhrkamp.

Bourdieu, P. (2001 [1992]). *Die Regeln der Kunst: Genese und Struktur des literarischen Feldes.* Frankfurt a.M.: Suhrkamp.

Bourdieu, P. (2017 [1997]). *Das Elend der Welt. Zeugnisse und Diagnosen alltäglichen Leidens an der Gesellschaft.* Köln: Herbert von Halem.

Braverman, H.W. (1974). *Labor and Monopoly Capital. The Degradation of Work in the Twentieth Century.* New York: Monthly Review Press.

Brüsemeister, T. (2013). Garfinkel: Handeln in hergestellten Ordnungen. In T. Brüsemeister (Hg.), *Soziologie in pädagogischen Kontexten: Handeln und Akteure.* Wiesbaden: Springer VS, 81–104.

Camic, C. (1987). The making of a method: a historical reinterpretation of the early Parsons. *American Sociological Review,* 52(4), 421–439.

Durkheim, E. (1983 [1897]). *Der Selbstmord.* Frankfurt a.M.: Suhrkamp.

Durkheim, E. (1984 [1895]). *Die Regeln der soziologischen Methode.* Frankfurt a.M.: Suhrkamp.

Durkheim, E. (1992 [1893]). Über soziale Arbeitsteilung. Frankfurt a.M.: Suhrkamp.

Durkheim, E. (2007 [1912]). *Die elementaren Formen des religiösen Lebens.* Berlin: Verlag der Weltreligionen.

Eickelpasch, R. (1982). Das ethnomethodologische Programm einer „radikalen" Soziologie. *Zeitschrift für Soziologie,* 11(1), 7–27.

Elias, N. (1983 [1969]). *Die höfische Gesellschaft*. Frankfurt a.M.: Suhrkamp.

Elias, N. (1991 [1987]). *Die Gesellschaft der Individuen*. Frankfurt a.M.: Suhrkamp.

Elias, N. (1997 [1939]-a). *Über den Prozeß der Zivilisation I. Soziogenetische und psychogenetische Untersuchungen. Erster Band Wandlungen des Verhaltens in den weltlichen Oberschichten des Abendlandes*. Frankfurt a.M.: Suhrkamp.

Elias, N. (1997 [1939]-b). *Über den Prozeß der Zivilisation II. Soziogenetische und psychogenetische Untersuchungen. Zweiter Band Wandlungen der Gesellschaft Entwurf zu einer Theorie der Zivilisation*. Frankfurt a.M.: Suhrkamp.

Elias, N. (2014 [1971]). *Was ist Soziologie?* Weinheim: Beltz Juventa.

Elias, N. & Scotson, J.L. (2017 [1965]). *Etablierte und Außenseiter*. Frankfurt a.M.: Suhrkamp.

Engels, F. (1975). *Ludwig Feuerbach und der Ausgang der klassischen deutschen Philosophie*. Berlin: Dietz.

Foucault, M. (1973 [1969]). *Archäologie des Wissens*. Frankfurt a.M.: Suhrkamp.

Foucault, M. (1978). *Dispositive der Macht: Über Sexualität, Wissen und Wahrheit*. Berlin: Merve.

Foucault, M. (1989 [1984]-a). *Sexualität und Wahrheit 2. Der Gebrauch der Lüste*. Frankfurt a.M.: Suhrkamp.

Foucault, M. (1989 [1984]-b). *Sexualität und Wahrheit 3. Die Sorge um sich*. Frankfurt a.M.: Suhrkamp.

Foucault, M. (1992 [1975]). *Überwachen und Strafen*. Frankfurt a.M.: Suhrkamp.

Foucault, M. (2003 [1994]). *Dits et Ecrits. Schriften, Band III, 1976–1979*. Frankfurt a.M.: Suhrkamp.

Foucault, M. (2004a). *Geschichte der Gouvernementalität 1. Sicherheit Territorium, Bevölkerung*. Frankfurt a.M.: Suhrkamp.

Foucault, M. (2004b). *Geschichte der Gouvernementalität 2. Die Geburt der Biopolitik*. Frankfurt a.M.: Suhrkamp.

Foucault, M. (2004 [2001]). *Die Hermeneutik des Subjekts*. Frankfurt a.M.: Suhrkamp.

Foucault, M. (2008 [1966]). *Die Ordnung der Dinge*. Frankfurt a.M.: Suhrkamp.

Garfinkel, H. (1967). *Studies in Ethnomethodology*. Cambridge: Polity Press.

Garfinkel, H. (2020 [1967]). *Studien zur Ethnomethodologie*. Frankfurt a.M.: Campus.

Garfinkel, H. & Sacks, H. (1976). Über formale Strukturen praktischer Handlungen. In E. Weingarten, F. Sack & J. Schenkein (Hg.), *Ethnomethodologie. Beiträge zu einer Soziologie des Alltagshandelns*. Frankfurt a.M.: Suhrkamp, 130–176.

Geimer, A. (2013). Garfinkels Agnes-Studie. *Gender Glossar*, 25.

Goffman, E. (1971 [1967]). *Interaktionsrituale. Über Verhalten in direkter Interaktion*. Frankfurt a.M.: Suhrkamp.

Goffman, E. (1973). *Asyle. Über die soziale Situation psychiatrischer Patienten und anderer Insassen*. Frankfurt a.M.: Suhrkamp.

Goffman, E. (1977). *Rahmen-Analyse. Ein Versuch über die Organisation von Alltagserfahrungen*. Frankfurt a.M.: Suhrkamp.

Goffman, E. (1994). Das Arrangement der Geschlechter. In E. Goffman (Hg.), *Interaktion und Geschlecht*. Frankfurt a.M.: Campus, 105–158.

Goffman, E. (2003 [1956]). *Wir alle spielen Theater. Die Selbstdarstellung im Alltag*. München: Piper.

Goffman, E. (2020 [1967]). *Stigma. Über Techniken der Bewältigung beschädigter Identität*. Frankfurt a.M.: Suhrkamp.

Habermas, J. (1965). Analytische Wissenschaftstheorie und Dialektik. Ein Nachtrag zur Kontroverse zwischen Popper und Adorno. In T.W. Adorno (Hg.), *Der Positivismusstreit in der Deutschen Soziologie*. Darmstadt/Neuwied: Luchterhand, 155–192.

Habermas, J. (1969). Gegen einen positivistisch halbierten Rationalismus. In T.W. Adorno (Hg.), *Der Positivismusstreit in der Deutschen Soziologie*. Darmstadt/Neuwied: Luchterhand, 235–266.

Heath, C., Knoblauch, H. & Luff, P. (2000). Technology and social interaction: the emergence of 'workplace studies'. *British Journal of Sociology*, 51, 299–320.

Hettlage, R. (2003). Erving Goffman (1922–1982). In D. Kaesler (Hg.), *Klassiker der Soziologie Bd. 2: Von Talcott Parsons bis Pierre Bourdieu*. München: C.H. Beck, 188–205.

Hirschauer, S. (1999). Die Praxis der Fremdheit und die Minimierung von Anwesenheit. Eine Fahrstuhlfahrt. *Soziale Welt*, 50(3), 221–245.

Hobbes, T. (1986 [1651]). *Leviathan*. Stuttgart: Reclam.

Joas, H. (2007). Die soziologische Perspektive. In H. Joas (Hg.), *Lehrbuch der Soziologie*. Frankfurt a.M.: Campus, 11–38.

Joas, H. (2012). George Herbert Mead: (1863–1931). In D. Kaesler (Hg.), *Klassiker der Soziologie; Bd. 1: Von Auguste Comte bis Norbert Elias*. München: C.H. Beck, 187–205.

Kapitanova, J. (2013). *Regeln in sozialen Systemen*. Wiesbaden: Springer VS.

Keller, R. (2005). Michel Foucault (1926–1984). In D. Kaesler (Hg.), *Aktuelle Theorien der Soziologie: Von Shmuel N. Eisenstadt bis zur Postmoderne*. München: C.H. Beck, 104–127.

Kopp, J. & Steinbach, A. (2018). *Grundbegriffe der Soziologie*. Wiesbaden: VS.

Luff, P., Hindmarsh, J. & Heath, C. (2000). *Workplace Studies: Recovering Work Practice and Informing System Design*. Cambridge: Cambridge University Press.

Luhmann, N. (1981). Veränderungen im System gesellschaftlicher Kommunikation und die Massenmedien. In N. Luhmann (Hg.), *Soziologische Aufklärung 3: Soziales System, Gesellschaft, Organisation*. Wiesbaden: Springer VS, 309–320.

Luhmann, N. (1984). *Soziale Systeme: Grundriss einer allgemeinen Theorie*. Frankfurt a. M.: Suhrkamp.

Luhmann, N. (1985). Die Autopoiesis des Bewußtseins. *Soziale Welt*, 36(4), 402–446.

Luhmann, N. (1987 [1984]). *Soziale Systeme: Grundriss einer allgemeinen Theorie*. Frankfurt a.M.: Suhrkamp.

Luhmann, N. (1998 [1997]). *Die Gesellschaft der Gesellschaft*. Frankfurt a.M.: Suhrkamp.

Marx, K. (1981 [1844]). Ökonomisch-philosophische Manuskripte (1844). In K. Marx & F. Engels (Hg.), *Ergänzungsband. Schriften bis 1844*. Berlin: Dietz, 467–588.

Marx, K. (1981 [1859]). *Zur Kritik der politischen Ökonomie*. Berlin: Dietz.

Marx, K. (1981 [1867]). *Das Kapital. Kritik der politischen Ökonomie*. Berlin: Dietz.

Maurer, A. (Hg.) (2021). *Mit Leidenschaft und Augenmaß. Zur Aktualität von Max Weber*. Frankfurt a.M.: Campus.

Mead, G.H. (1968 [1934]). *Geist, Identität und Gesellschaft; aus der Sicht des Sozialbehaviorismus*. Frankfurt a.M.: Suhrkamp.

Münch, R. (1980). Talcott Parsons und die Theorie des Handelns II: Die Kontinuität der Entwicklung. *Soziale Welt*, 31, 3–47.

Parr, R. (2014). Diskurs. In C. Kammler, R. Parr, U.J. Schneider & E. Reinhardt-Becker (Hg.), *Foucault-Handbuch*. Stuttgart: J.B. Metzler, 233–237.

Parsons, T. (2013 [1951]). *The Social System*. London: Routledge.

Parsons, T. & Shils, E.A. (2017 [1951]). *Toward a General Theory of Action*. London: Forgotten Books.

Popper, K.R. (1962). Die Logik der Sozialwissenschaften. *Kölner Zeitschrift für Soziologie und Sozialpsychologie*, 14, 233–248.

Popper, K.R. (2013 [1934]). *Logik der Forschung*. Berlin: Akademie.

Pries, L. (2019). *Soziologie. Schlüsselbegriffe, Herangehensweisen, Perspektiven*. Weinheim: Beltz Juventa.

Rawls, A.W. (2008). Harold Garfinkel, ethnomethodology and workplace studies. *Organization Studies*, 29(5), 701–732.

Rosa, H., Strecker, D. & Kottmann, A. (2018). *Soziologische Theorien*. Paderborn: UTB.

Ruoff, M. (2013). *Foucault-Lexikon. Entwicklung-Kernbegriffe-Zusammenhänge*. Paderborn: UTB.

Schroer, M. (2017). *Soziologische Theorien: Von den Klassikern bis zur Gegenwart*. Paderborn: UTB.

Schumann, M. (2000). Industriearbeit zwischen Entfremdung und Entfaltung. *SOFI-Mitteilungen*, 28(1), 103–112.

Schütz, A. (1971). Phänomenologie und die Sozialwissenschaften. In A. Schütz (Hg.), *Gesammelte Aufsätze: Das Problem der sozialen Wirklichkeit*. Dordrecht: Springer VS, 136–161.

Simmel, G. (1917). *Grundfragen der Soziologie: Individumm und Gesellschaft*. Berlin: G.J. Göschen'sche.

Simmel, G. (1983 [1896]). Das Geld in der modernen Kultur. In G. Simmel (Hg.), *Schriften zur Soziologie. Eine Auswahl*. Frankfurt a.M.: Suhrkamp, 78–94.

Simmel, G. (1983 [1907]). Dankbarkeit. Ein soziologischer Versuch. In G. Simmel (Hg.), *Schriften zur Soziologie. Eine Auswahl*. Frankfurt a.M.: Suhrkamp, 210–218.

Simmel, G. (1985). Fragment über die Liebe. In G. Simmel (Hg.), *Schriften zur Philosophie und Soziologie der Geschlechter*. Frankfurt a.M.: Suhrkamp, 224–282.

Simmel, G. (1989 [1890]). Über sociale Differenzierung. In G. Simmel (Hg.), *Aufsätze 1887 bis 1890. Über sociale Differenzierung (1890). Die Probleme der Geschichtsphilosophie (1892)*. Frankfurt a.M.: Suhrkamp.

Simmel, G. (1989 [1900]). *Philosophie des Geldes*. Frankfurt a.M.: Suhrkamp.

Simmel, G. (2021 [1908]). *Soziologie. Untersuchungen über die Formen der Vergesellschaftung*. Frankfurt a.M.: Suhrkamp.

Simmel, G. (2023 [1885]). Zur Psychologie der Mode. Soziologische Studie. In K. Lichtblau (Hg.), *Soziologische Ästhetik*. Wiesbaden: Springer VS, 23–30.

Taylor, F.W. (2006 [1911]). *The Principles of Scientific Management*. New York: Cosimo.

Weber, M. (1905). Die protestantische Ethik und der Geist des Kapitalismus. *Archiv für Sozialwissenschaften und Sozialpolitik*, 21, 1–110.

Weber, M. (1919). Wissenschaft als Beruf. In J. Winckelmann (Hg.), *Gesammelte Aufsätze zur Wissenschaftslehre*. Tübingen: Mohr Siebeck.

Weber, M. (1972 [1922]). *Wirtschaft und Gesellschaft. Grundriss der verstehenden Soziologie*. Tübingen: Mohr Siebeck.

Weber, M. (1988 [1917]). Der Sinn der »Wertfreiheit« der soziologischen und ökonomischen Wissenschaften. In M. Weber (Hg.), *Gesammelte Aufsätze zur Wissenschaftslehre*. Tübingen: Reclam, 489–540.

Weber, M. (1991 [1904]). Die Objektivität sozialwissenschaftlicher und sozialpolitischer Erkenntnis. In M. Weber (Hg.), *Schriften zur Wissenschaftslehre*. Stuttgart: Reclam, 21–101.

West, C. & Zimmerman, D.H. (1987). Doing gender. *Gender & Society*, 1(2), 125–151.

Westheuser, L. (2018). Doing gender. *Gender Glossar*, 09.

Testfragen

1. Was ist ein sozialer Tatbestand nach Durkheim und welches sind die Regeln zur Erfassung sozialer Tatbestände?
2. Was heißt soziales Handeln nach Weber?
3. Was ist ein Werturteil und was bedeutet Werturteilsfreiheit?
4. Was meint Foucault mit ‚Technologien des Selbst'?
5. Was bedeutet ‚symbolischer Interaktionismus'?
6. Was sind Figurationen nach Elias?
7. Was ist ein Habitus und welche Kapitalarten unterscheidet Bourdieu?

Aufbaumodul 2: Soziologische Teildisziplinen

1 Soziale Ungleichheit und Sozialstrukturanalyse

Die soziale Ungleichheit und die Sozialstrukturanalyse sind genuin soziologische Themen. Die Sozialstruktur setzt sich mit den Wirkungszusammenhängen in Gesellschaften auseinander. Dabei sind sozialstrukturelle Merkmale zentral, d.h. Eigenschaften der Mitglieder einer Gesellschaft, die für die Aufnahme und Pflege sozialer Beziehungen sowie die Möglichkeiten ihres sozialen Handelns wichtig sind.

Die Sozialstrukturanalyse analysiert die Bevölkerungsentwicklung, Zuzüge und Fortzüge, Geburten- und Sterblichkeitsraten (Erlinghagen & Hank, 2013; Klein, 2016; Schäfers, 2012). Es werden die Altersentwicklung, die Fertilität und die Lebenserwartung, aber auch die Haushalts- und Familienentwicklungen untersucht, Lebensformen und deren Pluralisierung, Arbeitsmärkte, Erwerbstätigkeit und Arbeitslosigkeit, die Einkommensentwicklung und Vermögen, Armut und Prekarität sowie Wohlfahrtsstaaten im internationalen Vergleich. Diese Aspekte können nicht unabhängig von strukturellen Merkmalen verstanden werden. Dies verweist auf zugrundeliegende gesellschaftliche Strukturen.

Gesellschaftliche Strukturen sind relativ stabile, sich in der Regel nur langsam verändernde Prozesse, die das Miteinander der Menschen in einer Gesellschaft regulieren und an denen sich die Menschen mit ihrem Handeln orientieren. Sie steuern soziale Prozesse, da sie die Möglichkeiten (Opportunitäten) und Beschränkungen (Restriktionen) für das Handeln der Menschen festlegen. Zudem begründen sie die Regelmäßigkeit und Ordnung sozialer Prozesse und äußern sich entsprechend in ihrer Dauerhaftigkeit von Zuständen und Ablaufmustern. Gesellschaftliche Strukturen werden selbst stabilisiert und beruhen auf Regelmäßigkeiten sozialen Handelns, institutionalisierten Regelungen und sozial geteilten Orientierungs-, Wert- und Normensystemen (Huinink & Schröder, 2014).

Sozialstruktur

„Auf einer abstrakt-formalen Ebene umfasst die Sozialstruktur Wirkungszusammenhänge in einer mehrdimensionalen Gliederung der Gesamtgesellschaft in unterschiedliche Gruppen nach wichtigen sozial relevanten Merkmalen sowie in den relativ dauerhaften sozialen Beziehungen dieser Gruppen untereinander. Mit sozial relevanten Merkmalen sind Wirkfaktoren wie z. B. Beruf, Qualifikation, Geschlecht und ethnische Herkunft gemeint, die das soziale Handeln dieser Gruppen sowie deren Position in gesellschaftlichen Teilbereichen (z. B. Schichtstruktur, Bildungssystem), in Institutionen (z. B. Familie, Betrieb) und in sozialen Netzwerken beeinflussen" (Geißler, 2014, S. 3).

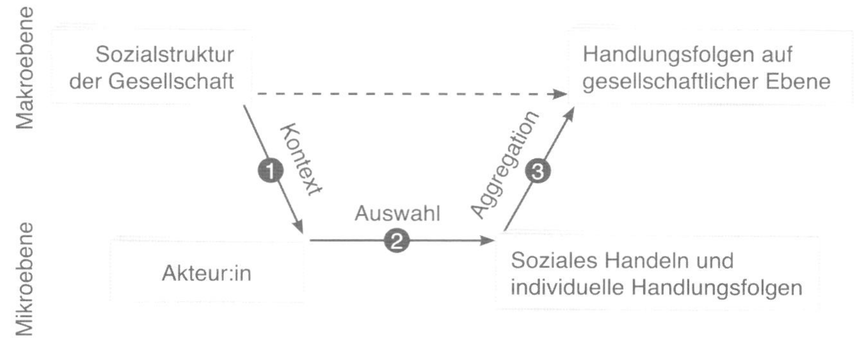

Abb.: 12: Grundmuster sozialstrukturellen Handelns (eigene Darstellung in Anlehnung an Coleman, 1991)

Ein Grundmuster sozialstrukturellen Handelns ist die sogenannte Colemansche Badewanne (Coleman, 1991). In diesem Konzept wird geklärt, wie die gesellschaftliche Makroebene und die individuelle Mikroebene zueinander stehen. Ein Makrophänomen bedingt ein anderes Makrophänomen, indem es zuerst auf die Akteur:innen wirkt und den Kontext für deren Handlungen setzt. Es kommt daraufhin zu den tatsächlichen Handlungen von Akteur:innen, die sich dann in der Summe wieder zu einem neuen Makrophänomen aggregieren (siehe Abbildung 12).

Wie in der Betrachtung der Sozialstruktur der Gesellschaft und auch von strukturellem Handeln deutlich wird, ist gesellschaftliche Teilhabe von Ungleichheiten geprägt. Soziale Ungleichheit ist sozial konstruiert. In Bezug auf die Betrachtung der Gesellschaft und der sozialen Ungleichheit sind unterschiedliche Ansätze relevant (Huinink & Schröder, 2014).

Nach Hradil (2005) besteht soziale Ungleichheit in einer Gesellschaft dann, wenn

1. wertvolle und
2. knappe (begehrte) Güter
3. systematisch und dauerhaft ungleich zwischen Menschen verteilt sind und dies
4. auf soziale Ursachen zurückgeführt wird und/oder als sozial veränderbar angesehen wird.

Soziale Ungleichheit

„Soziale Ungleichheit liegt dann vor, wenn Menschen aufgrund ihrer Stellung in sozialen Beziehungsgefügen von den wertvollen Gütern einer Gesellschaft regelmäßig mehr als andere erhalten“ (Hradil, 2005, S. 30).

Der konflikttheoretische Ansatz beschäftigt sich vor diesem Hintergrund mit ungleichen Eigentumsverhältnissen und geht auf Marx und Engels (1974 [1848]) zurück (siehe Aufbaumodul 1 Marx). Es wird davon ausgegangen, dass soziale Ungleichheit in der Gesellschaft mit ungleichen Machtverhältnissen einhergehen. Nach Marx sind dies zwei Klassen: die Besitzer:innen der Produktionsmittel (Bourgeoisie) und die Besitzlosen (Proletariat), die gezwungen sind, ihre Arbeitskraft an Erstere zu verkaufen. Zudem behalten die Besitzer:innen der Produktionsmittel den generierten Mehrwert der produzierten Güter ein (‚Ausbeutungsprinzip'). Zwischen den beiden Klassen besteht ein grundlegender Interessenwiderspruch (‚Klassenantagonismus').

Der strukturfunktionalistische Ansatz (Davis & Moore, 1945) betrachtet die soziale Schichtung bzw. Ungleichheit als ein funktional notwendiges Strukturmerkmal für die Stabilität eines sozialen Systems. (Berufliche) Positionen unterscheiden sich nach ihrer Wichtigkeit für das System (die Gesellschaft). Zudem wird hierüber eine Anreizstruktur für Leistung geschaffen, denn die Verteilung von sozialen Positionen wird über die Belohnung von Leistungen angenommen (‚meritokratisches Prinzip').

Der markttheoretische Ansatz (Smith, 1978 [1776]) nimmt an, dass sich soziale Ungleichheit aus dem Marktwert angebotener und nachgefragter Tätigkeiten ergibt, also nach der tätigkeitsspezifischen Qualifikation sowie dem Verhältnis von Angebot an und der Nachfrage nach entsprechenden Bewerber:innen.

Der austausch- und machttheoretische Ansatz (Blau, 1964) versteht die arbeitsteilige Reproduktion der gesellschaftlichen Strukturen als soziale Interaktion zwischen den Akteur:innen einer Gesellschaft und entsprechend als Austausch von materiellen und nicht-materiellen Gütern, Leistungen und Belohnungen.

Schließlich geht der milieu- und lebensstiltheoretische Ansatz (Bourdieu, 1982) davon aus, dass soziale Ungleichheit aus der ungleichen Ausstattung nicht nur mit ökonomischem, sondern auch mit kulturellem und sozialem Kapital resultiert (siehe Aufbaumodul 1 Bourdieu). Es lassen sich nämlich typische Klassenlagen identifizieren, die sich in ihrer ökonomischen Position ähneln, aber gravierend in Wertehaltung (‚Habitus') und Lebensstil voneinander unterscheiden.

Die Verknüpfung von sozialer Ungleichheit und Sozialstruktur erfolgt über Klassen, Schichten, Milieus und Lebensstile (Burzan, 2011). Der Klassenbegriff wurde von Marx geprägt (siehe Aufbaumodul 1 Marx). Er unterscheidet Klassen nach ihrer Stellung zu Produktionsmitteln (Hradil, 2005; Schäfers, 2012). Daraus entstehen klassentypische Prägungen und Subkulturen, d.h. Menschen in ähnlichen Klassen- und Soziallagen leben unter ähnlichen Bedingungen und machen daher ähnliche Erfahrungen. Insofern beeinflussen Klassen das Denken, Vorstellungswelt, Mentalitäten, Werte, Interessen, Ideologien und Handlungssweisen, was auch als Klassenbewusstsein bezeichnet wird. Ein neuerer Ansatz ist das Klassenmodell nach Wright (1985) oder auch das Klassenschema nach Erikson et al. (1979) (EPG-Klassen). Diese unterscheiden gleichermaßen den Besitz oder Nicht-Besitz von Produktionsmitteln, diversifizieren allerdings weitere Klassen nach Qualifikation und Position in der betrieblichen Hierarchie.

Bei Schichten bestimmen nicht nur ökonomische Kriterien die soziale Position. Vielmehr ähneln sich die Mitglieder einer Gesellschaft hinsichtlich eines oder mehrerer Ungleichheitsmerkmale. Eine Differenzierung und Hierarchisierung von Personen und Personengruppen erfolgt nach mehreren sozialen (berufsnahen) Merkmalen wie Beruf, Einkommen, Bildung, Vermögen, Hausbesitz (Hradil, 2005; Schäfers, 2012). Schichtmodelle werden so eingeteilt, dass eine Homogenität innerhalb der Schichten besteht, d.h. kaum Varianz der Lebenslage, wohingegen die verschiedenen Schichten als solche unterscheidbar sind und durchaus hierarchisch geordnet werden können. Ein populäres Modell ist die Bolte-Zwiebel (Bolte et al., 1967), welche soziale Schichtungsprozesse durch eine mehrschichtige Zwiebelstruktur repräsentiert. Jede Schicht charakterisiert eine bestimmte soziale Gruppe basierend auf ökonomischen, professionellen oder Bildungskriterien. Das Zentrum der Zwiebel kennzeichnet die höchsten Privilegien und Status.

Ein weiteres Modell ist das Haus-Modell von Dahrendorf (1965), welches soziale Hierarchien in Form eines mehrstöckigen Hauses konzeptualisiert. Hierbei symbolisieren die oberen Ebenen die Schichten mit großer Macht und Autorität, während die unteren Ebenen benachteiligte Gruppen repräsentieren. Eine Erweiterung der Modelle ist die Geißler-Residenz (Geißler, 2014). Anstelle eines simplen Hauskonzepts präsentiert die Geißler-Residenz ein elaboriertes Gebäude mit diversen Räumen und Ebenen, die verschiedene soziale Segmente und ihre Interaktionsdynamiken abbilden. So trägt sie den zeitgenössischen sozialen Differenzierungsformen Rechnung. Die nivellierte Mittelstandsgesellschaft (Schelsky, 1954) meint in diesem Zusammenhang, dass es kollektive Auf- und Abstiegsprozesse geben kann. Der Mittelstand wird so zur dominanten Schicht durch einen Aufstieg der Industriearbeiter:innen und Verwaltungsangestellten und einen Abstieg des Besitz- und Bildungsbürgertums.

Es gibt allerdings auch eine Vielzahl von Unterschieden, die sich nicht auf Klassen- oder Schichtunterschiede zurückführen lassen. Diese gehen einher mit der Beobachtung, dass soziale Ungleichheiten von kulturellen Unterschieden begleitet werden, und der Annahme, dass kulturelle Unterschiede zur Reproduktion sozialer Ungleichheit beitragen (können). In Ungleichheitsanalysen wird daher mit Konzepten wie sozialen Milieus oder Lebensstilen gearbeitet.

Soziale Mobilität

„Vertikale soziale Mobilität heißt eine Bewegung zwischen solchen Positionen, die sich als besser oder schlechter bzw. als höher oder tiefer unterscheiden lassen (z. B. Berufspositionen mit geringerem oder höherem Einkommen). Horizontale Mobilität wird dagegen die Bewegung zwischen Positionen genannt, die sich nur nach ihrer „Art“ und nicht nach ihrem „Rang“ oder „Grad“ unterscheiden“ (Hradil, 2005, S. 377).

Soziale Milieus fassen Gruppen von Gleichgesinnten zusammen, die über ähnliche Werthaltungen und Mentalitäten verfügen (Hradil, 2005). Eine der bekanntesten Milieu-Studien sind die Sinus Milieus in Deutschland. Hradil (2005) unterscheidet Milieus hinsichtlich Lebenszielen, Lebensweisen und sozialer Lage, z. B. identifiziert er das konservativ-technokratische, das kleinbürgerliche Milieu, das traditionelle und traditionslose Arbeitermilieu, das aufstiegsorientierte, das moderne bürgerliche und liberal-intellektuelle Milieu sowie das moderne Arbeitermilieu, das hedonistische und das postmoderne Milieu. Auch *Die Erlebnisgesellschaft* von Schulze (1992) hat hier einen wichtigen Beitrag geleistet. Unterschieden werden alltagsästhetische Schemata wie das Hochkultur-, das Trivial- und das Spannungsschema. Diese Schemata beeinflussen nicht nur die ästhetischen Vorlieben, sondern auch die Entscheidungen in Bezug auf Bildung, Wohnen und Freizeit. Bildungsaspirationen können sich beispielsweise in der Wahl der Hochkultur widerspiegeln, indem Individuen Studiengänge bevorzugen, die klassische Musik oder Literatur umfassen. Die Wohnungssituation kann dem Trivialschema zugeordnet werden, wenn Individuen Vorstadthäuser suchen, die eine traditionelle Familienstruktur unterstützen. Die Freizeitgestaltung des Spannungsschemas ist geprägt von einem Interesse an extremen Sportarten oder lebhaften kulturellen Veranstaltungen. Diese Milieus zeigen, wie Menschen unterschiedliche Wege finden, um ihre Identität auszudrücken und ihren Alltag zu gestalten und werden in einer Matrix nach Bildungsniveau und Alter angeordnet, um zu zeigen, wie Bildung und Lebensphasen die Vorlieben und das Handeln beeinflussen. Milieus werden zudem eingeteilt nach ihrer Distanz zu allen Schemata. Im Ergebnis werden das Selbstverwirklichungs- und Unterhaltungsmilieu sowie das Niveau-, Integrations- und Harmoniemilieu voneinander unterschieden.

Lebensstile sind „Ausdrucksformen der alltäglichen Daseinsgestaltung“ (Schäfers, 2012, S. 236), die sich auf die Art der Lebensführung, die Freizeitgestaltung und die Teilnahme am kulturellen Leben beziehen, und Konsumpräferenzen, Handlungsweisen und Geschmacksurteile als Ausdruck des Habitus berücksichtigen (Geißler, 2014; Schäfers, 2012) (siehe Aufbaumodul 1 Bourdieu). Der persönliche Geschmack ist gesellschaftlich geprägt und wird nicht frei gewählt. Bourdieus Konzept des Kapitals und Habitus erklärt, wie individuelle Vorlieben und Aktivitäten Ausdruck der sozialen Positionierung sind. Kulturelles Kapital, das Bildung, ästhetische Vorlieben und den Zugang zu kulturellen Gütern umfasst, zeigt sich in der Neigung zu hochkulturellen Aktivitäten wie dem Besuch von Opern oder dem Interesse an modernem Theater. Personen mit einem hohen Maß an kulturellem Kapital tendieren auch zu einem ausgeprägten Geschmack, der sich beispielsweise in der Vorliebe für hochwertigen Whiskey manifestiert. Ökonomisches Kapital hingegen wird durch finanzielle Ressourcen und den Besitz materieller Güter definiert. Personen mit einem hohen ökonomischen Kapital zeigen häufig eine Affinität zu kostspieligen Hobbys wie der Jagd oder dem Genuss von Champagner. Auf der anderen Seite stehen Personen mit weniger ökonomischem Kapital, deren Freizeitaktivitäten wie das Anschauen von Fußballspielen als volksnäher gelten. Bourdieu (1982) betont, dass der Habitus sowohl durch kulturelles als auch ökonomisches Kapital geprägt ist. Der Habitus beeinflusst das Handeln und die sozialen Präferenzen eines Individuums und spiegelt gleichzeitig seine Position im sozialen Raum wider.

Zur Sozialstrukturanalyse und der Erfassung sozialer Ungleichheiten gehört auch die Lebensverlaufs- und Bildungsforschung. Mayer (1995) hat maßgeblich zur Entwicklung des Verständnisses von Lebenswegen und deren Einfluss durch soziale und kulturelle Kontexte beigetragen. Er untersucht die Interaktion zwischen individuellen Lebensverläufen und sozialstrukturellen Faktoren (Mayer, 2003, 2004). Insofern können Bildungssysteme, Arbeitsmärkte und soziale Netzwerke die Entwicklungsmöglichkeiten und -pfade von Menschen beeinflussen. In der Bildungsforschung wird deutlich, das Bildungsverläufe vom sozialen und auch vom kulturellen Hintergrund abhängen. Das führt dazu, dass z. B. weniger Kinder aus Arbeiterfamilien an Hochschulen studieren oder dass überproportional viele Kinder mit Migrationshintergrund Haupt- und Realschulen besuchen (Hradil, 2005; Klein, 2016). Dies wird jeweils mit primären und sekundären Effekten erklärt. Primäre Effekte beziehen sich auf Leistungsunterschiede aufgrund kognitiver und nicht-kognitiver Differenzen, d.h. Kinder höherer Schichten zeigen bessere Leistungen, was an der genetischen und der sozialen Vererbung liegen kann; sekundäre Effekte beziehen sich auf Entscheidungsmuster und Handlungen, d.h. Eltern aus höheren Schichten entscheiden sich bei gleicher Leistung der Kinder eher für den Besuch einer höheren Schule (Boudon, 1974). Die Folgen von Bildungsungleichheit sind drastisch: Das Bildungsniveau hat Einfluss auf den Zugang zu Arbeitsmarkt, Einkommen, den Berufsstatus, die Wohnverhältnisse sowie kulturelle und politische Partizipation. Insgesamt lässt sich eine Bildungsexpansion beobachten, d.h. mehr Menschen erwerben einen höheren Bildungsabschluss. Vor diesem Hintergrund beschäftigt sich Solga (2005) mit der Schnittstelle von Bildungs- und Arbeitsmarktsystemen. Sie beleuchtet, wie das deutsche Bildungssystem, insbesondere die duale Berufsausbildung, individuelle Arbeitsmarktergebnisse beeinflusst und formt. Solga trägt zum Verständnis der Entstehungsmechanismen von Bildungsungleichheiten bei, indem sie spezifische strukturelle Barrieren identifiziert, denen diese Menschen gegenüberstehen, und argumentiert, dass Diskriminierungsmechanismen auf dem Bildungs- und Arbeitsmarkt ihre Chancen auf qualifizierte Positionen einschränken. Die sozialen Determinanten von Ungleichheit sind Merkmale, die Individuen sozialen Gruppen zuordnen. Sie können zugeschrieben (‚Ascribed') oder erworben (‚Achieved') sein, wobei zugeschriebene Merkmale weitestgehend unveränderlich und erworbene modifizierbar sind (Solga et al., 2009). Die daraus resultierenden Machtverhältnisse werden unter Berücksichtigung von Diskriminierung und Benachteiligung analysiert (Hinni, 2022; Klinger et al., 2007; Winker & Degele, 2009).

Im Rahmen der Analyse der *Risikogesellschaft* hat Beck (1986) eine Gegenwartsdiagnose vorgenommen und einen Individualisierungsschub identifiziert. Dieser geht auf die Freisetzung von Personen aus traditionellen Bindungen zurück, d.h., dass die Berufs- und Lebensverlaufswahl unabhängiger vom sozialen Hintergrund erfolgen kann. Die ‚Entzauberung' bedeutet in diesem Zusammenhang, dass es keine festen Handlungsorientierungen mehr gibt. Das Konzept beschreibt den Prozess, bei dem durch den Wegfall vorgegebener Handlungsstrukturen Sicherheiten verschwinden und Unsicherheiten sowie Risiken den Individuen zugeschrieben werden. Die Individuen sind selbst dafür verantwortlich, ohne Gewissheit darüber zu haben, welche die richtige Wahl ist. Der Aspekt der ‚Reintegration' zeigt auf, dass die Freiheit des Individuums Grenzen hat. Es existiert eine neue Art der Eingliederung in die Gesellschaft, die nicht mehr durch Klassen vermittelt wird und einen beschränkten Entscheidungsraum vorgibt. Dies impliziert, dass es neben der Freiheit zu entscheiden, auch einen Zwang gibt, sich zu integrieren. Auch mit der ‚Freisetzung' aus traditionellen Bindungen bestehen weiterhin Ungleichheiten in der Gesellschaft. Freisetzung bedeutet, dass es keine sozial vorgegebene Biographie mehr gibt, was die Individuen zu Gestalter:innen des eigenen Lebens macht. Betont werden so die anhaltenden Ungleichheiten in der Gesellschaft trotz neu gewonnener Freiheiten. Diese Entwicklung wird auch nach Jahrzehnten noch bescheinigt und die Folgen der Individualisierung untersucht (Berger & Hitzler, 2010). In diesem Zusammenhang wird über die Notwendigkeit zur Authentizität bzw. ‚Singularität' und die daraus resultierenden sozialen Ungleichheiten diskutiert (Reckwitz, 2019). Singularität bezieht sich auf das Einzigartige und Besondere, das in spätmodernen Gesellschaften bevorzugt wird, während das Allgemeine und Durchschnittliche weniger wertgeschätzt wird. Reckwitz (2019) stellt heraus, wie die Betonung des Einzigartigen eng mit der Kulturverschiebung des Sozialen verbunden ist und sich daraus ein Trend zur Singularisierung ergibt. Während einige Menschen und Dinge als einzigartig und wertvoll angesehen werden, entstehen auch neue Formen von Ungleichheit und Paradoxien (Reckwitz, 2019).

Im Zuge der Bildungsexpansion kommt es insbesondere zu einer Höherqualifizierung von Frauen (Klein, 2016). Allerdings sind im Erwerbsbereich nach wie vor Ungleichheiten vorhanden. Zunächst definiert Geschlecht primär einen physischen Unterschied zwischen Individuen. Es bezieht sich auf die biologischen Unterschiede zwischen männlichen und weiblichen Körpern, etwa in Bezug auf Fortpflanzungsorgane, Chromosomen und Hormone. Dies ist jedoch nur eine Dimension von Geschlecht und in unterschiedlichen wissenschaftlichen Diskussionen und Kulturen wird Geschlecht auch in sozialen, kulturellen und individuellen Kontexten betrachtet. Trotz möglicher Verankerung in natürlichen Eigenschaften handelt es sich um soziale Konstrukte. In der Geschlechterforschung wird zwischen ‚Sex' und ‚Gender' unterschieden. Unter ‚Sex' wird das biologische Geschlecht verstanden, das anatomische, hormonelle und physiologische Eigenschaften betrifft. ‚Gender' bezieht sich auf die kulturellen und sozialen Interpretationen des biologischen Geschlechts und wird als soziales Geschlecht oder Geschlechtsrolle bezeichnet (Hehlmann et al., 2018). So verdeutlicht die Betrachtung der Sozialstruktur, dass Geschlecht auch einen sozialen Unterschied macht, wenn es z. B. um das Einkommen geht. Frauen sind auf dem Arbeitsmarkt überproportional in atypischer Beschäftigung tätig. Dies kommt einem höheren Anteil an prekärer Beschäftigung gleich (Dörre, 2002; Apitzsch et al., 2015). Auch die Übernahmen von Führungspositionen, die Berufs- und Branchenwahl, die Bildung und Berufserfahrung unterscheiden sich. Aus diesen und andere Faktoren entsteht eine Lohnlücke (‚Gender Pay Gap'). Hierbei werden die durchschnittlichen Bruttostundenlöhne von Frauen und Männern verglichen. Entsprechend verdienen Frauen insgesamt pro Stunde durchschnittlich weniger als Männer: Der unbereinigte Gender Pay Gap lag 2022 in Deutschland bei etwa 18 % (Destatis, 2023). Der bereinigte Gender Pay Gap liegt bei etwa 7 %, d.h., wenn man alle erklärenden Unterschiede im Erwerbsverhalten durch den Vergleich konstruierter Zwillinge mit identischen arbeitsmarktrelevanten Merkmalen berücksichtigt, gibt es noch einen unerklärten Rest in der Einkommensdifferenz zwischen Frauen und Männern. Der Indikator ‚Gender Gap Arbeitsmarkt' berücksichtigt Unterschiede in Bruttostundenverdiensten (‚Gender Pay Gap'), Arbeitszeit (‚Gender Hours Gap') und Erwerbsbeteiligung von Frauen und Männern (‚Gender Employment Gap') und zeigt, dass Frauen weniger pro Stunde verdienen, häufiger in Teilzeit arbeiten und seltener überhaupt am Erwerbsleben teilnehmen (Destatis, 2023).

Die soziale Ungleichheit und die Sozialstrukturanalyse bleiben von zentraler Bedeutung für die Soziologie. Mit der Globalisierung, aber auch mit der Digitalisierung werden Fragen zur digitalen Kluft (‚Digital Divide') und zur sozialen Ungleichheit in Bezug auf den Zugang zu Ressourcen und Technologien virulent. Die Veränderungen sind gleichzeitig in Hinblick auf Geschlecht, Migration, Mobilität und Zugang zu Bildungsressourcen und als Teildisziplin der Soziologie gesellschaftlich höchst relevant.

2 Familiensoziologie

Die Familiensoziologie setzt sich als Teildisziplin der Soziologie mit Familie als sozialer Institution im Kontext kultureller, historischer und gesellschaftlicher Veränderungen auseinander. Im Fokus steht die Analyse von Strukturen und Dynamiken sowie die Interaktion der Familie mit anderen sozialen Institutionen und die sich wandelnden gesellschaftlichen Erwartungen an das Familienleben. Familien sind definiert als auf Dauer angelegte Verbindungen von Mann und Frau mit gemeinsamer Haushaltsführung und mindestens einem eigenen (oder adoptierten) Kind (Hill & Kopp, 2013). Familien, die über die direkte Eltern-Kind-Konstellation hinausgehen und weitere Verwandte einschließen, werden als erweiterte Familien (‚Extended Familiy') bezeichnet. Wenn jedoch nur die Eltern und ihre Kinder betrachtet werden, wird von einer Kern- oder Nuklearfamilie (‚Nuclear Familiy') oder Gattenfamilie (‚Conjugal Familiy') gesprochen (Hill & Kopp, 2013). Bei Paaren ohne (die Berücksichtigung von) Kinder(n) wird von Paar- bzw. Zweierbeziehungen gesprochen. Eine Zweierbeziehung kann als „Strukturtypus persönlicher Beziehung zwischen Personen unterschiedlichen oder gleichen Geschlechts verstanden werden, der sich durch einen hohen Grad an Verbindlichkeit (Exklusivität) auszeichnet, ein gesteigertes Maß an Zuwendung aufweist und die Praxis sexueller Interaktion oder zumindest deren Möglichkeit einschließt" (Lenz, 2006, S. 39).

Die Familiensoziologie findet ihre Ursprünge in den theoretischen Überlegungen Durkheims, welcher die Familie als zentrales Element sozialer Solidarität konzipiert (siehe Aufbaumodul 1 Durkheim). Er beschäftigt sich mit der Frage des Scheidungsrechtes und dessen Reform in Frankreich und mit dem Begriff der Gattenfamilie (bestehend aus Vater, Mutter und minderjährigen Kindern) (Simpson & Durkheim, 1965; Wagner, 2001). Die Familie als Grundeinheit der Gesellschaft spiegelt Typen von Solidarität wider. Während in traditionellen Gesellschaften die Familie eine wirtschaftliche und produktive Einheit war (‚mechanische Solidarität'), hat sich in modernen Gesellschaften ihre Rolle verändert (‚organische Solidarität'). Institutionen – einschließlich der Familie – sind für die Stabilität der Gesellschaft notwendig. Sie helfen, soziale Ordnung aufrechtzuerhalten und Individuen Normen und Werte zu vermitteln. Die Familie ist in der Regel die erste Institution, durch die Individuen sozialisiert werden. Auch in Durkheims Untersuchungen zu Religion und Ritualen spielt die Familie eine wichtige Rolle. Viele dieser Rituale und Traditionen sind mit der Familie verbunden, sei es durch Hochzeiten, Beerdigungen oder andere Familienfeiern (Durkheim, 1983 [1897], 1984 [1895], 1992 [1893]). Auch Parsons hat die Familie (im Speziellen die Nuklearfamilie) als ein zentrales Element moderner Gesellschaften identifiziert, wobei er ihre Funktion in Bezug auf die Sozialisation und emotionale Unterstützung hervorhebt (Bales & Parsons, 2014 [1953]). Parsons sieht die Familie ebenfalls als eine zentrale Einrichtung, die für das Überleben sozialer Systeme unerlässlich ist, da hier die Funktion der Erzeugung und Sozialisation neuer Mitglieder erfolgt (siehe Aufbaumodul 1 Parsons). Aus einer systemtheoretischen Sicht, bei der Institutionen und Strukturen funktional miteinander verbunden sind, müssten bestimmte ‚sozial-biologische' Funktionen in jeder Gesellschaft existieren, unabhängig von ihrer spezifischen Form. Parsons sieht Geschlechterrollen als universelle Entwicklungen, die nicht von Kultur oder Gesellschaft geprägt sind. Auch Simmel hat die Forschung in der Familiensoziologie geprägt (siehe Aufbaumodul 1 Simmel). In seinem Werk *Zur Soziologie der Familie* beschäftigt er sich explizit mit der Familie als sozialer Einheit und Institution (Simmel, 1985 [1895]). Er analysiert ihre Strukturen, Funktionen und Dynamiken. Besonders hervorzuheben ist Simmels Betrachtung des Opfers als einem zentralen Element familialer Bindung. Opfer – sei es in materieller, emotionaler oder sozialer Hinsicht – sind ein Ausdruck tiefer sozialer Verpflichtungen und Bindungen. Innerhalb des familialen Gefüges repräsentieren solche Opfer den Vorrang des Wohls der Gemeinschaft über das individuelle Wohl. So wird eine Spannung zwischen Individualität und sozialer Bindung erzeugt, die Simmel als ein charakteristisches Merkmal des familialen Lebens hervorhebt. Das Opfer dient nicht nur als Symbol für Solidarität und Zusammenhalt, sondern auch als Mittel zur Stärkung der familialen Bande und zur Bewältigung von Spannungen und Konflikten (Simmel, 1985 [1895]). In *Fragmente aus einer Philosophie der Liebe* (1985 [1907]) arbeitet er u.a. die Rollen- und daraus resultierende Herrschaftsverteilungen in Paarbeziehungen heraus und untersucht die Ehe.

Die Familie ist das zentrale Instrument, um gesellschaftliche Phänomene zu erforschen, sei es die Sozialisation von Individuen, wirtschaftliche Funktionen oder als Indikator für sozialen Wandel. Mit der Zeit und dem Fortschritt der Disziplin hat sich der Fokus verschoben. Anstatt die Familie zur Erklärung umfassender gesellschaftlicher Trends zu nutzen, konzentrieren sich moderne familiensoziologische Studien auf spezifischere Fragen, die direkt die Familie betreffen – wie Veränderungen in der Familienstruktur, Geschlechterrollen, der Einfluss neuer Technologien und Mobilität. Historisch ist die Familiensoziologie mit dem Funktionalismus und dem symbolischen Interaktionismus verbunden (siehe Aufbaumodul 1 Abschnitt 3). In neueren Arbeiten basiert die Familiensoziologie im Wesentlichen auf handlungstheoretischen, ökonomischen Erklärungsansätzen wie der Rational-Choice-Theorie, die als Generalisierung aus der Austauschtheorie und ökonomischer Theorie der Familie verstanden werden kann (Hill & Kopp, 2015). Die Austauschtheorie geht davon aus, dass Menschen Partner:innen wählen, die ihnen in Bezug auf Merkmale wie Alter, Bildung, sozialem Status und finanzielle Ressourcen ähnlich sind oder die ihnen in diesen Bereichen überlegen sind. Diese Ähnlichkeit oder Überlegenheit kann als ‚Austauschwert' betrachtet werden, der dazu beitragen kann, eine stabile und dauerhafte Beziehung aufzubauen. Ökonomische Erklärungsansätze sind relevant, wenn es darum geht, das Handeln von Familienmitgliedern in Bezug auf ihre Ressourcenverteilung, Entscheidungen über Arbeit und Konsum sowie die Beziehungen zwischen Familienmitgliedern zu erklären, d.h. die innerfamiliale Arbeitsteilung, Investitionen in die Kindererziehung bzw. Care-Arbeit sowie Machtdynamiken, Verhandlungsmacht und sozialer Status in Familien. Die Rational-Choice-Theorie stellt einen analytischen Rahmen dar, durch den das individuelle Entscheidungsverhalten in verschiedenen sozialen Kontexten interpretiert wird. Individuen handeln also konsequent, um ihren subjektiven Nutzen zu maximieren.

Becker (1976), einer der Hauptvertreter dieser Theorie, hat in *The Economic Approach to Human Behavior* dargelegt, dass nicht nur ökonomische, sondern auch soziale Handlungsweisen durch eine rationale Kosten-Nutzen-Abwägung charakterisiert werden können. Diese rationale Entscheidungsperspektive wird weiterhin in der ‚ökonomischen Theorie der Familie' verfolgt. Der Ansatz konzipiert die Familie als eine mikroökonomische Einheit, innerhalb derer Ressourcenallokation und Entscheidungsfindung stattfinden. In Beckers Werk *A Treatise on the Family* (1991) werden familiäre Phänomene wie Eheschließung, Fertilitätsentscheidungen und Ressourcenverteilung innerhalb der Familie mittels ökonomischer Prinzipien analysiert. Auch in diesen Kontexten erfolgen individuelle und kollektive Entscheidungen auf der Grundlage einer rationalen Abwägung von Kosten und Nutzen.

Die Familiensoziologie untersucht demnach die Partnerwahl, Heirats- und Fertilitätsverhalten, Familienformen, das Geschlechterverhältnis in der Familie, Eltern-Kind- und intergenerationale Beziehungen in späteren Phasen der Familie, Verwandtschaftsbeziehungen, innerfamiliale Kommunikation, familiale Sozialisation, Rollenbilder und Arbeitsteilung sowie Scheidungen. Im Normalfamilienmodell, das im ‚Golden Age of Marriage' in den 1950er Jahren die Ehe als eigenen Wert und wichtig für die gesellschaftliche Akzeptanz ansah, war die häusliche Arbeitsteilung zwischen einem ‚Male-Breadwinner' und einer ‚Female-Housekeeper' quasi gesetzt (Wimbauer, 2021; Wimbauer et al., 2018). Im Zusammenhang mit der Individualisierung und der Pluralisierung der Lebensformen (Beck-Gernsheim, 1997; Beck, 1986, 1995; Hettlage, 2000) spielen neuere private Lebens- und (gleichgeschlechtliche) Partnerschaftsformen eine Rolle, ebenso wie gewollte Kinderlosigkeit, Fernbeziehungen, Patchworkfamilien, sinkende Haushaltsgrößen, Living-Apart-Together und die Armutsgefährdung Alleinerziehender (Helfferich, 2017; Hill, 2019; Langfeldt, 2008; Schneider et al., 2002; Wimbauer, 2021). Beck und Beck-Gernsheim (1990) nehmen in *Das ganz normale Chaos der Liebe* die Veränderungen in der Gesellschaft in den Blick. Sie setzen sich insbesondere mit den Auswirkungen auseinander, die Individualisierungsprozesse auf unterschiedliche soziale Beziehungen, wie Ehen, Familien und Partnerschaften, haben. Es wird deutlich, wie eng Gefühle und insbesondere die Komplexität moderner Liebesbeziehungen mit diesen gesellschaftlichen Veränderungen verknüpft sind. Im Kern geht es ihnen darum, die Hintergründe und Ursachen für das zuweilen empfundene Chaos in der Liebe und Partnerschaft zu beleuchten, welches sie als Konsequenz des fortschreitenden Individualisierungsprozesses identifizieren.

Während im 18. und 19. Jahrhundert ‚standesgemäß' geheiratet wurde, gewinnt das romantische Liebesideal zunehmend an Bedeutung. Es wird als beziehungskonstituierend angesehen, dass affektive Zuneigung zentral sind und nur das aufrichtige Gefühl der Liebe die Ehe begründen kann, die auf zeitliche Unbegrenztheit angelegt ist (‚Unendlichkeitsfiktion'). Die Beziehung basiert auf der ‚individuellen Höchstrelevanz' füreinander (Lenz, 2006; siehe auch Luhmann, 1984 [1982]).

Giddens (1993) postuliert, dass die traditionelle romantische Liebe von der ‚partnerschaftlichen Liebe' ersetzt wird. Diese ist Kern seines Konzepts der „Pure Relationship" (Giddens, 1993, S. 61), der ‚reinen Beziehung', definiert als eine Beziehung, die man „um ihrer selbst willen eingeht, [...] eine Beziehung, die nur so lange fortgesetzt wird, solange es für beide Parteien klar ist, daß alle Beteiligten sich in ihr wohl fühlen“ (Giddens, 1993, S. 69). Im Unterschied zur romantischen Liebe betont sie nicht die Individualität der Partner:innen, sondern die demokratische und auf Geschlechtergleichheit basierende Natur der Beziehung. Laut Giddens (1992) ist diese Beziehung durch ‚reine Liebe‘ charakterisiert und nicht von gegenseitigen (finanziellen und anderweitigen) Abhängigkeiten und Verpflichtungen geprägt. Interessant sind in diesem Zusammenhang Beziehungsmodelle von ‚Doppelverdienerpaaren‘, da sie – so wird es angenommen – nicht wegen finanzieller Abhängigkeiten bestehen (Wimbauer, 2012).

In einem nächsten Schritt beschäftigt sich die Familiensoziologie mit Dynamiken und Institutionalisierungsschritten in Paarbeziehungen. Es interessiert, wo sich Paare kennenlernen bzw. die Funktionsweise von sogenannten Partnerschaftsmärkten. Hierbei spielen individuelle Handlungskontexte und soziale Netzwerke eine wichtige Rolle (Häring et al., 2014; Stauder, 2008). Auch Online-Partnerbörsen sind unterdessen im Fokus der Forschung (Burkart, 2018; Schmitz, 2014; Skopek et al., 2009). Die Entscheidung zur Ehe wird nicht länger aus Verpflichtung getroffen, sondern ist vielmehr mit dem Fokus auf die Liebe und zu erwartende Kinder ausgerichtet. Das bedeutet, wenn Paare beschließen, Kinder zu haben, tendieren sie dazu, zunächst zu heiraten, um eine vermeintlich stabile Umgebung zu gewährleisten. In diesem Kontext verändert sich die Verteilung der Hausarbeit nach der Heirat oder wenn die Familie durch Kinder wächst. Zu Beginn einer Beziehung ist diese Aufteilung oft ausgeglichen, verändert sich jedoch mit der Geburt des ersten Kindes zu einem Ungleichgewicht (Dechant & Blossfeld, 2015; Kaufmann, 1990). Das Erfüllen des Kinderwunsches lässt die Verteilung der Hausarbeit in Paarbeziehungen oftmals traditioneller werden, wobei üblicherweise die Frau einen größeren Anteil der häuslichen Aufgaben übernimmt (‚Traditionalisierung der Hausarbeit‘). Männer sind hingegen tendenziell stärker im Berufsleben engagiert (Dechant et al., 2014; Grunow et al., 2007; Trappe et al., 2009).

Allerdings hat sich das Muster des Zusammenlebens verändert (Kaufmann, 1990; Nave-Herz, 2004), nunmehr unterliegt die Entscheidung über die Hausarbeitsteilung dem Paar. Rollenmuster werden nicht mehr unhinterfragt übernommen, sondern vom Paar ausgehandelt (Bukow, 2000). In diesem Zusammenhang sind klassische Argumentationen, dass die Person, die ein höheres Einkommen erzielt, an ihrer Erwerbstätigkeit festhält und die andere Person mehr Care-Arbeit übernimmt. In der Regel verfügt der Mann über ein höheres Einkommen und die Frau ist diejenige Person, die den größeren Anteil an Care-Arbeit hat (Grunow et al., 2007; Kühhirt, 2012; Schulz & Blossfeld, 2006). In diese Argumentationen fließt meist keine langfristige Perspektive ein, die die dauerhaften Erwerbseinbußen, potentielle Altersarmut und ähnliche Folgewirkungen berücksichtigt und es wird angenommen, dass Paare dauerhaft zusammenbleiben und weiterhin finanziell füreinander einstehen. In der Folge führt die innerfamiliale Aushandlung zu Konsequenzen auf der gesellschaftlichen Ebene wie einer längeren Erwerbsunterbrechung von Frauen und einen größeren Anteil an atypischer Beschäftigung (insb. Teilzeitarbeit). Auch Hochschild und Machung (2012) untersuchen die Herausforderungen von berufstätigen Familien in der modernen Gesellschaft, insbesondere die zusätzliche Arbeit, die Frauen nach ihrer bezahlten Tätigkeit zu Hause leisten. Trotz Fortschritten in der Geschlechtergleichstellung übernehmen Frauen oft den Hauptanteil der Hausarbeit und der Kinderbetreuung – die ‚zweite Schicht'.

Vor dem Hintergrund einer vergleichsweise niedrigen Fertilitätsrate in Deutschland widmet sich die Familiensoziologie der Erforschung der Ursachen. Im Fokus stehen die Auswirkungen von Humankapital, beruflicher Stellung, Einkommens- oder Vermögensverhältnissen auf das individuelle Fertilitätsverhalten. Insbesondere hochqualifizierte Frauen haben größere Opportunitätskosten. Eine Ursache liegt aber auch in der Bildungskonstellation in Paarbeziehungen: Eine vergleichsweise hohe Neigung zur Familiengründung zeigen hypergame Paare, bei denen der Mann ein höheres Bildungsniveau als die Frau aufweist (Bauer & Jacob, 2010). Zudem gründen Frauen in geringfügiger Beschäftigung und Teilzeiterwerbstätigkeit seltener eine Familie als Frauen in unbefristeter Vollzeitbeschäftigung (Brose, 2008; Düntgen & Diewald, 2008; Kreyenfeld & Mika, 2008). Allerdings ist es durchaus so, dass Frauen – sobald Kinder in Paarbeziehungen hinzukommen – in atypische Beschäftigungen gehen, um die Care-Arbeit zu bewerkstelligen (Klammer et al., 2012; Wimbauer & Motakef, 2020). Die Rolle von Geschlechterverhältnissen in patriarchalen Strukturen von Familien wird beispielsweise von Firestone (2019) behandelt. Frauen wurden historisch aufgrund ihrer biologischen Rolle in der Reproduktion unterdrückt. Firestone kritisiert die nukleare Familie als repressive Einrichtung und plädiert für ihre Abschaffung zugunsten alternativer sozialer Strukturen. Auch Butler (1991) argumentiert in *Das Unbehagen der Geschlechter*, dass Geschlecht nicht etwas Festes oder Natürliches ist, sondern durch soziale und kulturelle Praktiken konstruiert wird. Menschen konstruieren folglich ihr Geschlecht durch wiederholte Handlungen und in einem sozialen Kontext (Aufbaumodul 1 Garfinkel). Ihre Kritik richtet sich auch gegen bestimmte feministische Theorien, die eine universelle Geschlechtsidentität annehmen. Dieses Konzept der ‚Performativität des Geschlechts' hat Implikationen für die Familiensoziologie, da es auch hier darum geht, traditionelle Annahmen über Geschlechtsrollen in der Familie in Frage zu stellen.

Jean-Claude Kaufmann bietet Innenansichten von Paarbeziehungen und widmet sich der Erforschung von Intimität, Liebe, Beziehungen und Sexualität. Das moderne Beziehungsideal ist von einer hohen Erwartung an individuelle Freiheit und Selbstverwirklichung geprägt. Kaufmann betont die Bedeutung der Intimität in Beziehungen und dass sexuelle Anziehungskraft und Kompatibilität, emotionale Intimität und Vertrauen wichtige Faktoren für eine erfolgreiche Beziehung sind. Kaufmann (1994) hat insbesondere den Prozess der Institutionalisierung von Paarbeziehung untersucht. In *Schmutzige Wäsche* geht es um den Alltag und die Institutionalisierung von Paarbeziehungen, indem die scheinbar banale Handlung des Wäschewaschens als Einblick in die Intimität und Dynamik zwischen Partner:innen dargestellt wird. Das Werk verdeutlicht, wie tägliche Routinen und Handlungen, wie das Waschen und Falten von Wäsche, nicht nur praktische Aufgaben sind, sondern auch Rituale, die Kommunikation, Zugehörigkeit, Differenzen und sogar Machtverhältnisse innerhalb einer Beziehung widerspiegeln. Kaufmann zeigt auf, wie Alltagspraktiken die tieferen Strukturen und Muster von Beziehungen und Familienleben beeinflussen. In der Paarbeziehung wird nämlich eine gemeinsame Wirklichkeit geschaffen, die rekursiv auf die beiden Partner:innen zurückwirkt (Berger & Kellner, 1965). Die Wirklichkeit in Paarbeziehungen wird im Gespräch konstruiert, d.h., gemeinsame Erlebnisse werden besprochen, worüber die Partner:innen zu einer übereinstimmenden Deutung kommen (können) (Allert, 1998). Die Verteilung der alltäglichen Pflichten ist zunehmend eine Sache der Aushandlung zwischen den Partner:innen geworden und damit eine Folge (mehr oder weniger) bewusster Entscheidungen (Kaufmann, 1994). Gleichzeitig kommen Gewohnheiten und Zuständigkeitsregelungen nicht über die Aussprache und Verhandlung zustande, sondern schleichen sich über Gesten ein, die wirklichkeitsschaffenden Charakter haben (Kaufmann, 1994). Aus wiederholten, routinisierten Gesten bilden sich Gewohnheiten, welche miteinander verschmelzen und bspw. den Vorsatz der egalitären Verteilung der Pflichten untergraben (Hondrich, 1997; Kaufmann, 1994). Diese Gewohnheiten sind zunächst relativ offen und instabil, verfestigen sich jedoch mit zunehmender Dauer der Beziehung zu einem Modell, welches in Zukunft mit vermindertem Aufwand reproduziert werden kann (Giddens, 1997; Kaufmann, 1994). In *Was sich liebt das nervt sich* beschäftigt Kaufmann (2007) sich mit dem Zusammenleben in Paarbeziehungen, insbesondere mit deren Konfliktbewältigung. Er widmet sich den Ursachen für das Infragestellen traditioneller Rollen und dem Streben nach Gleichberechtigung. Zudem verdeutlicht er die Einflüsse, die für das soziale Umfeld des Paares entstehen.

Auch die Trennungs- und Scheidungsforschung sind zentrale Themen in der Familiensoziologie, da sie nicht nur die Dynamik innerhalb von Familienstrukturen, sondern auch die gesellschaftlichen Folgen und Bedingungen solcher Trennungen erforschen. In den letzten Jahrzehnten hat sich der Fokus der Familiensoziologie in Bezug auf Scheidungen von der reinen Erfassung von Scheidungsraten hin zu einer tiefgehenden Analyse der Ursachen und Folgen verschoben. Einflussfaktoren wie wirtschaftliche Bedingungen, Bildungsniveau, kulturelle Unterschiede und gesellschaftliche Normen werden in Studien berücksichtigt, um die Komplexität von Scheidungen zu verstehen (Amato, 2000; Becker, 2022; Cherlin, 1992). Neuere Scheidungsstudien zeigen, dass das Alter bei der Heirat, Bildungsniveau, Einkommen und ethnische Zugehörigkeit wichtige Prädiktoren sind. So haben Menschen, die in jungen Jahren heiraten oder ein niedriges Bildungsniveau haben, ein höheres Scheidungsrisiko. Zudem werden die Auswirkungen des Erwerbsverhaltens auf die Partnerschaftsstabilität untersucht und konstatiert, dass sich eine hohe Berufsorientierung der Ehefrau (Lois, 2008) sowie die Arbeitslosigkeit eines Partners, insbesondere die des Mannes (Franzese & Rapp, 2013), destabilisierend auf die Ehe auswirken. In jüngerer Zeit hat die Familiensoziologie auch die Scheidungserfahrungen in nicht-traditionellen Familienstrukturen, einschließlich gleichgeschlechtlicher Paare, berücksichtigt (Balsam et al., 2008; Goldberg, 2012; Stacey, 2011).

In modernen Gesellschaften sind Beziehungsformen und Familienstrukturen einem stetigen Wandel unterworfen. Die Pluralisierung und Diversifizierung von Familienformen wird die Familiensoziologie auch weiterhin beschäftigen, ebenso Fragen der Gleichstellung der Geschlechter, Familienstrukturen und -dynamiken. Zusätzlich widmet sich die familiensoziologische Forschung Fragen der Demographie und Generationenbeziehungen. Im Fokus der Teildisziplin stehen außerdem die Sozialpolitik sowie Sozialisation und soziale Ungleichheit. Auch die Nutzung von digitalen Technologien, insbesondere sozialen Medien, ist von Interesse und wie diese sich auf die Interaktion innerhalb von Familien, die Eltern-Kind-Beziehung und andere Aspekte des Familienlebens auswirken.

3 Arbeits- und Industriesoziologie

Die Industriesoziologie ist eine der frühen Teilsoziologien, die sich durch die Untersuchung von Arbeit im industriellen Sektor ausgeprägt hat. Im Fokus steht Arbeit als Erwerbsarbeit und die Fragen, warum und unter welchen Arbeitsbedingungen Menschen arbeiten, wie sich das auf den Menschen im Sinne von Belastungen und auch auf andere Lebensbereiche auswirkt. Ebenfalls interessiert, wie Arbeit gesteuert wird und wie sich Machtverhältnisse im Kontext von Arbeit gestalten (Ruiner & Wilkesmann, 2016). Bereits Hannah Arendt setzt sich mit dem Thema Arbeit und dessen Bedeutung im Kontext des menschlichen Lebens und der menschlichen Gesellschaft auseinander. In ihrem Werk *The Human Condition* unterscheidet sie Arbeit (‚Labor') und Handeln (‚Action'). Arbeit ist die notwendige Aktivität, die Menschen unternehmen, um ihre grundlegenden körperlichen Bedürfnisse zu befriedigen, wie Nahrung, Kleidung und Obdach. Im Handeln (‚Action') hingegen können Menschen Freiheit ausüben und in gemeinsamen Anstrengungen die politische Welt gestalten (Arendt, 1958, 1981 [1960]).

Da mit der Zeit und der fortlaufenden Tertiarisierung Arbeit auch außerhalb des industriellen, sekundären Sektors stattfindet und nunmehr den tertiären Sektor, d.h. im weitesten Sinne Dienstleistungen, umfasst, wurde auch die Soziologie um den Zusatz ‚Arbeitssoziologie' erweitert (Jürgens, 2005). Die Arbeits- und Industriesoziologie untersucht (1) die gesellschaftlichen Folgen von Arbeit, die (2) Auswirkungen der Industrialisierung und (3) das Spannungsverhältnis von Kapital und Arbeit einschließlich der daraus resultierenden Machtverhältnisse (Ruiner & Wilkesmann, 2016).

Eine wesentliche Grundlage der Betrachtung von Arbeitsbeziehungen ist das Transformationsproblem von Arbeit, d.h. die Frage, wie das Arbeitsvermögen der Mitarbeitenden in tatsächliche Arbeit überführt werden kann (Berger & Offe, 1982; Minssen, 2013). Es wird von einer grundsätzlichen Interessendivergenz

Arbeit

Arbeit im Sinne der Erwerbsarbeit umfasst „jede zweckhafte Tätigkeit, die der Befriedigung materieller oder geistiger Bedürfnisse dient. Die Tätigkeit selbst kann dabei in körperlicher, manueller Arbeit und/oder in geistiger Arbeit bestehen. In ihrer elementarsten Form ist Arbeit auf die Sicherung des Überlebens auf der Grundlage natürlicher Ressourcen gerichtet. [...] In soziologischer Sicht wird insbesondere darauf verwiesen, dass Arbeit in der Regel im Rahmen einer Gemeinschaft und in sozialen Bezügen der Kooperation und Arbeitsteilung erfolgt, im Rahmen von Organisationen und in Interaktion mit anderen geleistet wird. Dabei richtet sich das Erkenntnisinteresse auf die Arbeit in der modernen Gesellschaft, in der die soziale Position in besonderem Maß durch die Arbeit bestimmt wird. Arbeit hat auch Bedeutung für die Person, für die Entwicklung ihrer Fähigkeiten und Fertigkeiten, ihres Bewusstseins und ihrer Identität" (Mikl-Horke, 2023, S. 24).

zwischen Arbeitgebenden und Arbeitnehmenden ausgegangen und angenommen, dass Arbeitgebende möglichst viel Leistung für möglichst wenig Geld einkaufen wollen und Arbeitnehmende möglichst wenig tun und viel Geld verdienen wollen. Dies geht auf die grundlegende Divergenz von Kapital und Arbeit zurück, die Marx in seiner Betrachtung der Klassengesellschaft geprägt hat (siehe Aufbaumodul 1 Marx). Das Transformationsproblem wird in der Regel über monetäre Anreize, d.h. über die Vergütung, gelöst, aber auch andere Formen der Steuerung von Arbeit über die Arbeitsgestaltung selbst, spielen eine Rolle, wenn es darum geht, wie Arbeitnehmende ihr Arbeitsvermögen einsetzen (Ruiner & Wilkesmann, 2016; Voß, 1998).

In der Industriearbeit trägt vor allem die tayloristische Arbeitsgestaltung zur Lösung des Transformationsproblems von Arbeit und der Steuerung von Arbeitskräften bei. Die wissenschaftliche Betriebsführung (Taylor, 2006 [1991]) umfasst die Trennung von Hand- und Kopfarbeit, die Zergliederung komplexer Tätigkeiten in Elementare und die dauerhafte Zuordnung von Tätigkeiten, die im One-Best-Way auszuführen waren (Ruiner & Wilkesmann, 2016; Taylor, 2006 [1911]). Harry Braverman (1974) nahm die tayloristische Organisation des Arbeitsprozesses und die damit einhergehende Kontrolle durch das Management zum Ausgangspunkt seiner Untersuchung. Im Rahmen seiner Tätigkeit in einem Produktionsunternehmen erlebte er die Transformation und Neuorganisation industrieller Prozesse mit. Nach Einführung tayloristischer Managementprinzipien können Fabrikarbeiter:innen nämlich nicht mehr wie Handwerker:innen den Fertigungsprozess selbst gestalten, sondern unterliegen der systematischen Einordnung in den Arbeitsprozess und Kontrolle durch das Management. Die tayloristische Organisation führt entsprechend zu einer Unterordnung der Arbeiter:innen unter die Kontrolle des Managements, das ihnen spezifisches Wissen entzieht, sie degradiert und von ihrer Arbeit entfremdet. Die Entwicklung wird verschärft durch die zunehmende Automatisierung und Technisierung von Arbeit. Bravermans Thesen wurden maßgeblich in der *Labor Process Theory* diskutiert.

Michael Burawoy (1979) führt die *Labor Process Theory* von ihren marxistischen Ursprüngen weg und kehrt die grundsätzliche Frage (‚Warum arbeiten Arbeiter:innen nicht mehr als von ihnen verlangt?') ins Gegenteil (‚Warum arbeiten Arbeiter:innen so viel?'). Eingesetzt als Maschinist in der Motorenfertigung analysiert er die Konsensherstellung in der Produktion. Er entdeckt ein Interaktionsgefüge zwischen Arbeiter:innen, Manager:innen und Kolleg:innen, das das Verhältnis von Kontrolle und Widerstand austariert. Dabei ist die (freiwillige) Kooperation der Arbeiter:innen wesentlich für den Arbeitsprozess. Freiräume im Arbeitsprozess gehen mit einem Rückgang der Kontrolle durch das Management einher. Im Ergebnis entwickeln (Arbeits-)Gruppen eigene soziale und informelle Normen, die im Sinne der Erreichung organisationaler Ziele sind, wie z. B. die Überschreitung der erwarteten Leistung. Dies würden die Arbeiter:innen weniger aufgrund finanzieller Anreize tun als vielmehr aus Spaß und Ehrgeiz, wie Burawoy (1979) im Kapitel *The Labor Process as a Game* beschreibt. Folglich führt dies zu einer stärkeren Selbstkontrolle der Arbeiter:innen bzw. Kontrolle durch Kolleg:innen. Die Spiele-Metapher dient dabei als Link zwischen individuellen Rationalitäten und der Rationalität der kapitalistischen Arbeitsprozessgestaltung und zeigt auf, dass die Regeln des Spiels akzeptiert werden. Insofern besteht ein grundsätzliches Einverständnis der Arbeiter:innen.

Aktuell stehen im Fokus der Arbeits- und Industriesoziologie die Veränderungen der Arbeitswelt, insbesondere im Zuge der Digitalisierung und dem Einsatz digitaler Technologien (siehe Abschnitt 9 zu Techniksoziologie). In diesem Zusammenhang wird zu Industrie 4.0 und Arbeit 4.0 bzw. New Work und den Auswirkungen auf die Mitarbeitenden geforscht. Industrie 4.0 beschreibt einen vernetzten und optimierten Produktionsprozess und die damit einhergehende Produktlebenszyklus-Verwaltung, die individuelle Kundenbedürfnisse berücksichtigt. Sie nutzt Echtzeit-Daten, um adaptive Wertschöpfungsnetzwerke zu schaffen, die Menschen, Gegenstände und Systeme integrieren und sich nach verschiedenen Faktoren, wie Kosten optimieren (BMWi, 2015; Ruiner & Wilkesmann, 2016) (siehe Aufbaumodul 2 Techniksoziologie).

Relevant in diesem Kontext ist die Frage nach der Ersetzbarkeit von Berufen und der Weiterentwicklung von Berufsbildern. In diesem Zusammenhang wird in der Regel auf die Studie von Frey und Osborne (2013, 2017) verwiesen, die erwartet, dass potentiell 47 % der US-Amerikaner:innen ein Arbeitsplatzverlust aufgrund des Einsatzes von Technik droht. Das Risiko der Ersetzbarkeit durch Technik besteht insbesondere bei repetitiven und routinemäßigen Tätigkeiten, während kreative und sozial anspruchsvolle Tätigkeiten schwerer zu automatisieren sind. Die Studie wurde für andere Länder repliziert: In Deutschland besteht aufgrund unterschiedlicher Arbeitsmarktstrukturen und einem Mehr an qualifizierten Tätigkeiten, die eine duale Ausbildung erfordern, ein geringeres Risiko der Ersetzbarkeit (Bonin et al., 2015; Dengler & Matthes, 2015).

Im Zusammenhang mit dem Einsatz von Technologien wird herausgestellt, dass es weniger um die Ersetzbarkeit von Arbeit geht, sondern vielmehr darum, dass sich die Qualifikationsanforderungen ändern und höher werden (‚Upgrading') oder es zu einer ‚Polarisierung' kommt, d.h. die mittleren Qualifikationsprofile zugunsten niedriger oder höherer Anforderungen obsolet werden (Hirsch-Kreinsen et al., 2015; Kern & Schumann, 1977; Ruiner & Wilkesmann, 2016). Zudem kommt es auf die Mensch-Technik-Interaktion an und darauf, dass diese so gestaltet ist, dass Mensch und Technik positiv zusammenwirken und als Team bessere Ergebnisse bei der Lösung komplexer Probleme erzielen, als jede:r für sich allein genommen (siehe Aufbaumodul 2 Techniksoziologie). Relevante Themen, die in diesem Zusammenhang eine Rolle spielen, sind neue Tätigkeitsprofile, eine lernförderliche Arbeitsorganisation und -gestaltung sowie die Partizipationsmöglichkeiten der Mitarbeitenden (Hirsch-Kreinsen, 2015; Hirsch-Kreinsen et al., 2015).

Veränderungen im Zusammenhang mit der Digitalisierung von Arbeit werden auch unter dem Begriff Arbeit 4.0 oder auch ‚New Work' behandelt (Bergmann, 2019; Hackl et al., 2017; Rump & Eilers, 2017).

Im Kern lässt sich eine Flexibilisierung von Arbeit beobachten, die die zeitliche, räumliche, aber auch die vertragliche Dimension umfasst (Ruiner & Wilkesmann,

Arbeit 4.0

Der Einsatz digitaler Technologien verändert die Arbeit, Arbeitsprozesse und Arbeitsbeziehungen. ‚Arbeit 4.0' meint digitale, vernetzte und flexible Arbeit. Vernetzung ist die Art und Weise, wie Individuen, Teams und Organisationen zueinander in Beziehung stehen und untereinander materielle und immaterielle Ressourcen austauschen. Flexibilisierung bezieht sich insbesondere auf die Freisetzung aus zeit- und räumlich gebundener Arbeit. Im Zentrum des Konzepts stehen Arbeitsbedingungen, Arbeitsplatzgestaltung und Anforderungen an Mitarbeitende und Führungskräfte.

New Work

‚New Work' adressiert den Wandel von Arbeit und richtet den Fokus auf die kulturellen Aspekte. Das Konzept bezieht sich auf eine menschzentrierte Perspektive auf die Arbeit und die Art und Weise, wie Arbeit wahrgenommen, organisiert und ausgeführt wird. Selbstbestimmung und Sinnstiftung stehen hierbei im Zentrum. Selbstbestimmung bezieht sich auf die Handlungs- und Gestaltungsspielräume der Mitarbeitenden, den Arbeitsalltag, die Aufgaben und Arbeitszeiten mitzugestalten und fördert die Selbstorganisation und Eigenverantwortung. Sinnstiftung legt den Fokus auf die wahrgenommene Bedeutsamkeit der Tätigkeiten. Zentral in diesem Konzept sind Kollaboration und Wissensaustausch sowie Partizipation.

2016). Bei der zeitlichen Flexibilisierung geht es um die Auflösung traditioneller Arbeitsbedingungen und die Neugestaltung von Arbeitszeiten, damit diese besser zu den individuellen Bedürfnissen und Anforderungen von Mitarbeitenden und auch Arbeitgebenden passen. Die räumliche Flexibilisierung bezieht sich auf die Möglichkeit, den physischen Arbeitsort flexibel zu gestalten, sodass Mitarbeitende nicht an einen bestimmten Standort gebunden sind, um ihre Aufgaben zu erfüllen. Diese Art der Flexibilisierung wird durch Technologien ermöglicht, wodurch Mitarbeitende an verschiedenen Orten arbeiten, sei es im Büro, zu Hause, im Coworking Space oder von unterwegs. Unterschieden werden kann zwischen Telearbeit, mobiler Arbeit und Homeoffice (Flüter-Hoffmann & Stettes, 2022). Telearbeit ist gesetzlich definiert und gekennzeichnet durch fest eingerichtete Bildschirmarbeitsplätze im Privatbereich der Mitarbeitenden. Es handelt sich um eine formelle und regelmäßige Arbeitsform, die von Arbeitgebenden und den Mitarbeitenden vertraglich vereinbart wird. Mobiles Arbeiten hingegen ist nicht explizit gesetzlich, aber in Betriebsvereinbarungen geregelt, und es gelten das Arbeitszeitgesetz und die gesetzlichen Vorgaben des Arbeits- und Gesundheitsschutzes. Es zeichnet sich durch seine Flexibilität aus: Mitarbeitende können nahezu überall arbeiten, sei es zu Hause, während einer Dienstreise oder bei Kund:innen. Typischerweise stellen Arbeitgebende die benötigten Betriebsmittel, wie Notebooks mit VPN-Zugang und Mobiltelefone zur Verfügung. Homeoffice ist eine informelle Bezeichnung für das zeitweilige Arbeiten von zu Hause in Absprache mit den Arbeitgebenden. Die vertragliche Flexibilität verweist darauf, dass sich ebenfalls die vertragliche Einbindung von Mitarbeitenden ändert. Diese sind nicht mehr nur über ein Normalarbeitsverhältnis eingebunden, das gekennzeichnet ist durch eine unbefristete Vollzeittätigkeit, die ein existenzsicherndes Einkommen generiert, Mitarbeitende in die sozialen Sicherungssysteme integriert und die Tätigkeit in der Organisation stattfindet, mit der auch ein Arbeitsvertrag besteht (Mückenberger, 1990). Vielmehr gibt es unterdessen atypische Beschäftigungsformen wie Teilzeitarbeit, befristete Verträge, Zeitarbeit oder die Solo-Selbstständigkeit (Apitzsch et al., 2015; Keller & Seifert, 2018; Ruiner & Wilkesmann, 2016) (siehe Tabelle 3).

Tabelle 3: Normalarbeitsverhältnis und atypische Beschäftigung

Normalarbeitsverhältnis	**Atypische Beschäftigung**
Vollzeitbeschäftigung	Teilzeitbeschäftigung
Unbefristeter Arbeitsvertrag	Befristete Beschäftigung
Regelmäßige monatliche, existenzsichernde Vergütung	Geringfügige Beschäftigung
Vollständige Integration in die sozialen Sicherungssysteme (Arbeitslosen-, Kranken- und Rentenversicherung)	Geringfügige Beschäftigung
Tätigkeit in den betrieblichen Strukturen des Betriebs, wobei die Arbeitnehmenden gegenüber den Arbeitgebenden weisungsgebunden sind	Zeitarbeit, Solo-Selbstständigkeit

Im Zusammenhang mit der Flexibilisierung kommt es zur Entgrenzung von Arbeit. Entgrenzung meint die Auflösung vormaliger Grenzen zwischen Erwerbsarbeit und privater Lebenssphäre. Diese lösen sich auf, insbesondere aufgrund der zeitlichen und räumlichen Flexibilisierung von Arbeit. Dadurch kann Arbeit z. B. von zu Hause stattfinden und auch das zeitliche Regime verändert sich, wodurch es zu einer Überlagerung der Lebenssphären kommt. Die Entgrenzung von Arbeit bezieht sich jedoch auch auf die verwendeten Hilfsmittel, den Arbeitsinhalt bzw. die Qualifikation, die Sozialorganisation sowie den Sinn und die Motivation zu arbeiten (Voß, 1998).

Vor dem Hintergrund der Flexibilisierung von Arbeit und auch der zunehmenden Relevanz der Kundeninteraktion im Zuge der Tertiarisierung wird die Subjektivierung von Arbeit zentral (Kleemann, 2012).

> „Die Erwerbsarbeit unterliegt also einem doppelten Subjektivierungsprozeß: Veränderte betriebliche Strukturen erhöhen den funktionalen Bedarf der Betriebe nach subjektiven Leistungen. [...] Individuen betreiben dagegen eine Subjektivierung der Arbeit, wenn sie verstärkt subjektive Ansprüche an die Arbeit herantragen“ (Kleemann et al., 2002, S. 62).

Subjektivierung bezieht sich auf die persönlichen Bedürfnisse, Werte und Erwartungen der Mitarbeitenden, die die Arbeit weniger als bloße Pflichterfüllung und mehr als eine Möglichkeit zur Selbstverwirklichung und zur Erfüllung individueller Ziele ansehen. Gleichzeitig wird von den Arbeitgebenden erwartet, dass sich die Mitarbeitenden als Subjekte in die Arbeit einbringen – sei es, um die Flexibilisierung von Arbeit und die damit einhergehenden Entscheidungen der Arbeitsorganisation in deren Hände zu legen, oder, um die spezifischen Kundeninteraktionen produktiv zu lösen (Böhle, 2003; Kleemann, 2012; Kleemann et al., 2002).

Auch die Interaktionsarbeit, die Dienstleistungstätigkeiten inhärent ist, trägt dazu bei, dass Tätigkeiten komplex werden. Es geht hier um die wechselseitige Abstimmung der Interessen von Kund:innen und dienstleistender Arbeitskraft in der jeweiligen Arbeitssituation. Diese ist von einer hohen Unbestimmtheit geprägt und es sind Abstimmungen vorzunehmen, da weder Ziel noch Prozess der Dienstleistung von vornherein festgelegt sind (‚Koordinationsproblem‘), da die Beteiligten ihre Handlungen permanent aufeinander abstimmen müssen, um das Ergebnis der Dienstleistung zu erreichen (‚Beitragsproblem‘) und da es sich in der Regel um eine ökonomisch geprägte Beziehung zwischen Dienstleistungsgeber:in und Kund:in handelt (‚Leistungsproblem‘) (Dunkel & Weihrich, 2014). Insbesondere wenn es im Dienstleistungskontext darum geht, in Interaktionen auf die eigenen Gefühle oder die der Kund:innen einzuwirken, wird von ‚Emotionsarbeit‘ gesprochen (Hochschild, 1983). Hiervon kann eine zusätzliche Belastung im Arbeitskontext ausgehen und eine ‚emotionale Entfremdung‘ resultieren, wenn wahre Gefühle unterdrückt oder Emotionen, die nicht echt sind, vorgetäuscht werden (Ruiner & Wilkesmann, 2016).

Im Zusammenhang mit den skizzierten Entwicklungen im Arbeitsmarkt wird das Konzept des Arbeitskraftunternehmers (Voß & Pongratz, 1998) relevant. Dem Arbeitskraftunternehmer werden folgende Selbstmanagementfähigkeiten zugeschrieben:

- Die Selbstkontrolle meint die Befähigung zu selbständiger Planung, Steuerung und Überwachung der eigenen Aktivitäten.
- Die Selbstökonomisierung verweist auf die Befähigung zu einer aktiv zweckgerichteten Produktion und Vermarktung der eigenen Fähigkeiten und Leistungen auf einem umkämpften Markt.
- Die Selbstrationalisierung bezieht sich auf die Befähigung zur Durchorganisation von Alltag und Lebensverlauf inklusive einer Tendenz zur Verbetrieblichung der Lebensführung.

Es handelt sich hierbei um grundlegende Anforderungen, die im Kontext des Wandels von Arbeit an Beschäftigte gestellt werden.

Schließlich ist zentral im Kontext der Arbeits- und Industriesoziologie, wie Arbeitsbedingungen ausgehandelt werden und wie sich die industriellen Beziehungen (Müller-Jentsch, 1986) darunter weiterentwickeln. Industrielle Beziehungen bestehen in der Gestaltung und Aushandlung von Arbeitsbedingungen im dualen System der Interessenvertretung. Dieses basiert auf Interessengegensätzen zwischen Kapital und Arbeit (siehe Aufbaumodul 1 Marx). Die Interessengegensätze werden verhandelt auf überbetrieblicher Ebene zwischen Gewerkschaften als Interessenvertretungsorgan der Arbeitnehmer:innen und zwischen Arbeitgeberverbänden. Auf betrieblicher Ebene werden Arbeitsbedingungen zwischen dem Betriebsrat als betrieblichem Vertretungsorgan und dem Management ausgehandelt (Ruiner & Wilkesmann, 2016). Das System der industriellen Beziehungen verändert sich und nunmehr spielen weitere Akteur:innen eine Rolle, wie Berufsverbände und andere Interessenvertretungsorganisationen (Apitzsch et al., 2016; Keller, 2018).

Die Arbeitswelt befindet sich in einem grundlegenden Wandel. Dieser wird getrieben durch die demographische Entwicklung, kulturelle Veränderungen und dem Einsatz digitaler Technologien. Aktuelle und zukünftig relevante arbeits- und industriesoziologische Forschungsthemen beziehen sich auf neue Formen der Zusammenarbeit (‚hybride Teams') und veränderte Führungsbeziehungen, die im Zusammenhang mit Arbeit 4.0 und New Work eine Rolle spielen. Dies kann mit neuen Belastungssituationen und auch mit veränderten Machtbeziehungen einhergehen. Auch die Möglichkeiten der Einbindung von Mitarbeitenden in Arbeits- und Entscheidungsprozesse, d.h. die Partizipations- und Mitbestimmungsmöglichkeiten, sowie die Gestaltung (digitaler) Arbeitsbedingungen sind zentral.

4 Organisationssoziologie

Die Organisationssoziologie analysiert Organisationen, ihre Strukturen, Prozesse und Außenbezüge. Von besonderem Interesse sind die informellen Entscheidungs- und Machtstrukturen, die gesellschaftlichen Funktionen von Organisationen sowie die politischen und gesellschaftlichen Prozesse, die auf Organisationen einwirken (Apelt & Tacke, 2012; Tacke, 2010). Im Fokus stehen Organisationen wie Unternehmen, Vereine, Krankenhäuser, Universitäten, Verwaltungen, militärische Organisationen und Nichtregierungsorganisationen (Apelt & Tacke, 2012). Organisationen zeichnen sich durch spezifische Merkmale aus: Sie haben ein Ziel bzw. einen Zweck, sie haben organisationale Grenzen, um Mitglieder von Nicht-Mitgliedern abzugrenzen und sie bestehen aus hierarchischen Strukturen (Kühl, 2003). Innerorganisational im Fokus stehen insbesondere die Prozesse, Voraussetzungen und Folgen der Ziele und Zwecke von Organisationen, die innerorganisationalen Interaktions- und Kommunikationsprozesse, Konflikte und Machtbeziehungen (Abraham & Büschges, 2009; Kühl et al., 2009; Liebig et al., 2017; Preisendörfer, 2008; Scott, 1961).

Eine wesentliche Grundlage der Organisationssoziologie liegt in Webers Betrachtung von Bürokratien (Weber, 1972 [1922]). Er beschreibt die Bürokratie idealtypisch als eine Organisation, welche durch klare Hierarchien gekennzeichnet ist, in der es eine klare Befehlskette von den höchsten zu den niedrigsten Ebenen gibt (siehe Aufbaumodul 1 Weber). In einer solchen Struktur sind Aktionen und Entscheidungen durch Regeln und Vorschriften bestimmt, um sicherzustellen, dass sie unparteiisch und ohne persönliche Vorlieben getroffen werden. Diese Regeln ermöglichen eine klare Aufgabenverteilung, bei der jeder spezifische Zuständigkeiten hat. Interaktionen und Entscheidungen innerhalb einer Bürokratie sind von Unpersönlichkeit geprägt und werden ohne Rücksicht auf persönliche Beziehungen getroffen. Für Weber verkörpert die Bürokratie eine Form der ‚legalen-rationalen Herrschaft', d.h. Macht in solchen Systemen basiert auf der Legalität von normativen Regeln und der Rechtmäßigkeit der Entscheidungsträger:innen. Die Macht stützt sich also auf festgelegte Regeln und Verfahren und nicht auf traditionelle oder persönliche Qualitäten.

Während bei Weber die regelgebundene Rationalität und Legalität im Mittelpunkt stehen, legt Parsons (2013 [1951]) den Fokus auf die funktionalen Mecha-

Organisation

Eine Organisation bezeichnet eine strukturierte Gruppe von Menschen oder Einheiten, die gemeinsame Ziele und Aufgaben verfolgen und sich auf festgelegte Regeln, Hierarchien und Arbeitsabläufe stützen. Sie zeichnen sich dadurch aus, dass sie einen Zweck haben, die Mitgliedschaft für die Bestimmung organisationaler Grenzen relevant ist und eine hierarchische Organisationsstruktur besteht.

nismen von Organisationen innerhalb der Gesellschaft. Dies eröffnet eine Perspektive, um die Komplexität organisationaler Strukturen und Interaktionen zu erfassen. Im Mittelpunkt stehen das AGIL-Schema und die Mustervariablen; diese dienen als Werkzeuge, um formale Organisationen und ihre Funktionen innerhalb der Gesellschaft zu analysieren (siehe Aufbaumodul 1 Parsons). Für Parsons sind formale Organisationen Mechanismen, durch die gesellschaftlich relevante Ziele umgesetzt und definiert werden. Eine zentrale Annahme in diesem Organisationsverständnis ist die Legitimation dieser Ziele. Ein Ziel ist nur dann legitim, wenn es eine essenzielle Funktion für das übergeordnete System, wie die Gesellschaft, erfüllt und nicht im Widerspruch zu anderen innerorganisationalen Werten und Interessen steht. Das bedeutet konkret, dass, obwohl Profitstreben ein primäres Ziel eines Unternehmens sein kann, es nicht das alleinige Zeil sein darf. Ein reiner Gewinnfokus, der den gesellschaftlichen Nutzen seiner Aktivitäten missachtet, gefährdet die moralische Legitimation des Unternehmens (Bonazzi, 2014). Ein weiteres zentrales Element in dem Organisationskonzept von Parsons ist das Verständnis von Macht. Für ihn ist Macht die Fähigkeit, Ressourcen zur Zielerreichung eines Systems zu mobilisieren. Er setzt Macht und Reichtum gleich, da beides Ressourcen sind, die im gesamten sozialen System verteilt und für konsumtive oder investive Zwecke genutzt werden können. Anders als beim traditionellen Machtverständnis (Weber, 1972 [1922]) betont Parsons die Notwendigkeit der Legitimation von Macht. Sie muss universalistischen Prinzipien entsprechen und den übergeordneten Zielen der Gesellschaft dienen. Im Anschluss an Parsons erweitert Merton den strukturfunktionalistischen Ansatz um Konzepte von nicht-intendierten Folgen und die Funktionsanalysen.

Merton fokussiert die unvorhergesehenen Konsequenten organisationaler Handlungen und Entscheidungen. Besonders in seinem Werk *Social Theory and Social Structure* (1968) legt er die Grundlagen für eine Untersuchung von Organisationen, indem er den funktionalistischen Ansatz in den Vordergrund stellt. Mertons Konzept der funktionalen Analyse ermöglicht es, zu untersuchen, wie verschiedene Aspekte einer Organisation – von Hierarchien bis zu Kommunikationsstrukturen – zur Erreichung der Organisationsziele beitragen. Zudem unterscheidet er zwischen manifesten und latenten Funktionen. Während manifeste Funktionen als die beabsichtigten und erkennbaren Auswirkungen eines sozialen Systems oder einer Struktur angesehen werden, sind latente Funktionen die unbeabsichtigten und oft unsichtbaren Nebenwirkungen. Dieses Unterscheidungsmerkmal hat in der Organisationssoziologie Relevanz erlangt, da es ermöglicht, unerwartete Nebenwirkungen organisationaler Praktiken zu bestimmen. In *Social Structure and Anomie* (1938) beleuchtet er das Konzept der Anomie und wie Zustände von sozialem Druck und Normenkonflikten zu sozialer Desintegration führen können. Übertragen auf Organisationen kann gezeigt werden, wie Zielkonflikte oder unklare Rollenerwartungen das organisationale Gefüge stören können. Mertons Untersuchungen zu Rollenkonflikten, insbesondere in der soziologischen Rollentheorie, sind für das Verständnis organisationaler Dynamiken wichtig. Mitarbeitende in Organisationen nehmen in der Regel mehrere Rollen gleichzeitig ein, was zu Konflikten führen kann, wenn diese Rollen unterschiedliche oder sogar gegensätzliche Erwartungen mit sich bringen (Merton, 1968).

Luhmann hebt sich hier durch seine Interpretation des Organisationsbegriffs ab. Anders als vorherige Auffassungen, die Organisationen als bloße Teile eines umfassenderen Systems sehen, konzipiert Luhmann sie als selbstreferenzielle und sich selbst erhaltende Systeme, geprägt durch fortwährende Kommunikation. Ein Schlüsselaspekt von Luhmanns Theorie ist die Betonung von Entscheidungen. Für Luhmann entstehen und bestehen Organisationen durch die fortlaufende Praxis der Entscheidungsfindung (Luhmann, 1984). Jede Entscheidung in einer Organisation basiert auf vorherigen und beeinflusst zukünftige Entscheidungen, wodurch sich die Struktur und Entwicklung der Organisation ständig anpassen. Zudem führt Luhmann das Konzept der System-Umwelt-Differenzierung ein. Jede Organisation als System betrachtet, unterscheidet ständig zwischen sich selbst und ihrer externen Umwelt. Durch diese Abgrenzung kann die Organisation ihre innere Komplexität verwalten, während sie auf äußere Veränderungen reagiert (Luhmann, 1978).

Henry Mintzberg (1979) prägt das Verständnis organisationaler Strukturen durch seine differenzierten Modelle. Er unterscheidet fünf zentrale Strukturtypen. In der einfachen Struktur (‚Simple Structure') wird durch eine zentrale Entscheidungsperson über direkte Kommunikation und informelle Regeln koordiniert. In der Maschinenbürokratie (‚Machine Bureaucracy') sind die Prozesse standardisiert und Entscheidungen werden auf einer hierarchischen und bürokratischen Basis getroffen. In der professionellen Bürokratie (‚Professional Bureaucracy') verlassen Organisationen sich auf das hochqualifizierte Fachpersonal, um komplexe Aufgabenstellungen zu bewältigen, wobei Entscheidungen dezentral, basierend auf Fachkenntnissen und Professionalität, getroffen werden. Die vierte ‚divisionale Form' (‚Divisionalized Form') ist charakteristisch für große Organisationen, die in unterschiedliche Geschäftsbereiche segmentiert sind. Schließlich bezeichnet die ‚adhokratische Organisation' (‚Adhocracy') eine flexible und weniger formalisierte Struktur, in der projektbasierte und anpassungsfähige Arbeitsweisen dominieren.

Den Blick in die Organisation hinein bzw. auf das Verhältnis von Organisation und Individuum richten James March und Herbert Simon (1958). Sie haben das Konzept der begrenzten Rationalität geprägt. Demnach sind Menschen aufgrund von begrenzten kognitiven Ressourcen und Zeitbeschränkungen nicht in der Lage, rationale Entscheidungen zu treffen. Die Anreiz-Beitrags-Theorie befasst sich in diesem Zusammenhang mit den Anreizen, die von Organisationen an ihre Mitglieder gegeben werden, um diese zur Teilnahme, zum Beitrag und zur Leistung zu motivieren (siehe Abbildung 13).

Die Anreiz-Beitrags-Theorie geht davon aus, dass Menschen in Organisationen bestimmte Erwartungen und Bedürfnisse haben, die durch angemessene Anreize und Belohnungen erfüllt werden müssen, um auf ihre Teilnahme-, Beitrags- und

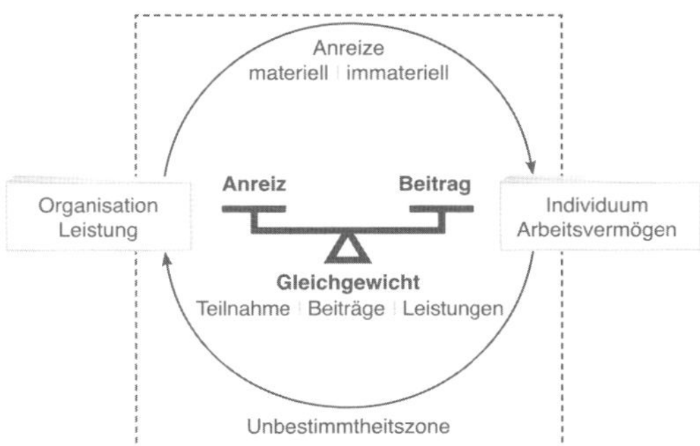

Abb.: 13: Anreiz-Beitrags-Theorie

Leistungsentscheidung, d.h. ihre Motivation und ihre Bereitschaft zur Mitarbeit, einzuwirken. Aus dieser Perspektive erscheinen Organisationen als komplexe Systeme, in denen die ‚Teilnehmenden' nicht isoliert handeln, sondern in wechselseitige Beziehungen und Abhängigkeiten eingebettet sind. Diese Individuen bringen ihre Ressourcen, Fähigkeiten und Zeit in die Organisation ein – ihre ‚Beiträge'. Als Gegenleistung erhalten sie von der Organisation Anreize, seien es materielle Vergütungen, Anerkennung oder andere Vorteile. Ein zentrales Element dieser Beziehung ist der Transformationsprozess, durch den die Beiträge in Anreize umgewandelt werden. Für die Stabilität und Produktivität der Organisation muss dieses Verhältnis von Geben und Nehmen ausgewogen bleiben. Wenn die Teilnehmenden wahrnehmen, dass ihre Beiträge nicht angemessen kompensiert werden, kann dies zu Unzufriedenheit und dem Wunsch nach Veränderung führen. Das sogenannte ‚Organisationsgleichgewicht' tritt ein, wenn die Organisation in der Lage ist, genügend Anreize bereitzustellen, um die Beiträge ihrer Mitglieder auszugleichen (Barnard, 1938; Cyert & March, 1963; March & Simon, 1958; Simon, 1955).

Auch Albert O. Hirschman analysiert das Handeln von Individuen und Organisationen. In seinem Werk *Exit, Voice, and Loyalty: Responses to Decline in Firms, Organizations, and States* (1970) systematisiert er die Reaktionen auf den organisationalen Niedergang und entwickelt das Konzept von ‚Exit' (Austritt), ‚Voice' (Stimme) und ‚Loyalty' (Loyalität) als mögliche Reaktionen von Individuen auf die Probleme und Herausforderungen in Organisationen. Dabei kann ‚Voice' eine Möglichkeit sein, Unzufriedenheit auszudrücken. Menschen, die mit Loyalität reagieren, bleiben und unterstützen die Organisation bei der Verbesserung der Situation.

Peter M. Blau (1964; 1963; 2017 [1964]) legt den Schwerpunkt seiner Forschung auf die sozialen Strukturen und Beziehungen innerhalb von Organisationen. Anstelle einer ausschließlichen Betrachtung von Organisationen als formelle, bürokratische Einheiten berücksichtigt Blau die zwischenmenschlichen Interaktionen und sozialen Dynamiken, die das Rückgrat von Organisationen bilden.

Eines seiner Schlüsselkonzepte ist die Idee der sozialen Heterogenität. Je diverser und heterogener eine Organisation in Bezug auf soziale Merkmale ist, desto komplexer und variantenreicher sind die sozialen Interaktionen innerhalb dieser Organisation. Er analysiert, wie soziale Faktoren das Handeln von Mitarbeitenden in bürokratischen Organisationen beeinflussen. Im Ergebnis spielen soziale Beziehungen, weit entfernt von den formalen Regeln und Hierarchien, eine wichtige Rolle bei Entscheidungsprozessen und der allgemeinen Funktionsweise von Organisationen (Blau, 1963). Zudem thematisiert er den sozialen Austausch als grundlegendes Prinzip sozialer Interaktion und Organisation. Blau argumentiert in seiner ‚Social Exchange Theory' (Austauschtheorie), dass Menschen in sozialen Beziehungen in einem Prozess des ständigen Gebens und Nehmens sind, wobei sie Güter, Dienstleistungen, Anerkennung oder andere soziale ‚Währungen' austauschen (Blau, 2017 [1964]).

Darüber hinaus gibt es zahlreiche bedeutende Organisationsstudien, die auch für die Arbeits- und Industriesoziologie relevant sind. Hierzu gehört die Untersuchung der wissenschaftlichen Betriebsführung von Taylor (2006 [1911]). Dieser richtet den Blick auf innerorganisationale Strukturen und Prozesse mit dem Ziel, die Produktivität zu steigern. Insbesondere die Aufgabenverteilung und -ausführung wurde analysiert und im ‚One-Best-Way', d.h. einem besten Weg, eine bestimmte Tätigkeit auszuüben, festgeschrieben. Das impliziert wiederum, dass ein Tagespensum ermittelt und in entsprechenden monetären Anreizsystemen hinterlegt werden kann. In diesem Zusammenhang werden die ausführenden Tätigkeiten (‚Handarbeit') von den planerischen und strategischen Tätigkeiten (‚Kopfarbeit') getrennt. Schließlich impliziert die Festlegung eines One-Best-Way auch die Auswahl von Arbeiter:innen, die für die jeweilige Tätigkeit anhand der physischen und psychischen Anforderungen am besten geeignet sind (Ruiner & Wilkesmann, 2016) (siehe Aufbaumodul 2 Arbeits- und Industriesoziologie).

Während Blau die Rolle sozialer Interaktionen und Beziehungen innerhalb von Organisationen hervorhebt und die Bedeutung sozialer Austauschprozesse betont, wurden diese Konzepte auch empirisch durch Studien wie die Hawthorne-Experimente (Mayo, 1949; Roethlisberger & Dickson, 1939) bekräftigt. Diese beleuchten die unerwarteten und oft übersehenen Auswirkungen sozialer Faktoren auf die Arbeitsleistung und das Wohlbefinden der Mitarbeitenden. Sie gehen von der wissenschaftlichen Betriebsführung nach Taylor (2006 [1911]) aus und untersuchen Möglichkeiten der effizienteren Gestaltung organisationaler Prozesse und Rahmenbedingungen. Ursprünglich waren sie konzipiert, um den Einfluss physischer Arbeitsbedingungen, wie Beleuchtung und Pausen, auf die Produktivität der Mitarbeitenden zu untersuchen. Doch die Ergebnisse bieten Einblick in die Sozialdynamik von Arbeitsgruppen. Bei der Arbeitsleistung sind soziale und psychologische Faktoren – insbesondere die sozialen Beziehungen im Arbeitskontext – wichtig, weniger die physischen Arbeitsbedingungen (Ruiner & Wilkesmann, 2016). Die Wahrnehmung von Beachtung und Wertschätzung, die die Mitarbeitenden empfinden, weil sie Teil des Experiments waren, hatte einen großen Einfluss auf ihre Produktivität (Mayo, 1949). Ein weiteres zentrales Ergebnis ist die Entdeckung informeller Gruppennormen und deren Einfluss auf das Handeln der einzelnen Mitarbeitenden (Roethlisberger & Dickson, 1939). Es wird die Rolle von Gruppendynamiken, sozialen Beziehungen und Kommunikation im Arbeitsumfeld betont. Außerdem liefern die Experimente Erkenntnisse über Gruppennormen. Die Mitarbeitenden stellen informelle Gruppennormen zuweilen über formelle Anweisungen. Das individuelle Handeln wird stärker von diesem beeinflusst als von den formellen Organisationsstrukturen. Die Hawthorne-Experimente geben somit den Anstoß zu einem verstärkten Fokus auf die menschlichen Aspekte der Arbeit und betonen die Notwendigkeit, die sozialen und psychologischen Bedürfnisse der Mitarbeitenden zu berücksichtigen (‚Human-Relations-Bewegung').

Die Entdeckung der Relevanz des Informellen in Organisationen hat weitreichende Impulse für die empirische Forschung im Bereich der Organisation gegeben, da ein umfassendes Verständnis von Organisationen nicht allein durch ihre formellen und offensichtlichen Strukturen erreicht werden kann (von Groddeck & Wilz, 2015). Vielmehr sind es die verborgenen, informellen Beziehungen und Dynamiken, die wesentlich zur Erklärung des inneren Ablaufs und Verhaltens von Organisationen beitragen.

In diesem Zusammenhang sind Kontroll- und Machtstrukturen, die sich jenseits der formalen Strukturen in Form von mikropolitischen Spielen beobachten lassen (Crozier & Friedberg, 1979), zentral. Für Crozier (1964) und Crozier und Friedberg (1979) sind informelle Praktiken in Organisationen das Ergebnis von Macht- und Austauschbeziehungen. Macht geht insofern nicht nur von der Organisationsspitze aus, sondern auch von unpersönlichen Regeln, zentralen Entscheidungen und informellen Strukturen in Organisationen. Für ein besseres Verständnis der Machtbeziehungen rekurrieren Crozier und Friedberg (1979) auf die ‚Spiele-Metapher': Die Zusammenarbeit in Organisationen, das Handeln und das Ausüben von Zwang in Organisationen basiert auf spezifischen Spielregeln. Wenn ein:e Akteur:in mitspielen möchte, sind diese Regeln zu berücksichtigen; gleichzeitig bestehen Handlungsspielräume zur Anwendung des Regelwerks. Die Spiele-Metapher hilft dabei, das Zusammenspiel und die Kooperation zwischen den Mitgliedern einer Organisation besser zu verstehen. Der Fokus liegt nicht auf starren Strukturen, sondern auf der dynamischen Rolle der Akteur:innen und deren Handeln. Crozier und Friedberg (1979) stellen heraus, dass Akteur:innen nicht lediglich passive Rezipient:innen der organisationalen Strukturen sind, sondern eine aktive Rolle in der Gestaltung und Transformation dieser Strukturen spielen. Diese Dynamik wird in der Spiele-Metapher besonders deutlich. Sie betrachten Organisationen als komplexe Arenen, in denen Akteur:innen in einem ständigen Spiel von Macht und Strategie agieren. Obwohl Regeln in diesem Spiel existieren, sind sie das Produkt von Verhandlungen und können durch strategische Manöver und Machtverlagerungen adaptiert werden. In dieser Perspektive wird Macht weniger als einfache Dominanz oder Kontrolle über Ressourcen verstanden, sondern vielmehr als die Fähigkeit, Unsicherheiten innerhalb des organisationalen Kontexts zu kontrollieren und zu manipulieren. Die relationale Dynamik zwischen den Akteur:innen, geprägt von ständigen strategischen Interaktionen und Machspielen, gestaltet und verändert die Organisationsstrukturen kontinuierlich.

Im Anschluss an die Betrachtung von Strategien und Machtverhältnissen rückt die Frage der Bedeutungskonstruktion in Organisationen in den Vordergrund. Der ‚Sensemaking'-Ansatz von Karl E. Weick (1995) adressiert diese Dimension. Organisationen sind in einem kontinuierlichen Prozess stets bemüht, die sie umgebende Realität zu interpretieren, insbesondere in Phasen von Unsicherheit oder Ambiguität. Das ‚Sensemaking' beschreibt somit eine fortwährende Anstrengung von Akteur:innen, aufkommende Ereignisse und Situationen zu kategorisieren, einzuordnen und ihnen Bedeutung beizumessen. Hierbei werden kognitive Strukturen, vorausgehende Erfahrungen und soziale Interaktionen herangezogen, um die wahrgenommene Realität zu konstruieren und in einen handlungsrelevanten Kontext zu setzen. Den Sensemaking-Prozess kennzeichnet eine inhärente Dynamik, die maßgeblich die Anpassungsfähigkeit und Reaktionsgeschwindigkeit von Organisationen in Bezug auf ihre Umwelt determiniert (Weick, 1995; Weick et al., 2005).

Während Weicks Sensemaking-Ansatz die interne Bedeutungskonstruktion und Interpretation von Ereignissen in Organisationen hervorhebt, stellt sich im größeren organisationalen Kontext die Frage, wie Organisationen sich an die Erwartungen und Normen ihrer Umwelt anpassen. Hier bietet der Neo-Institutionalismus eine Perspektive. Organisationen agieren nicht nur aufgrund von Effizienzkriterien, sondern auch durch den Druck, sich institutionellen Normen und Werten anzupassen. Der Fokus verlagert sich somit von der individuellen und internen Interpretation von Ereignissen hin zu den kollektiven und externen institutionellen Kräften, die die Struktur und das Handeln von Organisationen beeinflussen. Es handelt sich um einen Ansatz innerhalb der Soziologie, der sich mit der Analyse von Institutionen und ihren Auswirkungen auf das Handeln und die Entwicklung von Organisationen befasst. Institutionen sind dementsprechend zentral für die Gestaltung von Organisationen. Sie legen fest, welche Werte, Normen und Überzeugungen in der Gesellschaft vorherrschen, und beeinflussen, welche Arten von Organisationen und Praktiken als legitim angesehen werden (Fligstein, 2010). Diese Perspektive betont die Rolle von gesellschaftlichen Normen, Werten und Regeln in der Organisation von sozialen Strukturen und Prozessen. Der Neo-Institutionalismus hat disziplinübergreifend eine große Wirkung auf die Erforschung von Organisationen und gilt mittlerweile als die international führende Organisationstheorie (Senge, 2011). Es werden zwei Varianten unterschieden: die mikroinstitutionalistische Variante nach Zucker (1977) und die makroinstitutionalistische Variante nach Meyer und Rowan (1977) und DiMaggio und Powell (1983). Lynne Zucker (1977) hat den Neo-Institutionalismus geprägt, indem sie kulturelle Prozesse der Sinnbildung in Organisationen analysiert und die aktive Aneignung und Vermittlung sozialer Vorgaben betont. Kulturelle Prozesse der Sinnbildung in Organisationen finden sowohl auf individueller als auch auf kollektiver Ebene statt. Individuen interpretieren und schaffen Bedeutungen auf der Grundlage ihrer eigenen Erfahrungen und Praktiken, die wiederum von den dominierenden Institutionen und Wertesystemen beeinflusst werden. Auf kollektiver Ebene werden Bedeutungen und Werte innerhalb von Organisationen durch Interaktionen zwischen Mitgliedern, durch Ritualisierung von Praktiken und durch die Übernahme von symbolischen Elementen erzeugt. Der Fokus liegt folglich auf der sozialen Reproduktion und Stabilität von Wahrnehmungs- und Informationsverarbeitungsmustern von Organisationsmitgliedern. In diesem Zusammenhang ist ein Schlüsselexperiment von besonderem Interesse, bei dem der autokinetische Effekt zur Anwendung kommt (‚Transmission Experiment').

Die makroinstitutionalistische Variante des Neo-Institutionalismus bezieht sich auf die Analyse der Makroebene, wie Gesellschaften und deren Institutionen.

Transmission Experiment

Beim Transmission Experiment wird ein stationärer Lichtpunkt in einem abgedunkelten Raum genutzt, der aufgrund einer optischen Täuschung den Anschein erweckt, sich zu bewegen. Die Proband:innen erhalten die Aufgabe, die scheinbare Bewegungsdistanz des Lichtpunktes zu schätzen. Interessanterweise variieren die Schätzungen der Proband:innen je nach dem Grad der Institutionalisierung des Kontextes, in dem das Experiment durchgeführt wird. Dies umfasst Variationen in den bereitgestellten Informationen – von einer einfachen Beschreibung der Aufgabe bis hin zu detaillierten Darstellungen des organisationalen Kontextes und spezifischen organisationalen Bedingungen. Bei minimalen Informationen, die lediglich die Aufgabenstellung umfassen, basieren die Schätzungen der Proband:innen hauptsächlich auf ihrer individuellen Wahrnehmung, die stark variieren kann. Werden jedoch zusätzliche Informationen gegeben, etwa Hintergrundwissen über den autokinetischen Effekt oder Daten zu früheren Ergebnissen des Experiments, so können diese die Einschätzung beeinflussen, indem sie Erwartungen oder Normen suggerieren. Noch deutlicher wird der Einfluss, wenn Informationen zum organisationalen Kontext hinzugefügt werden. In diesem Fall tendieren die Proband:innen dazu, ihre Schätzungen an die vermuteten Erwartungen oder Normen dieser Organisation anzupassen. Die Ergebnisse dieses Experiments veranschaulichen, wie organisationale Strukturen und der bereitgestellte Informationskontext die individuelle Wahrnehmung formen und somit das Handeln von Individuen in einem institutionellen Rahmen beeinflussen. Es wird deutlich, dass die Interaktionen und Wahrnehmungen in organisationalen Kontexten in hohem Maße durch strukturelle Gegebenheiten geprägt sind, d.h., Individuen regulieren ihr Handeln in organisationalen bzw. institutionalisierten Kontexten stärker.

Der makroinstitutionalistische Neo-Institutionalismus berücksichtigt die Prägung von Organisationen durch gesellschaftliche Institutionen und Strukturen. Diese Institutionen, wie beispielsweise Gesetze, Regulierungen und Normen, beeinflussen das Handeln von Individuen und Organisationen in der Gesellschaft. Institutionen können als soziale Konstruktionen betrachtet werden, die von gesellschaftlichen Akteur:innen geschaffen und verändert werden. Ein weiteres zentrales Konzept des makroinstitutionalistischen Neo-Institutionalismus ist die Pfadabhängigkeit. Dementsprechend sind Institutionen aufgrund von historischen Pfaden und Entscheidungen entstanden und haben sich über die Zeit weiterentwickelt. Die Pfadabhängigkeit kann dazu führen, dass Institutionen trotz Veränderungen in der Umwelt und neuen Anforderungen weiterbestehen, auch wenn diese nicht unbedingt effizient sind. John W. Meyer und Brian Rowan (1977) betonen die Bedeutung von ‚institutionellen Isomorphismusprozessen', die dazu führen, dass Organisationen ähnliche Strukturen und Praktiken aufweisen, um Legitimität zu erlangen. Isomorphismus bezieht sich auf den Prozess der Angleichung von Organisationen an bestimmte Standards und Normen auf verschiedenen Ebenen, z. B. auf der Ebene von Organisationen oder Gesellschaften. Institutionelle Isomorphismen entstehen aufgrund von Druck, den Organisationen von ihrer Umwelt erfahren, um sich bestimmten Standards anzupassen. Dieser Druck kann von verschiedenen Akteur:innen und Institutionen ausgehen, wie beispielsweise von Regulierungsbehörden, politischen Entscheidungsträger:innen, Kund:innen oder Konkurrenzorganisationen. Isomorphie kann durch drei Mechanismen erreicht werden (Meyer & Rowan, 1977):

- Zwang (‚Coercive Isomorphism'): Externe Zwänge führen dazu, dass sich Organisationen bestimmten Standards und Normen unterwerfen, wie z. B. Gesetzen oder Regulierungen, bzw. sich dem Wettbewerbsdruck beugen.
- Nachahmung (‚Mimetic Isomorphism'): Organisationen imitieren oder ahmen erfolgreiche oder renommierte Organisationen nach.
- Normen (‚Normative Isomorphism'): Organisationen übernehmen bestimmte Standards und Normen, weil sie davon überzeugt sind, dass diese richtig und wichtig sind, sie verinnerlichen Normen und Werte ihrer Umwelt.

Isomorphismus kann sowohl positive als auch negative Effekte haben. Einerseits können Organisationen effektiver und effizienter arbeiten, indem er für eine bessere Koordination und Zusammenarbeit sorgt. Andererseits kann er innovationshemmend sein, da sich Organisationen zu stark an bestehenden Standards und Normen orientieren.

Paul J. DiMaggio und Walter W. Powell (1983) argumentieren als wichtige Vertreter des Neo-Institutionalismus, dass Organisationen nicht nur von Marktbedingungen, sondern auch von institutionellen Faktoren beeinflusst werden. Organisationen streben danach, Legitimität in der Gesellschaft zu erlangen, indem sie sich an den Normen, Werten und Überzeugungen ausrichten, die in ihrer Umwelt herrschen. Folglich durchlaufen Organisationen isomorphe Prozesse, bei denen sie sich aneinander angleichen, um Legitimität zu erlangen. Institutionelle Felder beeinflussen das Handeln von Organisationen, indem sie Erwartungen darüber setzen, wie Organisationen handeln sollen. Wenn eine Organisation in einem institutionellen Feld operiert, das hohe Standards setzt, wird sie dazu neigen, diese Standards zu erfüllen, um in der Gesellschaft anerkannt zu werden. Institutionen spielen eine wichtige Rolle dabei, wie Organisationen entstehen und sich entwickeln, da sie Regeln und Normen schaffen, die das Verhalten von Organisationen steuern und beeinflussen.

Die Organisationssoziologie beschäftigt sich mit der Analyse von Organisationen, ihren Strukturen, Prozessen und Einflüssen auf die Gesellschaft. In diesem Zusammenhang interessieren auch die Machtverteilung und -dynamiken sowie die Partizipation der Mitarbeitenden und demokratische Entscheidungsstrukturen in Organisationen. Schließlich kommt es mit dem Einsatz von digitalen Technologien zu neuen Geschäftsmodellen und Organisationsstrukturen. Folglich stehen jüngst auch Plattformorganisationen im Fokus der aktuellen organisationssoziologischen Forschung (Kirchner, 2019) und bieten interessante Perspektiven für weitere Forschung.

5 Wirtschaftssoziologie

Die Wirtschaftssoziologie setzt sich mit der Wirtschaft und dem wirtschaftlichen Handeln in Gesellschaften auseinander und es werden wirtschaftliche Entwicklungen aus soziologischer Perspektive analysiert (Smelser & Swedberg, 2005). Die Wirtschaftssoziologie betrachtet die Art und Weise, wie Wirtschaftsaktivitäten in soziale Beziehungen eingebettet sind und wie soziale Faktoren wirtschaftliches Handeln beeinflussen. Dabei geht es nicht nur um Praktiken, sondern auch um Denkweisen und Wertvorstellungen (Hedtke, 2019; Maurer & Mikl-Horke, 2015). Es wird die Entstehung von Märkten, die Rolle von Institutionen und Organisationen in der Wirtschaft, der Einfluss von sozialen Netzwerken auf wirtschaftliche Entscheidungen und die Auswirkungen von sozialer Ungleichheit auf die Wirtschaft analysiert. Die Wirtschaftssoziologie beschäftigt sich auch mit der Analyse von sozialen Konflikten und der Entstehung von wirtschaftlicher Macht. Ungewissheit bzw. Situationen der Unsicherheit werden als Ausgangspunkte betrachtet (Hedtke, 2019).

In diesem Kontext richtet die Wirtschaftssoziologie den Blick auf das Soziale. Ein wichtiger Vertreter der Wirtschaftssoziologie ist Weber (1972 [1922]) und seine Auseinandersetzung *Wirtschaft und Gesellschaft* (siehe Aufbaumodul 1 Weber). Weber macht deutlich, dass Preise nicht (nur) aus Angebot und Nachfrage entstehen, sondern auch Kompromisse eine Rolle spielen. Der Markt ist der Ort, an dem Interessen aufeinandertreffen. Wirtschaft und wirtschaftliches Handeln ist insofern nicht nur individuelles, sondern auch soziales Handeln. Das betrifft einerseits die Zweckorientierung in den Handlungen und andererseits das Wirtschaften als Gemeinschaftshandeln, da in der Regel nicht nur die eigenen Bedarfe gedeckt, sondern auch die von Familien, Gruppen und Gesellschaften berücksichtigt werden. Nach Weber ist Wirtschaftshandeln zwar zweckrationales Handeln, das auf individuellen Interessen basiert, jedoch ist es gleichzeitig an Normen und Ordnungen orientiert und damit Gemeinschaftshandeln (Maurer & Mikl-Horke, 2015). Insofern sind es auch keine rein individuellen Motive, die Individuen beim wirtschaftlichen Handeln berücksichtigen. Mit seinen Ausführungen zur protestantischen Ethik prägt Weber (2015 [1904]) Theorien zum modernen Kapitalismus, der sich durch rastlose Berufsarbeit auszeichnet.

Auch Adam Smith prägt das Verständnis von Wirtschaft und Gesellschaft. Er betont die moralischen und ethischen Grundlagen wirtschaftlicher Beziehungen (Smith, 2010 [1759]). Zudem stellt er die Bedeutung des Marktes und der Arbeitsteilung heraus. Arbeitsteilung impliziert die Zerlegung von Aufgaben und damit einhergehend eine Aufteilung der Arbeitsschritte und die Spezialisierung der Arbeiter:innen, woraus eine Steigerung der Effizienz und Produktivität resultiert. Hier werden soziale Kooperation und Interaktionen erforderlich, wobei individuelle Handlungen zum Wohlstand der Gesellschaft beitragen. In diesem Zusammenhang führt die ‚Invisible Hand' dazu, dass Entscheidungen getroffen werden, die der Gesellschaft als Ganzes zugutekommen, auch wenn Individuen versuchen, ihren eigenen Gewinn zu maximieren (Smith, 1978 [1776]).

Auch Marx behandelt das Zusammenwirken von Wirtschaft und Gesellschaft, versteht diese jedoch als Einheit (Maurer & Mikl-Horke, 2015). Allerdings basiert diese auf zwei Klassen – der Bourgeoisie und dem Proletariat. Dabei kritisiert Marx insbesondere den Kapitalismus und das Privateigentum an Produktionsmitteln sowie die Ausbeutung der Arbeiterklasse (siehe Aufbaumodul 1 Marx).

Simmel (1989 [1900]) hat die Wirtschaftssoziologie durch seine Untersuchung der Bedeutung von Geld in der modernen Gesellschaft geprägt. Er betont, wie Geld als abstraktes Tauschmittel die Beziehungen zwischen Menschen verändert und eine neue Form der sozialen Wechselwirkung schafft. Geld trägt als Zahlungs-, Tausch- und Wertaufbewahrungsmittel nämlich zu einer Versachlichung von Beziehungen und damit zu einer größeren Unabhängigkeit von persönlichen Bindungen bei (Deutschmann, 2008) (siehe Aufbaumodul 1 Simmel).

Joseph Schumpeter konzentriert sich auf die Dynamik und die Entwicklung von Wirtschaftssystemen. In seinem Buch *Theorie der wirtschaftlichen Entwicklung* (1964 [1911]) prägt er den Begriff der ‚schöpferischen Zerstörung'. Er betont die Bedeutung von Innovationen, Unternehmertum und technischem Fortschritt für das wirtschaftliche Wachstum. Unternehmer:innen werden als treibende Kraft des wirtschaftlichen Wandels gesehen, da diese durch die Einführung neuer Produkte, Technologien und Geschäftsmodelle den Status quo stören und die Wirtschaft revolutionieren können.

Karl Polanyi (2001 [1944]) und sein Werk *The Great Transformation: The Political and Economic Origins of Our Time* haben die Wirtschaftssoziologie ebenfalls beeinflusst. Polanyi hebt die sozialen und kulturellen Aspekte der Wirtschaft hervor.

Wirtschaft ist insofern in soziale und kulturelle Kontexte eingebettet und kann daher nicht unabhängig von sozialen Normen und Institutionen betrachtet werden. Er wendet sich also von der Idee der ‚selbstregulierenden' Wirtschaft ab. Wirtschaft ist in soziale Institutionen eingebettet, die vor unbegrenztem Wettbewerb und der Zerstörung sozialer Strukturen schützt und so Stabilität und Sicherheit gewährleistet.

Die wirtschaftssoziologische Forschung beschäftigt sich mit Kerninstitutionen des modernen Wirtschaftslebens (Maurer, 2008), wie z. B. Märkten, Unternehmen, Geld und Netzwerken (Beckert et al., 2007; Mikl-Horke, 2007). Kritik besteht in der Handlungslogik wirtschaftlicher Akteur:innen in Bezug auf die Ordnung des Marktes oder den Austausch zwischen marktlichen und staatlichen Akteur:innen. Insofern kehrt sich die Wirtschaftssoziologie unterdessen ab von der Annahme rationalen Handelns und dem Konzept des ‚Homo Oeconomicus'. Vielmehr verweist die neuere Forschung darauf, dass Menschen auch im Wirtschaftlichen auf der Basis von sozialen Normen und Werten sowie in Interaktionsbeziehungen handeln. Es besteht die Annahme des ‚Homo Reciprocans', der auch in Wirtschaftsbeziehungen reziprok bzw. sozial handelt. In der Folge kann auch nicht von sogenannten perfekten Märkten ausgegangen werden, da Akteur:innen nicht unter perfekten Informationen rational handeln. An dieser Stelle setzt Mark Granovetter mit seiner Betrachtung von Netzwerken sozialer Beziehungen an, die wirtschaftliches Handeln in soziale, konkrete und fortdauernde Beziehungsstrukturen einbetten (Granovetter, 1977). Granovetter (1973) verdeutlicht, dass es engere und entferntere Beziehungen in Netzwerken gibt, wobei insbesondere die entfernten, strukturalen Beziehungen neue Möglichkeiten eröffnen (*The Strength of the Weak Ties*). Wirtschaftliches Handeln ist folglich nicht rein rational und erfolgt auf Basis einer individuellen Nutzenkalkulation, sondern beruht auf sozialen Beziehungen. In diesem Zusammenhang hat Granovetter (1985) das Konzept der ‚Embeddedness' geprägt. Das Konzept betont die enge Verknüpfung (Einbettung) wirtschaftlicher Aktivitäten in soziale Beziehungen und soziale Strukturen.

Dort ansetzend untersucht und analysiert die Netzwerkforschung die sozialen Strukturen und Beziehungen in wirtschaftlichen Kontexten. Wirtschaftliche Akteur:innen (z. B. Organisationen, Institutionen, Individuen) werden folglich nicht isoliert betrachtet, sondern in Beziehung zueinander. Ein Netzwerk ist eine Verbindung von verschiedenen Elementen, die miteinander interagieren und Informationen, Ressourcen oder Dienste austauschen können. Die Betrachtung von Netzwerken können einen erheblichen Beitrag zur Erklärung von Akteursverhalten leisten, da soziale Netzwerke die Überzeugungen und Handlungsweisen von Akteur:innen prägen und vice versa beeinflussen Akteur:innen Netzwerkstrukturen. In Netzwerkbetrachtungen unterschieden werden die Akteur:innen, die Art der Beziehungen nach Stärke (insb. Interaktionshäufigkeit) und Struktur, d.h. die Größe und Dichte als Maß für die Verbundenheit der Akteur:innen im Netzwerk. Schließlich spielt die strukturelle Position von

Akteur:innen eine Rolle. Zentralität dient als Maß, um die Verbindungen von Akteur:innen zu anderen Akteur:innen im Netzwerk sowie deren Position im Netzwerk zu ermitteln. Die unterschiedlichen Netzwerkbeziehungen, Netzwerkstrukturen und Positionen im Netzwerk beeinflussen, auf welche (im)materiellen Ressourcen Akteur:innen zurückgreifen können (Verfügbarkeit von Ressourcen), bieten in unterschiedlichem Ausmaß Macht und Kontrolle über andere Akteur:innen und deren Ressourcen und senden unterschiedliche Signale über die Reputation und den Status von Akteur:innen an andere, welches deren Handeln in Bezug auf Akteur:innen beeinflusst (Signalwirkung) (Ebers & Maurer, 2014; Jansen, 2002).

> „By ‚embeddedness' I mean that economic action, outcomes, and institutions are affected by actors' personal relations, and by the structure of the overall network of relations. I refer to these respectively as the relational and the structural aspects of embeddedness" (Granovetter, 1990, S. 98).

Akteur:innen erhalten in sozialen Netzwerken Informationen, bauen Vertrauen auf und wickeln Geschäfte ab. Soziale Beziehungen erleichtern insofern den Austausch.

James S. Coleman befasst sich mit sozialen Strukturen und Organisationen und den Koordinationsformen (Coleman, 1990). Er untersucht, wie Individuen und Gruppen in sozialen Systemen kooperieren. Wichtige Grundlagen legt Oliver E. Williamson in seinem wegweisenden Werk zur Transaktionskostentheorie (Williamson, 1975). Dieses Konzept untersucht die Entscheidung zwischen der Nutzung von Marktmechanismen (zum Beispiel den Kauf von Gütern oder Dienstleistungen von externen Lieferant:innen) und der internen hierarchischen Steuerung (Durchführung von Aktivitäten innerhalb einer Organisation), um wirtschaftliche Transaktionen zu koordinieren. Williamson unterscheidet Markttransaktionen (‚Markets') und hierarchische Transaktionen (‚Hierarchies'). Auf dem Markt werden wirtschaftliche Transaktionen über Verträge durchgeführt. Sie treten auf, wenn transaktionsspezifische Investitionen niedrig, die Güter wenig spezifisch sind und es Wettbewerb unter den Lieferant:innen gibt. Hierarchische Transaktionen erfolgen innerhalb einer einzigen Organisation oder unter zentraler Kontrolle. Sie werden bevorzugt, wenn die Güter sehr spezifisch, transaktionsspezifische Investitionen erheblich sind und die Unsicherheit hoch ist. Davon ausgehend identifiziert Coleman drei grundlegende Koordinationsformen:

- Markt: Diese Form der Koordination basiert auf dem Austausch von Waren und Dienstleistungen auf dem Markt. Die Preise und die Konkurrenz spielen eine wichtige Rolle bei der Regulierung von Interaktionen in einem Marktumfeld.
- Hierarchie: Hierarchische Koordination erfolgt durch die Anordnung von Aufgaben und Verantwortlichkeiten innerhalb einer Organisation oder Institution. Die Autorität und die Befehlsstruktur sind entscheidend in Hierarchien.

- Normen und Vertrauen: Diese Form der Koordination basiert auf sozialen Normen, Erwartungen und Vertrauen. Sie sind wichtig in sozialen Gruppen und Gemeinschaften. Die Koordination erfolgt auf der Grundlage von informellen Regeln und sozialem Kapital.

In diesem Zusammenhang spielt auch soziales Kapital eine Rolle. Es kann genutzt werden, um Ressourcen und Informationen zu erhalten und um Koordination und Zusammenarbeit in sozialen Systemen zu erleichtern.

Walter W. Powell (1990) untersucht in seinem Beitrag *Neither Market nor Hierarchy* die Rolle von Märkten, hierarchischen Strukturen und sozialen Netzwerken bei der Gestaltung wirtschaftlicher Aktivitäten. Er erweitert das ‚Markets or Hierarchies'-Konzept, das auf die Wahl zwischen Märkten und internen Organisationsstrukturen abzielt, indem er Netzwerke als wichtigen Koordinationsmechanismus hinzufügt (siehe Tabelle 4). Märkte sind Orte, an denen Waren, Dienstleistungen und Ressourcen zwischen unabhängigen Akteur:innen ausgetauscht werden. Markttransaktionen sind in der Regel von Wettbewerb, Angebot und Nachfrage geprägt. Unternehmen kaufen oder verkaufen auf Märkten und nutzen Preisbildung und Verträge, um Transaktionen zu organisieren. Hierarchien sind Organisationsstrukturen, in denen die Kontrolle und Koordination von Aktivitäten zentralisiert ist. Hierarchische Organisationen sind in der Regel in der Lage, komplexe Aufgaben zu koordinieren und Standardisierung zu fördern. Netzwerke sind soziale Beziehungen und Kooperationsmuster, die auf Vertrauen und Zusammenarbeit zwischen verschiedenen Akteur:innen basieren. Diese Beziehungen sind oft informell und auf Vertrauen und soziale Kapitalbildung angewiesen. Netzwerke sind wichtig, wenn es um die Bewältigung von komplexen, nicht standardisierten Aufgaben geht und wenn Flexibilität und Anpassungsfähigkeit gefordert sind.

Tabelle 4: Koordinationsformen nach Powell (1990)

Organisations-formen Hauptmerkmale	**Markt**	**Hierarchie**	**Netzwerk**
Normative Basis	Verträge	Arbeitsverhältnis	Komplementäre Stärken
Kommunikationswege	Preise	Routinen	Beziehungen
Methoden der Konfliktbewältigung	Gerichtsverfahren	Administrative Befehle und Kontrolle	Norm der Gegenseitigkeit
Atmosphäre oder Klima	Genauigkeit und/oder Misstrauen	Formal, bürokratisch	Open-ended, gegenseitige Vorteile
Präferenzen von Akteur:innen oder Entscheidungen	Unabhängig	Abhängig	Interdependent

Luc Boltanski und Ève Chiapello (2003) haben die sozialen, kulturellen und moralischen Aspekte der Wirtschaft und des Kapitalismus untersucht, wie Unternehmen und Wirtschaftsakteur:innen ihre Handlungen und Geschäftspraktiken rechtfertigen und wie diese Rechtfertigungen in sozialen, kulturellen und moralischen Kontexten eingebettet sind. Wirtschaftliche Entscheidungen und Praktiken beruhen auf kulturellen Normen und moralischen Überlegungen. Das ‚Prinzip der Kritik' meint, dass Wirtschaftspraktiken und -institutionen ständig der Kritik und Evaluierung unterliegen (Deutschmann, 2008). Dies impliziert, dass Wirtschaftspraktiken und -institutionen nicht als unveränderliche Gegebenheiten betrachtet, sondern kontinuierlich hinterfragt und bewertet werden.

Lucien Karpik betrachtet Märkte als soziale Arenen, auf denen Akteur:innen miteinander interagieren und Verhandlungen führen (Karpik, 2011). Er betont die Bedeutung von Vertrauen, sozialen Normen und Institutionen bei der Gestaltung von Marktbeziehungen. Märkte werden insofern nicht nur von wirtschaftlichen Prinzipien gestaltet, sondern werden auch von sozialen, kulturellen und institutionellen Faktoren beeinflusst. In diesem Sinne sind Märkte soziale Konstrukte, die von sozialen Akteur:innen und Organisationen geformt werden. In diesem Zusammenhang hat er das Konzept der ‚singulären Güter' (‚Singular Goods') entwickelt (Karpik, 2010). Eine Gesellschaft hat jeweils Mechanismen und Institutionen, um diese Güter zu bewerten und auszutauschen. Die Idee dahinter ist, dass sie nicht auf dem herkömmlichen Markt handelbar sind, da sie einzigartig, individuell und schwer zu standardisieren und zu bewerten sind. Singuläre Güter werden als besonders wertvoll oder bedeutsam angesehen. Ihr Wert kann von individuellen Interpretationen abhängen. Singuläre Güter sind nämlich mit besonderen Bedeutungen, Emotionen und Erlebnissen verbunden. Ein Beispiel für singuläre Güter sind Kunstwerke. Die Kunstwelt hat eigene Mechanismen zur Bewertung und zum Austausch von Kunstwerken entwickelt, die sich von den Märkten für Massenprodukte unterscheiden. Diese Mechanismen können von den traditionellen Marktkräften abweichen und beinhalten soziale, kulturelle und institutionelle Faktoren. Soziale Anerkennung und Status können bei der Bewertung von singulären Gütern eine große Rolle spielen. Die Urteilsbildung erfolgt über Urteilsinstanzen. Es werden unpersönliche Instanzenregime (z. B. Popularität, Expert:innen) von persönlichen Instanzenregimen (z. B. Netzwerken, Preisen und Auszeichnungen) unterschieden.

Die Wirtschaftssoziologie ist eine Teildisziplin deren Untersuchungsgegenstand dem Wandel unterworfen bleibt. Wesentlich für die Wirtschaftssoziologie ist die Auseinandersetzung mit Ungewissheit und Koordination, das Wechselverhältnis von Konkurrenz und Kooperation (Hedtke, 2019). Von Interesse sind und bleiben in diesem Zusammenhang der Wandel von Märkten durch die digitale Transformation und die zunehmende Globalisierung. Dabei sind klassische Themen wie Finanzmärkte und -krisen von großem Interesse, aber auch Neuere wie soziale Innovationen, Kooperative (Genossenschaften), Gemeinschaftsunternehmen und andere alternative Wirtschaftsmodelle sind aufstrebende Inhalte in der Wirtschaftssoziologie.

6 Medien- und Kommunikationssoziologie

Die Medien- und Kommunikationssoziologie beleuchtet das Wechselverhältnis zwischen Medien, Kommunikation und Gesellschaft (Barbara, 2016; Deutsche Gesellschaft für Soziologie (DGS), 2023). Mit Medien sind sowohl Massenmedien in ihrer klassischen Form wie auch moderne Informations- und Kommunikationstechnologien gemeint, welche die Kommunikations- und Interaktionsprozesse gesellschaftlicher Akteur:innen beeinflussen. Im Fokus steht die Untersuchung sozialer Prozesse und Strukturen, welche mit der Produktion, Verbreitung und Nutzung von Informationen und Medieninhalten einhergehen (Barbara, 2016; Göttlich, 2010; Jäckel, 2010). Die Mediensoziologie betrachtet insbesondere soziale Prozesse und die Bedeutung von Massenmedien wie beispielsweise Zeitschriften, Zeitungen, Internet, Radio und Fernsehen. Medien sind also Teil der sozialen Realität und beeinflussen die Wahrnehmungen und Interpretationen von Subjekten (Scholtz, 2020). Themenfelder, die in dieser Teildisziplin betrachtet werden, sind u. a. Medieninhalte, Medienwirkungen, Medienkompetenzen, Medienkonzentration, Medienfreiheit und Medienregulierung.

Medieninhalte werden als Teil des sozialen Lebens betrachtet und in ihrer gesellschaftlichen Bedeutung untersucht. Ein zentraler Forschungsgegenstand ist der Einfluss dieser Inhalte auf bestimmte Wertvorstellungen, Normen und Kultur(-techniken) und die Frage danach, wie sie diese reproduzieren und verändern können. Mediensoziologie fragt, wie Medien die Meinungsbildung, die öffentliche Meinung, die politische Kultur und die Identitätsbildung beeinflussen. Diskutiert werden ebenfalls Fragen der Machtverteilung und der Demokratie (Schuster, 2013).

Das Themenfeld der Medienwirkungen beschäftigt sich damit, wie Medieninhalte auf Individuen und Gruppen wirken, welche Rolle Emotionen dabei spielen und wie Medieninhalte die Meinungsbildung beeinflussen können (Jäckel, 2008). Medienkompetenz bezieht sich auf das Wissen, die Fähigkeiten und Einstellungen, die es braucht, um Medieninhalte zu verstehen, zu bewerten und entsprechend verantwortungsvoll mit ihnen umzugehen. Beispielhaft kann hier die Fähigkeit genannt werden, Informationen zu suchen und zu finden (‚Information Literacy'), Medieninhalte aber auch kritisch zu hinterfragen und zu bewerten oder die Fähigkeit in digitalen Medien ein sicheres und angemessenes Auftreten zu haben. Medienkompetenz wird in der Mediensoziologie als Schlüsselqualifikation betrachtet (Barbara, 2016; Sutter, 2010).

Die Medienkonzentration beschäftigt sich mit dem Umstand, dass Medienmärkte zuweilen von wenigen großen Medienkonzernen dominiert werden, was zu einer Einschränkung von Diversität und Meinungsfreiheit führen kann. Im

Zentrum steht hier die Frage nach den Auswirkungen, die eine Konzentration von Medieneigentum auf die Meinungsvielfalt und die Rolle der Medien in der Gesellschaft hat. In diesem Zusammenhang wird untersucht, wie Medienkonzentration bestimmte Gruppen bevorzugt oder benachteiligt und welchen Einfluss das auf die öffentliche Meinungsbildung und politische Entscheidungen hat.

Die Medienfreiheit bezieht sich auf das Recht auf freie Meinungsäußerung und die Freiheit der Medien, unzensiert über unterschiedliche Themen zu berichten. Medienfreiheit stellt somit aufgrund ihres informierenden, zum kritischen Denken animierenden und meinungsbildenden Charakters einen zentralen Bestandteil von Demokratie dar. Auch dieses Themenfeld wird in der Mediensoziologie auf seine Auswirkungen auf die Demokratie und die Partizipation der Menschen untersucht (Heesen, 2016).

Die Medienregulierung wird nicht als Einschränkung der Medienfreiheit betrachtet, sondern als eine notwendige Bedingung für eine funktionierende Demokratie und den Schutz der Meinungsdiversität. Medienregulierung bezieht sich auf Maßnahmen, welche ergriffen werden, um die Qualität, Vielfalt und die Unabhängigkeit von Medieninhalten zu gewährleisten. Dazu zählen beispielsweise Gesetze und Vorschriften, welche die Meinungsfreiheit schützen, aber auch Regulierungen, die darauf abzielen, die Medienkonzentration zu verringern und die Diversität zu fördern (Stapf, 2016).

Luhmann hat ebenfalls die Rolle der Medien in der Gesellschaft untersucht. Er betont die Autonomie des Mediensystems und die zentrale Bedeutung von Kommunikation für soziale Strukturen. Ihm zufolge erfüllt das Mediensystem innerhalb der funktionalen Differenzierung die Aufgabe, Informationen zu kommunizieren und zwischen unterschiedlichen Funktionssystemen wie Politik, Wirtschaft und Bildung zu koordinieren (Luhmann, 2017 [1995]) (siehe Aufbaumodul 1 Luhmann). Das Mediensystem entwickelt sich als autopoietisches System unabhängig und sollte nicht direkt durch externe gesellschaftliche Kräfte wie Politik oder Wirtschaft beeinflusst werden (Luhmann, 1998 [1997]). Medien sind nicht nur passive Informationsvermittlerinnen, sondern formen aktiv Wahrnehmungen und schaffen eigene Realitäten mit erheblichem Einfluss auf die Gesellschaft. Dennoch sind sie selbst von gesellschaftlichen Veränderungen beeinflusst (Luhmann, 1987 [1984], 1998 [1997]). Die Medienlandschaft kann sich durch technologische Entwicklungen oder gesellschaftliche Veränderungen wandeln. Die Verbreitung von Streaming-Diensten (wie Netflix oder Amazon Prime Video) können hier als aktuelle Beispiele dienen. Die Inhalte werden u.a. durch die Nachfrage der Rezipient:innen bestimmt (Zöllner, 2022).

Ein bedeutender Vertreter der Mediensoziologie ist Marshall McLuhan (1911–1980). Ihm zufolge sind Medien nicht nur ein Mittel zur Informationsvermittlung, sondern beeinflussen gleichzeitig die Art und Weise, wie Menschen die Welt wahrnehmen und sich in ihr orientieren. Seine Theorie betont die Rolle von Medientechnologien als kulturelle Erweiterungen des Menschen. Medien prägen nicht nur die Wahrnehmungen, sondern auch die Kultur und Gesellschaft. In diesem Kontext meint *The Medium is the Message* (McLuhan, 2012), dass die Form und das Medium, in welchem Inhalte präsentiert werden, wichtiger sind als der Inhalt selbst. Jedes Medium stellt folglich eine Erweiterung der menschlichen Sinne dar und hat Auswirkungen auf das menschliche Denken und Handeln. Die Erfindung des Buchdrucks führt zur massenhaften Verbreitung von Wissen und Ideen, was wiederum zur Entstehung neuer sozialer und kultureller Strukturen führt (McLuhan, 1962). Auch Medientechnologien wie das Fernsehen, Internet oder Smartphones führen zu einer Veränderung der menschlichen Wahrnehmung und schaffen neue soziale und kulturelle Strukturen. Medientechnologien sind insofern nicht nur Werkzeuge, um menschliche Bedürfnisse zu befriedigen, sondern beeinflussen und prägen die Wahrnehmung und das Denken maßgeblich. Der Autor unterscheidet zwischen ‚heißen' und ‚kalten' Medien, welche sich auf den Grad der Einbindung der Rezipient:innen beziehen. Während Erstere eine geringere Aufmerksamkeit von Rezipient:innen fordern, dabei jedoch eine große Menge an Informationen liefern, sehr detailreich sind und einen Sinn ansprechen (z. B. Bücher, Filme oder Gemälde), erfordern Letztere wie beispielsweise das Radio, Comics oder Telefone eine aktive Beteiligung von Rezipient:innen, da sie sowohl qualitativ als auch quantitativ weniger Informationen liefern und viel Raum für Interpretationen und Reflexion lassen. ‚Heiße' Medien sind demzufolge klar und stark strukturiert und wenig offen für die Beteiligung und Einflussnahme von Rezipient:innen. ‚Kalte' Medien sind dagegen weniger strukturiert. Der Grad der Einbindung von Rezipient:innen in die Medienerfahrung hat entsprechend Auswirkungen auf die Wirkung und Bedeutung des jeweiligen Mediums (McLuhan, 1994). Die Verwendung bestimmter Medien führt folglich zu einer Erweiterung und Veränderung kultureller und sozialer Strukturen und trägt zur Entstehung neuer Formen von Kommunikation und Interaktion bei.

Während McLuhan die Rolle von Medientechnologien als kulturelle Erweiterung des Menschen betont und die Wirkung von Medien auf die menschliche Wahrnehmung von Kultur untersucht, konzentriert sich Stuart Hall als Mitbegründer der Cultural Studies auf die Analyse von Medieninhalten und darauf, wie sie Bedeutungen und Ideologien konstruieren und vermitteln. Er analysiert die Rolle der Medien in der Konstruktion von Identität und Bedeutung. Außerdem sind Macht- und Ideologieaspekte der Medienproduktion und -rezeption relevant. Hall sieht die Bedeutung von Medien in ihrem Einfluss auf die Wahrnehmung von Realität und der Konstruktion von kulturellen Identitäten. Bedeutungen liegen demzufolge nicht in den Medien selbst, sondern entstehen durch individuelle Interpretationen von Medieninhalten. Er sieht Medien als eine Art Sprache, die es zu interpretieren und zu deuten gilt (Hall et al., 2003). Hervorzuheben in der Theorie von Hall ist seine Betonung der Rolle von Macht und Ideologie in den Medien. Medieninhalte werden von bestimmten gesellschaftlichen Gruppen produziert, die eigene Interessen und Ideologien vertreten. Diese Inhalte können anschließend von anderen Gruppen interpretiert und dekonstruiert werden, wodurch Machtverhältnisse sichtbar werden. Medieninhalte werden nicht einfach passiv konsumiert, sondern auf eine bestimmte Art und Weise kodiert. Diese beeinflusst, wie die Inhalte von den Konsument:innen interpretiert werden. Zentral ist hierbei der Prozess der Kodierung (‚Encoding'), bei welchem beispielsweise Fernsehsender ihre Inhalte in bestimmte Formate und Codes verpacken, um sie an das Publikum zu übermitteln. Zudem geht es um den Prozess der Dekodierung (‚Decoding'), bei welchem die Rezipient:innen die Inhalte empfangen und interpretieren. Eine Neutralität von Medieninhalten ist Hall zufolge nicht gegeben, da sie von kulturellen und historischen Kontexten geprägt sind. Die Wahrnehmung und Interpretation der Medieninhalte werden somit von individuellen Erfahrungen, Werten und Vorurteilen beeinflusst (Hall, 2007). Hall fokussiert außerdem die kulturellen und sozialen Bedeutungen von Medien und ihre Wirkung auf individuelle und kollektive Identitäten. Diese werden durch symbolische Repräsentationen geschaffen und vermittelt. Diese Repräsentationen (Sprache, Bilder, Geschichten und Zeichen) sind nicht einfach eine Reflexion der Realität, sondern entstehen durch eine komplexe Aushandlung zwischen Produzent:innen und Rezipient:innen. Symbolische Repräsentationen tragen dazu bei, die individuellen Vorstellungen von der Welt zu formen. Diese Repräsentationen sind nicht statisch, sondern im Laufe der Zeit wandelbar und sie werden von unterschiedlichen Gruppen in der Gesellschaft verschieden interpretiert. Medien nehmen hier eine zentrale Rolle bei der Konstruktion und Verbreitung von kulturellen Bedeutungen ein, da sie häufig als Medium für die Darstellung und Verbreitung von Symbolen und Bildern dienen, die für eine bestimmte Kultur oder Gesellschaft repräsentativ sind. Medien können somit das Verständnis davon beeinflussen, was als ‚wahr' oder ‚real' betrachtet wird (Scheurle, 2016).

Nick Couldry und Andreas Hepp (2018) reflektieren in *The Mediated Constuction of Reality* die wechselseitige Beeinflussung und Transformation zwischen der sozialen Welt und den Medien. Insbesondere das Konzept der ‚Figuration' (Elias, 2014 [1971]) wird herangezogen, um die verflochtenen sozialen Beziehungen zu verstehen (Couldry & Hepp, 2018) (siehe Aufbaumodul 1 Elias). Es wird die Bedeutung von ‚Realität' im Kontext der Medien untersucht. ‚Realität' ist in diesem Zusammenhang nicht lediglich auf spezifische Medienrepräsentationen beschränkt, sondern bezieht sich vielmehr auf die umfassende Wahrnehmung einer durch Medienpraktiken geformten Welt. Die Autoren heben ferner die zentrale Bedeutung der Medien für die Interpretation des Sozialen hervor. In der Diskussion wird der Ansatz einer ‚materialistischen Phänomenologie' zur Erforschung der sozialen Welt vorgestellt. Medien sind in der Realitätswahrnehmung unverzichtbar, was bei Analysen der sozialen Realität zu berücksichtigen ist (Couldry & Hepp, 2018).

Zudem untersucht die Medien- und Kommunikationssoziologie die Relevanz von Kommunikation für die Gesellschaft sowie die Wirkungen von Gesellschaft auf Kommunikation. Zentral sind hier die Fragen nach der Entstehung und Verbreitung von Meinungen und Einstellungen, nach der Bedeutung von sozialen Netzwerken und Gruppen für die Kommunikation, nach der Rolle von Sprache und Diskurs in der Gesellschaft sowie nach der Bedeutung von Technologien für die Kommunikation. Zudem untersucht sie, wie soziale Beziehungen und gesellschaftliche Strukturen durch Kommunikation geprägt und aufrechterhalten werden. Im Fokus der Forschung stehen nicht nur direkte Interaktionen zwischen Individuen, sondern auch die Rolle von Medien und Technologie in der Kommunikation. Ein zentrales Konzept ist der symbolische Interaktionismus, d.h. die Bedeutungen, die Individuen Dingen zuschreiben, sind nicht objektiv, sondern entstehen durch soziale Interaktionen und Verhandlungen (siehe Aufbaumodul 1 Abschnitt 3). Kommunikation nimmt vor diesem Hintergrund eine wesentliche Funktion ein, da sie die Verhandlung und Übertragung von Bedeutungen ermöglicht. Das Konzept bezieht sich auf die Art und Weise, wie Individuen miteinander interagieren und Bedeutungen konstruieren. Symbolische Interaktionist:innen untersuchen die Bedeutungen, die Individuen aufgrund ihrer Interaktionen miteinander und ihrer Umgebung schaffen. In diesem Zusammenhang wird die Interaktion als ein ständiger Prozess der Konstruktion und Neuinterpretation von Bedeutungen und sozialen Strukturen begriffen. In diesen Prozessen entstehen soziale Normen, Werte und Institutionen, die wiederum das Handeln von Individuen beeinflussen. Ein wichtiger Vertreter dieses Konzepts ist Mead (siehe Aufbaumodul 1 Mead). Ihm zufolge sind Bedeutungen nicht statisch, sondern entstehen durch Interaktionen zwischen Individuen. Blumer erweitert Meads Ansatz und betont die Bedeutung der sozialen Strukturen und Institutionen bei der Entstehung und Veränderung von Bedeutungen (Blumer, 1986).

Auch die Betrachtung der Öffentlichkeit als ein Raum, der zur öffentlichen Diskussion und Meinungsbildung dient, ist für die Kommunikationssoziologie wichtig. Habermas (1982) prägt die Theorie der ‚bürgerlichen Öffentlichkeit'. Er beschreibt Öffentlichkeit als einen Raum, in welchem freie und gleichberechtigte Bürger:innen durch kritischen Austausch von Argumenten und Meinungen eine gemeinsame Basis für politische Entscheidungen finden. Die bürgerliche Öffentlichkeit ist im 18. Jahrhundert entstanden und hat sich als ein Ort des öffentlichen Diskurses etabliert. Die Entstehung geht laut Habermas mit dem Aufkommen der bürgerlichen Klasse als eine neue soziale Gruppe einher. Diese Klasse ist geprägt von einer neuen Art des Eigentums und einer wirtschaftlichen Unabhängigkeit. Diese ermöglicht ihr, sich politisch und kulturell zu organisieren und eigene Interessen zu vertreten. In der bürgerlichen Öffentlichkeit konnten diese Interessen durch Debatten und Diskussionen artikuliert werden. Es handelt sich um einen Raum, der unabhängig von Staat und Wirtschaft agiert und in dem Individuen gleichberechtigt diskutieren können. Diese Gleichheit führt er auf die Abstraktion von individuellen Merkmalen wie Status, Geschlecht oder Herkunft zurück. Die öffentliche Sphäre wird dann zu einem Ort, an welchem individuelle Vernunft und das Gemeinwohl zusammengeführt und ausgestaltet werden können. In der modernen Gesellschaft sieht Habermas jedoch eine Krise der bürgerlichen Öffentlichkeit. Diese ist zunehmend von kommerziellen Interessen und der Macht der Medien geprägt. Die Debatten werden von Expert:innen oder politischen Eliten dominiert und die Individuen haben weniger Möglichkeiten, sich aktiv am Diskurs zu beteiligen. Ein Beispiel ist die Verbreitung von ‚Fake News' und die damit verbundene Schwächung des Vertrauens in die klassischen Medien. Die Möglichkeit unabhängig von etablierten Medienquellen Informationen zu verbreiten, bietet Potenzial für politische Eliten gezielt Desinformationen zu streuen und so den öffentlichen Diskurs zu manipulieren. Resultierend können sich Machtverhältnisse in der Öffentlichkeit verschieben und die Fähigkeit von Individuen beeinträchtigen sich aktiv am Diskurs zu beteiligen. Die bürgerliche Öffentlichkeit hat jedoch weiterhin einen hohen Stellenwert, um politische Entscheidungen zu legitimieren und demokratische Prozesse zu fördern (Habermas, 1982).

Auch in der Mediensoziologie ist das Konzept der Öffentlichkeit wesentlich, da Medien als Plattform für öffentliche Diskurse und Meinungsbildung dienen. Die Frage, wie Medien die Bildung öffentlicher Meinungen beeinflussen, ist ein zentrales Forschungsinteresse. Tarleton Gillespie (2018) untersucht in *Custodians of the Internet*, wie Inhalte auf Media-Plattformen moderiert werden. Plattformen im digitalen Zeitalter (z. B. Facebook, Instagram oder YouTube) sind komplexe Systeme, die Inhalte organisieren und verteilen. Sie sind nicht nur neutrale Kanäle, sondern nehmen eine aktive Rolle in der Gestaltung des Online-Inhalts ein. Die Diskussion, wie und in welchem Maße Inhalte auf diesen Plattformen moderiert werden sollten, ist kontrovers. Ein historisches Beispiel, welches Gillespie aufgreift ist das ‚Napalm Girl'-Foto aus dem Vietnamkrieg. Trotz seiner historischen Bedeutung führte die Nacktdarstellung zu seiner Entfernung von Facebook, was wiederum eine Zensurdebatte auslöste. Das zentrale Dilemma für Plattformen, so Gillespie, besteht darin, zwischen dem Schutz ihrer Nutzer:innen und der Wahrung der Meinungsfreiheit zu vermitteln. Die Grenzen des Akzeptablen sind häufig fließend und verändern sich im Laufe der Zeit. Plattformen müssen Inhalte moderieren, um Qualität zu gewährleisten, rechtlichen Problemen vorzubeugen und ein angenehmes Erlebnis für die Benutzer:innen zu bieten. Daher ist Moderation laut Gillespie kein Randphänomen, sondern ein integraler Bestandteil ihrer Funktion. Auch Monetarisierung, oft durch Datensammlung und -verkauf, ist für viele Plattformen von Bedeutung. Obwohl sie den Inhalt nicht direkt erstellen, entscheiden sie maßgeblich darüber, welcher Inhalt präsentiert wird. Frühere Plattformen betonen offene Kommunikation und demokratische Werte, während moderne Plattformen den Inhalt, welchen die Nutzer:innen sehen, aktiv gestalten. Die Notwendigkeit der Moderation betont, dass Plattformen ständig ein Gleichgewicht zwischen Freiheit und Sicherheit suchen müssen. Sie beeinflussen die öffentliche Kommunikation und haben insofern eine große Verantwortung (Gillespie, 2018).

In der Medien- und Kommunikationssoziologie geht es nicht nur um direkte Medienwirkungen, sondern auch um die Rolle von Medien in der Konstruktion von Identitäten und Wahrnehmungen. Es wird untersucht, wie Medien die kulturelle Produktion und Repräsentation beeinflussen und wie sie sich auf soziale Ungleichheiten auswirken können (Scholtz, 2020). Vor diesem Hintergrund bezieht die Medien- und Kommunikationssoziologie auch interdisziplinäre Erkenntnisse ein wie beispielsweise aus der Psychologie oder Anthropologie, um ein umfassendes Verständnis der Rolle von Kommunikation in der Gesellschaft zu erlangen.

7 Wissenssoziologie

Die Wissenssoziologie widmet sich den sozialen Dimensionen des Wissens. Wissen wird als soziales Phänomen betrachtet, welches in unterschiedlichen sozialen Zusammenhängen erzeugt, vermittelt, aufrechterhalten und transformiert wird. Untersuchungsgegenstand der Wissenssoziologie ist die Einflussnahme sozialer Prozesse, Strukturen und Praktiken auf die Produktion, Distribution und Aneignung von Wissen sowie die Bedeutung von Wissen für die Organisation von Gesellschaften, sozialen Gruppen und Individuen. Wissen wird insofern nicht nur als objektive Information oder als Fakt betrachtet, sondern gleichzeitig als soziales Phänomen, welches durch soziale Interaktionen und kulturelle Kontexte geformt und geprägt wird (Schützeichel, 2012). Damit besteht die Möglichkeit, soziale Mechanismen und Dynamiken hinter Wissensprozessen zu verstehen und Interdependenzen zwischen Wissen und anderen sozialen Phänomenen wie Macht, Identität, sozialer Ungleichheit und Kultur aufzuzeigen. Zentrale Vertreter dieser Teildisziplin wie Scheler, Mannheim, Berger, Luckmann, Foucault und Fleck haben unterschiedliche Perspektiven und methodische Ansätze genutzt und entwickelt, um die soziale Konstruktion, Verbreitung und Aneignung von Wissen zu untersuchen.

Ein Vorläufer der wissenssoziologischen Ansätze ist beispielsweise Durkheim (siehe Aufbaumodul 1 Durkheim). Er widmet sich in mehreren seiner Werke dem Zusammenspiel von Soziologie und Erkenntnistheorie (1981 [1912], 1987 [1913/14], 2011 [1924]). Er verfolgt den Ansatz, traditionelle philosophische Überlegungen zur Erkenntnis durch sozialwissenschaftliche Perspektiven zu bereichern. Ein zentrales Argument von Durkheim ist, dass Denkkonzepte wie „Zeit, Ort, Substanz, Quantität, Qualität, Relation, Tätigkeit, Leiden, Verhalten, Befinden“ (Durkheim, 1981 [1912], S. 27) nicht nur individuelle Konstrukte darstellen, sondern in kollektiven, oft religiösen Überzeugungen verwurzelt sind. Das gesamte Denkraster – nicht nur der Inhalt, sondern auch die Struktur – ist von sozialen Gegebenheiten geprägt. Solche Denkmuster stammen aus sozialen Zwängen und Bräuchen einer Gemeinschaft. Sie gehen folglich über das Individuelle hinaus und sind emergent, indem sie eine eigene Wirklichkeit abbilden (Durkheim, 1981 [1912]; Egger, 2007). Deutlich wird dies auch in der Arbeit von Durkheim und Mauss (1987) *Über einige primitive Formen von Klassifikation*. Durch ethnologische Beobachtungen erkunden sie, wie soziale Strukturen logische Klassifikationen beeinflussen. Die Art, wie die Welt geordnet wird, spiegelt sich entsprechend in den sozialen Hierarchien und Strukturen wider. Mauss baut auf diesem Konzept in späteren Werken auf und zeigt, wie kulturelle und soziale Praktiken, wie bspw. Rituale und Tauschhandlungen, untrennbar mit diesen kollektiven Denkmustern verknüpft sind (Kneer, 2010; Mauss, 1968 [1925], 2010 [1974]).

Auch Weber und Simmel haben maßgeblich zur Entwicklung der Wissenssoziologie beigetragen. Weber (1905, 1972 [1922]) hebt hervor, wie Ideen und Wissen menschliches Handeln und gesellschaftliche Strukturen beeinflussen, insbesondere im Kontext seiner religionssoziologischen Studien (siehe Aufbaumodul 1 Weber). Simmel (2012 [1920]) wiederum bietet mit seiner These über die Divergenz von subjektiver und objektiver Kultur eine frühzeitige, wissenssoziologische Analyse der Zeit (siehe Aufbaumodul 1 Simmel). Auch Mead trägt zu der Entwicklung der Wissenssoziologie bei (siehe Aufbaumodul 1 Mead). Er ist den Pragmatist:innen zuzuordnen, die Wissen als Ergebnis von Handlungen verstehen, bei dem Wissen in der praktischen Problembehandlung entsteht. Zudem ist Erkenntnis durch Zeichen und Symbole gekennzeichnet und hängt mit sozialen Praktiken und Symboldeutung zusammen. Mead sieht Denken und Erkennen als Produkte der Kommunikation und Interaktion und betont den sozialen Charakter von Geist und Wissen (Mead, 1968 [1934]).

Merton (2017 [1964]) legt einen grundlegenden Rahmen für die Wissenssoziologie, indem er eine Unterscheidung festhält: Einerseits gibt es die sozialen Aspekte wie Positionen, Klassen und Machtstrukturen (‚Existential Basis of Mental Production'), andererseits gibt es geistige Erzeugnisse wie Ideen und soziale Normen (‚Mental Productions'). Mertons Hauptanliegen besteht darin, die Verknüpfungen zwischen diesen Bereichen zu erkunden. Er erweitert seine Theorie, um auch die Grundlagen und Prozesse der Wissenschaft zu betrachten. Wissenssoziolog:innen sollten nicht nur die Fehltritte in der Wissenschaft analysieren, sondern auch die Grundlagen wahrer wissenschaftlicher Erkenntnisse. In einer anderen Perspektive verbindet Luhmann in der Systemtheorie die Entwicklung von Ideen und Konzepten mit Veränderungen in der Gesellschaftsstruktur (siehe Aufbaumodul 1 Luhmann). Hauptziel ist es, die Wechselwirkungen und die Formung von Sinn in sich selbst beobachtenden sozialen Systemen zu analysieren (Luhmann, 1995; Schützeichel, 2007). Vor diesem Hintergrund legt er den Fokus insbesondere darauf, wie sich Übergänge in der gesellschaftlichen Struktur auf die Semantik und Kultur auswirken (Luhmann, 1987; Schützeichel, 2012).

Im Kern der klassischen Wissenssoziologie steht die Untersuchung, wie soziale Strukturen die Ordnung des Wissens beeinflussen. Max Scheler (1926) entwickelt eine Kategorisierung von Wissen. Er unterscheidet zwischen einem häufig unbewussten, in der Gemeinschaft akzeptierten Wissen und komplexen Wissensformen. Hierbei reichen die Kategorien von Mythen und Volkswissen bis hin zu hochspezialisiertem technologischem und wissenschaftlichem Wissen. Scheler identifiziert zudem ‚Idealfaktoren' und ‚Realfaktoren'; unter Letzteren versteht er ökonomische, politische und ethnische Verhältnisse, die beeinflussen, welches Wissen in einer Gesellschaft anerkannt wird. Die Aufgabe der Wissenssoziologie besteht Scheler zufolge darin, diese Einflüsse zu analysieren. Karl Mannheims (1922, 1925, 2015 [1929]) wissenssoziologischer Ansatz dagegen konzentriert sich auf die Interpretation von Wissen und Kultur im Licht ihres sozialen und kulturellen Kontextes. Er hebt die ‚Seinslage' hervor, die soziale Elemente wie Klassen, Generationen und Berufsgruppen repräsentiert. Wissen und Gesellschaft stehen in einem ‚Ausdrucksverhältnis', wobei Wissensprozesse von sozialen Faktoren beeinflusst werden, die ihren Inhalt und ihre Form prägen. Er unterscheidet zwischen Wissensarten und betrachtet nicht-naturwissenschaftliches Wissen als teilweise ideologisch geprägt. Zentrale Konzepte in seinem Ansatz sind die ‚geistige Schicht', ‚Denkstandorte' und ‚Denkstil', die gemeinsame Weltansichten innerhalb von Gruppen definieren. Mannheims Wissenssoziologie zielt darauf ab, gesellschaftliche Weltanschauungen kritisch zu betrachten, Wissen im sozialen Kontext zu interpretieren und seine Relevanz kritisch zu prüfen (Schützeichel, 2012).

Eine weitere grundlegende theoretische Perspektive in der Wissenssoziologie ist der soziale Konstruktivismus bzw. die sozialphänomenologische Wissenssoziologie, die auf Peter L. Berger und Thomas Luckmann (2018) zurückgeht und auf der Tradition der phänomenologischen Soziologie beruht (Schütz, 1971; Schütz & Luckmann, 2003). Wissensbestände und Wirklichkeitsverhältnisse entstehen durch soziale Interaktionen und werden durch diese verändert. Aus Perspektive des sozialen Konstruktivismus ist das Verständnis von der Welt kein direktes Abbild der objektiven Realität, sondern vielmehr ein sozial konstruiertes Phänomen. Individuen agieren miteinander, tauschen Informationen und Erfahrungen aus und verhandeln Bedeutungen, um ein gemeinsames Verständnis der Welt zu entwickeln. Dieses Verständnis wird als soziale Konstruktion bezeichnet und ist von jeweiligen kulturellen, historischen und sozialen Kontexten geprägt. Ein zentrales Konzept des sozialen Konstruktivismus ist die Typisierung. Dabei werden Menschen und Phänomene in Kategorien und Typen eingeteilt, um die Komplexität der Welt zu reduzieren und verständlicher zu machen. Diese sozialen Typisierungen wiederum beeinflussen das Denken, Handeln und die Wahrnehmung der Realität. Typisierungen sind indes auch wandelbar und können durch soziale Interaktionen und Kommunikation verändert werden. Die soziale Konstruktion des Geschlechts wird beispielsweise in verschiedenen kulturellen und historischen Kontexten unterschiedlich interpretiert (Berger & Luckmann, 2018; Kneer, 2010). Beispielsweise kann Kleidung Ausdruck von Geschlecht sein. In vielen westlichen Kulturen ist es üblich, dass Männer Hosen tragen, während Frauen Röcke oder Kleider tragen. Diese Kleidungsnormen sind ein Beispiel für die soziale Konstruktion von Geschlecht, da sie bestimmte Erwartungen darüber aufstellen, was als angemessen für Männer und Frauen angesehen wird. Im Gegensatz dazu gibt es Kulturen, in denen die Kleidungsnormen für Männer und Frauen nicht so streng getrennt sind. Zum Beispiel tragen in Schottland Männer traditionell Kilts, ein Kleidungsstück, das einem Rock ähnelt. In einigen asiatischen Kulturen tragen Männer und Frauen Longyis, eine Art Wickelrock, der für beide Geschlechter akzeptiert ist. Dies zeigt, wie die Idee dessen, was als ‚männlich' oder ‚weiblich' in Bezug auf Kleidung betrachtet wird, stark von der jeweiligen Kultur und ihren Traditionen abhängt.

In Elias Werken (1983, 1984, 1997 [1939]-a, 1997 [1939]-b) wird ein figurationssoziologischer Ansatz zur Wissenssoziologie dargelegt (siehe Aufbaumodul 1 Elias). Er kritisiert traditionelle soziologische Modelle, die Individuum und Gesellschaft voneinander trennen. Er teilt mit Mannheim die Idee, dass Denkweisen sozial beeinflusst sind. Elias nutzt historische Analysen, um zu zeigen, dass die Zeitwahrnehmung durch soziale und natürliche Interaktionen geprägt ist. Die Unterscheidung zwischen Kultur und Zivilisation sieht er als sozial geprägt (Kneer, 2010).

Die hermeneutische Wissenssoziologie befasst sich mit der Untersuchung sozialen Wissens mittels hermeneutischer, also interpretativer Methoden. Hier gibt es verschiedene Ansätze. Ein erster Ansatz legt den Fokus auf die subjektive Perspektive sozialer Akteur:innen und wie diese die gesellschaftlichen Abläufe interpretieren und beeinflussen. Zentrale Vertreter:innen dieses Ansatzes sind u.a. Soeffner (1989), Hitzler et al. (1999), Honer (1999), Knoblauch (2006), Reichertz (1994) und Schröer (1994). Ihr Ziel ist es, das Wissen, das soziale Akteur:innen nutzen und verändern, zu rekonstruieren (Kneer, 2010). Es wird die Wichtigkeit, subjektive Deutungen zu berücksichtigen, betont. Die subjektiven Deutungen gehen aber über individuelles Bewusstsein hinaus und zeigen sich im sozialen Handeln. Ein zweiter Ansatz ist die objektive Hermeneutik (siehe auch Basismodul 2). Diese wurde von Ulrich Oevermann entwickelt (1986, 1993) und nicht nur der subjektiv gemeinte Sinn untersucht, sondern auch latente, überindividuelle Bedeutungsstrukturen. Diese Methode sucht nach den tieferliegenden Regeln, die soziales Handeln formen. Hier sind vor allem soziale Deutungsmuster relevant, die als Regeln für die Wahrnehmung und Interpretation in bestimmten Situationen dienen. Es gibt folglich sowohl subjektiv ausgerichtete als auch objektiv ausgerichtete Ansätze, welche soziales Wissen durch interpretative Methoden analysieren (Kneer, 2010).

Ein weiterer Bereich ist die poststrukturalistische Wissenssoziologie. Sie beschäftigt sich insbesondere mit der Frage, wie Wissen zur Herstellung, Aufrechterhaltung und Legitimation von Machtverhältnissen innerhalb einer Gesellschaft beiträgt. Foucaults (1992 [1975]) Arbeiten analysieren die Rolle von Institutionen bei der Produktion, Legitimation und Kontrolle von Wissen (siehe Aufbaumodul 1 Foucault). So kann das Wissen über Kriminalität und Strafe zur Regulierung und Überwachung von Individuen in der Gesellschaft beitragen. Die Institutionen des Strafvollzugs und der Polizei erzeugen und vermitteln Wissen, welches dazu dient, entsprechende Handlungsweisen zu normieren und abweichendes Handeln zu sanktionieren (Foucault, 1992 [1975]). Foucault (1973 [1969], 2008 [1966]) entwickelt zudem eine ‚Archäologie' als Analyse von Wissensordnungen ohne Bewertung ihrer Bedeutung oder Wahrheit. Dieser Ansatz hebt die Unbeständigkeit und Materialität von Wissen hervor, das durch diskursive Praktiken entsteht.

Diskurse bilden in diesem Zusammenhang institutionalisierte Wissens- und Praxisordnungen. Sie bestimmen Subjekte und Objekte des Wissens und legen Begriffe, Argumente und Themen fest. In späteren Werken verschiebt Foucault seinen Fokus zur ‚Genealogie', die Macht-Wissen-Beziehungen analysiert. Macht und Wissen beeinflussen sich gegenseitig: Macht erzeugt Wissen und Wissen hat eigene Machtwirkungen. Foucault geht es insbesondere um gesellschaftliche Praktiken, die Individuen oder Gruppen zum Wissensobjekt machen und sie Prüfungs-, Kontroll- und Überwachungsverfahren unterziehen. Macht entsteht insofern nicht nur durch Zwang oder ökonomische Ressourcen, sondern ebenfalls durch die Produktion, Organisation und Kontrolle von Wissen. Wissen stellt eine Ressource dar, die es ermöglicht, Einfluss auf Individuen und gesellschaftliche Strukturen auszuüben. Foucault legt seinen Fokus auf die Analyse von Institutionen und ihre Praktiken bei der Erzeugung von Wissen. Institutionen wie Bildungseinrichtungen, das Gesundheitswesen, Massenmedien oder das Rechtssystem sind zentral für die Vermittlung von Wissen und die Schaffung von strukturierenden Normen und Werten (Foucault, 1979, 1992 [1975]). Auch die wissenssoziologische Diskursanalyse (Keller, 2001) befasst sich mit Foucaults Diskurstheorie und verknüpft diese mit sozialphänomenologischer und hermeneutischer Soziologie (Kneer, 2010) (siehe Basismodul 3).

Ludwik Fleck gilt als Pionier radikal antipositivistischer Ansichten in der Wissenssoziologie. In seinen Arbeiten wie in seinem Werk *Entstehung und Entwicklung einer wissenschaftlichen Tatsache* bringt Fleck (1980 [1935]) eine sozialhistorische und soziologische Perspektive in die Wissenschaft ein. Er prägt die Begriffe ‚Denkstil' und ‚Denkkollektiv', welche die soziologische Grundlage seiner Erkenntnistheorie darstellen (Fleck, 1980 [1935]; Fleck, 2011). Diese Theorie, ausgerichtet auf Kognition, Praxis und Kommunikation, integriert die holistischen Ansichten der Gestaltungspsychologie in einen sozialen und historischen Kontext (Egloff, 2012). Fleck sieht den vorherrschenden epistemischen Modus in einem Wissensfeld als ‚Denkstil', geprägt durch historische Entwicklungen, und somit als spezifisch und veränderungsresistent. Solche Denkstile entstehen innerhalb bestimmter ‚Denkkollektive' und entwickeln sich weiter (Fleck, 1980 [1935]). Fleck hebt die wichtigen hierarchischen Beziehungen hervor, die beispielsweise zwischen Expert:innen und Laien existieren. Diese Verhältnisse können soziologisch untersucht werden in Hinblick auf Einführungsrituale, Abgrenzungen oder interne Kohäsion. Fleck verwendet in seiner Analyse von Übertragungen zwischen Denkstilen das Konzept von ‚esoterischen' und ‚exoterischen' Richtungen. Erstere stellten Denkstile dar, die dichte Forschungsdiskurse sind, die nur von den Beteiligten verstanden werden. Denn der Wissensgehalt eines spezifischen Bereichs hat für dessen Fachleute eine Bedeutung, die nur sie verstehen können. Eine Weitergabe dieses Wissens an andere soziale Gruppen bedeutet zwangsläufig eine Veränderung des ursprünglichen Inhalts (Egloff, 2011, 2012; Fleck, 1980 [1935]). Exoterische Denkstile dagegen sind die Art und Weise, wie Wissen für ein breites oder allgemeineres Kollektiv oder für Personen außerhalb des spezifischen

Denkkollektivs oder Fachgebietes dargestellt oder übermittelt wird (Baldamus, 1979; Fleck, 1980 [1935]).

In der modernen wissenssoziologischen Forschung kristallisiert sich ein vielschichtiger Kontext heraus, der soziale Mechanismen und kulturelle Mikrologiken in den Mittelpunkt stellt, welche die Erzeugung und Aufrechterhaltung von Wissen beeinflussen (Schützeichel, 2012). Verschiedene Ansätze wie Wissensmilieus (Matthiesen, 2009), epistemische Kulturen (Knorr Cetina, 2002), Wissensregime (Wehling, 2007) und Studien über Expertise und implizites Wissen in sozialen Kontexten (Collins, 2019; Collins & Evans, 2007) basieren auf der Fragestellung von Fleck. Soziale Beziehungen legen bestimmte Praktiken, Regeln und Prinzipien für den Umgang mit Wissen fest. Epistemische Ordnungen bestimmen, welche Formen und Inhalte des Wissens als relevant gelten und welchen Akteur:innen bestimmte Kompetenzen und Expertisen zugeschrieben werden (Egloff, 2012; Schützeichel, 2012).

Zudem ist ein zentraler Bereich der Wissenssoziologie die Beschäftigung mit Wissenskontroversen, welche sich aus konkurrierenden Wissensansprüchen und Perspektiven ergeben. Kuhn (2001 [1962]) hat beispielsweise auf ‚Paradigmenwechsel' hingewiesen, die wissenschaftliche Disziplinen über die Zeit durchlaufen. In diesen wird ein vorherrschendes wissenschaftliches Verständnis durch ein neues ersetzt. Paradigmenwechsel sind das Ergebnis von Wissenskontroversen und zeigen, wie wissenschaftliches Wissen durch soziale und kulturelle Prozesse geformt wird (Kuhn, 2001 [1962]). Wissenskontroversen sind für die Wissenssoziologie von Relevanz, da sie Einblicke in die sozialen Prozesse und Dynamiken bieten, welche für die Konstruktion, Aushandlung und Vermittlung von Wissen wichtig sind. Wechselwirkungen zwischen Wissen, Macht und sozialen Strukturen können so nachvollzogen werden. Wissen wird nicht als absolute Wahrheit betrachtet, sondern als in einem sozialen Kontext verankert. Unterschiedliche Akteur:innen können folglich abweichende Perspektiven auf dieselben Sachverhalte haben abhängig von ihren sozialen, kulturellen und institutionellen Hintergründen. Deutlich wird zudem in der Analyse dieser Kontroversen, wie verschiedene Akteur:innen ihre Perspektiven und Interessen durchzusetzen versuchen und wie Machtverhältnisse und Legitimation von Wissensansprüchen beeinflusst werden. Soziale und kulturelle Faktoren sind bei der Konstruktion und Bewertung von Wissen zentral. Darüber hinaus ist eine Untersuchung der Rolle von Kommunikation und Diskursen während der Vermittlung und Aushandlung von Wissen möglich. Es kann veranschaulicht werden, wie unterschiedliche Akteur:innen ihre Argumente und Positionen in Kommunikations- und Diskursprozessen präsentieren und verteidigen und welche Rolle Medien, Sprache und symbolische Ressourcen in diesen Prozessen spielen. Ein Beispiel für eine Wissenskontroverse ist die Debatte um den Klimawandel. Hierbei können unterschiedliche Positionen, Interessen und kulturelle Hintergründe der beteiligten Akteur:innen wie Wissenschaftler:innen, Politiker:innen, Umweltaktivist:innen und Industrielobbyist:innen untersucht und analysiert werden (siehe Aufbaumodul 2 Umwelt- und Nachhaltigkeitssoziologie). So kann eine differenzierte Auseinandersetzung mit einer Thematik bestärkt und ein Verständnis der sozialen Dynamiken, welche die öffentliche Meinung und politische Entscheidungen beeinflussen, entwickelt werden.

Die Wissenssoziologie ist geprägt durch die Auseinandersetzung mit der sozialen Konstruktion von Wissen und Wissenschaft und wie diese soziale Konstruktion in sozialen Kontexten erzeugt wird. In einem dynamischen und von einem technologischen Wandel geprägten Feld ist dies zentral, um die sozialen Dimensionen von Wissen(schaft) zu analysieren und zu verstehen. In der Wissenssoziologie manifestiert sich die Interaktion zwischen gesellschaftlichen Strukturen und der Produktion von Wissen. Wissen ist nicht lediglich die Akkumulation von Fakten, sondern resultiert aus sozialen Prozessen, in denen kulturelle, ökonomische und politische Dynamiken ineinandergreifen. Die Wissensproduktion und -verbreitung finden in einem bestimmten sozialhistorischen Kontext statt, der wiederum die Rezeption und Interpretation von Informationen beeinflusst. Dieser soziologische Blick ermöglicht es, die Kontingenz und Relativität des als ‚wahr' oder ‚faktisch' Angesehenen zu hinterfragen und die Machtstrukturen zu erkennen, die hinter der Etablierung von Wissensnormen stehen. Somit verleiht die Wissenssoziologie der Erkenntnistheorie eine soziale Dimension, die die dynamische und kontextabhängige Natur von Wissen hervorhebt. In der Wissenssoziologie geht es um die Produktion und Konstruktion von Wissen. In dem Zusammenhang ist auch der gesellschaftliche Wandel relevant insbesondere die digitale Transformation. Hierdurch werden Deutungshohheiten beeinflusst, wodurch die Rolle von Expert:innen und Professionen betroffen ist.

8 Medizin- und Gesundheitssoziologie

In der Medizin- und Gesundheitssoziologie werden Gesundheit und Krankheit als soziale Konstrukte betrachtet. Diese werden durch soziale, ökonomische und kulturelle Faktoren beeinflusst. Der sozioökonomische Status einer Person kann beispielsweise einen wesentlichen Einfluss auf ihre Gesundheit haben. Individuen mit einem niedrigen sozioökonomischen Status haben häufig einen schlechteren Zugang zu medizinischer Versorgung, sind eventuell arbeitslos oder führen prekäre Jobs mit geringer Bezahlung aus. Diese Faktoren können sich auf die Gesundheit auswirken (Hehlmann et al., 2018).

Es werden in Anlehnung an Robert Straus (1957) zwei Perspektiven unterschieden, die als idealtypisch gelten und in der Forschungspraxis oft fließend ineinander übergehen und nicht ganz trennscharf sind: die ‚Soziologie in der Medizin' und die ‚Soziologie der Medizin'. Beide Bereiche sind eng miteinander verbunden, haben jedoch unterschiedliche Schwerpunkte und Anliegen. Die ‚Soziologie in der Medizin' beschäftigt sich vor allem mit den soziokulturellen Rahmenbedingungen von Krankheiten und deren Verläufen. Sie analysiert, wie sich Krankheiten in verschiedenen Bevölkerungsgruppen zeigen und welche Bevölkerungsgruppen besonders anfällig für bestimmte Gesundheitsrisiken sind. Im Fokus stehen die subjektive Wahrnehmung und Bewältigung von Krankheiten. Dieser Bereich, auch als ‚Gesundheitssoziologie' bezeichnet (Graumann & Lindemann, 2010), beleuchtet Phänomene wie gesundheitliche Ungleichheiten oder die spezifischen Interaktionsdynamiken zwischen medizinischen Fachkräften und Patient:innen. Im Fokus steht zudem das Gesundheitssystem selbst. Die Art und Weise, wie medizinische Dienstleistungen organisiert sind, kann einen Einfluss auf die medizinische Versorgung, deren Erfolg und deren Inanspruchnahme haben. Kulturelle Unterschiede zwischen Ärzt:innen und Patient:innen können dazu führen, dass Patient:innen die medizinischen Behandlungen nicht vollständig verstehen oder ihnen nicht vertrauen. Die Medizinsoziologie untersucht diese sozialen Dynamiken und die Auswirkungen auf die Gesundheit (Hehlmann et al., 2018; Straus, 1957). Im Gegensatz dazu fokussiert die ‚Soziologie der Medizin' auf die medizinische Profession. Sie hinterfragt Praktiken, Rituale, organisationale Strukturen und die inhärenten Wertsysteme der Medizin. Statt primär nach Lösungen für gesundheitliche Probleme zu suchen, steht die Medizin als solche im Mittelpunkt. Kernthemen sind die Entwicklungen und Veränderungen in Gesundheitsberufen, Prozesse der Professionalisierung und Deprofessionalisierung sowie die Beziehungsdynamiken zwischen Fachkräften und Patient:innen auch in Bezug auf die zunehmende Informationsflut durch das Internet und andere Medien. Ein besonderes Augenmerk liegt zudem auf der Medikalisierung (Zola, 1972) und den damit einhergehenden Macht- und Herrschaftsverhältnissen im Gesundheitswesen (Hehlmann et al., 2018; Straus, 1957).

Parsons ist einer der Begründer der modernen Medizin- und Gesundheitssoziologie (siehe Aufbaumodul 1 Parsons). Er betont die Relevanz von Gesundheit für die Stabilität der Gesellschaft.

> „Die Gesundheit ist offenbar eine der funktionalen Vorbedingungen eines jeden sozialen Systems. Fast alle Definitionen zählen sie zu den funktionalen Bedürfnissen des einzelnen Mitgliedes einer Gesellschaft, so dass ein zu niedriges Niveau der Gesundheit und ein zu häufiges Auftreten von Krankheiten dysfunktional im Hinblick auf das Funktionieren eines sozialen Systems sind; das zunächst deswegen, weil Krankheit die Erfüllung sozialer Rollen unmöglich macht" (Parsons, 1958, S. 10).

In seinem Werk *The Social System* diskutiert er unter anderem die medizinische Soziologie und trägt maßgeblich zu einem Verständnis von sozialen Systemen und Institutionen bei (Parsons, 2013 [1951]). Seine Relevanz erlangt das Werk durch die Hervorhebung der Bedeutung der sozialen Dimension von Gesundheit und Krankheit und dem daraus resultierenden Verständnis der medizinischen Versorgung als eine soziale Institution. Der Autor entwickelt die Theorie der ‚Sick Role', in der er die Rolle des Kranken als eine soziale Rolle begreift und beschreibt, wie in der Gesellschaft die Rolle des Kranken konstruiert wird und wie Kranke innerhalb dieser Rolle handeln. Beispielsweise, so Parsons, wird Kranken ermöglicht, sich von sozialen Verpflichtungen zurückzuziehen. Gleichzeitig beinhaltet die Rolle jedoch auch gewisse Handlungsanforderungen wie die Verpflichtung, alles zu tun, um wieder gesund zu werden und medizinische Behandlungen anzunehmen. Die Rolle trägt dazu bei, die Stabilität und Funktionsfähigkeit einer Gesellschaft aufrechtzuerhalten, indem sichergestellt wird, dass kranke Menschen angemessen behandelt und versorgt werden. In Parsons Forschung wird die therapeutische Beziehung als Säule des medizinischen Geschehens betrachtet. Er charakterisiert diese Beziehung als ‚total' und beschreibt Patient:innen als Personen, die sich an der Schnittstelle zwischen Krankenhaus und Familie bewegen (Parsons, 1957). Für Parsons verschmilzt die Identität der Kranken mit der Krankheit und leitet daraus das Recht zur Hospitalisierung ab. Zudem zieht er Parallelen zwischen dem Handeln von Patient:innen und dem von Kindern, um die Abhängigkeit und Verletzlichkeit hervorzuheben (Parsons, 1957).

Während Parsons die Krankheit als zentralen Faktor für eine veränderte Patientenidentität herausstellt, unterstreicht Goffman die demoralisierende Wirkung der hospitalisierten Umgebung auf das Individuum (siehe Aufbaumodul 1 Goffman). Goffman (1973) nimmt folglich eine andere Perspektive ein, indem er das Krankenhaus als ‚totale Institution' in den Mittelpunkt seiner Betrachtung rückt. In einer solchen Umgebung treten traditionelle soziale Bindungen, insbesondere jene zur Familie, in den Hintergrund oder verschwinden vollständig.

> „Totale Institutionen sind soziale Zwitter, einerseits Wohn- und Lebensgemeinschaft, andererseits formale Organisationen; in dieser Hinsicht sind sie für die Soziologie besonders interessant. [...] Sie sind die Treibhäuser, in denen unsere Gesellschaft versucht, den Charakter von Menschen zu verändern. Jede dieser Anstalten ist ein natürliches Experiment, welches beweist, was mit dem Ich des Menschen angestellt werden kann" (Goffman, 1973, S. 22).

Goffman geht davon aus, dass in solchen Einrichtungen das Leben der Insassen durch eine Reihe strikter Regeln und Routinen stark reguliert wird. Anstatt sich auf die offiziellen Ziele dieser Institutionen zu konzentrieren, ist Goffman besonders an den latenten Funktionen und Auswirkungen solcher Einrichtungen auf die Insassen interessiert. Er sieht diese Institutionen somit als Mittel der Gesellschaft, die Identität und das Handeln der Insassen zu formen. Bezüglich des Ärzt:innen-Patient:innen-Verhältnisses in psychiatrischen Einrichtungen identifiziert Goffman ein komplexes Wechselspiel. Während es ein Idealverhältnis zwischen Expert:innen und Klient:innen gibt, in dem Respekt und Vertrauen im Vordergrund stehen, wird dieses Ideal in psychiatrischen Einrichtungen oft nicht erreicht. Hier stehen Ärzt:innen und Patient:innen in einem Spannungsverhältnis, das durch die besonderen Rahmenbedingungen der ‚totalen Institution' beeinflusst wird (Goffman,

1973; Stollberg, 2001). In einer psychiatrischen Einrichtung kann das Spannungsverhältnis zwischen Ärzt:innen und Patient:innen beispielsweise dadurch sichtbar werden, dass die Patient:innen sich in ihrer Autonomie eingeschränkt fühlen. Ärzt:innen müssen möglicherweise strikte Verhaltensregeln durchsetzen, die Patient:innen als bevormundend oder entmündigend empfinden. Das Machtgleichgewicht wird in diesem Fall verschoben. Dies kann das Vertrauensverhältnis beeinträchtigen und das Idealverhältnis von Respekt und Vertrauen stören.

Foucaults Konzepte der ‚Biomacht' und ‚Gouvernementalität' bieten in der Medizin- und Gesundheitssoziologie ebenfalls Einblicke in die Dynamik zwischen Individuum und Gesellschaft (siehe Aufbaumodul 1 Foucault). Er beschreibt in *Überwachen und Strafen* (1992 [1975]) die Transformation staatlicher Machtausübung von direkter Gewalt hin zu subtilerer Kontrolle und Resozialisierung. Er stellt den Übergang vom 18. zum 19. Jahrhundert dar, in dem brutale Strafen durch erzieherische und therapeutische Ansätze ersetzt werden. Dieser Wandel korrespondiert mit der Konzeption der ‚Biomacht', welche die Bevölkerung produktiv gestalten will. Biomacht umfasst sowohl die Steuerung und Optimierung des einzelnen Körpers als auch der gesamten Bevölkerung. Sie ist nicht von außen auferlegt, sondern in der Gesellschaft verankert (Foucault, 1992 [1975]; Graumann & Lindemann, 2010; Hehlmann et al., 2018). ‚Gouvernementalität' charakterisiert eine moderne politische Denkweise, in der sich offizielle Regierungstechniken und individuelle Selbststeuerung verknüpfen (Graumann & Lindemann, 2010). Vor diesem Hintergrund erscheint die ‚Public Health'-Definition der Deutschen Gesellschaft für Public Health (DGPH) als aktuelles Beispiel für die Anwendung von Biopolitik (Hehlmann et al., 2018).

> „Public Health ist [...] die Wissenschaft und Praxis zur Vermeidung von Krankheiten, zur Verlängerung des Lebens und zur Förderung von physischer und psychischer Gesundheit unter Berücksichtigung einer gerechten Verteilung und einer effizienten Nutzung der vorhandenen Ressourcen" (Gerlinger et al., 2012, S. 762).

Auch Luhmann beschäftigt sich mit der Medizinsoziologie und stellt die Eigenständigkeit der Medizin als soziales System heraus (siehe Aufbaumodul 1 Luhmann). Luhmann (1987 [1984]) betont in *Soziale Systeme* die Bedeutung von Kommunikation und symbolischen Interaktionen in der Medizin. Die Medizin ist ein soziales System, das sich durch die Verarbeitung von Informationen definiert. Gesundheit und Krankheit werden durch die Interaktion verschiedener Akteur:innen im medizinischen System beeinflusst und definiert. Gleichzeitig ist die Medizin als soziales System aber auch mit dem Problem der begrenzten Ressourcen konfrontiert, um die es eine stetige Konkurrenz gibt. So können beispielsweise die Verfügbarkeit von medizinischer Versorgung, die Finanzierung von medizinischer Forschung und die Verteilung von medizinischem Wissen durch soziale und politische Faktoren beeinflusst werden. Zudem stellt Luhmann eine Unterscheidung zwischen ‚Gefahren' und ,Risiken' vor. Gefahren sind externe Ereignisse wie Naturkatastrophen, für die niemand direkt verantwortlich gemacht werden kann (Luhmann, 2018 [1990]). Risiken hingegen sind das Resultat von Entscheidungen oder Handlungen. Mit dem Fortschritt von medizinischem und epidemiologischem Wissen nehmen die Entscheidungsmöglichkeiten und damit verbundene Risiken im Gesundheitsbereich zu. Heute geht es nicht nur darum, Entscheidungen über Ernährung oder Rauchgewohnheiten zu treffen, sondern auch über medizinische Vorgehensweisen und Therapieansätze. Das wachsende Maß an Entscheidungsmöglichkeiten und die steigende Risikowahrnehmung sind nicht neu in modernen Gesellschaften, sondern kennzeichnen eine Diversifizierung der Entscheidungsoptionen (Luhmann, 2003).

Das Konzept des medizinischen Diskurses hat sowohl wesentliche Auswirkungen auf das Verständnis von Gesundheit und Krankheit als auch auf die Beziehungen zwischen Medizin und anderen sozialen Systemen, da es aufzeigt, wie der Diskurs die Produktion und Verbreitung von medizinischem Wissen und Informationen beeinflusst und wie er wiederum von sozialen, politischen und ökonomischen Faktoren begrenzt wird. Diskursstrategien sind Techniken, mit denen Darstellungen so gestaltet werden, dass die angesprochenen Personen ein Problem nicht in Frage stellen. Ziel dieser Strategien ist es, die Adressat:innen sowohl moralisch also auch emotional so zu beeinflussen, dass ihre Aufmerksamkeit geweckt und Handlungsbereitschaft hervorgerufen wird. Solche Strategien sollen sicherstellen, dass das betreffende Problem im alltäglichen Leben und in den Medien im Vordergrund steht (Schetsche & Schetsche, 2014). Im Gesundheitsbereich zeigt sich, dass die Definition und das Verständnis von Krankheiten von den vorherrschenden Diskursen abhängen. Wie Gesellschaften verändern sich auch Definitionen von Gesundheit und Krankheit (Foucault, 1973, 1978, 1992 [1975]; Hehlmann et al., 2018).

Die Medizin- und Gesundheitssoziologie liefert aber auch Erkenntnisse zum Einfluss von Arbeit auf die Gesundheit, wenn es beispielsweise um gesundheitsschädigende Arbeitsbedingungen geht (Schwartz et al., 2022; Siegrist, 2014) und befasst sich zudem mit der Frage, wie bestimmte Verhaltensweisen und Zustände von der Gesellschaft als ,krank' oder ,deviant' bezeichnet und wie diese medikalisiert (Zola, 1972) werden. Conrad und Schneider (1992) betonen den Einfluss sozialer Faktoren auf die Definition von Gesundheit und Krankheit. Gesundheit und Krankheit sind folglich soziale Konstruktionen und werden von der Gesellschaft durch soziale Interaktionen und Kommunikation konstruiert. Handlungen, die früher als ,deviant' angesehen wurden, werden zunehmend medikalisiert und als ,Krankheit' betrachtet. Die Medikalisierung von Verhaltensweisen und Zuständen kann jedoch dazu beitragen, dass Gruppen und Menschen stigmatisiert werden und ihr Handeln als abweichend oder pathologisch betrachtet wird. In der Folge können soziale Probleme medizinisiert und Lösungen für diese Probleme ausschließlich auf medizinischer Ebene gesucht werden, statt politische oder soziale Veränderungen anzustreben. Ein Beispiel für die Medikalisierung von sozialen Problemen ist die Behandlung von Alterserscheinungen als medizinische Störungen. In vielen Gesellschaften wird das Altern nicht als natürlicher Lebensprozess betrachtet, sondern als Reihe von medizinischen Problemen, die es zu behandeln gilt. Dies führt zu einer steigenden Nachfrage nach Anti-Aging-Produkten und -Behandlungen von Hautcremes bis zu Hormonersatztherapien. Statt das Altern als normalen Teil des Lebens zu akzeptieren und Wert auf Lebensqualität und Gesundheitsvorsorge im Alter zu legen, wird in diesen Fällen versucht, die äußeren Anzeichen des Alterns zu bekämpfen und das Alter als Krankheit zu behandeln. Zudem können Industrien und Unternehmen von der Medikalisierung profitieren, wenn z. B. Medikamente produziert werden, welche zur Behandlung solcher Krankheiten dienen (Conrad & Schneider, 1992). Conrad und Schneider (1992) betonen den Einfluss sozialer Faktoren wie politischer Entscheidungen, kultureller Normen und wirtschaftlicher Interessen auf die Definition von Gesundheit und Krankheit. Conrad (2005) legt zudem einen Fokus seiner Forschung auf die Frage danach, wie menschliches Handeln und Verhalten, das früher als normal und akzeptabel galt, heute medizinisch pathologisiert und behandelt wird. Bei der Entstehung von Krankheitsbildern und Krankheitsdefinitionen spielen soziale und kulturelle Faktoren eine wesentliche Rolle. In *The Shifting of Medicalization* (2005) wird eine Verlagerung in den Triebkräften dieses Phänomens aufgezeigt. Während in der Vergangenheit Fachkräfte und soziale Bewegungen als Hauptakteur:innen gesehen wurden, betont Conrad die wachsende Rolle von Biotechnologie, insbesondere Pharmazie und Gentechnik, der aktiven Beteiligung von Patient:innen und der strukturierten Gesundheitsversorgung. Ärzt:innen, obwohl nach wie vor zentral, treten in diesem Prozess in den Hintergrund, da kommerzielle Interessen in den Vordergrund treten. Einen Beitrag zur Medizin- und Gesundheitssoziologie liefert auch das Werk *Social Organization of Medical Work* (Fagerhaugh, 1997). Es handelt sich um eine Auseinandersetzung mit der sozialen Dimension der medizinischen Arbeit und richtet den Fokus auf die Relevanz von Zusammenarbeit, Kommunikation, sozialen Regeln und Normen für eine angemessene medizinische Versorgung.

Eine Studie von Barney G. Glaser und Anselm L. Strauss (1968; 1979) beschäftigt sich mit der sozialen Dimension des Sterbens und betont die Bedeutsamkeit der sozialen Unterstützung und Begleitung von Sterbenden. Die Erfahrung des Sterbens wird als eine soziale Erfahrung begriffen und der gesellschaftliche Umgang mit dem Tod und dem Sterben maßgeblich als Einflussfaktor für die Erfahrungen der Sterbenden herausgestellt. Die Autoren beleuchten den Einfluss von Familienmitgliedern, Freund:innen und professionellen Betreuer:innen auf die Sterbebegleitung und heben die Relevanz von sozialer Unterstützung und Beistand hervor. Bei der medizinischen Behandlung von Sterbenden handelt es sich folglich nicht ausschließlich um eine technische oder medizinische Fragestellung, sondern durchaus um eine soziale Frage. Sie betonen die Bedeutung der sozialen Dimension von Gesundheit und Krankheit und zeigen, dass die medizinische Behandlung von Sterbenden nicht nur auf den Körper, sondern auch auf die Seele und den Geist der Patient:innen abzielt (Glaser, 1974; Glaser & Strauss, 1968; Glaser & Strauss, 1979).

Schließlich sind aktuelle Entwicklungen wie das ‚New Public Management' im Gesundheitssektor und die Ökonomisierung des Gesundheitswesens von Interesse der Medizin- und Gesundheitssoziologie (Schimank & Volkmann, 2008). Die Ökonomisierung im Gesundheitswesen bezieht sich auf die zunehmende Orientierung an wirtschaftlichen Prinzipien wie Effizienz und Rentabilität und die Anwendung von Managementmethoden im Gesundheitssektor (Bode, 2010). Eine Folge sind die zunehmende Regulierung und Standardisierung medizinischer Verfahren, um die Effizienz und Qualität zu steigern und die Kosten zu senken, was zu einer Deprofessionalisierung der medizinischen Praxis führen kann (Wilkesmann et al., 2015). Daraus resultiert die Gleichzeitigkeit von Professions- und Managementlogiken in der betrieblichen Praxis von Krankenhäusern, die von den Beschäftigten zu bewältigen ist (Noordegraaf, 2015; Wilkesmann et al., 2020).

Die Medizin- und Gesundheitssoziologie analysiert Gesundheit und Krankheit unter Berücksichtigung sozialer Konstrukte. Es werden nicht nur biologische Aspekte betrachtet, sondern auch soziale, ökonomische und kulturelle Kontexte. Neben den skizzierten Themen, die ihre Relevanz behalten, gibt es aktuelle Entwicklungen zum Einsatz digitaler Technologien im medizinischen Kontext, die für eine soziologische Betrachtung von Interesse sind. Digitalisierung verändert die Art und Weise, wie medizinische Versorgung erbracht wird grundlegend, wenn es um Telemedizin, E-Health-Plattformen und mobile Gesundheitsanwendungen geht. Dies ruft Fragen nach sozialer Ungleichheit im medizinischen Kontext auf den Plan und lässt eine Veränderung in den Arbeitsprozessen, -bedingungen und in der Zusammenarbeit erwarten. Nicht zuletzt kann der Einsatz digitaler Technologien die Ökonomisierung im Gesundheitswesen vorantreiben durch eine erweiterte Informationsbasis, die eine Grundlage für die Effizienzsteigerung und Kostenreduktion darstellt.

9 Techniksoziologie

Die Techniksoziologie befasst sich mit der Wechselbeziehung zwischen Technologie und Gesellschaft, d.h., wie Technologien[4] von der Gesellschaft beeinflusst werden und wie Technologien die Gesellschaft beeinflussen (Weyer, 2008). Im Fokus stehen soziale Prozesse im Zusammenhang mit der Entwicklung und Nutzung von Technik und den sozialen Folgewirkungen von Technologie. Die Techniksoziologie analysiert u.a., wie Technik in verschiedenen sozialen Kontexten eingesetzt wird und welche Auswirkungen dies auf die sozialen Beziehungen,

4 In Anlehnung an Schulz-Schaeffer (2000) und Krohn (1989) umfasst der Begriff Technologie die Lehre von den Prinzipien, die hinter der Erzeugung technischer Geräte (Technik) stehen, wobei der Fokus auf den gesellschaftlichen Zusammenhängen und Folgen liegt.

die Machtverteilung und soziale Normen hat (Häußling, 2019). Sie untersucht auch, wie technologische Entwicklungen die Arbeitswelt verändern und wie dies die Mitarbeitenden beeinflusst. Insofern kann auch Marx (1981 [1859]), der das soziotechnische Zusammenwirken im industriellen Kontext untersucht, als ein Vorläufer der Techniksoziologie betrachtet werden (siehe Aufbaumodul 1 Marx).

Der Begriff ‚Technik' bezieht sich auf materielle Instrumente, künstliche Gebilde und Verfahren, die dauerhaft Ursache-Wirkungs-Zusammenhänge vereinfachen und überhaupt erst ermöglichen (Rammert, 1999). In Hinblick auf den Einsatz von Technik wird von sozio-technischen Systemen gesprochen. Dabei macht es einen Unterschied, wie und zu welchem Zweck Technik eingesetzt wird. Im Zusammenhang mit der Betrachtung der Mensch-Technik-Interaktion kommt es auf die Aufgabenverteilung zwischen Mensch und Technik an. Von Interesse ist hierbei insbesondere der Automatisierungsgrad bzw. die Entscheidungshoheit und ob diese eher bei der Technik oder beim Menschen liegt.

Die Mensch-Technik-Interaktion (Human-Computer Interaction (HCI) oder Human-Technology Interaction (HTI)) ist ein interdisziplinäres Forschungsfeld, das sich der Analyse und Konzeptualisierung der Beziehung zwischen menschlichen Akteur:innen und computergestützten Systemen widmet. Es fokussiert insbesondere auf die Schnittstelle, die als Vermittlerin zwischen menschlichen Handlungen und digitaler Technik fungiert. Im Kontext der HCI ist die Frage der Aufgabenverteilung und Verantwortungszuschreibung zwischen Mensch und Maschine zentral. In diesem Zusammenhang haben Parasuraman et al. (2000) ein Modell aufgestellt, welches einen Beitrag zur Diskussion um Automatisierungsebenen in technologischen Systemen und deren Auswirkungen auf die Mensch-Technik-Interaktion leistet. Dieses Modell bildet eine grundlegende theoretische Basis zur Beurteilung und Gestaltung automatisierter Systeme. Verantwortlichkeiten werden in dem Modell in mehrere Ebenen gegliedert:

Digitale Transformation

Die digitale Transformation bezieht sich auf die Veränderung der Gesellschaft durch digitale Technologien. Die Wechselwirkungen zwischen Technologie und Gesellschaft beeinflussen zudem Institutionen und Organisationen. Es handelt sich um einen umfassenden Prozess, der über die initiale Einführung digitaler Technik hinausgeht und die Veränderung von Gesellschaft, Organisationen und Individuen einbezieht.

In Abgrenzung dazu meint ‚Digitalisierung' den soziotechnischen Prozess des Einsatzes digitaler Technik in sozialen und institutionellen Kontexten. Entsprechend geht Digitalisierung (‚Digitalization') über eine rein technische Betrachtung der Umwandlung analoger in digitale Daten (‚Digitization') hinaus (Tilson et al., 2010; Wilkesmann & Wilkesmann, 2018).

- Informationsakquisition: Diese Ebene beschäftigt sich mit den Mechanismen der Datenerfassung durch das System und deren Präsentation gegenüber den Nutzenden. Hierbei reicht das Spektrum von vollständig manuellen bis hin zu vollautomatisierten Prozessen.
- Informationsverarbeitung: Hier geht es um die Verarbeitung und Interpretation gesammelter Daten zur Unterstützung von Entscheidungsprozessen. Die Bandbreite erstreckt sich von menschlicher Analyse bis zur kompletten Automatisierung.
- Entscheidungsfindung und Aktionsauswahl: Diese Ebene betrachtet, wer oder was Entscheidungen trifft und Handlungen initiiert – sei es der Mensch, das System oder eine Kombination aus beidem.
- Handlungsdurchführung: Schließlich befasst sich diese Ebene mit der Ausführung von Aktionen, die entweder vom Menschen, von der Technik oder durch eine Kombination von beiden durchgeführt werden.

Entsprechend bildet das Modell von Parasuraman et al. (2000) einen Rahmen zur Analyse und Gestaltung der Interaktionsdynamiken zwischen Mensch und Technik, indem es eine Systematik für die Verteilung von Aufgaben und Verantwortlichkeiten bietet. So werden Wege sichtbar, um die Komplexität und die sozialen Implikationen der Mensch-Technik-Interaktion zu verstehen und zu reflektieren.

SOZIO-TECHNISCHE SYSTEME

Sozio-technische Systeme beziehen sich auf die Interdependenz von Technologien, Technik, Individuen, Prozessen und Strukturen (Emery & Trist, 1960).

Im Rahmen von ‚Workplace Studies' wird das Zusammenspiel von Technologie, Interaktion und Organisation analysiert (Heath & Knoblauch, 2000; Luff et al., 2000; Rawls, 2008). Diese Art von Studien gehen auf Garfinkel zurück (siehe Aufbaumodul 1 Garfinkel). Sie haben eine lange Tradition, wenn es um den Technikeinsatz in Arbeitskontexten geht. Untersucht wird der Einsatz von Technik zur Unterstützung von Arbeitsprozessen, aber auch zur Ableitung von Gestaltungsempfehlungen für Technologien. Der Fokus der Analyse liegt darauf, wie der Technikeinsatz die Zusammenarbeit verändert und durch Sensemaking-Prozesse sozial konstruiert wird.

In diesem Zusammenhang werden Technikfolgenabschätzungen (TFA) vorgenommen. Die TFA ist ein Verfahren, das dazu dient, die möglichen Folgen und Auswirkungen von Technologien auf die Gesellschaft, Umwelt und Wirtschaft unter Berücksichtigung der technischen Sicherheit und ethischer Aspekte abzuschätzen und insbesondere ungewollte Folgen des Technikeinsatzes kritisch zu reflektieren (Grunwald, 2010). Von Interesse ist, wie Technologien die sozialen Beziehungen, die Zusammenarbeit und das Zusammenleben von Menschen beeinflussen, welche Auswirkungen Technik auf die Umwelt hat und wie wirtschaftliche Entwicklungen beeinflusst werden. Relevant sind hierbei ethische Fragen des Technikeinsatzes und eine Abwägung der technischen Risiken und Gefahren (Böschen & Wehling, 2004; Bullinger, 1994).

Im internationalen Kontext ist in Bezug auf den Umgang mit Technologien und Technik das Konzept der ‚Soziomaterialität' zentral. Soziomaterialität wird in den Sozialwissenschaften und den Science and Technology Studies (STS) verwendet. STS beschäftigen sich aus interdisziplinärer Perspektive unter Berücksichtigung der Sozial-, Natur- und Technikwissenschaften mit den Wechselwirkungen zwischen Wissenschaft, Technik und Gesellschaft. Die STS untersuchen unter anderem, wie wissenschaftliche Erkenntnisse produziert und genutzt werden, wie Technologien entwickelt und angewendet werden, wie soziale Normen und Werte mit wissenschaftlichen und technologischen Neuerungen korrespondieren und wie die Gesellschaft durch diese Entwicklungen beeinflusst wird (Pinch & Bijker, 1984; Potthast, 2010). In diesem Zusammenhang interessiert auch die Beziehung zwischen technologischen Innovationen und sozialen Ungleichheiten. Technische Entwicklungen sind das Ergebnis eines sozialen Prozesses, der durch soziale Gruppen geprägt wird und andere ausschließt (Bijker, 1997). Dabei legt die dominante Gruppe die Attribute für eine technologische Innovation fest, kategorisiert diese entweder als funktionsfähig oder gescheitert und gestaltet entsprechend die gesamtgesellschaftlichen Folgen. Karin Knorr-Cetina (1999) entwirft das Konzept der ‚epistemischen Kulturen', um zu verdeutlichen, wie unterschiedliche wissenschaftliche Disziplinen spezifische Herangehensweisen an die Wissensproduktion entwickeln (siehe auch Aufbaumodul 2 Wissenssoziologie). Ihr Werk *Epistemic Cultures: How the Sciences Make Knowledge* (1999) verdeutlicht charakteristische Praktiken, Technologien und Normen jeder Wissenschaftsdisziplin, die ihre Forschung und Erkenntnisse formen. Für Knorr-Cetina sind solche Kulturen nicht einfach das Ergebnis von sozialen oder kulturellen Einflüssen von außen, sondern vielmehr inhärente Aspekte der wissenschaftlichen Praxis selbst (Knorr-Cetina, 1999). Eine Grundfrage der STS ist, wie materielle Objekte und Dinge in soziale Beziehungen und Prozesse eingebettet sind und wie diese wiederum auf die materielle Welt zurückwirken. Soziomaterialität bezieht sich entsprechend auf die Wechselwirkung von sozialen und materiellen Elementen in der Welt (Rammert & Schubert, 2017). Es wird untersucht, wie Technologie und Materialität sozial konstruiert werden und wie sie Einfluss auf soziale Praktiken, Identitäten und Werte haben. Technik und materielle Objekte sind insofern nicht einfach gegeben, sondern in soziale Zusammenhänge eingebettet, in denen sie sich wechselseitig formen und verändern. Leonardi et al. (2012) definieren Soziomaterialität einerseits als materielle Objekte, die in sozialen Prozessen entstehen sowie interpretiert werden, und betont andererseits, dass soziale Prozesse lediglich aufgrund von materiellen Objekten möglich sind. Wanda Orlikowski (2007) untersucht in diesem Zusammenhang die Auswirkungen der Nutzung von Smartphones – im Speziellen von BlackBerries – und regelmäßigen Benachrichtigungen auf die Mitarbeitenden in Organisationen, deren Kommunikation und

Arbeitsweise. Die Materialitätstheorie berücksichtigt die Materialität der Welt und ihre Rolle bei der Konstruktion sozialer Wirklichkeit, d.h. wie materielle Objekte und Dinge Bedeutungen, Werte und Identitäten formen und welche Rolle Technologien in sozialen Interaktionen spielen. Die enge Verflechtung von sozialen und materiellen Elementen steht folglich im Mittelpunkt.

Es gibt verschiedene Forschungsstränge, die sich mit der Wechselwirkung zwischen Technik und Akteur:innen befassen. Ein wichtiger Ansatz ist die Akteur-Netzwerk-Theorie (ANT) (Latour, 1996, 2007), die davon ausgeht, dass Objekte und Dinge genauso wie Menschen als Akteur:innen zu betrachten sind und dass sich soziale Beziehungen und Praktiken durch die Verknüpfung von Menschen und Dingen formen. Der in diesem Zusammenhang verwendete Begriff des ‚Aktanten' bezieht sich auf eine Einheit oder Entität in sozialen Prozessen. Aktanten können sowohl menschliche Akteur:innen als auch nicht-menschliche Entitäten oder Objekte sein. Es handelt sich um gleichberechtigte Akteur:innen, die in der Lage sind, Einfluss auszuüben und Beziehungen zu anderen Akteur:innen zu knüpfen. Zwischen diesen bestehen entsprechende Wechselwirkungen und Verflechtungen (Häußling, 2019).

Die erweiterte Nutzung smarter Technik verändert auch die Technikforschung. Smarte Technik nutzt das Internet der Dinge (IoT), künstliche Intelligenz (KI) und maschinelles Lernen (ML), um Geräte und Systeme zu entwickeln, die miteinander kommunizieren und interagieren können. ML impliziert, dass Software bei bestimmten Aufgaben aus Erfahrungen lernt und dadurch die Aufgabe besser erfüllen kann (Wittpahl, 2019). Eine spezialisierte Untergruppe des maschinellen Lernens ist das ‚Deep Learning', welches sich durch den Einsatz von Algorithmen auszeichnet, die Netzwerkstrukturen von Nervenzellen – sogenannte neuronale Netze – nachbilden (Wittpahl, 2019).

Vor dem Hintergrund dieser Entwicklung führen selbstständige digitale Systeme (SDS) zu neuen technischen, organisatorischen, ethischen, sozialen und rechtlichen Fragen und verändern die Arbeitswelt (Schulz-Schaeffer, 2008). SDS ist Technik, die die Fähigkeit hat, sich an veränderte Umstände und Umgebungen anzupassen, komplexe Situationen zu bewerten, den Entscheidungsprozess zu unterstützen, Entscheidungen zu treffen und ihr Verhalten auf der Grundlage von

Künstliche Intelligenz

Eine KI ist ein System, das intelligentes Verhalten zeigt. KI-Systeme versuchen, die kognitiven Fähigkeiten des Menschen durch Algorithmen nachzubilden (Ballestrem et al., 2020). KI lässt sich unterteilen in ‚schwache' und ‚starke' KI. Eine schwache KI (‚Weak AI') ist speziell für bestimmte Aufgaben wie Spracherkennung und Navigation konzipiert. Ihr Anwendungsbereich ist klar definiert und beschränkt sich auf spezialisierte Systeme. Im Gegensatz dazu strebt eine starke KI (‚Strong AI') danach, menschliche Kognitionen nachzubilden.

Daten oder Erfahrungen zu optimieren. Schulz-Schaeffer (2008) unterscheidet verschiedene Stufen der Selbstständigkeit von SDS – von der obligatorischen Erledigung vorgegebener Arbeitsschritte bis hin zu selbstlernenden Systemen – und führt als weiteren Aspekt der Selbstständigkeit den Grad der Verfügung über Ressourcen ein. SDS agieren mit zunehmender Autonomie sowohl als eigenständige Geräte als auch in Kombination mit anderen Geräten und Menschen. Darüber hinaus wird zwischen informations- und regelgenerierenden Prozessen unterschieden: Informationsgenerierende SDS bringen neue Informationen aus verfügbaren Daten hervor; regelgenerierende SDS implizieren Entscheidungen und Verhaltensregeln, die sich aus den verfügbaren Daten ergeben und autonome Entscheidungen zwischen Alternativen ableiten. In beiden Fällen wird beim Einsatz von SDS die Zusammenarbeit von Mensch und digitalem System vorausgesetzt. Dieser Umstand kann zu einer Umstrukturierung von Kompetenzen zwischen Mensch und Technik führen (Schulz-Schaeffer, 2019).

Die Debatte um die Technisierung von Arbeit (Pfeiffer, 2018) bezieht sich auf den Einsatz von Technik im Arbeitskontext (insb. in der Industriearbeit) und die Auswirkungen auf Arbeitsprozesse, Arbeitsanforderungen und Arbeitsbedingungen (siehe Aufbaumodul 2 Arbeits- und Industriesoziologie). In diesem Zusammenhang wird auch von einer Informatisierung gesprochen, da im Wesentlichen Informations- und Kommunikationstechnik eingesetzt wird. Mit dem Einsatz von digitaler Technik kann es zu einer Formalisierung kommen. Diese bezieht sich auf den Prozess, Arbeitsabläufe, Aufgaben und Organisationsstrukturen in einer klar definierten und strukturierten Weise zu erfassen, wie es durch technische Hilfsmittel möglich ist bzw. ermöglicht wird. Dies geht einher mit dem Erfordernis, die Informationen entsprechend zu übermitteln und Informationen, die nicht erfragt werden, auszublenden (Böhle, 2014; Schmiede, 1996; Schulz-Schaeffer & Funken, 2008). Die Formalisierung ist kritisch in Bereichen, in denen persönliche Expertise und Erfahrungswissen eine zentrale Bedeutung haben, wie z. B. in kreativen Prozessen, Problemlösung und in sozialen Tätigkeiten.

In diesem Kontext ist das von Michael Polanyi (1997) entwickelte Konzept des ‚impliziten Wissens' (‚Tacit Knowledge') von Bedeutung. Polanyi argumentiert, dass ein Großteil des menschlichen Wissens nicht in Worten ausgedrückt oder in Zahlen quantifiziert werden kann. Dieses implizite Wissen ist in der persönlichen Erfahrung und den praktischen Fähigkeiten von Individuen verwurzelt. Es umfasst Aspekte wie handwerkliches Geschick, intuitives Verständnis und die Fähigkeit, subtile Muster und Zusammenhänge zu erkennen, die schwer zu verbalisieren sind. In der Techniksoziologie wird das Konzept verwendet, um zu erklären, wie technisches Wissen und Fähigkeiten in sozialen Kontexten übertragen und erlernt werden. Implizites Wissen ist insbesondere relevant, wenn es um die Verwendung und das Verständnis komplexer technischer Systeme geht. Es ermöglicht Personen, mit Technik umzugehen und sie zu beherrschen, ohne notwendigerweise alle zugrundeliegenden theoretischen Grundlagen explizit zu verstehen. Dieses Wissen ist in praktischen Handlungen, Gewohnheiten und Routinen verankert und wird durch soziale Interaktionen, Beobachtungen und Nachahmung erworben. Deutlich wird hierbei, wie Technik und soziale Praktiken miteinander verwoben sind. Das Konzept des impliziten Wissens zeigt, dass Technologien nicht nur ein Produkt rationaler, expliziter Wissensprozesse sind, sondern auch in den impliziten, oft unbewussten Dimensionen menschlichen Handelns und Verstehens verwurzelt sind. Somit hebt Polanyis Konzept die Bedeutung des sozialen und kulturellen Kontextes bei der Entwicklung und Anwendung von Technologien hervor und betont, dass technologische Kompetenz mehr als ein bloßes Erlernen von explizitem Wissen erfordert. Tacit Knowledge bezieht sich folglich auf nicht explizites, schwer formalisierbares Wissen, das oft schwer in Worte zu fassen oder zu dokumentieren ist. Es umfasst persönliche Erfahrungen, Intuition, Fähigkeiten und Einsichten, die Beschäftigte im Laufe ihrer Tätigkeiten erwerben. Tacit Knowledge ist nur schwer formalisierbar, wenngleich der Versuch besteht, es zu dokumentieren und zu teilen, um es zu erhalten. In diesem Zusammenhang wird die Formalisierung auch als Steuerungsinstrument diskutiert (Rammert, 2016).

In Bezug auf den Technikeinsatz wird in der Akzeptanz- bzw. Diffusionsforschung untersucht, welche Faktoren die Akzeptanz von Technik beeinflussen und wie Technologien und ihre Einführung gestaltet werden können, um eine hohe Akzeptanz zu erreichen. Ein etabliertes Modell der Innovationsforschung ist die Diffusionstheorie nach Everett M. Rogers (2003). Ihm zufolge hängt die Übernahmewahrscheinlichkeit von Innovationen vom relativen Vorteil ab, der Kompatibilität mit Vorhandenem, dem Komplexitätsgrad der Innovation, der Möglichkeit zum vorherigen Testen der Neuerung und von der Beobachtbarkeit der Neuerung, d.h., ob Nutzer:innen diese überhaupt bemerken. Zur Förderung der Akzeptanz werden über Kommunikationskanäle Informationen ausgetauscht, die den Akzeptanzprozess beeinflussen (siehe Abbildung 14).

Die erste Stufe, das Wissen (‚Knowledge'), bezieht sich auf die Vertrautheit mit einer Innovation und ist der Grund für die Motivation von Individuen, mehr über die Innovation zu erfahren und diese nutzen zu können. Die zweite Stufe, die Überzeugung (‚Persuasion'), bezieht sich darauf, dass Individuen eine Haltung

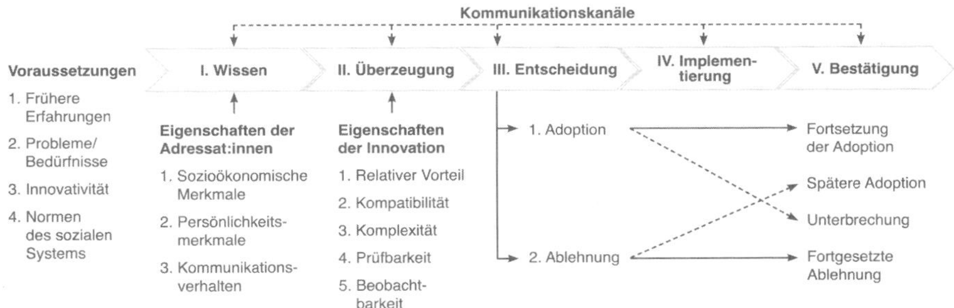

Abb.: 14: Diffusionstheorie nach Rogers (2003)

und Überzeugung unter Berücksichtigung der Eigenschaften der Innovation treffen. In der Entscheidungsphase (,Decision') entscheidet das Individuum, ob es die Innovation annimmt oder ablehnt. Wenn die Innovation akzeptiert wird (,Acceptance'), tritt das Individuum in die vierte Phase, die Implementierung (,Implementation'), ein, in der das Individuum beginnt, die Innovation zu nutzen. In den meisten Fällen markiert die Entscheidungsphase das Ende des Prozesses. In Fällen, in denen das Individuum jedoch eine Dissonanz oder eine Form des Ungleichgewichts erlebt, wird der Prozess auf eine fünfte Stufe der Bestätigung (,Confirmation') ausgedehnt, in der Individuen Informationen von Gleichgesinnten und anderen Informationskanälen einholen, um die Entscheidung zu bestätigen. In der Techniksoziologie ist dieses Modell nicht im Fokus, allerdings wird jüngst die genuin soziale Einbettung des Akzeptanzprozesses durchaus anerkennend wahrgenommen (Howaldt et al., 2019) und wird im etablierten Technology Acceptance Model weiterentwickelt (Venkatesh & Davis, 2000; Venkatesh & Bala, 2008).

Die Techniksoziologie ist ein interdisziplinäres Forschungsfeld, das sich mit der sozialen Dimension von Technologie befasst. Sie stellt heraus, dass und wie Technologie und Gesellschaft sich gegenseitig beeinflussen und berücksichtigt Technik in ihrem sozialen Kontext. Dabei sind Technologien durch soziale und kulturelle Einflüsse, durch gesellschaftliche Werte und Normen geprägt. Dies ist auch relevant für Technikakzeptanz und -ablehnung. Darüber hinaus wird die Rolle von Technologie bei der Gestaltung von sozialen Problemen wie zum Beispiel dem Klimawandel, der Energiepolitik und der öffentlichen Gesundheit diskutiert. Auch die Geschlechterforschung richtet ihren Blick auf die Wechselwirkung zwischen Technologie und Gender. Techniksoziologie versucht somit das komplexe Verhältnis von Technologie und Gesellschaft besser zu verstehen.

10 Umwelt- und Nachhaltigkeitssoziologie

Die Umwelt- und Nachhaltigkeitssoziologie untersucht die sozialen, kulturellen, wirtschaftlichen und politischen Faktoren, die Umweltprobleme verursachen oder beeinflussen. Sie zielt darauf ab, die Wechselwirkungen zwischen der Gesellschaft und der natürlichen Umwelt zu analysieren. Die Umweltsoziologie nimmt das Verhältnis von Gesellschaft und ihrer materiellen Umwelt in den Blick. Das Verhältnis wird auf drei Arten konzipiert: als ein naturalistisches Verhältnis, d.h. Menschen werden von den Bedingungen und Gesetzmäßigkeiten der Natur determiniert. Dem gegenüber steht eine soziologische Betrachtungsweise von Natur und Umwelt als soziale Konstrukte, die kulturell basiert sind und sozial ausgehandelt werden. Neben den beiden Polen besteht eine dialektische Sichtweise, die Natur und Gesellschaft als in vielfältigen Wechselwirkungen aufeinander bezogene Bereiche analysieren (Groß, 2010). Dies beinhaltet die Erforschung der Umweltauswirkungen von sozialen Strukturen, kulturellen Werten, Wirtschaftssystemen und politischen Entscheidungen (Kropp & Sonnberger, 2021). Inhaltliche Kernthemen sind außerdem Umwelteinstellungen und die zugrundeliegenden Werte, das Umwelthandeln und die damit verbundenen Einstellungen, die Analyse gesellschaftlicher Diskurse, z. B. zur nachhaltigen Entwicklung, und die Wahrnehmung von Umweltrisiken, wie den Klimawandel oder das Waldsterben. Besonders relevant sind die Folgen menschlicher Eingriffe in verschiedene Naturräume, die Identifikation und das Verständnis von Umweltproblemen und -risiken von Fragen der Umweltverschmutzung und Ressourcenknappheit bis hin zu Klimawandel, Biodiversitätsverlust und ökologischer Nachhaltigkeit (Groß, 2010).

Durkheim hat einen bedeutenden Beitrag zur Umweltsoziologie geleistet, der bis heute relevant ist. Seine Werke *Die Regeln der soziologischen Methode* (1984 [1895]) und *Über soziale Arbeitsteilung* (1992 [1893]) bilden das Fundament für sein Verständnis der Beziehung zwischen Gesellschaft und Umwelt. Durkheim sieht die Natur als eine soziale Kategorie an – eine Sichtweise, die die Umweltsoziologie prägt (Järvikoski, 1996). Durkheims Auffassung des Sozialen als einer eigenständigen Realität ist wegweisend für die Soziologie (Alpert, 1959). In den 1970er Jahren hat sich international eine eigenständige Umweltsoziologie (,Environmental Sociology') herausgebildet mit zentralen Werken von Buttel (1976) und Catton und Dunlap (1978). In den 1980er Jahren hat sich mit Hubers Buch *Die verlorene Unschuld der Ökologie* (1982) die Umweltsoziologie in Deutschland etabliert (Groß, 2010). Auch die *Risikogesellschaft* von Beck (1986) und *Ökologische Kommunikation* von Luhmann (1986 [1985]) sind zentrale Werke der Umweltsoziologie (Klausner, 1971). In diesem Kontext steht Mary Douglas für einen konstruktivistischen Ansatz (Douglas, 1974). Dieser Ansatz geht davon aus, dass es nicht nur eine Natur und objektiv gegebene Umweltprobleme gibt. Vielmehr liegt die Wahrnehmung von Natur ausschließlich im Bias einer bestimmten Kultur (Groß, 2010). Diesem Ansatz wurde jedoch ein Relativismus vorgeworfen, da es gewisse Umweltentwicklungen auch unabhängig von kultureller Konstruktion gibt und es wird entsprechend ein ,Umweltrealismus' eingefordert (Groß, 2010). Unterdessen wird ein ,kritischer Realismus' propagiert, der beide Positionen vereint und von unabhängig gegebenen Naturbedingungen ausgeht, zugleich aber die Relevanz von Konstruktionsleistungen unterstützt (Carolan, 2005; Murphy, 2006).

Ausgehend von Marx und der Betrachtung des Verhältnisses von Natur und Gesellschaft als Austauschverhältnis wurde auch die Unterbrechung des Gesellschafts-Natur-Stoffwechsels („Metabolic Rift"; Foster, 1999; Schnaiberg et al., 2002) populär (siehe Aufbaumodul 1 Marx). Es geht im Wesentlichen um eine kapitalistische Produktionsweise, bei der der Natur Stoffe entnommen werden, die ihr transformiert wieder zugeführt werden. Das Konzept des ,Metabolic Rift' lässt sich auf verschiedene Themen wie den Klimawandel, den Vergleich verschiedener Wirtschaftsformen, die moderne Landwirtschaft oder den ökologischen Fußabdruck anwenden (York et al., 2003). Der ökologische Fußabdruck hat über die Soziologie hinaus Bedeutung erfahren (Groß, 2010). Er bezieht sich auf die Fläche auf der Erde, die notwendig ist, um den (heutigen) Lebensstandard dauerhaft zu ermöglichen. In diesem Ansatz enthalten ist jedoch die Grundannahme der Belastung der Natur durch Industrialisierung. Vertreter:innen der These ökologischer Modernisierung hingegen gehen von einer Kompatibilität des ökonomischen Wachstums mit nachhaltiger ökologischer Entwicklung aus, was sogar dazu beitragen kann, ökologische Degradierung zu verlangsamen oder gar umzukehren (Buttel, 2000; Huber, 1982, 2004; Mol, 2001). In der deutschen Umweltsoziologie ist die Rational-Choice-Theorie verbreitet. In diesem Zusammenhang wird das individuelle Handeln bei der Lösung von Umweltproblemen in den Fokus gesetzt (Kropp & Sonnberger, 2021). Ein Beispiel hierfür ist die Entscheidung eines Haushalts für die Installation von Solarpaneelen. Diese Entscheidung wird getroffen, indem die langfristigen ökonomischen Vorteile, wie der Einsparung von Energiekosten und ökologische Vorteile, wie die Reduzierung des persönlichen ökologischen Fußabdrucks, gegen die anfänglichen Installationskosten abgewogen werden. Dies illustriert, wie individuelles Handeln, geleitet durch die Abwägung von persönlichem Nutzen und Kosten, zu umweltfreundlichem Handeln führen kann und somit einen Beitrag zur Lösung von Umweltproblemen leistet.

Die Akteur-Netzwerk-Theorie (ANT) betrachtet Menschen und nicht-menschliche Akteur:innen, wie Technik, Natur oder Umweltressourcen als gleichberechtigte Akteur:innen, die miteinander interagieren (Latour, 2007) (siehe Aufbaumodul 2 Techniksoziologie). In dieser Hinsicht wird Objekten ebenfalls eine Handlungsfähigkeit (‚Agency') zugesprochen. Soziale und technische Elemente können miteinander verschmelzen und als ‚hybride' Akteur:innen in sozialen Netzwerken wirken (Kropp & Sonnberger, 2021). Ein praktisches Beispiel für die ANT ist die Interaktion zwischen Mitarbeitenden und einer fortschrittlichen Software, die speziell für die Analyse und Verbesserung von Nachhaltigkeitsprozessen in Unternehmen eingesetzt wird. Der Annahme folgend, Mitarbeitende nutzen diese spezielle Software, um komplexe Daten zu analysieren, Energieeffizienz zu steigern, Ressourcenverbrauch zu minimieren, soziale Gerechtigkeit zu fördern und ökonomische Nachhaltigkeit zu sichern, und Visualisierungen zu erstellen, würde die ANT hervorheben, dass sowohl die Mitarbeitenden als auch die Software als gleichberechtigte Akteur:innen auftreten. Die Software ist demzufolge nicht nur ein Werkzeug in den Händen der Mitarbeitenden, sondern beeinflusst aktiv deren Denkweisen und deren Ansatz bei der Problemlösung in Richtung Nachhaltigkeit, die soziale, ökologische und ökonomische Dimensionen umfasst. Umgekehrt passen die Mitarbeitenden ihre Arbeitsmethoden an die Möglichkeiten und Einschränkungen der Software an, um Nachhaltigkeitsziele zu erreichen und eine Balance zwischen ökologischer Verantwortung, sozialer Gerechtigkeit und ökonomischer Arbeitsweise zu finden. Diese wechselseitige Beeinflussung und die Abhängigkeit verdeutlicht, wie in der ANT sowohl menschliche als auch nicht-menschliche Akteur:innen in einem Netzwerk von Interaktionen miteinander verwoben sind, wobei beide Seiten aktiv zur Gestaltung sozialer und ökologi-

Nachhaltigkeit

Nachhaltigkeit bezieht sich auf die Fähigkeit, menschliche Bedürfnisse und Aktivitäten in Einklang mit den langfristigen ökologischen, sozialen und wirtschaftlichen Bedingungen und Ressourcen zu bringen. Das Ziel der Nachhaltigkeit ist es, eine ausgewogene und gerechte Entwicklung zu fördern, die die Bedürfnisse der heutigen Generationen befriedigt, ohne die Fähigkeit künftiger Generationen zu beeinträchtigen, ihre eigenen Bedürfnisse zu erfüllen (United Nations, 1987). Es werden drei Nachhaltigkeitsdimensionen unterschieden (Elkington, 1998):

- Die ökologische Nachhaltigkeit bezieht sich auf menschliche Aktivitäten und Lebensweisen im Einklang mit den natürlichen Ökosystemen und Ressourcen der Erde. Sie umfasst die Nutzung natürlicher Ressourcen sowie die Reduktion von Emissionen wie Treibhausgasen. Es geht um die dauerhafte Gewährleistung der Stabilität des ökologischen Systems und den Erhalt erneuerbarer und nicht-erneuerbarer Ressourcen.
- Die soziale Nachhaltigkeit bedeutet, dass Gesellschaften inklusiv und gerecht sein sollten, indem sie die Bedürfnisse und Rechte aller Menschen respektieren und schützen. Sie bezieht sich auf individuelle und gesellschaftliche Belange wie gerechten Zugang zu sozialen Grundgütern und die Erfüllung menschlicher Grundbedürfnisse.
- Die ökonomische Nachhaltigkeit adressiert eine effiziente, wettbewerbsfähige und ressourcenschonende Wirtschaftsentwicklung. Bei der ökonomischen Dimension geht es um die Effizienz, den Gewinn, das Innovationspotenzial und andere organisationale Leistungsindikatoren. Es geht insofern um die Steigerung des materiellen Wohlstands und des Sozialprodukts, sowohl im quantitativen als auch im qualitativen Sinne.

scher Prozesse beitragen und gleichzeitig die ökonomische Nachhaltigkeit im Auge behalten.

Die Nachhaltigkeitssoziologie adressiert, wie die verschiedenen Dimensionen zueinander stehen. In diesem Zusammenhang haben sich Nachhaltigkeitsmodelle herausgebildet (Pufé, 2017) (siehe Abbildung 15). Das Säulenmodell basiert auf rechtlichen Rahmenbedingungen und das Nachhaltigkeitsdach wird getragen durch die drei Säulen, d. h. die drei Nachhaltigkeitsdimensionen. Die gleichwertige Bedeutung aller drei Dimensionen wird betont und argumentiert, dass nachhaltige Entwicklung nur erreicht werden kann, wenn alle Säulen berücksichtigt werden und in Balance gehalten werden. Ein häufiger Kritikpunkt ist, dass das Dach auch nur von einer oder auch zwei Säulen getragen werden könnte. Auch das Dreiklangmodell betont die Gleichwertigkeit der drei Dimensionen, macht jedoch Überlagerungen zwischen den Dimensionen deutlich. Das Nachhaltigkeitsdreieck ist so konzipiert, dass alle drei Dimensionen miteinander verbunden

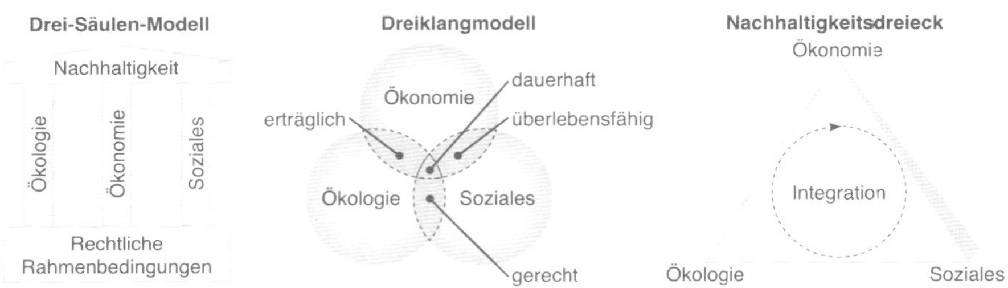

Abb.: 15: Nachhaltigkeitsmodelle (eigene Darstellung in Anlehnung an Pufé, 2017)

sind und dass das Gleichgewicht zwischen ihnen notwendig ist, um eine nachhaltige Entwicklung zu erreichen.

Im Hinblick auf das Handeln in Bezug auf Nachhaltigkeit (nachhaltiges Handeln) kann der Rebound-Effekt relevant werden. Hierbei werden die erwarteten Einsparungen oder Verbesserungen durch effizientere Technik oder Maßnahmen teilweise oder vollständig durch eine Zunahme des Verbrauchs oder anderer Ressourcennutzung aufgehoben. D. h., obwohl eine effizientere Nutzung von Ressourcen beabsichtigt ist, führt sie unter bestimmten Bedingungen zu einer erhöhten Gesamtnachfrage und damit zu einem negativen oder abgeschwächten Effekt für Nachhaltigkeit. Dies kann ein direkter Rebound-Effekt sein, wenn eine effizientere Technik dazu führt, dass die Gesamtkosten der Nutzung von Ressourcen verringert werden, was zu einer erweiterten Nutzung führen kann. Der indirekte Rebound-Effekt bezieht sich auf Kosteneinsparungen durch Effizienzsteigerungen, wodurch sich wiederum die Nachfrage nach anderen Ressourcen oder Aktivitäten erhöht, die möglicherweise nicht nachhaltig sind (Herring & Sorrell, 2009).

Nachhaltiges Handeln

Nachhaltiges Handeln ist die gezielte Anwendung von Praktiken und Entscheidungen, die auf eine ausgewogene Berücksichtigung ökologischer, sozialer und wirtschaftlicher Aspekte abzielen. Es integriert soziologische Konzepte wie die Wechselwirkungen zwischen Gesellschaft und Umwelt und die soziale Konstruktion der Natur. Nachhaltiges Handeln reflektiert ein vertieftes Verständnis dafür, wie soziale Strukturen, kulturelle Werte und individuelles Handeln die Umwelt beeinflussen und wie diese Faktoren für die Förderung einer nachhaltigen Entwicklung gestaltet werden. Es umfasst somit ein Bemühen um eine umweltbewusste Lebensweise, die ökologische und soziale Gerechtigkeit fördert und gleichzeitig ökonomische Stabilität unterstützt (Beck, 1986; Foster, 2000; Giddens, 2009; Latour, 1995).

Elinor Ostrom (2000) beschäftigt sich mit dem freien Zugang zu endlichen Ressourcen und der Frage, wie deren Übernutzung durch individuell-rationales Handeln mit verheerenden Folgen für das Kollektiv vermieden werden kann. Die Bewirtschaftung von gemeinschaftlichen Ressourcen kann erfolgreich sein, wenn die Gemeinschaften effektive Regeln und Institutionen entwickeln, die es ihnen ermöglichen, die Ressourcen nachhaltig zu nutzen, ohne sie zu überbeanspruchen oder zu zerstören. Dies funktioniert über die klare Abgrenzung der Nutzungsrechte und Zugangsregeln, die Beteiligung der Nutzer:innen, Mechanismen zur Regelüberwachung und Konfliktlösung sowie die Berücksichtigung der spezifischen ökologischen, sozialen und kulturellen Bedingungen. Lokale Gemeinschaften sind folglich in der Lage, nachhaltige Lösungen für die Bewirtschaftung von Ressourcen zu entwickeln. Entsprechend können dezentrale und partizipative Herangehensweisen effektiver sein als zentralisierte. Daraus folgen wichtige Implikationen für das Ressourcenmanagement, den Umweltschutz und die Förderung nachhaltiger Entwicklungsstrategien in Gesellschaften.

Die Umwelt- und Nachhaltigkeitssoziologie ist eine vergleichsweise junge Teildisziplin, doch die Fragen der Zeit sind drängend. Interessierende Themen sind die sozialen Auswirkungen des Klimawandels, einschließlich der Umweltgerechtigkeit und der Bewältigung von Klimafolgen in benachteiligten Gemeinschaften. Auch die Berücksichtigung des Zusammenspiels von Digitalisierung und Nachhaltigkeit (‚Twin Transformation') ist ein aufkommendes Feld und behandelt die wechselseitigen Verstärkungen (Nachhaltigkeit durch Digitalisierung, nachhaltige Digitalisierung) als auch die gegenseitigen Begrenzungen (Ressourceneinsatz bei Digitalisierung). Schließlich sind nachhaltige Konsum- und Lebensstile und damit zusammenhängend Fragen der individuellen Verantwortung, der Förderung nachhaltiger Produkte und der Rolle von Organisationen bei der Förderung nachhaltiger Konsumpraktiken zentral.

Twin Transformation

Digitalisierung und Nachhaltigkeit sind zwei Trends, deren Zusammenspiel komplex, dynamisch und potenziell ambivalent ist. Die ‚Twin Transformation' bezieht sich auf die Gleichzeitigkeit der digitalen und der Nachhaltigkeitstransformation. Die beiden Transformationen beeinflussen sich wechselseitig. Einerseits unterstützt digitale Technik die Verfolgung von Nachhaltigkeitszielen der Ressourcenschonung und -erhaltung, indem Effizienzgewinne erzielt und nachhaltiges Handeln gefördert werden (z. B. Sharing Economy). Andererseits bedeutet die Nutzung digitaler Technik auch einen erhöhten Energieeinsatz und damit größeren Ressourcenverbrauch. Davon abgrenzend bezeichnet die ‚Twin Transition' den Übergang in eine digitalere und nachhaltigere Gesellschaft.

Zusammenfassung

Die Soziologie ist eine vielfältige Wissenschaft, die zahlreiche Teildisziplinen und Spezialisierungen umfasst. Ein Teil der Spezialisierungen wurde in diesem Kapitel vorgestellt. Es wurden die Ursprünge der Teildisziplinen skizziert, die wesentlichen theoretischen Grundlagen und Konzepte sowie aktuelle Forschungsthemen angesprochen. Die Einführung in jede Teildisziplin endete mit einem kurzen Ausblick. Einige der Teildisziplinen sind als Sektionen in der Deutschen Gesellschaft für Soziologie organisiert. Die Einführung in die unterschiedlichen Teilsoziologien hat auch gezeigt, dass sich die Inhalte teilweise überlagern und auch auf ähnliche Klassiker in den Grundlagen zurückgegriffen wird (siehe Aufbaumodul 1).

Die soziale Ungleichheit und Sozialstrukturanalyse ist ein grundlegendes Thema der Soziologie. Diese Teildisziplin untersucht soziale Hierarchien und Klassenstrukturen einer Gesellschaft, einschließlich der sozialen Schichtung, Milieus, Lebensstile und der sozialen Mobilität. Die Familiensoziologie analysiert die Struktur und Funktion von Familien in Gesellschaften, darunter Ehe, Elternschaft und Geschlechterrollen. In der Arbeits- und Industriesoziologie steht die Arbeitsgesellschaft im Fokus und die Frage, warum und unter welchen Bedingungen Arbeit geleistet wird. Es zeigt sich eine Entwicklung von der Industrie- zur Wissensarbeit, die beide gleichermaßen vom Einsatz digitaler Technik geprägt sind. Die Organisationssoziologie richtet den Blick auf Organisationen, in denen Arbeit stattfindet, ihre Strukturierung, Grenzziehung und Entwicklung. Die Wirtschaftssoziologie untersucht die Einbettung von Wirtschaftsaktivitäten in soziale Beziehungen und wirtschaftliches Handeln. Die Medien- und die Kommunikationssoziologie erforscht die Rolle der Medien in der Gesellschaft und wie sie soziale Prozesse beeinflussen sowie die Kommunikation zwischen Menschen und Gruppen in der Gesellschaft und wie diese soziale Beziehungen und Interaktionen prägen. Die Wissenssoziologie betrachtet Wissen als soziales Phänomen und untersucht die Rolle sozialer Prozesse, Strukturen und Praktiken auf die Wissensgenerierung, -distribution und -aneignung. In der Medizin- und Gesundheitssoziologie wird Gesundheit nicht nur als biologischer Zustand, sondern als Ergebnis sozialer, ökonomischer und kultureller Einflüsse betrachtet. Dieser Ansatz erkennt an, dass Gesundheit und Wohlbefinden maßgeblich von der Gesellschaft und den Bedingungen, in denen Individuen leben, beeinflusst werden. Menschen mit unterschiedlichem sozioökonomischem Status erleben Gesundheit oft auf unterschiedliche Weisen, wobei soziale Ungleichheiten direkte Auswirkungen auf das gesundheitliche Wohl haben können. Zudem werden Gesundheit und Krankheit als soziale Konstrukte gesehen, was bedeutet, dass sich ihre Definitionen und Bedeutungen im Laufe der Zeit und zwischen Kulturen ändern können. Insgesamt bietet die Medizin- und Gesundheitssoziologie ein Verständnis dafür, wie soziale Faktoren die Gesundheit beeinflussen und wie medizinische Praktiken und Überzeugungen in einem größeren sozialen Kontext eingebettet sind. Die Techniksoziologie analysiert die Wechselbeziehung zwischen Technologien und

Gesellschaft und die Folgewirkungen des Einsatzes von Technik auf den unterschiedlichsten Ebenen. Die Umwelt- und Nachhaltigkeitssoziologie rückt das Verhältnis der Gesellschaft und der Umwelt in den Fokus. Auch hierbei sind Wechselwirkungen relevant und wie das Verhältnis sozial konstruiert wird.

Über alle Teildisziplinen hinweg interessiert das Verhältnis der Individuen zur Gesellschaft bzw. zu sozialen Gruppen. Es werden Machtverhältnisse beleuchtet und wie sich Beziehungen in den jeweiligen Kontexten über die Zeit und z. B. durch den Einsatz von digitaler Technik verändern. Auch genderspezifische Fragestellungen spielen in den verschiedenen Teildisziplinen eine Rolle. Der gesellschaftliche Wandel betrifft folglich zahlreiche, wenn nicht alle, Teildisziplinen der Soziologie. Diese greifen jeweils auf die Klassiker des Faches als ihre solide Grundlage zurück. Dabei bleibt der interessierende Gegenstand im Wandel und verdeutlicht die große Relevanz soziologischer Forschung und Auseinandersetzung mit aktuellen, gesellschaftlich relevanten Themen.

Literatur

Abraham, M. & Büschges, G. (2009). Organisationen als Gegenstand der Sozialwissenschaft. In M. Abraham & G. Büschges (Hg.), *Einführung in die Organisationssoziologie*. Wiesbaden: Springer VS, 55–108.

Allert, T. (1998). *Die Familie: Fallstudien zur Unverwüstlichkeit einer Lebensform*. Berlin: De Gruyter.

Alpert, H. (1959). Emile Durkheim: a perspective and appreciation. *American Sociological Review*, 24, 462–465.

Amato, P.R. (2000). The consequences of divorce for adults and children. *Journal of Marriage and Family*, 62(4), 1269–1287.

Apelt, M. & Tacke, V. (2012). *Handbuch Organisationstypen*. Wiesbaden: Springer VS.

Apitzsch, B., Ruiner, C. & Wilkesmann, M. (2016). Zur Rolle von neuen und klassischen intermediären Akteuren in den Arbeitswelten hochqualifizierter Solo-Selbstständiger. *Industrielle Beziehungen*, 23(4), 477–497.

Apitzsch, B., Shire, K., Heinrich, S., Mottweiler, H. & Tünte, M. (2015). *Flexibilität und Beschäftigungswandel*. Weinheim: Beltz Juventa.

Arendt, H. (1958). *The Human Condition*. Chicago: University of Chicago Press.

Arendt, H. (1981 [1960]). *Vita activa oder Vom tätigen Leben*. München: Piper.

Baldamus, W. (1979). Das exoterische Paradox der Wissenschaftsforschung: Ein Beitrag zur Wissenschaftstheorie Ludwik Flecks. *Zeitschrift für allgemeine Wissenschaftstheorie*, 10(2), 213–233.

Bales, R.F. & Parsons, T. (2014 [1953]). *Family: Socialization and Interaction Process*. London: Routledge.

Ballestrem, J.G., Bär, U., Gausling, T., Hack, S. & von Oelffen, S. (2020). Grundlagen: Rechtliche Einordnung der Thematik Künstliche Intelligenz/Maschinelles Lernen. In J.G. Ballestrem, U. Bär, T. Gausling, S. Hack & S. von Oelffen (Hg.), *Künstliche Intelligenz*. Wiesbaden: Springer Gabler, 1–10.

Balsam, K.F., Beauchaine, T.P., Rothblum, E.D. & Solomon, S.E. (2008). Three-year follow-up of same-sex couples who had civil unions in Vermont, same-sex couples not in civil unions, and heterosexual married couples. *Developmental Psychology*, 44(1), 102.

Barbara, T. (2016). Medien- und Kommunikationswissenschaft. In J. Heesen (Hg.), *Handbuch Medien-und Informationsethik*. Stuttgart: J.B. Metzler, 33–40.

Barnard, C.I. (1938). *The Functions of the Executive*. Cambridge: Harvard University Press.

Bauer, G. & Jacob, M. (2010). Fertilitätsentscheidungen im Partnerschaftskontext. Eine Analyse der Bedeutung der Bildungskonstellation von Paaren für die Familiengründung anhand des Mikrozensus 1996–2004. *Kölner Zeitschrift für Soziologie und Sozialpsychologie*, 62(1), 31–60.

Beck-Gernsheim, E. (1997). Stabilität der Familie oder Stabilität des Wandels? Zur Dynamik der Familienentwicklung. In U. Beck & P. Sopp (Hg.), *Individualisierung und Integration: Neue Konfliktlinien und neuer Integrationsmodus?* Wiesbaden: Leske + Budrich, 65–80.

Beck, U. (1986). *Risikogesellschaft: Auf dem Weg in eine andere Moderne*. Frankfurt a.M.: Suhrkamp.

Beck, U. (1995). Die „Individualisierungsdebatte". In B. Schäfers (Hg.), *Soziologie in Deutschland: Entwicklung Institutionalisierung und Berufsfelder Theoretische Kontroversen*. Wiesbaden: Springer VS, 185–198.

Beck, U. & Beck-Gernsheim, E. (1990). *Das ganz normale Chaos der Liebe*. Frankfurt a.M.: Suhrkamp.

Becker, G.S. (1976). *The Economic Approach to Human Behavior*. London: University of Chicago Press.

Becker, G.S. (1991). *A Treatise on the Family: Enlarged Edition*. Cambridge: Harvard University Press.

Becker, O.A. (2022). Determinanten und Konsequenzen von Trennung und Scheidung. In P.B. Hill & J. Kopp (Hg.), *Handbuch Familiensoziologie*. Wiesbaden: Springer VS, 1–32.

Beckert, J., Diaz-Bone, R. & Ganßmann, H. (Hg.) (2007). *Märkte als soziale Strukturen*. Frankfurt a.M.: Campus.

Berger, J. & Offe, C. (1982). Die Zukunft des Arbeitsmarkts. Zur Ergänzungsbedürftigkeit eines versagenden Allokationsprinzips. In G. Schmidt, H.-J. Braczyk & J. von dem Knesebeck (Hg.), *Materialien zur Industriesoziologie. Sonderheft 24 der Kölner Zeitschrift für Soziologie und Sozialpsychologie*. Opladen: Westdeutscher Verlag, 348–371.

Berger, P.A. & Hitzler, R. (Hg.) (2010). *Individualisierungen. Ein Vierteljahrhundert „Jenseits von Stand und Klasse"?* Wiesbaden: VS.

Berger, P.L. & Kellner, H. (1965). Die Ehe und die Konstruktion der Wirklichkeit: Eine Abhandlung zur Mikrosoziologie des Wissens. *Soziale Welt*, 16(3), 220–235.

Berger, P.L. & Luckmann, T. (2018). *Die gesellschaftliche Konstruktion der Wirklichkeit. Eine Theorie der Wissenssoziologie*. Frankfurt a.M.: Fischer.

Bergmann, F. (2019). *New Work New Culture: Work We Want and a Culture That Strengthens Us*. Hampshire: Zero Books.

Bijker, W.E. (1997). *Of Bicycles, Bakelites, and Bulbs: Toward a Theory of Sociotechnical Change*. Cambridge: MIT Press.

Blau, P. (1964). Justice in Social Exchange. *Sociological Inquiry*, 35(2), 193–206.

Blau, P.M. (1963). *The Dynamics of Bureaucracy: Study of Interpersonal Relations in Two Government Agencies*. Chicago: University of Chicago Press.

Blau, P.M. (2017 [1964]). *Exchange and Power in Social Life*. London: Routledge.

Blumer, H. (1986). *Symbolic Interactionism: Perspective and Method*: University of California Press.

BMWi. (2015). *Kleine Anfrage der Abgeordneten Kerstin Andreae, Katharin Dröge, Dr. Thomas Gambke u.a. der Fraktion BÜNDNIS 90/DIE GRÜNEN betr.: Gründungen in Deutschland* (BT-Drucksache: 18/5253, Issue. http://bmwi.de/BMWi/Redaktion/PDF/P-R/Parlamentarische-Anfragen/2015/18-5253-gruendungen-in-deutschland,property=pdf,bereich=bmwi2012,sprache=de,rwb=true.pdf

Bode, I. (2010). Die Malaise der Krankenhäuser. *Leviathan*, 38(2), 189–211.

Böhle, F. (2014). Von der formellen Organisation zum informellen Organisieren. Zum Wandel des Informellen aus einer arbeitssoziologischen Perspektive. In V. von Groddeck & S.M. Wilz (Hg.), *Formalität und Informalität in Organisationen*. Wiesbaden: Springer VS, 93–121.

Böhle, F. (2003). Subjektivierung von Arbeit – Vom Objekt zum gespaltenen Subjekt. In M. Moldaschl & G.-G. Voß (Hg.), *Subjektivierung von Arbeit*. München/Mering: Hampp, 115–148.

Boltanski, L. & Chiapello, È. (2003). *Der neue Geist des Kapitalismus*. Konstanz: UVK.

Bolte, K.M., Kappe, D. & Neidhardt, F. (1967). Soziale Schichtung der Bundesrepublik Deutschland. In K.M. Bolte (Hg.), *Deutsche Gesellschaft im Wandel*. Opladen: Leske, 233–351.

Bonazzi, G. (2014). *Geschichte des organisatorischen Denkens*. Wiesbaden: Springer VS.

Bonin, H., Gregory, T. & Zierahn, U. (2015). Übertragung der Studie von Frey/Osborne (2013) auf Deutschland. *Kurzexpertise Nr. 57*. Zuletzt abgerufen am 13.10.2023 unter https://ftp.zew.de/pub/zew-docs/gutachten/Kurzexpertise_BMAS_ZEW2015.pdf

Böschen, S. & Wehling, P. (2004). *Wissenschaft zwischen Folgenverantwortung und Nichtwissen*. Wiesbaden: Springer.

Boudon, R. (1974). *Education, Opportunity and Social Inequality: Changing Prospects in Western Society*. New York: Wiley.

Bourdieu, P. (1982). *Die feinen Unterschiede*. Frankfurt a. M.: Suhrkamp.

Braverman, H.W. (1974). *Labor and Monopoly Capital. The Degradation of Work in the Twentieth Century*. New York: Monthly Review Press.

Brose, N. (2008). Entscheidung unter Unsicherheit – Familiengründung und -erweiterung im Erwerbsverlauf. *Kölner Zeitschrift für Soziologie und Sozialpsychologie*, 60(1), 34–56.
Bukow, W.-D. (2000). Die Familie im Spannungsfeld globaler Mobilität. In H. Buchkremer, W.-D. Bukow & M. Emmerich (Hg.), *Die Familie im Spannungsfeld globaler Mobilität: Zur Konstruktion ethnischer Minderheiten im Kontext der Familie*. Opladen: Leske & Budrich, 9–16.
Bullinger, H.-J. (1994). Was ist Technikfolgenabschätzung? In H.-J. Bullinger (Hg.), *Technikfolgenabschätzung (TA)*. Wiesbaden: Vieweg+Teubner, 3–31.
Burawoy, M. (1979). *Manufacturing Consent. Changes in the Labor Process under Monopoly Capitalism*. Chicago: University of Chicago Press.
Burkart, G. (2018). *Soziologie der Paarbeziehung*. Wiesbaden: Springer VS.
Burzan, N. (2011). *Soziale Ungleichheit. Eine Einführung in die zentralen Theorien*. Wiesbaden: VS.
Butler, J. (1991). *Das Unbehagen der Geschlechter*. Frankfurt a.M.: Suhrkamp.
Buttel, F.H. (1976). Social science and the environment: competing theories. *Social Science Quarterly*, 57(2), 307–323.
Buttel, F.H. (2000). Ecological modernization as social theory. *Geoforum*, 31, 57–65.
Carolan, M.S. (2005). Society, biology, and ecology: bringing nature back into sociology's disciplinary narrative through critical realism. *Organization & Environment*, 18(4), 393–421.
Catton, W.R. & Dunlap, R.E. (1978). Environmental sociology: a new paradigm. *American Sociologist*, 13, 41–49.
Cherlin, A.J. (1992). *Marriage, Divorce, Remarriage*. Cambridge: Harvard University Press.
Coleman, J.S. (1990). *Foundations of Social Theory*. Cambridge: Belknap.
Coleman, J.S. (1991). *Grundlagen der Sozialtheorie*. München: Oldenbourg.
Collins, H. (2019). *Tacit and Explicit Knowledge*. Chicago: University of Chicago Press.
Collins, H. & Evans, R. (2007). *Rethinking Expertise*. Chicago: University of Chicago Press.
Conrad, P. (2005). The shifting engines of medicalization. *Journal of Health and Social Behavior*, 46(1), 3–14.
Conrad, P. & Schneider, J.W. (1992). *Deviance and Medicalization: From Badness to Sickness*. Philadelphia: Temple University Press.
Couldry, N. & Hepp, A. (2018). *The Mediated Construction of Reality*. Cambridge: Polity Press.
Crozier, M. (1964). *The Bureaucratic Phenomenon*. Chicago: University of Chicago Press.
Crozier, M. & Friedberg, E. (1979). *Die Zwänge kollektiven Handelns – Über Macht und Organisation*. Königstein im Taunus: Athenäum.
Cyert, R.M. & March, J.G. (1963). *A Behavioral Theory of the Firm*. Prentice Hall: Pearson Education.
Dahrendorf, R. (1965). *Gesellschaft und Demokratie in Deutschland*. München: DTV.

Davis, K. & Moore, W.E. (1945). Some principles of stratification. *American Sociological Review*, 10, 242–249.

Dechant, A. & Blossfeld, H.-P. (2015). Changes in the division of labor within highly educated German couples when the first child is born. *Zeitschrift für Familienforschung*, 27(3), 373–396.

Dechant, A., Rost, H. & Schulz, F. (2014). Die Veränderung der Hausarbeitsteilung in Paarbeziehungen. Ein Überblick über die Längsschnittforschung und neue empirische Befunde auf Basis der pairfam-Daten. *Zeitschrift für Familienforschung*, 26, 144–168.

Dengler, K. & Matthes, B. (2015). Folgen der Digitalisierung für die Arbeitswelt. Substituierbarkeitspotenziale von Berufen in Deutschland. *IAB-Kurzbericht*. Zuletzt abgerufen am 13.10.2023 unter https://doku.iab.de/forschungsbericht/2015/fb1115.pdf

Destatis. (2023). Gender Pay Gap. Zuletzt abgerufen am 13.10.2023 unter https://www.destatis.de/DE/Themen/Arbeit/Verdienste/Verdienste-GenderPayGap/_inhalt.html

Deutsche Gesellschaft für Soziologie (DGS). (2023). Selbstverständnis der Sektion Medien- und Kommunikationssoziologie. Zuletzt abgerufen am 15.10.2023 unter https://soziologie.de/dgs/ethik/ethik-kodex

Deutschmann, C. (2008). Der Typus des Unternehmers in wirtschaftssoziologischer Sicht. In A. Maurer & U. Schimank (Hg.), *Die Gesellschaft der Unternehmen – Die Unternehmen der Gesellschaft: Gesellschaftstheoretische Zugänge zum Wirtschaftsgeschehen*. Wiesbaden: Springer VS, 40–62.

DiMaggio, P.J. & Powell, W.W. (1983). The iron cage revisited. Institutional isomorphism and collective rationality in organisational fields. *American Sociological Review*, 48(2), 147–160.

Dörre, K. (2002). Prekäre Arbeit. Unsichere Beschäftigungsverhältnisse und ihre sozialen Folgen. *Arbeit*, 15(1), 181–193.

Douglas, M. (1974). *Reinheit und Gefährdung: Eine Studie zu Vorstellungen von Verunreinigung und Tabu*. Frankfurt a.M.: Suhrkamp.

Dunkel, W. & Weihrich, M. (2014). Interaktive Arbeit: Die soziale Dimension von Dienstleistungsarbeit. In J. Sydow, D. Sadowski & P. Conrad (Hg.), *Managementforschung 24*. Wiesbaden: Gabler, 245–289.

Düntgen, A. & Diewald, M. (2008). Auswirkungen der Flexibilisierung von Beschäftigung auf eine erste Elternschaft. In M. Szydlik (Hg.), *Flexibilisierung: Folgen für Arbeit und Familie*. Wiesbaden: Springer VS, 213–231.

Durkheim, E. (1981 [1912]). *Die elementaren Formen des religiösen Lebens*. Frankfurt a.M.: Suhrkamp.

Durkheim, E. (1983 [1897]). *Der Selbstmord*. Frankfurt a.M.: Suhrkamp.

Durkheim, E. (1984 [1895]). *Die Regeln der soziologischen Methode*. Frankfurt a.M.: Suhrkamp.

Durkheim, E. (1987 [1913/14]). *Schriften zur Soziologie der Erkenntnis*. Frankfurt a.M.: Suhrkamp.

Durkheim, E. (1992 [1893]). *Über soziale Arbeitsteilung.* Frankfurt a.M.: Suhrkamp.

Durkheim, E. (2011 [1924]). *Soziologie und Philospohie.* Frankfurt a.M.: Suhrkamp.

Durkheim, E. & Mauss, M. (1987). Über einige primitive Formen von Klassifikation. Ein Beitrag zur Erforschung der kollektiven Vorstellungen. *Schriften zur Soziologie der Erkenntnis,* 169–256.

Ebers, M. & Maurer, I. (2014). Netzwerktheorie. In A. Kieser & M. Ebers (Hg.), *Organisationstheorien.* Stuttgart: Kohlhammer, 386–406.

Egger, S. (2007). Durkheim und die École sociologique. In R. Schützeichel (Hg.), *Handbuch der Wissenssoziologie und Wissensforschung.* Köln: Halem, 23–41.

Egloff, R. (2011). Evolution des Erkennens. Über Ludwik Flecks Entstehung und Entwicklung einer wissenschaftlichen Tatsache. In B. Pörksen (Hg.), *Schlüsselwerke des Konstruktivismus. Eine Einführung.* Wiesbaden: Springer VS, 60–78.

Egloff, R. (2012). Wissenschaftssoziologie ex ante. In S. Maasen, M. Kaiser, M. Reinhart & B. Sutter (Hg.), *Handbuch Wissenschaftssoziologie.* Wiesbaden: Springer VS, 27–34.

Elias, N. (1983). *Engagement und Distanzierung.* Frankfurt a.M.: Suhrkamp.

Elias, N. (1984). *Über die Zeit.* Frankfurt a.M.: Suhrkamp.

Elias, N. (1997 [1939]-a). *Über den Prozeß der Zivilisation I. Soziogenetische und psychogenetische Untersuchungen. Erster Band Wandlungen des Verhaltens in den weltlichen Oberschichten des Abendlandes.* Frankfurt a.M.: Suhrkamp.

Elias, N. (1997 [1939]-b). *Über den Prozeß der Zivilisation II. Soziogenetische und psychogenetische Untersuchungen. Zweiter Band Wandlungen der Gesellschaft Entwurf zu einer Theorie der Zivilisation.* Frankfurt a.M.: Suhrkamp.

Elias, N. (2014 [1971]). *Was ist Soziologie?* Weinheim: Beltz Juventa.

Elkington, J. (1998). Partnerships from cannibals with forks: The triple bottom line of 21st-century business. *Environment Quality Management,* 8(1), 37–51.

Emery, F.E. & Trist, E.L. (1960). Socio-technical systems. *Management Science, Models and Techniques,* 2, 83–97.

Erikson, R., Goldthorpe, J.H. & Portocarero, L. (1979). Intergenerational class mobility in three Western European Societies: England, France and Sweden. *British Journal of Sociology,* 30, 415–441.

Erlinghagen, M. & Hank, K. (2013). *Neue Sozialstrukturanalyse.* München: Fink UTB.

Fagerhaugh, S.Y. (1997). *Social Organization of Medical Work.* New Brunswick: Transaction Publishers.

Firestone, S. (2019). The dialectic of sex. In D.B. Grusky (Hg.), *Social Stratification, Class, Race, and Gender in Sociological Perspective.* London: Routledge, 671–673.

Fleck, L. (1980 [1935]). *Entstehung und Entwicklung einer wissenschaftlichen Tatsache: Einführung in die Lehre von Denkstil und Denkkollektiv.* Frankfurt a.M.: Suhrkamp.

Fleck, L. (2011). *Denkstile und Tatsachen: Gesammelte Schriften und Zeugnisse.* Frankfurt a.M.: Suhrkamp.

Fligstein, N. (2010). *The Architecture of Markets*. Princeton: Princeton University Press.
Flüter-Hoffmann, C. & Stettes, O. (2022). *Homeoffice nach fast zwei Jahren Pandemie: Ein Rück-und Ausblick über die Verbreitung und Struktur der räumlichen und zeitlichen Flexibilisierung von Arbeit in Deutschland, Europa und den USA*. IW-Report, Nr. 2, Köln.
Foster, J.B. (1999). Marx's theory of metabolic rift: classical foundations for environmental sociology. *American Journal of Sociology*, 105(2), 366–405.
Foster, J.B. (2000). *Marx's Ecology: Materialism and Nature*. New York: Monthly Review Press.
Foucault, M. (1973). *Die Geburt der Klinik: Eine Archäologie des ärztlichen Blicks*. Frankfurt a.M.: Hanser.
Foucault, M. (1973 [1969]). *Archäologie des Wissens*. Frankfurt a.M.: Suhrkamp.
Foucault, M. (1978). *Dispositive der Macht: Über Sexualität, Wissen und Wahrheit*. Berlin: Merve.
Foucault, M. (1979). *Sexualität und Wahrheit Bd. 1 Der Wille zum Wissen*. Frankfurt a.M.: Suhrkamp.
Foucault, M. (1992 [1975]). *Überwachen und Strafen*. Frankfurt a.M.: Suhrkamp.
Foucault, M. (2008 [1966]). *Die Ordnung der Dinge*. Frankfurt a.M.: Suhrkamp.
Franzese, F. & Rapp, I. (2013). Der Einfluss von Arbeitslosigkeit auf das Trennungsrisiko von Ehen. *Zeitschrift für Familienforschung*, 25(3), 331–346.
Frey, C.B. & Osborne, M.A. (2013). The future of employment: how susceptible are jobs to computerisation? *Working Paper*. Zuletzt abgerufen am 13.10.2023 unter https://www.oxfordmartin.ox.ac.uk/downloads/academic/The_Future_of_Employment.pdf
Frey, C.B. & Osborne, M.A. (2017). The future of employment: How susceptible are jobs to computerisation? *Technological Forecasting and Social Change*, 114, 254–280.
Geißler, R. (2014). *Die Sozialstruktur Deutschlands*. Wiesbaden: Springer VS.
Gerlinger, T., Babitsch, B., Blättner, B., Bolte, G., Brandes, I., Dierks, M.L., ... (2012). Situation und Perspektiven von Public Health in Deutschland – Forschung und Lehre. *Positionspapier der Deutschen Gesellschaft für Public Health e. V.*, 74(11), 762–766.
Giddens, A. (1992). *The Transformation of Intimacy. Sexuality, Love and Eroticism in Modern Societies*. Cambridge: Polity Press.
Giddens, A. (1993). *Wandel der Intimität. Sexualität, Liebe und Erotik in modernen Gesellschaften*. Frankfurt a.M.: Fischer.
Giddens, A. (1997). *Die Konstitution der Gesellschaft. Grundzüge einer Theorie der Strukturierung*. Frankfurt a.M.: Campus.
Giddens, A. (2009). *The Politics of Climate Change*. Cambridge: Polity Press.
Gillespie, T. (2018). *Custodians of the Internet: Platforms, Content Moderation, and the Hidden Decisions that shape Social Media*. New Haven/London: Yale University Press.
Glaser, B.G. (1974). *Interaktion mit Sterbenden: Beobachtungen für Ärzte, Schwestern, Seelsorger und Angehörige*. Göttingen: Vandenhoeck & Ruprecht.

Glaser, B.G. & Strauss, A.L. (1968). *Time for Dying*. Chicago: Aldine.
Glaser, B.G. & Strauss, A.L. (1979). *Awareness of Dying*. New Brunswick: Aldine.
Goffman, E. (1973). *Asyle. Über die soziale Situation psychiatrischer Patienten und anderer Insassen*. Frankfurt a.M.: Suhrkamp.
Goldberg, A.E. (2012). *Gay Dads: Transitions to Adoptive Fatherhood*. New York: New York University Press.
Göttlich, U. (2010). Der Alltag der Mediatisierung: Eine Skizze zu den praxistheoretischen Herausforderungen der Mediatisierung des kommunikativen Handelns. In M. Hartmann & A. Hepp (Hg.), *Die Mediatisierung der Alltagswelt*. Wiesbaden: Springer VS, 23–34.
Granovetter, M. (1985). Economic action and social structure: the problem of embeddedness. *American Journal of Sociology*, 91(3), 481–510.
Granovetter, M. (1990). The old and the new economic sociology: a history and an agenda. In R. Friedland & A.F. Robertson (Hg.), *Beyond the Marketplace: Rethinking Economy and Society*. New York: Aldine, 89–112.
Granovetter, M.S. (1973). The strength of weak ties. *American Journal of Sociology*, 78(6), 1360–1380.
Granovetter, M.S. (1977). The strength of weak ties. *Social Networks*, 78, 347–367.
Graumann, S. & Lindemann, G. (2010). Medizinsoziologie. In G. Knerr & M. Schroer (Hg.), *Handbuch Spezielle Soziologien*. Wiesbaden: Springer VS, 295–307.
Groß, M. (2010). Umweltsoziologie. In G. Kneer & M. Schroer (Hg.), *Handbuch Spezielle Soziologien*. Wiesbaden: VS, 645–661.
Grunow, D., Schulz, F. & Blossfeld, H.-P. (2007). Was erklärt die Traditionalisierungsprozesse häuslicher Arbeitsteilung im Eheverlauf: soziale Normen oder ökonomische Ressourcen? *Zeitschrift für Soziologie*, 36(3), 162–181.
Grunwald, A. (2010). *Technikfolgenabschätzung. Eine Einführung*. Berlin: Edition Sigma.
Habermas, J. (1982). *Strukturwandel der Öffentlichkeit: Untersuchungen zu einer Kategorie der bürgerlichen Gesellschaft*. München: Luchterhand.
Hackl, B., Wagner, M., Attmer, L. & Baumann, D. (2017). *New Work: auf dem Weg zur neuen Arbeitswelt: Management-Impulse, Praxisbeispiele, Studien*. Wiesbaden: Springer Gabler.
Hall, S. (2007). Encoding and decoding in the television discourse. In A. Gray, J. Campbell, M. Erickson, S. Hanson & H. Wood (Hg.), *CCCS Selected Working Papers, Volume 2*. London: Routledge, 386–399.
Hall, S., Hobson, D., Lowe, A. & Willis, P. (2003). *Culture, Media, Language: Working papers in cultural studies, 1972–79*. London: Routledge.
Häring, A., Klein, T., Stauder, J. & Stoye, K. (2014). *Der Partnermarkt und die Gelegenheiten des Kennenlernens: Der Partnermarktsurvey*. Wiesbaden: Springer VS.
Häußling, R. (2019). *Techniksoziologie*. Stuttgart: UTB.
Heath, C. & Knoblauch, H. (2000). Technology and social interaction: the emergence of workplace studies. *British Journal of Sociology*, 51(2), 299–320.

Hedtke, R. (2019). *Wirtschaftssoziologie*. München: UVK UTB.

Heesen, J. (2016). *Handbuch Medien- und Informationsethik*. Stuttgart: J.B. Metzler.

Hehlmann, T., Schmidt-Semisch, H. & Schorb, F. (2018). *Soziologie der Gesundheit*. München: UVK.

Helfferich, C. (2017). *Familie und Geschlecht: eine neue Grundlegung der Familiensoziologie*. Paderborn: UTB.

Herring, H. & Sorrell, S. (Hg.) (2009). *Energy Efficiency and Sustainable Consumption. The Rebound Effect*. Hampshire: Palgrave Macmillan.

Hettlage, R. (2000). Individualisierung, Pluralisierung, Postfamiliarisierung: dramatische oder dramatisierte Umbrüche im Modernisierungsprozess der Familie? *Zeitschrift für Familienforschung*, 12(1), 72–97.

Hill, C.T. (2019). *Intimate Relationships Across Cultures: A Comparative Study*. Cambridge: Cambridge University Press.

Hill, P.B. & Kopp, J. (2013). *Familiensoziologie: Grundlagen und theoretische Perspektive*. Wiesbaden: Springer VS.

Hill, P.B. & Kopp, J. (2015). Theoretische Ansätze der Familiensoziologie. In O. Arránz Becker, A. Steinbach & K. Hank (Hg.), *Handbuch Familiensoziologie*. Wiesbaden: Springer VS, 209–238.

Hinni, C. (2022). *Sozialkapital intersektional: Eine empirische Untersuchung an der Schnittstelle Behinderung und Migration*. Bielefeld: Transcript.

Hirsch-Kreinsen, H. (2015). Entwicklungsperspektiven von Produktionsarbeit. In A. Botthof & E.A. Hartmann (Hg.), *Zukunft der Arbeit in Industrie 4.0*. Berlin: Springer Vieweg, 89–98.

Hirsch-Kreinsen, H., Ittermann, P. & Niehaus, J. (Hg.) (2015). *Digitalisierung industrieller Arbeit. Die Vision Industrie 4.0 und ihre sozialen Herausforderungen*. Baden-Baden: Nomos.

Hirschman, A.O. (1970). *Exit, Voice and Loyalty*. Cambridge: Harvard University Press.

Hitzler, R., Reichertz, J. & Schröer, N. (Hg.) (1999). *Hermeneutische Wissenssoziologie: Standpunkte zur Theorie der Interpretation*. Konstanz: UVK.

Hochschild, A.R. (1983). *The Managed Heart: Commercialization of Human Feeling*. Berkeley: University of California Press.

Hochschild, A.R. & Machung, A. (2012). *The Second Shift: Working Families and the Revolution at Home*. München: Penguin.

Hondrich, K.O. (1997). Die Dialektik von Kollektivisierung und Individualisierung – am Beispiel der Paarbeziehung. In S. Hradil & K.-S. Rehberg (Hg.), *Differenz und Integration. Die Zukunft moderner Gesellschaften*. Frankfurt a.M.: Campus, 298–308.

Honer, A. (1999). Bausteine zu einer lebensweltorientierten Wissenssoziologie. In A. Honer (Hg.), *Kleine Leiblichkeiten*. Wiesbaden: Springer VS, 11–26.

Howaldt, J., Kopp, R. & Schwarz, M. (2019). Diffusion von Innovation. In B. Blättel-Mink, I. Schulz-Schaeffer & A. Windeler (Hg.), *Handbuch Innovationsforschung*. Wiesbaden: Springer VS.

Hradil, S. (2005). *Soziale Ungleichheit in Deutschland.* Wiesbaden: Springer VS.

Huber, J. (1982). *Die verlorene Unschuld der Ökologie: neue Technologien und superindustrielle Entwicklung.* Frankfurt a.M.: Fischer.

Huber, J. (2004). *New Technologies and Environmental Innovation.* Cheltenham: Edward Elgar.

Huinink, J. & Schröder, T. (2014). *Sozialstruktur Deutschlands.* Konstanz: UVK.

Jäckel, M. (2008). *Medienwirkungen.* Wiesbaden: Springer VS.

Jäckel, M. (2010). Mediensoziologie. In G. Kneer & M. Schroer (Hg.), *Handbuch Spezielle Soziologien.* Wiesbaden: Springer VS, 277–294.

Jansen, D. (2002). Netzwerkansätze in der Organisationsforschung. *Kölner Zeitschrift für Soziologie und Sozialpsychologie,* 54, 88–118.

Järvikoski, T. (1996). The relation of nature and society in Marx and Durkheim. *Acta Sociologica,* 39(1), 73–86.

Jürgens, K. (2005). Perspektiverweiterung statt Kriseninszenierung. Ein Beitrag zum Diskurs über die Zukunft der Arbeits- und Industriesoziologie. *Arbeit,* 14(3), 173–190.

Karpik, L. (2010). *Valuing the Unique: The Economics of Singularities.* Princeton: Princeton University Press.

Karpik, L. (2011). *Mehr Wert: Die Ökonomie des Einzigartigen.* Frankfurt a.M.: Campus.

Kaufmann, F.-X. (1990). *Zukunft der Familie, Stabilität, Stabilitätsrisiken und Wandel der familialen Lebensformen sowie ihre gesellschaftlichen und politischen Bedingungen.* München: C.H. Beck.

Kaufmann, J.-C. (1994). *Schmutzige Wäsche: ein ungewöhnlicher Blick auf gewöhnliche Paarbeziehungen.* Konstanz: UVK.

Kaufmann, J.-C. (2007). *Was sich liebt, das nervt sich.* Konstanz: UVK.

Keller, B. (2018). The rise of professional unions in Germany. Challenge and threat for established industrial relations? *Industrial Relations Journal,* 49(3), 278–294.

Keller, B. & Seifert, H. (2018). Atypische Beschäftigungsverhältnisse in der digitalisierten Arbeitswelt. *WSI-Mitteilungen,* 71(4), 279–287.

Keller, R. (2001). Wissenssoziologische Diskursanalyse. In R. Keller, A. Hirseland, W. Schneider & W. Viehöver (Hg.), *Handbuch Sozialwissenschaftliche Diskursanalyse: Band I: Theorien und Methoden.* Wiesbaden: Springer VS, 113–143.

Kern, H. & Schumann, M. (1977). *Industriearbeit und Arbeiterbewusstsein. Eine empirische Untersuchung über den Einfluss der aktuellen technischen Entwicklung auf die industrielle Arbeit und das Arbeiterbewusstsein.* Frankfurt a.M.: Suhrkamp.

Kirchner, S. (2019). Arbeiten in der Plattformökonomie: Grundlagen und Grenzen von „Cloudwork" und „Gigwork". *Kölner Zeitschrift für Soziologie und Sozialpsychologie,* 71(1), 3–25.

Klammer, U., Neukirch, S. & Weßler-Poßberg, D. (2012). *Wenn Mama das Geld verdient: Familienernährerinnen zwischen Prekarität und neuen Rollenbildern.* Berlin: Edition Sigma.

Klausner, S.Z. (1971). *On Man in His Environment.* San Francisco: Jossey-Bass.
Kleemann, F. (2012). Subjektivierung von Arbeit – Eine Reflexion zum Stand des Diskurses. *Arbeits- und Industriesoziologische Studien*, 5(2), 6–20.
Kleemann, F., Matuschek, I. & Voß, G.-G. (2002). Subjektivierung von Arbeit – Ein Überblick zum Stand der Diskussion. In M. Moldaschl & G.-G. Voß (Hg.), *Subjektivierung von Arbeit.* München/Mering: Hampp, 57–114.
Klein, T. (2016). *Sozialstrukturanalyse. Eine Einführung.* Weinheim: Beltz Juventa.
Klinger, C., Knapp, G.-A. & Sauer, B. (2007). *Achsen der Ungleichheit: Zum Verhältnis von Klasse, Geschlecht und Ethnizität.* Frankfurt a.M.: Campus.
Kneer, G. (2010). Wissenssoziologie. In G. Kneer & M. Schroer (Hg.), *Handbuch Spezielle Soziologien.* Wiesbaden: Springer VS, 707–723.
Knoblauch, H. (2006). *Wissenssoziologie.* Paderborn: UTB.
Knorr-Cetina, K. (1999). *Epistemic Cultures: How the Sciences make Knowledge.* Cambridge: Harvard University Press.
Knorr Cetina, K. (2002). *Wissenskulturen. Ein Vergleich naturwissenschaftlicher Wissensformen.* Frankfurt a.M.: Suhrkamp.
Kreyenfeld, M. & Mika, T. (2008). Erwerbstätigkeit und Fertilität: Analysen mit der Versicherungskontenstichprobe der deutschen Rentenversicherung. In Bund Deutsche Rentenversicherung (Hg.), *Die Versicherungskontenstichprobe als Scientific Use File: Workshop des Forschungsdatenzentrums der Rentenversicherung (FDZ-RV) am 30. und 31. Oktober 2007 in Würzburg.* Berlin: Deutsche Rentenversicherung, 71–95.
Kropp, C. & Sonnberger, M. (2021). *Umweltsoziologie.* Baden-Baden: Nomos.
Krohn, W. (1989). Die Verschiedenheit der Technik und die Einheit der Techniksoziologie. In P. Weingart (Hg.), (1989). *Technik als sozialer Prozeß.* Frankfurt a.M.: Suhrkamp, 15–43.
Kühhirt, M. (2012). Childbirth and the long-term division of labour within couples: how do substitution, bargaining power, and norms affect parents' time allocation in West Germany? *European Sociological Review*, 28(5), 565–582.
Kühl, S. (2003). Organisationssoziologie. Ein Ordnungs- und Verortungsversuch. *Soziologie*, 32, 37–48.
Kühl, S., Strodtholz, P. & Taffertshofer, A. (2009). *Handbuch Methoden der Organisationsforschung.* Wiesbaden: Springer VS.
Kuhn, T.S. (2001 [1962]). *Die Struktur wissenschaftlicher Revolutionen.* Frankfurt a.M.: Suhrkamp.
Langfeldt, B. (2008). Unterschiede und Determinanten der häuslichen Arbeitsteilung von kinderlosen Paaren mit und ohne Kinderwunsch. In W. Bien & J.H. Marbach (Hg.), *Familiale Beziehungen, Familienalltag und soziale Netzwerke: Ergebnisse der drei Wellen des Familiensurvey.* Wiesbaden: Springer VS, 81–118.
Latour, B. (1995). *Wir sind nie modern gewesen: Versuch einer symmetrischen Anthropologie.* Berlin: Akademie.
Latour, B. (1996). On actor-network theory. A few clarifications. *Soziale Welt*, 47(4), 369–381.

Latour, B. (2007). *Eine neue Soziologie für eine neue Gesellschaft.* Frankfurt a.M.: Suhrkamp.

Lenz, K. (2006). *Soziologie der Zweierbeziehung.* Wiesbaden: Springer VS.

Leonardi, P.M., Nardi, B.A. & Kallinikos, J. (2012). *Materiality and Organizing: Social Interaction in a Technological World.* Oxford: Oxford University Press.

Liebig, S., Matiaske, W. & Rosenbohm, S. (2017). *Handbuch empirische Organisationsforschung.* Wiesbaden: Springer VS.

Lois, D. (2008). *Arbeitsteilung, Berufsorientierung und Partnerschaftsstabilität – Ehen und nichteheliche Lebensgemeinschaften im Vergleich. Kölner Zeitschrift für Soziologie und Sozialpsychologie,* 60(1), 57–81.

Luff, P., Hindmarsh, J. & Heath, C. (2000). *Workplace Studies: Recovering Work Practice and Informing System Design.* Cambridge: Cambridge University Press.

Luhmann, N. (1978). Organisation und Entscheidung. In N. Luhmann (Hg.), *Organisation und Entscheidung: 227. Sitzung am 18. Januar 1978 in Düsseldorf.* Wiesbaden: Springer VS, 5–71.

Luhmann, N. (1984). *Soziale Systeme: Grundriss einer allgemeinen Theorie.* Frankfurt a.M.: Suhrkamp.

Luhmann, N. (1984 [1982]). *Liebe als Passion: Zur Codierung von Intimität.* Frankfurt a.M.: Suhrkamp.

Luhmann, N. (1986 [1985]). *Ökologische Kommunikation: Kann die moderne Gesellschaft sich auf ökologische Gefährdungen einstellen?* Wiesbaden: Springer VS.

Luhmann, N. (1987). „Distinctions directrices". In N. Luhmann (Hg.), *Soziologische Aufklärung 4: Beiträge zur funktionalen Differenzierung der Gesellschaft.* Wiesbaden: Springer VS, 13–31.

Luhmann, N. (1987 [1984]). *Soziale Systeme: Grundriss einer allgemeinen Theorie.* Frankfurt a.M.: Suhrkamp.

Luhmann, N. (2003). *Soziologie des Risikos.* Berlin: De Gruyter.

Luhmann, N. (1995). Die Soziologie des Wissens: Probleme ihrer theoretischen Konstruktion. In N. Luhmann (Hg.), *Gesellschaftsstruktur und Semantik.* Frankfurt a.M.: Suhrkamp, 189–201.

Luhmann, N. (1998 [1997]). *Die Gesellschaft der Gesellschaft.* Frankfurt a.M.: Suhrkamp.

Luhmann, N. (2017 [1995]). *Die Realität der Massenmedien.* Wiesbaden: Springer VS.

Luhmann, N. (2018 [1990]). *Die Wissenschaft der Gesellschaft.* Frankfurt a.M.: Suhrkamp.

Mannheim, K. (1922). *Die Strukturanalyse der Erkenntnistheorie.* Berlin: Reuther & Reichard.

Mannheim, K. (1925). Das Problem einer Soziologie des Wissens. In K. Mannheim (Hg.), *Wissenssoziologie.* Berlin: Luchterhand, 308–387.

Mannheim, K. (2015 [1929]). *Ideologie und Utopie.* Frankfurt a.M.: Klostermann.

March, J.G. & Simon, H.A. (1958). *Organization.* New York: Wiley.

Marx, K. (1981 [1859]). *Zur Kritik der politischen Ökonomie.* Berlin: Dietz.

Marx, K. & Engels, F. (1974 [1848]). Manifest der Kommunistischen Partei. In K. Marx & F. Engels (Hg.), *Werke*. Berlin: Dietz, 459–493.

Matthiesen, U. (2009). KnowledgeScapes. Pleading for a knowledge turn in socio-spatial research. *disP – The Planning Review*, 45, 10–28.

Maurer, A. (2008). *Handbuch der Wirtschaftssoziologie*. Wiesbaden: VS.

Maurer, A. & Mikl-Horke, G. (2015). *Wirtschaftssoziologie*. Baden-Baden: Nomos UTB.

Mauss, M. (1968 [1925]). *Die Gabe: Form und Funktion des Austauschs in archaischen Gesellschaften*. Frankfurt a.M.: Suhrkamp.

Mauss, M. (2010 [1974]). *Soziologie und Anthropologie 1 – Theorie der Magie. Soziale Morphologie*. Wiesbaden: VS Springer.

Mayer, K.U. (1995). Gesellschaftlicher Wandel, Kohortenungleichheit und Lebensverläufe. In P.A. Berger & P. Sopp (Hg.), *Sozialstruktur und Lebenslauf*. Wiesbaden: Springer VS, 27–47.

Mayer, K.U. (2003). The sociology of the life course and lifespan psychology: diverging or converging pathways? In U.M. Staudinger & U. Lindenberger (Hg.), *Understanding Human Development: Dialogues with Lifespan Psychology*. New York: Springer, 463–481.

Mayer, K.U. (2004). Whose lives? How history, societies, and institutions define and shape life courses. *Research in Human Development*, 1(3), 161–187.

Mayo, E. (1949). *Hawthorne and the Western Electric Company: The Social Problems of an Industrial Civilisation*. Frankfurt a.M.: Frankfurter Hefte.

McLuhan, M. (1962). *The Gutenberg Galaxy*. Toronto: University of Toronto Press.

McLuhan, M. (1994). *Understanding Media: The Extensions of Man*. Cambridge: MIT Press.

McLuhan, M. (2012). *Media and Cultural Studies: Keyworks*. Hoboken: Wiley-Blackwell.

Mead, G.H. (1968 [1934]). *Geist, Identität und Gesellschaft; aus der Sicht des Sozialbehaviorismus*. Frankfurt a.M.: Suhrkamp.

Merton, R.K. (1938). Social structure and anomie. *American Sociological Review*, 3(5), 672–682.

Merton, R.K. (1968). *Social Theory and Social Structure*. New York: Simon and Schuster.

Merton, R.K. (2017 [1964]). The sociology of knowledge. In N. Stehr & V. Meja (Hg.), *Society and Knowledge*. London: Routledge, 35–66.

Meyer, J.W. & Rowan, B. (1977). Institutionalized organizations: Formal structure as myth and ceremony. *American Journal of Sociology*, 83(2), 340–363.

Mikl-Horke, G. (2007). *Arbeits- und Industriesoziologie*. München: Oldenbourg.

Mikl-Horke, G. (2023). Arbeit. In H. Hirsch-Kreinsen & H. Minssen (Hg.), *Lexikon der Arbeits- und Industriesoziologie*. Berlin: Edition Sigma.

Minssen, H. (2013). Transformation von Arbeitskraft. In H. Hirsch-Kreinsen & H. Minssen (Hg.), *Lexikon der Arbeits- und Industriesoziologie*. Berlin: Edition Sigma.

Mintzberg, H. (1979). *The Structuring of Organizations: A Synthesis of the Research.* Englewood Cliffs: Prentice Hall.

Mol, A.P.J. (2001). *Globalization and Environmental Reform: The Ecological Modernization of the Global Economy.* Cambridge: MIT Press.

Mückenberger, U. (1990). Normalarbeitsverhältnis: Lohnarbeit als normativer Horizont sozialer Sicherheit? In C. Sachße & H.T. Engelhardt (Hg.), *Sicherheit und Freiheit. Zur Ethik des Wohlfahrtsstaates.* Frankfurt a.M.: Suhrkamp, 158–178.

Müller-Jentsch, W. (1986). *Soziologie der industriellen Beziehungen. Eine Einführung.* Frankfurt a.M.: Campus.

Murphy, R. (2006). Environmental realism: from apologetics to substance. *Nature and Culture,* 1(2), 181–204.

Nave-Herz, R. (2004). *Ehe- und Familiensoziologie.* Weinheim: Beltz Juventa.

Noordegraaf, M. (2015). Hybrid professionalism and beyond: (New) Forms of public professionalism in changing organizational and societal contexts. *Journal of Professions and Organization,* 2(2), 187–206.

Oevermann, U. (1986). Kontroversen über sinnverstehende Soziologie. Einige wiederkehrende Probleme und Mißverständnisse in der Rezeption der „objektiven Hermeneutik“. In U. Oevermannn (Hg.), *Handlung und Sinnstruktur. Bedeutung und Anwendung der objektiven Hermeneutik.* München: Kindt, 19–83.

Oevermann, U. (1993). Die objektive Hermeneutik als unverzichtbare methodologische Grundlage für die Analyse von Subjektivität. Zugleich eine Kritik der Tiefenhermeneutik. In T. Jung & S. Müller-Doohm (Hg.), *„Wirklichkeit“ im Deutungsprozess: Verstehen und Methoden in den Kultur- und Sozialwissenschaften.* Frankfurt a.M.: Suhrkamp, 106–189.

Orlikowski, W.J. (2007). Sociomaterial practices: exploring technology at work. *Organization Studies,* 28(9), 1435–1448.

Ostrom, E. (2000). Collective action and the evolution of social norms. *Journal of Economic Perspectives,* 14(3), 137–158.

Parasuraman, R., Sheridan, T.B. & Wickens, C.D. (2000). A model for types and levels of human interaction with automation. *IEEE Transactions on Systems, Man, and Cybernetics – Part A: Systems and Humans,* 30(3), 286–297.

Parsons, T. (1957). The mental hospital as a type of organization. In M. Greenblatt, D. Levison & W. Richard (Hg.), *The Patient and the Mental Hospital. Constructions of Research in the Science of Social Behavior.* Glencoe: Free Press, 108–129.

Parsons, T. (1958). Struktur und Funktion der modernen Medizin. Eine soziologische Analyse. In R. König & M. Tönnesmann (Hg.), *Probleme der Medizin-Soziologie.* Köln: Sonderheft Nr. 3 der Kölner Zeitschrift für Soziologie und Sozialpsychologie, 10–57.

Parsons, T. (2013 [1951]). *The Social System.* London: Routledge.

Pfeiffer, S. (2018). Technisierung von Arbeit. In F. Böhle, G.-G. Voß & G. Wachtler (Hg.), *Handbuch Arbeitssoziologie.* Wiesbaden: Springer VS, 321–357.

Pinch, T.J. & Bijker, W.E. (1984). The social construction of facts and artefacts: or how the sociology of science and the sociology of technology might benefit each other. *Social Studies of Science*, 14(3), 399–444.

Polanyi, K. (2001 [1944]). *The Great Transformation. The Political and Economic Origins of Our Time*. Boston: Beacon Press.

Polanyi, M. (1997). The tacit dimension. In L. Prusak (Hg.), *Knowledge in Organisations*. London: Routledge, 135–146.

Potthast, J. (2010). Science and Technology Studies. In D. Simon, A. Knie & S. Hornbostel (Hg.), *Handbuch Wissenschaftspolitik*. Wiesbaden: VS, 91–105.

Powell, W.W. (1990). Neither market nor hierarchy: network forms of organization. *Research in Organizational Behavior*, 12, 295–336.

Preisendörfer, P. (2008). *Organisationssoziologie: Grundlagen, Theorien und Problemstellungen*. Wiesbaden: VS.

Pufé, I. (2017). *Nachhaltigkeit*. Konstanz: UVK.

Rammert, W. (1999). Technik. Stichwort für eine Enzyklopädie. *TUTS – Working Papers*, 1. Zuletzt abgerufen am 28.02.2024 unter https://www.ssoar.info/ssoar/bitstream/handle/document/881/ssoar1999-rammert-technik_stichwort_fur_eine_enzyklopadie.pdf?sequence=1

Rammert, W. (2016). *Technik-Handeln-Wissen. Zu einer pragmatistischen Technik- und Sozialtheorie*. Wiesbaden: VS.

Rammert, W. & Schubert, C. (2017). Technische und menschliche Verkörperungen des Sozialen. *TUTS – Working Papers, 4–2017*. Zuletzt abgerufen am 13.10.2023 unter https://nbn-resolving.org/urn:nbn:de:0168-ssoar-56630-2

Rawls, A.W. (2008). Harold Garfinkel, ethnomethodology and workplace studies. *Organization Studies*, 29(5), 701–732.

Reckwitz, A. (2019). *Die Gesellschaft der Singularitäten. Zum Strukturwandel der Moderne*. Frankfurt a.M.: Suhrkamp.

Reichertz, J. (1994). Erheben, Auswerten, Darstellen: Konturen einer hermeneutischen Wissenssoziologie. In N. Schröer (Hg.), *Interpretative Sozialforschung. Auf dem Wege zu einer hermeneutischen Wissenssoziologie*. Opladen: Westdeutscher Verlag, 56–84.

Roethlisberger, F.J. & Dickson, W.J. (1939). *Management and the Worker*. Boston: Harvard University Press.

Rogers, E.M. (2003). *Diffusion of Innovations*. New York: Free Press.

Ruiner, C. & Wilkesmann, M. (2016). *Arbeits- und Industriesoziologie*. Paderborn: UTB.

Rump, J. & Eilers, S. (Hg.) (2017). *Auf dem Weg zur Arbeit 4.0. Innovationen in HR*. Berlin: Springer Gabler.

Schäfers, B. (2012). *Sozialstruktur und sozialer Wandel in Deutschland*. Konstanz: UVK.

Scheler, M. (1926). *Die Wissensformen und die Gesellschaft: eine Studie über Wert und Grenzen des pragmatischen Princips in der Erkenntnis der Welt*. Leipzig: Der Neue-Geist.

Schelsky, H. (1954). *Wandlungen der deutschen Familie in der Gegenwart. Darstellung und Deutung einer empirisch-soziologischen Tatbestandsaufnahme.* Stuttgart: Ferdinand Enke.

Schetsche, M. & Schetsche, M. (2014). *Die empirische Analyse sozialer Probleme.* Wiesbaden: Springer.

Scheurle, E. (2016). Stuart Hall: representation. cultural representations and signifying practices. In S. Salzborn (Hg.), *Klassiker der Sozialwissenschaften: 100 Schlüsselwerke im Portrait.* Wiesbaden: Springer VS, 404–407.

Schimank, U. & Volkmann, U. (2008). Ökonomisierung der Gesellschaft. In A. Maurer (Hg.), *Handbuch der Wirtschaftssoziologie.* Wiesbaden: Springer VS, 382–393.

Schmiede, R. (1996). Informatisierung, Formalisierung und kapitalistische Produktionsweise: Entstehung der Informationstechnik und Wandel der gesellschaftlichen Arbeit. In R. Schmiede (Hg.), *Virtuelle Arbeitswelten: Arbeit, Produktion und Subjekt in der „Informationsgesellschaft".* Berlin: Edition Sigma, 15–47.

Schmitz, A. (2014). Online-Dating als Partnermarkt. In A. Häring, T. Klein, J. Stauder & K. Stoye (Hg.), *Der Partnermarkt und die Gelegenheiten des Kennenlernens: Der Partnermarktsurvey.* Wiesbaden: Springer VS, 111–136.

Schnaiberg, A., Pellow, D. & Weinberg, A. (2002). The treadmill of production and the environmental state. *Research in Social Problems and Public Policy,* 10, 15–32.

Schneider, N.F., Limmer, R. & Ruckdeschel, K. (2002). *Mobil, flexibel, gebunden: Familie und Beruf in der mobilen Gesellschaft.* Frankfurt a.M.: Campus.

Scholtz, H. (2020). *Mediensoziologie: eine systematische Einführung.* Wiesbaden: Springer VS.

Schröer, N. (1994). *Einleitung: Umriß einer hermeneutischen Wissenssoziologie.* Opladen: Westdeutscher Verlag.

Schulz-Schaeffer, I. (2008). Formen und Dimensionen der Verselbständigung. In A. Kündig & D. Bütschi (Hg.), *Die Verselbständigung des Computers.* Zürich: VDF, 29–53.

Schulz-Schaeffer, I. (2019). Die Autonomie instrumentell genutzter Technik: Eine handlungstheoretische Analyse. In H.-K. Hartmut & K. Anemari (Hg.), *Autonome Systeme und Arbeit: Perspektiven, Herausforderungen und Grenzen der Künstlichen Intelligenz in der Arbeitswelt.* Bielefeld: Transcript, 181–206.

Schulz-Schaeffer, I. (2000). *Sozialtheorie der Technik.* Frankfurt a.M.: Campus.

Schulz-Schaeffer, I., & Funken, C. (2008). Das Verhältnis von Formalisierung und Informalität betrieblicher Arbeits- und Kommunikationsprozesse und die Rolle der Informationstechnik. In C. Funken & I. Schulz-Schaeffer (Hg.), *Digitalisierung der Arbeitswelt.* Wiesbaden: VS, 11–39.

Schulz, F. & Blossfeld, H.-P. (2006). Wie verändert sich die häusliche Arbeitsteilung im Eheverlauf? *Kölner Zeitschrift für Soziologie und Sozialpsychologie,* 58(1), 23–49.

Schulze, G. (1992). *Die Erlebnisgesellschaft: Kultursoziologie der Gegenwart*. Frankfurt a.M.: Campus.
Schumpeter, J.A. (1964 [1911]). *Theorie der wirtschaftlichen Entwicklung*. Berlin: Duncker & Humblot.
Schuster, T. (2013). *Staat und Medien: über die elektronische Konditionierung der Wirklichkeit*. Wiesbaden: Springer VS.
Schütz, A. (1971). Phänomenologie und die Sozialwissenschaften. In A. Schütz (Hg.), *Gesammelte Aufsätze: Das Problem der sozialen Wirklichkeit*. Dordrecht: Springer VS, 136–161.
Schütz, A. & Luckmann, T. (2003). *Strukturen der Lebenswelt*. Konstanz: UVK.
Schützeichel, R. (2007). Systemtheoretische Wissenssoziologie. In R. Schützeichel (Hg.), *Handbuch Wissenssoziologie und Wissensforschung*. Köln: Herbert von Harlem, 258–267.
Schützeichel, R. (2012). Wissenssoziologie. In S. Maasen, M. Kaiser, M. Reinhart & B. Sutter (Hg.), *Handbuch Wissenschaftssoziologie*. Wiesbaden: VS, 17–26.
Schwartz, F.W., Walter, U., Siegrist, J., Kolip, P., Leidl, R., Busse, R., ... Dierks, M.-L. (2022). *Public Health: Gesundheit und Gesundheitswesen*. München: Elsevier Health Sciences.
Scott, W.G. (1961). Organization theory: an overview and an appraisal. *Journal of the Academy of Management*, 4(1), 7–26.
Senge, K. (2011). *Das neue am Neo-Institutionalismus. Der Neo-Institutionalismus im Kontext der Organisationswissenschaft*. Wiesbaden: Springer VS.
Siegrist, J. (2014). *Arbeitswelt und stressbedingte Erkrankungen*. München: Urban & Fischer.
Simmel, G. (1985 [1895]). Zur Soziologie der Familie. In H.-J. Dahme & K.C. Köhnke (Hg.), *Schriften zur Philosophie und Soziologie der Geschlechter*. Frankfurt a.M.: Suhrkamp, 119–132.
Simmel, G. (1985 [1907]). Fragmente aus einer Philosophie der Liebe. In H.-J. Dahme & K.C. Köhnke (Hg.), *Schriften zur Philosophie und Soziologie der Geschlechter*. Frankfurt a.M.: Suhrkamp, 183–199.
Simmel, G. (1989 [1900]). *Philosophie des Geldes*. Frankfurt a.M.: Suhrkamp.
Simmel, G. (2012 [1920]). *Der Konflikt der Kultur*. Altenmünster: Jazzybee.
Simon, H.A. (1955). A behavioral model of rational choice. *Quarterly Journal of Economics*, 69(1), 99–118.
Simpson, G. & Durkheim, E. (1965). A Durkheim fragment. *American Journal of Sociology*, 70(5), 527–536.
Skopek, J., Schulz, F. & Blossfeld, H.-P. (2009). Partnersuche im Internet. Bildungsspezifische Mechanismen bei der Wahl von Kontaktpartnern. *Kölner Zeitschrift für Soziologie und Sozialpsychologie*, 61, 183–210.
Smelser, N.J. & Swedberg, R. (2005). *The Handbook of Economic Sociology*. Princeton: Princeton University Press.
Smith, A. (1978 [1776]). *Der Wohlstand der Nationen*. München: DTV.
Smith, A. (2010 [1759]). *Theorie der ethischen Gefühle*. Hamburg: Felix Meiner.

Soeffner, H.-G. (1989). *Auslegung des Alltags – Der Alltag der Auslegung. Zur wissenssoziologischen Konzeption einer sozialwissenschaftlichen Hermeneutik*. Frankfurt a.M.: Suhrkamp.

Solga, H. (2005). *Ohne Abschluss in die Bildungsgesellschaft: Die Erwerbschancen gering qualifizierter Personen aus soziologischer und ökonomischer Perspektive*. Opladen: Barbara Budrich.

Solga, H., Berger, P.A. & Powell, J.J. (2009). Soziale Ungleichheit – Kein Schnee von gestern! In H. Solga, P.A. Berger & J.J. Powell (Hg.), *Soziale Ungleichheit. Klassische Texte zur Sozialstrukturanalyse*. Frankfurt: Campus, 11–45.

Stacey, J. (2011). *Unhitched: Love, Marriage, and Family Values from West Hollywood to Western China*. New York: New York University Press.

Stapf, I. (2016). Freiwillige Medienregulierung. In Heesen, J. (Hg.), *Handbuch Medien- und Informationsethik*. Stuttgart: J.B. Metzler, 96–104.

Stauder, J. (2008). Opportunitäten und Restriktionen des Kennenlernens. Zur sozialen Vorstrukturierung der Kontaktgelegenheiten am Beispiel des Partnermarkts. *Kölner Zeitschrift für Soziologie und Sozialpsychologie*, 60, 265–285.

Stollberg, G. (2001). *Medizinsoziologie*. Bielefeld: Transcript.

Straus, R. (1957). The nature and status of medical sociology. *American Sociological Review*, 22(2), 200–204.

Sutter, T. (2010). Medienkompetenz – einige Anmerkungen zum Kompetenzbegriff. In T. Sutter (Hg.), *Medienanalyse und Medienkritik: Forschungsfelder einer konstruktivistischen Soziologie der Medien*. Wiesbaden: Springer VS, 167–180.

Tacke, V. (2010). Organisationssoziologie. In G. Kneer & M. Schroer (Hg.), *Handbuch Spezielle Soziologien*. Wiesbaden: VS, 341–359.

Taylor, F.W. (2006 [1911]). *The Principles of Scientific Management*. New York: Cosimo.

Tilson, D., Lyytinen, K. & Sørensen, C. (2010). Research commentary – digital infrastructures: the missing IS research agenda. *Information Systems Research*, 21(4), 748–759.

Trappe, H., Schmitt, C. & Wengler, A. (2009). Alles wie gehabt? Zur Aufteilung von Hausarbeit und Elternaufgaben in Partnerschaften. *Zeitschrift für Bevölkerungswissenschaft*, 34, 57–78.

United Nations. (1987). Report of the World Commission on Environment and Development: Our Common Future. *Brundtland Report*. Zuletzt abgerufen am 13.10.2023 unter http://www.un-documents.net/our-common-future.pdf

Venkatesh, V. & Davis, F. (2000). A theoretical extension of the technology acceptance model: four longitudinal field studies. *Management Science* 46(2), 186–204.

Venkatesh, V. & Bala, H. (2008) Technology acceptance model 3 and a research agenda on interventions. *Decision Science* 39(2), 273–315.

von Groddeck, V. & Wilz, S. (2015). *Formalität und Informalität in Organisationen*. Wiesbaden: Springer VS.

Voß, G.-G. (1998). Die Entgrenzung von Arbeit und Arbeitskraft: Eine subjektorientierte Interpretation des Wandels der Arbeit. *Mitteilungen aus der Arbeitsmarkt- und Berufsforschung*, 31(3), 473–487.

Voß, G.-G. & Pongratz, H.-J. (1998). Der Arbeitskraftunternehmer. Eine neue Grundform der Ware Arbeitskraft? *Kölner Zeitschrift für Soziologie und Sozialpsychologie*, 50(1), 131–158.

Wagner, M. (2001). Soziale Differenzierung, Gattenfamilie und Ehesolidarität. In J. Huinink, K.P. Strohmeier & M. Wagner (Hg.), *Solidarität in Partnerschaft und Familie: Zum Stand familiensoziologischer Theoriebildung*. Würzburg: Ergon, 19–40.

Weber, M. (1905). Die protestantische Ethik und der Geist des Kapitalismus. *Archiv für Sozialwissenschaften und Sozialpolitik*, 21, 1–110.

Weber, M. (1972 [1922]). *Wirtschaft und Gesellschaft. Grundriss der verstehenden Soziologie*. Tübingen: Mohr Siebeck.

Weber, M. (2015 [1904]). *Die protestantische Ethik und der Geist des Kapitalismus*. Hamburg: Nikol.

Wehling, P. (2007). Wissensregime. In R. Schützeichel (Hg.), *Handbuch Wissenssoziologie und Wissensforschung*. Konstanz: UVK, 704–712.

Weick, K.E. (1995). *Sensemaking in Organizations*. London: Sage.

Weick, K.E., Sutcliffe, K.M. & Obstfeld, D. (2005). Organizing and the process of sensemaking. *Organization Science*, 16(4), 409–421.

Weyer, J. (2008). *Techniksoziologie. Genese, Gestaltung und Steuerung sozio-technischer Systeme*. Weinheim: Juventa.

Wilkesmann, M., Apitzsch, B. & Ruiner, C. (2015). Von der Deprofessionalisierung zur Reprofessionalisierung im Krankenhaus? *Soziale Welt*, 66(3), 327–346.

Wilkesmann, M., Ruiner, C., Apitzsch, B. & Salloch, S. (2020). “I want to break free” – German locum physicians between managerialism and professionalism. *Professions & Professionalism*, 10(1), 1–17.

Wilkesmann, M. & Wilkesmann, U. (2018). Industry 4.0 – organizing routines or innovations? *VINE Journal of Information and Knowledge Management Systems*, 48(2), 238–254.

Williamson, O.E. (1975). *Markets and Hierarchies: Analysis and Antitrust Implications*. New York: Free Press.

Wimbauer, C. (2012). *Wenn Arbeit Liebe ersetzt: Doppelkarriere-Paare zwischen Anerkennung und Ungleichheit*. Frankfurt a.M.: Campus.

Wimbauer, C. (2021). *Co-Parenting und die Zukunft der Liebe: über post-romantische Elternschaft*. Bielefeld: Transcript.

Wimbauer, C. & Motakef, M. (2020). *Prekäre Arbeit, prekäre Liebe: Über Anerkennung und unsichere Lebensverhältnisse*. Frankfurt a.M.: Campus.

Wimbauer, C., Teschlade, J., Peukert, A. & Motakef, M. (2018). Paar- und Familienleitbilder der ›Mitte‹ zwischen Persistenz und Wandel. Eine paar- und heteronormativitätskritische Perspektive. In N. Schöneck & S. Ritter (Hg.), *Die Mitte als Kampfzone: Wertorientierungen und Abgrenzungspraktiken der Mittelschichten*. Bielefeld: Transcript, 125–142.

Winker, G. & Degele, N. (2009). *Intersektionalität: Zur Analyse sozialer Ungleichheiten*. Bielefeld: Transcript.
Wittpahl, V. (2019). *Künstliche Intelligenz*. Berlin: Springer.
Wright, E.O. (1985). *Classes*. London: Verso.
York, R., Rosa, E.A. & Dietz, T. (2003). Footprints on the earth: the environmental consequences of modernity. *American Sociological Review*, 68(2), 279–300.
Zola, I.K. (1972). Medicine as an institution of social control. *Sociological Review*, 20(4), 487–504.
Zöllner, O. (2022). *Die Streaming-Welle: Spotify, Netflix & Co. in der digitalen Mediengesellschaft-Motive und Reflexion der Nutzung von Audio-und Videostreamingdiensten: fünf empirische Fallstudien*. Stuttgart: Hochschule der Medien.
Zucker, L.G. (1977). The role of institutionalization in cultural persistence. *American Sociological Review*, 42(5), 726–743.

Testfragen

1. Was bedeutet soziale Ungleichheit?
2. Was verbirgt sich hinter dem Begriff der Pluralisierung der Lebensformen?
3. Was ist das Transformationsproblem von Arbeit und wie kann es gelöst werden?
4. Was ist eine Organisation?
5. Welchen Beitrag leistet Parsons zur Medizinsoziologie?
6. Was sind Wissenskontroversen und womit beschäftigen sie sich?
7. Was sind die Grundaussagen der Akteur-Netzwerk-Theorie (ANT) und in welchen Teildisziplinen der Soziologie spielt sie eine Rolle?

Ausblick: Soziologie im Wandel

Die Soziologie beschäftigt sich mit der Untersuchung von Gesellschaften, ihren Strukturen und Prozessen. Die Gesellschaft befindet sich in einem stetigen Wandel. Die Soziologie hat es insofern mit einem ‚Moving Target' zu tun.

Gesellschaftlicher Wandel und die Rolle der Soziologie
Verschiedene Megatrends lassen sich auf gesellschaftlicher Ebene beobachten und sollen an dieser Stelle kurz skizziert werden. Der demographische Wandel resultiert aus einem Rückgang der Geburtenraten und einer Verlängerung der Lebenserwartung. Dies führt zu einer Veränderung der Lebensphasen und auch zum Phänomen der ‚Silver Society', d.h. einer Gesellschaft mit einem höheren Durchschnittsalter. In der Gesellschaft lassen sich in Hinblick auf Geschlechterrollen veränderte Rollenmuster und aufbrechende Geschlechterstereotype beobachten. Tradierte Geschlechterrollen werden hinterfragt und die Lebensformen und Geschlechter pluraler. Dies führt zu veränderten Formen des Zusammenlebens, die Normalfamilie wird abgelöst durch vielfältige Konstellationen privater Nahbeziehungen. Darüber hinaus kommt es zu einer Urbanisierung, d.h., mehr Menschen wohnen in Städten. Dafür werden die Haushalte insgesamt kleiner. Die Globalisierung resultiert in einer stärkeren Internationalisierung von Gesellschaften und hat eine größere Vernetzung als Grundlage. Die Globalisierung verändert nicht nur Handels- und Wirtschaftsräume, sondern beeinflusst auch kulturelle und soziale Dynamiken. Auf Basis der Vernetzung durch digitale Technik und einem kulturellen Wandel der Arbeitswelt kommt es zu neuen Formen der Erwerbsarbeit, der Zusammenarbeit und Erwartungen an die Arbeit. Insgesamt zeichnet sich die Gesellschaft durch ein höheres Bildungsniveau und die Relevanz von Wissen und Wissensarbeit aus. Die Trends sind folglich miteinander verbunden und können sich wechselseitig verstärken. Einige dieser Trends sind kulturell begründet, andere Trends resultieren aus dem technologischen Fortschritt und der digitalen Transformation. Zudem beschäftigt sich die Soziologie mit Spaltungsprozessen und Radikalisierungen, die beispielweise aus wirtschaftlicher Ungleichheit, der Fragmentierung der Medien oder der Pluralisierung oder identitäspolitischer Spaltung entstehen können. Für die Soziologie bietet dieser Wandel eine reichhaltige Grundlage für weitere Forschung.

Aktuelle soziologische Themen
Der gesellschaftliche Wandel ist gekennzeichnet durch verschiedene Trends. Diese Prozesse führen zu einer zunehmenden Vernetzung von Individuen, Gemeinschaften und Gesellschaften, wodurch neue soziale Dynamiken entstehen. Die Soziologie analysiert und interpretiert diese Veränderungen. Sie zielt in ihrer

ständigen Reflexion der Gesellschaft und gesellschaftlicher Phänomene darauf ab, die Veränderungen zu verstehen und zu erklären. Ziel ist es nicht nur, die Veränderungen selbst zu dokumentieren und zu verstehen, sondern auch, ihre Auswirkungen auf die soziale Struktur, Gemeinschaften und Gesellschaften zu erkennen und zu analysieren.

Die jüngsten Entwicklungen in der Arbeitswelt, angeführt durch Automatisierung und künstliche Intelligenz, sind nur eines der Kapitel in einer langen Geschichte des technologischen Fortschritts und dessen Auswirkungen auf Arbeit. Diese fortwährende Beziehung zwischen Technologie, Technik und Arbeit ist in der soziologischen Diskussion verwurzelt und keineswegs nur ein Phänomen des 21. Jahrhunderts. Auch die Angst vor der Ersetzbarkeit menschlicher Arbeit durch Maschinen ist nicht neu, sondern begleitet die Soziologie seit den Anfängen der industriellen Produktion. Aktuelle Diskussionen drehen sich um die ‚Vierpunktnull'-Ära (Arbeit 4.0, Industrie 4.0). KI, Big Data und Automatisierungstechnik werden als transformative Kräfte gesehen, welche nicht nur einfache, repetitive Aufgaben übernehmen können, sondern durchaus auch komplexere, kognitive Funktionen, welche bisher als exklusiv menschlich galten. Aus soziologischer Sicht sind jedoch nicht nur die Ängste vor Arbeitsplatzverlust von Interesse. Es geht auch um das, was Weber als ‚Entzauberung der Welt' bezeichnet hat – ein Prozess, bei dem traditionelle, oft handwerkliche oder persönliche Ansätze durch rationale, technisch orientierte Methoden ersetzt werden. Dies hat weitreichende Auswirkungen auf die sozialen Strukturen und Identitäten von Arbeitnehmenden. Ein weiterer kritischer Punkt ist die Qualität neu geschaffener Arbeitsplätze. Durch das Implementieren von Technik in der Arbeitsumgebung entstehen neue und unter Umständen komplexere Tätigkeitsprofile. Interessant ist es in diesem Zusammenhang Einblicke zu erlangen, inwiefern neue Tätigkeiten als bedeutsam, sicher, gesund und motivierend wahrgenommen werden. Der technologische Wandel verändert entsprechend die Antworten auf die wesentlichen Fragen der Arbeitssoziologie (Ruiner & Wilkesmann, 2016): Warum arbeiten wir? Unter welchen Erwerbsbedingungen und in welchen Branchen findet welche Art von Arbeit statt? Wie wirkt sich (digitale) Arbeit auf andere Lebensbereiche aus? Welche Belastungen gehen von (neuen) Arbeitsanforderungen und -bedingungen aus? Wie wird Arbeit gesteuert und wie gestalten sich Machtverhältnisse im Kontext von Arbeit?

Gleichzeitig lässt sich in der Arbeitswelt durch den Einsatz digitaler Technik ein Wandel beobachten. In diesem Zusammenhang wird auf die Relevanz des ‚Human Factor' verwiesen und darauf, dass die Entwicklung nicht rein technisch, sondern als kultureller Prozess verstanden wird. Im Wesentlichen hängt der Einsatz digitaler Technik in Organisationen und darüber hinaus von der Akzeptanz der Individuen und Teams ab und ihrem Umgang damit (Klumpp & Ruiner, 2021; Schneiderer & Ebermann, 2010). Im Arbeitskontext geht es insofern weniger um die Ersetzbarkeit von Arbeit und eine Konkurrenzbeziehung zwischen Mensch und Technik als vielmehr darum, ‚hybride Intelligenz' aus der Interaktion beider zu entwickeln mit dem Potenzial, die Arbeitsbedingungen zu verbessern. Wesentliche Grundlagen sind Vertrauen in die Technik und die Legitimität ihres Einsatzes sowie die Gestaltung der Mensch-Technik-Interaktion in Hinblick auf die Verteilung von Arbeitsaufgaben, Entscheidungsmöglichkeiten und die Intensität des Technikeinsatzes. In digitalisierten Arbeitskontexten rücken Autonomie und Kontrolle verstärkt in den Fokus, da ihre Wahrnehmung handlungswirksam ist. Dies ist auch der Fall in Bezug auf digitale Plattformen, die der Vermittlung zwischen dem Angebot an Arbeitsleistungen und der Nachfrage danach dienen und die Arbeitsprozesse digital gestalten (Kirchner, 2019). Plattformen vermitteln Arbeitsleistungen, die entweder an einen bestimmten Ort gebunden sind, wie beispielsweise Fahrdienste oder Lieferdienstleistungen (‚Gigwork'), oder ortsunabhängig sind, wie z. B. das Erstellen von Logos oder die Entwicklung von Software (‚Crowdwork') (Ruiner & Wilkesmann, 2016). Während Autonomie den Entscheidungsspielraum der Mitarbeitenden bei der Aufgabenerfüllung beschreibt (Breaugh, 1985), bezeichnet Kontrolle die Bemühungen des Managements, die Effizienz von Arbeitsleistungen zu optimieren und diese rentabel zu gestalten (Thompson & van den Broek, 2010). Die traditionelle organisationale Kontrolle hat sich weiterentwickelt und umfasst ebenfalls Ansätze wie Selbstkontrolle oder Kontrolle durch Kolleg:innen, Kund:innen und vor allem auch durch Algorithmen (Ruiner & Klumpp, 2022). Der Einsatz digitaler Technik kann sowohl positive als auch negative Auswirkungen auf die Wahrnehmung von Autonomie und Kontrolle haben. Entscheidend für die Wahrnehmung ist die Art und Weise, wie digitale Technik legitimiert und eingesetzt werden, deren Intensität und (Un-)Kontrollierbarkeit sowie der zugrunde liegende Zweck und die Freiwilligkeit ihrer Anwendung (Bardmann et al., 2023).

Es zeigt sich aus soziologischer Perspektive ein dynamisches Wechselverhältnis von Tradition und Modernität, von Freiheit und Kontrolle. Ein Beispiel dafür ist das Phänomen des ‚libertären Autoritarismus', wie es von Amlinger und Nachtwey (2022) beschrieben wird. Die Herausforderung, der sich moderne Gesellschaften gegenübersehen, ist die zunehmende Komplexität und Vernetzung der Welt. Diese Komplexität verspricht einerseits individuelle Freiheit und Selbstbestimmung, führt andererseits zu einem Gefühl der Ohnmacht und Entfremdung. Der ‚libertäre Autoritäre' ist ein Produkt dieses Spannungsfeldes: Während er nach außen individuelle Freiheiten verteidigt, lehnt er zugleich gemeinschaftliche Werte und Solidarität ab (Amlinger & Nachtwey, 2022). Die zeitgenössische soziologische Analyse konzentriert sich auf die Dynamiken zwischen Individualismus und Gemeinschaft sowie Freiheit und Verantwortung. Institutionen wie Bildung, Medien und Politik sind zentral bei der Prägung dieser Spannungen. Dies unterstreicht die Notwendigkeit, sowohl die positiven Aspekte individueller Freiheiten als auch die potenziellen Gefahren einer übersteigerten Betonung des Individualismus zu erkennen (Amlinger & Nachtwey, 2022).

Die kontinuierliche Datenerfassung in verschiedenen Lebensbereichen von Bildung bis Gesundheit hat zu einer Kultur geführt, in der alles bewertet und gemessen wird. Universitätsbewertungen, sportliche Vergleiche im digitalen

Raum und Effektivitätsprüfungen politischer Initiativen sind nur einige Beispiele für diese Tendenz zur Quantifizierung. Mau (2017) analysiert in seinem Werk *Das metrische Wir. Über die Quantifizierung des Sozialen* die Mechanismen und Konsequenzen dieser Entwicklung und betont, dass solche Bewertungssysteme nicht nur die Ungleichgewichte der Gesellschaft widerspiegeln, sondern auch die Lebenschancen von Individuen beeinflussen können.

Parallel dazu gewinnt der Einsatz von KI in der Arbeitswelt an Bedeutung. KI-Systeme haben die Fähigkeit, selbständig zu lernen und Entscheidungen zu treffen, was spezifische soziologische Fragestellungen mit sich bringt. Ein prominentes Problem ist die Diskriminierung durch Algorithmen. Wenn KI-Modelle auf historische Daten trainiert werden, reproduzieren sie bestehende soziale Ungleichheiten und Vorurteile in ihren Ergebnissen. Noble (2018) beschreibt in *Algorithms of Oppression* beispielsweise, wie algorithmische Entscheidungen rassistische und sexistische Vorurteile verfestigen. Es ist aber ebenso möglich, dass KI durch die Fähigkeit, komplexe und auch gesellschaftliche Muster zu erkennen, dabei helfen kann, effizienter auf gesellschaftliche Herausforderungen zu reagieren (Nassehi, 2019). Ein kritischer Punkt in der Diskussion um KI ist die mögliche Entmenschlichung des Arbeitsplatzes. Couldry und Mejias (2020) argumentieren in *The Costs of Connection*, wie Datenextraktivismus – also das massenhafte Sammeln und Monetarisieren von Daten – sowie Überwachungskapitalismus das Individuum entfremden und entmenschlichen. Im Gegensatz dazu können digitale Technik und KI Kreativität und Innovation fördern oder auch Routinetätigkeiten übernehmen, um die Haupttätigkeiten der Mitarbeitenden auf kognitiv anspruchsvollen Tätigkeiten zu fokussieren (Susskind & Susskind, 2022). Schließlich wirft die digitale Welt auch Fragen zu Überwachung und Privatsphäre auf. Zuboff (2018) beleuchtet Mechanismen und Konsequenzen der digitalen Überwachung und wie diese das Individuum und die Gesellschaft beeinflussen in ihrem Werk *The Age of Surveillance Capitalism.*

Zudem trifft die digitale Transformation auf gesellschaftlicher Ebene auf die Nachhaltigkeitstransformation. Die beiden Entwicklungen sind nicht unabhängig voneinander zu denken. Das Zusammenspiel aus Nachhaltigkeit und Digitalisierung wird auch unter dem Begriff der ‚Twin Transformation' verhandelt und verweist auf eine wechselseitig verstärkende, aber auch verhindernde Beziehung. Gleichzeitig ist die gesellschaftliche Entwicklung nicht ohne Individuen zu denken, die einen wesentlichen Anteil am Einsatz und der Nutzung digitaler Technik haben und auch durch die Relevanzsetzung auf Nachhaltigkeit und ihr nachhaltiges Handeln einen Beitrag zur Entwicklung leisten.

In diesem Zusammenhang sind Fragen der sozialen Mobilität und die Verteilung von Wohlstand in der Gesellschaft zentrale Forschungsanliegen. Heidenreich (2022) zeigt eine Spaltung in Europa in Bezug auf Bildungssysteme und Arbeitsprofile auf. Einige Länder legen großen Wert auf ein fortgeschrittenes Bildungssystem. Andere Länder mit weniger fortgeschrittenen Bildungssystemen setzen mehrheitlich auf Beschäftigte mit geringerer Qualifikation für ausführende Tätigkeiten. Diese Unterschiede korrelieren mit signifikanten sozialen Diskrepanzen hinsichtlich Bildungszugang, Einkommen und sozialer Mobilität. Insbesondere Menschen in Armut, Arbeitslose und Beschäftigte in Routinejobs leiden unter Bildungsarmut. Die Wahrscheinlichkeit für Kinder von Akademiker:innen, selbst einen Hochschulabschluss zu erlangen, liegt sechsmal höher als für Kinder nicht-akademischer Eltern. Die Entwicklung der Qualifikation von Beschäftigten variiert je nach nationalem Kontext und hängt vom technologischen und wirtschaftlichen Wandel ab. In dienstleistungsorientierten und einigen kontinentaleuropäischen Ländern beobachtet Heidenreich einen Anstieg des Qualifikationsniveaus. Industrielastige Länder zeigen eine stärkere Polarisierung. Länder mit vielen personenbezogenen Dienstleistungen erleben eine Zunahme von gering bezahlten Jobs. Hieraus resultiert eine Kluft in den Qualifikationsstrukturen, verbunden mit Bildungsarmut und sozialer Polarisation (Heidenreich, 2022).

In den letzten Jahrzehnten hat sich auch das Verständnis privater Nahbeziehungen erheblich gewandelt. Rosenfeld und Thomas (2012) beleuchten beispielsweise, wie das Internet traditionelle Mittler von Beziehungen wie Familie und Freund:innen in vielen Gesellschaften überholt hat. Die Evolution der Familiensoziologie spiegelt sich auch in der Art und Weise wider, wie familienfreundliche Politiken den Einfluss von Kindern auf die Arbeitszeiten und Löhne von Frauen beeinflussen (Misra et al., 2011). Die Erkenntnisse sind insbesondere für das Verständnis von Wechselwirkungen zwischen Familie, Arbeitsmarkt und Politik von Bedeutung. Zusätzlich zur Arbeitsmarktdynamik erleben Familien auch Veränderungen in ihrer Struktur und ihren Dynamiken. Transnationale Familien, bei denen Familienmitglieder über verschiedene Länder verteilt sind, sind aufgrund von Migration und Globalisierung häufiger geworden. Baldassar et al. (2014) haben die Zirkulation von Fürsorge in diesen Familienstrukturen untersucht, wobei sie die emotionalen und materiellen Bindungen betonen, die trotz geografischer Entfernungen bestehen bleiben. Ein weiterer bemerkenswerter Trend in der Familiensoziologie ist das Aufkommen und die Anerkennung nicht-traditioneller Familienformen, wie Regenbogenfamilien, Einelternfamilien und kinderlose Paare. Diese Entwicklungen erfordern ein überarbeitetes Verständnis von Familie, das über die traditionelle Vorstellungen hinausgeht (Stacey, 2011). Einen Einblick in die Geschlechterdynamik bieten bereits West und Zimmerman (1987) mit ihrer Diskussion über die Doing-Gender-Perspektive. Sie ist für aktuelle Debatten über Geschlechtsidentität und -ausdruck von großer Relevanz. Connell (2012) erweitert die Diskussion über Geschlechtsverhältnisse beispielsweise auf globale Gesundheitsfragen und wie Geschlecht diese beeinflusst.

In einer sich ständig wandelnden Gesellschaft, in der die Lebenserwartung steigt und die Altersstrukturen sich verschieben, gewinnt der Wissenstransfer im Kontext einer ‚Silver Society‘ und ‚Age Diversity‘ an Relevanz. Die ‚Silver Society‘ bezieht sich auf eine Bevölkerungsstruktur, in der ein beträchtlicher Anteil älter ist, oft infolge steigender Lebenserwartungen und sinkender Geburtenraten (Dettling, 2022). Mit dieser Veränderung geht ein Potenzial an Wissen und Erfahrung einher.

‚Age Diversity' betont die Vorteile einer diversifizierten Altersstruktur, insbesondere in Hinblick auf den Wissenstransfer zwischen den Generationen (Pytlovany & Truxillo, 2015). Eine Herausforderung in diesem Kontext ist die Schaffung effektiver Kommunikationskanäle zwischen den Generationen, um Desintegration oder Konflikte zu vermeiden. Die digitale Transformation spielt vor diesem Hintergrund eine wichtige Rolle (siehe Aufbaumodul 2 Techniksoziologie). Während ältere Generationen von jüngeren im Umgang mit Technik geschult werden können, profitieren jüngere Generationen von der Lebens- und Berufserfahrung älterer Menschen. Weitere Vorteile, die von Expert:innen betont werden, können verbesserte Führungsfähigkeiten, erhöhte Kreativität und besseres Problemlösevermögen beinhalten. Die Fähigkeiten jungerer wie auch älterer Beschäftigter sollten daher ergänzend genutzt werden (Kunze & Boehm, 2013). Flexibilität in der Arbeitsplatzgestaltung kann den Wissenstransfer fördern (Froidevaux et al., 2020). Da Stereotype die Zusammenarbeit zwischen den Generationen beeinträchtigen können, ist es wichtig, diese aktiv zu hinterfragen (Posthuma & Campion, 2009).

Innovative Forschungsmethoden in der Soziologie

Neben den inhaltlichen Themen und Entwicklungen umfassen die Veränderungen auch die empirischen Forschungsmethoden und es zeichnen sich innovative Ansätze ab (siehe Basismodul 3). Im Zusammenhang mit der digitalen Transformation erweitert sich das Methodenspektrum in der Soziologie. Beispiele dafür sind die digitale Ethnographie, bei der Forschende soziale Phänomene in Online-Umgebungen, wie beispielsweise sozialen Medien oder virtuellen Gemeinschaften, beobachten und analysieren. Auch die Verwendung von Big Data und maschinellem Lernen gewinnt zunehmend an Relevanz, da sie es ermöglichen, Muster in großen Datenmengen zu erkennen, die für klassische Methoden unzugänglich wären.

Das Internet hat sich als nützliches Werkzeug in der Sozialforschung etabliert. Während anfänglich vor allem Studien von Online-Umfragen profitierten, erkennen auch qualitativ Forschende die Vorteile des Webs für empirische Studien. Seit den 1990er Jahren werden verschiedene Online-Kommunikationsformate, wie Chats und Foren, für die Datensammlung verwendet. Im Gegensatz zu direkten Gesprächen bietet Online-Kommunikation die Chance, besondere Daten zu erfassen und innovative Forschungsmethoden zu entwickeln. Ein Fokus liegt auf der asynchronen Kommunikation, die schriftlich und nicht gleichzeitig abläuft. Diese Form der Kommunikation beinhaltet ein großes Potenzial für methodische Innovationen (Flick, 2021; Schiek & Ullrich, 2016). Die digitale Ethnographie stellt ebenfalls eine Anpassung klassischer ethnographischer Methoden dar. Im Zentrum steht das Beobachten von Gemeinschaften in ihren natürlichen Online-Umgebungen. So werden kulturelle Muster, Handlungsnormen und soziale Interaktionen in virtuellen Welten, sozialen Medien oder Online-Communities beobacht- und analysierbar. Daraus entstehen neue Untersuchungsfelder, von der Konstruktion digitaler Identitäten bis hin zu Mechanismen sozialer Kontrolle in Online-Gemeinschaften (Correll, 1995; Hine, 2008; Strübing, 2006).

Der Einsatz von Big Data und maschinellem Lernen hat in jüngster Zeit das Potential der soziologischen Forschung erweitert und bereichert das methodische Arsenal der Soziologie, ohne die zentralen soziologischen Anliegen und Fragestellungen zu ersetzen. ‚Big Data' bezieht sich auf große, komplexe und vielfältige Datensätze, die aufgrund ihres Umfangs und ihrer Struktur schwer mit herkömmlichen Datenverarbeitungstechniken zu verarbeiten sind. Maschinelles Lernen kann in diesem Zusammenhang eingesetzt werden, um die Stimmungen und die Meinungen der Menschen in sozialen Medien oder in Texten zu analysieren. Mit Big Data und maschinellem Lernen werden neue Perspektiven und Werkzeuge zur Annäherung an diese Fragen geboten. Diese Techniken ermöglichen der Soziologie auf eine zusätzliche Datenbasis für die gesellschaftlichen Analysen zurückzugreifen. Mit der Kapazität, große Datenmengen effizient zu verarbeiten, können tiefere Einblicke in komplexe soziale Phänomene gewonnen werden. Das wiederum ermöglicht eine differenzierte Sicht auf Muster und Beziehungen, welche mit traditionellen Forschungsmethoden schwerer zu fassen waren. Es ist nicht so sehr, dass diese Muster zuvor ‚unsichtbar' waren, sondern dass sie durch die Menge an Daten und die Komplexität der Zusammenhänge schwer greifbar waren. Das maschinelle Lernen bringt in diesem Zusammenhang Vorteile mit sich. Computer können datengetriebene Modelle erstellen, welche dazu beitragen, bestimmte Aspekte menschlichen Handelns zu beschreiben oder vorauszusagen. In der Sozialforschung ermöglicht Big Data große Mengen von Echtzeitdaten aus sozialen Medien und anderen digitalen Quellen zu analysieren. Allerdings ist es für die Transparenz des Forschungsprozesses und die intersubjektive Nachvollziehbarkeit kritisch, die Lernprozesse der KI-Tools darzulegen – sofern dies überhaupt möglich ist.

In diesem Zusammenhang wird Data Scraping, auch Web Scraping, relevant. Es handelt sich um den Prozess des automatisierten Extrahierens von Daten von Websites und anderen Online-Quellen. Dies geschieht mithilfe von speziell entwickelten Software-Tools oder Skripten, die den Inhalt einer Webseite analysieren und die gewünschten Informationen in strukturierter Form erfassen. Data Mining kann die Datenanalyse oder Wissensentdeckung in Daten unterstützen. Es handelt sich um einen Prozess zur Entdeckung von Informationen und Erkenntnissen in großen Mengen von Daten. Auf Basis der Anwendung von Algorithmen und Techniken werden Muster, Trends und Zusammenhänge in den Daten identifiziert. Dies kann Clusterbildung, Klassifikation, Regression und Assoziationsregeln einschließen (Provost & Fawcett, 2013). Es bleibt abzuwarten, wie diese neuen Möglichkeiten, Ansätze und Methoden die Untersuchung der Gesellschaft und die soziologische Theoriebildung prägen.

Soziologie als Beruf

Mit den inhaltlichen und methodischen Veränderungen in der Soziologie verändert sich schließlich auch die Soziologie als Beruf. Soziolog:innen sind als Expert:innen mit einer inhaltlichen und methodischen Expertise ausgestattet, mit denen sie die Veränderungen in der Gesellschaft erforschen können (Jürgens, 2021). Mit diesem Rüstzeug lassen sich unterschiedliche Berufe nach Abschluss des Studiums ausüben. Soziolog:innen finden sich im universitären Rahmen im Bereich Forschung und Lehre, in der betrieblichen Praxis im Human Resource Management, im Bereich Forschung und Entwicklung, in der Beratung und in weiteren Anwendungsfeldern.

Neue Bereiche, die für Absolvent:innen der Soziologie interessant sind, finden sich im betrieblichen Alltag, wenn es darum geht, Technologien zu entwickeln, digitale Technik einzuführen und die Arbeitsbedingungen zu verändern. Dazu braucht es eine Begleitung des Veränderungsprozesses, damit dieser menschenzentriert erfolgt. Insbesondere Soziolog:innen verfügen über die Expertise der Reflexion des Wandels der Arbeitswelt, um diese zur Mitgestaltung der Arbeitsbedingungen in digitalen Arbeitskontexten unterstützen zu können. Dazu gehört auch der erforderliche kulturelle Wandel in Organisationen zur Umsetzung von New Work.

Auch die Berücksichtigung und Umsetzung digitaler Ethik in unterschiedlichsten Kontexten spielt eine zentrale Rolle für eine ethische und sozial verträgliche Technik- und Arbeitsplatzgestaltung. In der digitalen Transformation stehen Soziolog:innen vor ethischen Herausforderungen, die eng mit ihrer Berufsausübung verknüpft sind. Im Zuge des Aufkommens von Big Data und algorithmischer Entscheidungsfindung entsteht ein wachsender Bedarf an Expert:innen, welche die sozialen und ethischen Auswirkungen des Technikeinsatzes beurteilen können. Hier bieten sich in der betrieblichen und gesellschaftlichen Praxis Soziolog:innen als Schlüsselfiguren an, um Organisationen bei der Entwicklung und Implementierung ethischer Richtlinien zu unterstützen. Mit der ‚Datafizierung' werden Daten nicht nur quantifiziert, sondern avancieren auch zu einem zentralen Bestandteil der menschlichen Kultur (Van Dijck, 2014). Forschende Soziolog:innen, die digitale Phänomene untersuchen, stehen vor ethischen Fragestellungen in Bezug auf Datenschutz und Zustimmung (Boyd & Crawford, 2012). Schließlich spielt auch in der akademischen Landschaft und insbesondere Lehre die digitale Ethik eine wichtige Rolle. Soziolog:innen, die Kurse zu digitalen Themen anbieten, tragen die Verantwortung, Studierenden die ethischen Aspekte von Technologien näher zu bringen und diese mit ihnen zu diskutieren. Schließlich können Soziolog:innen in beratenden Funktionen eine Schlüsselposition einnehmen, wenn es darum geht, ethische Standards zu definieren und zu kontrollieren. Die ethische Reflexion der digitalen Ära ist für Soziolog:innen nicht nur eine berufliche Notwendigkeit, sondern auch eine Chance, die digitale Zukunft in eine ethisch verantwortungsvolle Richtung zu steuern.

Ein Wandel geht ebenfalls von der Weiterentwicklung von KI aus. Diese betrifft zahlreiche Berufe, und eben auch die Soziologie. Erwartbar ist, dass sich die Recherchemöglichkeiten für Themen verändern, internationale Kooperationen durch den KI-basierten Abbau potentieller Sprachprobleme und die zunehmenden Vernetzungsmöglichkeiten gefördert werden. Zudem kann erwartet werden, dass KI zukünftig bei der Analyse und Interpretation sozialer Phänomene durch die Auswertung empirischer Daten unterstützen kann. In diesem Kontext sind die Einhaltung und das Hochhalten der Regeln der guten wissenschaftlichen Praxis für die Soziologie als Wissenschaft essenziell.

Zusammenfassung

In diesem abschließenden Kapitel wurde die Soziologie im Wandel vorgestellt. Gesellschaftliche Veränderungen umfassen die unterschiedlichsten Bereiche. Die Gesellschaft als solche verändert sich im Zuge des demographischen Wandels, Familien und private Nahbeziehungen werden pluraler, die Arbeitswelt unterliegt technischen und kulturellen Veränderungen. Dies verdeutlicht zum einen, dass der Soziologie die Themen und Fragestellungen nicht ausgehen, aber auch, dass eine stetige Analyse der gesellschaftlichen Entwicklung von großer Relevanz ist. Die in diesem Buch vorgestellten Klassiker können dazu beitragen, die Veränderungen besser zu verstehen. Doch auch zeitgenössische Soziolog:innen prägen den öffentlichen Diskurs über die gesellschaftliche Entwicklung. Zudem befindet sich auch die Soziologie selbst in einem Wandel. Es wurden ausgewählte Teildisziplinen der Soziologie vorgestellt. Diese werden durch die Forschungsthemen beeinflusst, entwickeln sich weiter und es bilden sich neuere Teildisziplinen heraus.

Die methodischen Herangehensweisen an den Untersuchungsgegenstand verändern sich ebenfalls. Diese Entwicklung ist maßgeblich durch neue technische Möglichkeiten und KI getrieben. So besteht unterdessen die Möglichkeit, gesellschaftliche Phänomene auch online zu beobachten und Tools für die Erfassung und Auswertung von Daten zu verwenden.

Schließlich verändert sich die Soziologie als Beruf. Es wurde deutlich, dass in der digitalen Transformation Soziolog:innen von großer Relevanz sind, um Veränderungsprozesse zu verstehen und zu erklären. Die Begleitung des technischen und kulturellen Wandels durch Soziolog:innen ist auch in Institutionen und Organisationen zentral und eine fundierte, kritisch-distanzierte, reflektierte und verständliche Auseinandersetzungen erwünscht.

Literatur

Amlinger, C. & Nachtwey, O. (2022). *Gekränkte Freiheit. Aspekte des libertären Autoritarismus.* Frankfurt a.M.: Suhrkamp.

Baldassar, L., Kilkey, M., Merla, L. & Wilding, R. (2014). Transnational families. In J. Treas, J. Scott & M. Richard (Hg.), *The Wiley Blackwell Companion to the Sociology of Families.* Chichester: John Wiley & Sons, 155–175.

Bardmann, M.-M., Ruiner, C., Künzel, L. & Klumpp, M. (2023). In control or out of control? Worker perceptions of autonomy and control using self-reliant digital systems at airports. *Work Organisation, Labour & Globalisation,* 17(1), 136–152.

Boyd, D. & Crawford, K. (2012). Critical questions for big data: provocations for a cultural, technological, and scholarly phenomenon. *Information, Communication & Society,* 15(5), 662–679.

Breaugh, J.A. (1985). The measurement of work autonomy. *Human Relations,* 38(6), 551–570.

Connell, R. (2012). Gender, health and theory: conceptualizing the issue, in local and world perspective. *Social Science & Medicine,* 74(11), 1675–1683.

Correll, S. (1995). The ethnography of an electronic bar: the lesbian cafe. *Journal of Contemporary Ethnography,* 24(3), 270–298.

Couldry, N. & Mejias, U.A. (2020). *The Costs of Connection: How Data is Colonizing Human Life and Appropriating it for Capitalism.* Stanford: Stanford University Press.

Dettling, D. (2022). Megatrend Silver Society. In H. Budliger (Hg.), *Demografie, Wohnen, Immobilien.* Wiesbaden: Springer, 21–30.

Flick, U. (2021). *Qualitative Sozialforschung. Eine Einführung.* Reinbek bei Hamburg: Rohwolt.

Froidevaux, A., Alterman, V. & Wang, M. (2020). Leveraging aging workforce and age diversity to achieve organizational goals: a human resource management perspective. In S.J. Czaja, J. Sharit & J.B. James (Hg.), *Current and Emerging Trends in Aging and Work.* Cham: Springer, 33–58.

Heidenreich, M. (2022). Bildung, Qualifikationen und soziale Mobilität. In M. Heidenreich (Hg.), *Die doppelte Spaltung Europas: Territoriale und soziale Ungleichheiten als zentrale Herausforderungen der europäischen Integration.* Wiesbaden: Springer, 335–388.

Hine, C. (2008). Virtual ethnography: modes, varieties, affordances. In N. Fielding, R.M. Lee & G. Blank (Hg.), *The SAGE Handbook of Online Research Methods.* London: Sage, 257–270.

Jürgens, K. (2021). *Mit Soziologie in den Beruf. Eine Handreichung.* Bielefeld: Transcript UTB.

Kirchner, S. (2019). Arbeiten in der Plattformökonomie: Grundlagen und Grenzen von „Cloudwork" und „Gigwork". *Kölner Zeitschrift für Soziologie und Sozialpsychologie,* 71(1), 3–25.

Klumpp, M. & Ruiner, C. (Hg.) (2021). *Digital Supply Chains and the Human Factor.* Cham: Springer.

Kunze, F. & Boehm, S.A. (2013). Research on age diversity in the workforce: current trends and future research directions. In J. Field, R.J. Burke & C.L. Cooper (Hg.), *The Sage Handbook on Aging Work, and Society.* Thousand Oaks: Sage, 41–58.

Mau, S. (2017). *Das metrische Wir: über die Quantifizierung des Sozialen.* Frankfurt a.M.: Suhrkamp.

Misra, J., Budig, M. & Boeckmann, I. (2011). Work-family policies and the effects of children on women's employment hours and wages. *Community, Work & Family,* 14(2), 139–157.

Nassehi, A. (2019). *Muster: Theorie der digitalen Gesellschaft*. München: C.H. Beck.

Noble, S.U. (2018). *Algorithms of Oppression*. New York: New York University Press.

Posthuma, R.A. & Campion, M.A. (2009). Age stereotypes in the workplace: common stereotypes, moderators, and future research directions. *Journal of Management*, 35(1), 158–188.

Provost, F. & Fawcett, T. (2013). Data science and its relationship to big data and data-driven decision making. *Big Data*, 1(1), 51–59.

Pytlovany, A.C. & Truxillo, D.M. (2015). Age diversity at work. In N.A. Pachana (Hg.), *Encyclopedia of Geropsychology*. Singapore: Springer, 1–8.

Rosenfeld, M.J. & Thomas, R.J. (2012). Searching for a mate: the rise of the internet as a social intermediary. *American Sociological Review*, 77(4), 523–547.

Ruiner, C. & Klumpp, M. (2022). Autonomy and new modes of control in digital work contexts – a mixed-methods study of driving professions in food logistics. *Employee Relations*, 44(4), 890–912.

Ruiner, C. & Wilkesmann, M. (2016). *Arbeits- und Industriesoziologie*. Paderborn: UTB.

Schiek, D. & Ullrich, C.G. (2016). Qualitative Online-Erhebungen: Voraussetzungen-Möglichkeiten-Grenzen. In D. Schiek & C.G. Ullrich (Hg.), *Qualitative Online-Erhebungen: Voraussetzungen-Möglichkeiten-Grenzen*. Wiesbaden: Springer VS, 1–21.

Scheiderer, J. & Ebermann, H. J. (Hg.) (2010). *Human Factors im Cockpit: Praxis sicheren Handelns für Piloten*. Berlin/Heidelberg: Springer.

Stacey, J. (2011). *Unhitched: Love, Marriage, and Family Values from West Hollywood to Western China*. New York: New York University Press.

Strübing, J. (2006). Webnografie? Zu den methodischen Voraussetzungen einer ethnografischen Erforschung des Internet. In W. Rammert & C. Schubert (Hg.), *Technografie. Zur Mikrosoziologie der Technik*. Frankfurt a.M.: Campus, 249–274.

Susskind, R.E. & Susskind, D. (2022). *The Future of the Professions: How Technology will Transform the Work of Human Experts*. New York: Oxford University Press.

Thompson, P. & van den Broek, D. (2010). Managerial control and workplace regimes: an introduction. *Work, Employment and Society*, 24(3), 1–12.

Van Dijck, J. (2014). Datafication, dataism and dataveillance: big data between scientific paradigm and ideology. *Surveillance & Society*, 12(2), 197–208.

West, C. & Zimmerman, D.H. (1987). Doing gender. *Gender & Society*, 1(2), 125–151.

Zuboff, S. (2018). *Das Zeitalter des Überwachungskapitalismus*. Frankfurt a.M.: Campus.

Testfragen

1. Welche Trends prägen die Soziologie?
2. Wie können neue Methoden dazu beitragen, soziologische Phänomene empirisch zu erforschen?
3. Welche Berufsfelder eignen sich für Soziolog:innen?

Personenregister

Sachregister